AFETO & AUTORITARISMO
Expressões Psicossociais da Política Brasileira

Bader Sawaia
Renan Albuquerque
Flávia Busarello
(Organização)

LetraSelvagem

Grafia atualizada segundo o Acordo Ortográfico
da Língua Portuguesa que entrou em vigor no Brasil em 2009.

Coordenação editorial: Nicodemos Sena e Renan Albuquerque
Editora adjunta: Marli Perim
Design editorial (capa e miolo): Renan Albuquerque e Cesar Neves Filho
Preparação de originais e revisão técnica: Renan Albuquerque

O logotipo *LetraSelvagem* foi idealizado a partir de cerâmica Aruak,
padrões utilizados nas bordas dos vasos, compilados por Koch-Grunberg em 1910.

Dados Internacionais de Catalogação na Publicação (CIP)
Angélica Ilacqua CRB-8/7057

A193

Afeto e autoritarismo, expressões psicossociais da política brasileira /
organizado por Bader Sawaia, Renan Albuquerque, Flávia Busarello.
- 1. ed.- Taubaté, SP : Letra Selvagem; Manaus, AM : Edua/AM, 2023.
344 p. ; il.

ISBN 978-65-89841-21-0

1. Literatura brasileira – Ensaios 2. Política 3. Psicologia 4. História
I. Sawaia, Bader II. Albuquerque, Renan III. Busarello, Flávia

23-5230 CDD B869.4

Rua Cônego Almeida, 113 - Centro - Taubaté-SP / Brasil - CEP 12.080-260.
Telefones: (55) (12) 99203-3836.
editoraelivrarialetraselvagem@gmail.com
www.letraselvagem.com.br
www.livrariaselvagem.com.br

Convênios e parcerias nacionais e internacionais

O livro foi compilado a partir de vinculação multiinstitucional de pesquisa do Programa de Estudos Pós-Graduados em Psicologia Social da Pontifícia Universidade Católica de São Paulo (PEPGPSO/PUC-SP) junto ao Programa de Pós-Graduação em Informação e Comunicação da Universidade Federal do Amazonas (PPGIC/UFAM). As coordenações dos dois PPGs conciliaram investigações a partir do Núcleo de Pesquisa Dialética Exclusão/Inclusão Social (Nexin), situado na PUC-SP desde 1994, coordenado pela Profa. Dra. Bader Sawaia, e do Núcleo de Estudos e Pesquisas em Ambientes Amazônicos (Nepam), situado na Ufam desde 2014 e liderado pelo Prof. Dr. Renan Albuquerque.

A coletânea reflete parcerias acadêmicas nacionais e internacionais destes dois núcleos de pesquisa. Apresenta estudos realizados por pesquisadores, docentes de universidades de diferentes regiões do Brasil: PUC-SP, Universidade Federal do Amazonas (Ufam), Universidade Federal do Estado de São Paulo (Unifesp), Universidade Santo Amaro, Universidade Presbiteriana Mackenzie, Universidad da Costa Rica (UCR), Universidade Regional de Blumenau (FURB), Univesidade Federal de Minas Gerais (UFMG) e Universidade Federal do Acre (Ufac). São vínculos institucionais de pesquisa que visam i) fortalecer processos de revisão e criação teórico/metodológica no campo dos saberes e práticas em psicologia social, ii) realizar pesquisa interinstitucional envolvendo territórios do Brasil e da América Latina e iii) formar parcerias potentes e comprometidas com a superação de injustiças e desigualdades sociais.

A Universidade de Coimbra, por meio da parceria com a professora Roberta Perseu Abramo, integra a compilação. O mesmo ocorre com Universidade de Lisboa e Universidad de Salamanca, onde doutorandos do Nexin fazem estágio para aprofundar estudos sobre a obra de Spinoza com a filósofa e professora Maria Luisa Ribeiro, da Universidade de Lisboa, além do filósofo e professor Luciano Espinosa Rubio, da Universidad de Salamanca. No momento, também há vínculos de pesquisa com professores de psicologia da Universidad de Costa Rica (UCR) para aprofundar a categoria sofrimento ético-político em comunidades tradicionais. A coletânea também conta com o apoio do Núcleo São Paulo da Associação Brasileira de Psicologia Social (Abrapso) onde nexianas participam.

As pesquisas aqui relatadas recebem ou receberam fomento do Conselho Nacional de Desenvolvimento Científico e Tecnológico (CNPq), da Coordenação de Aperfeiçoamento de Pessoal de Nível Superior (CAPES), Fundação de Amparo à Pesquisa do Estado do Amazonas (Fapeam) e da Fundação de Amparo à Pesquisa do Estado de São Paulo (Fapesp), CAPES/PDSE e Plano de Incentivo à Pesquisa - PIPEq/PUCSP.

SUMÁRIO

PRÓLOGO

O autoritarismo entre potência e poder, multidão e massa, paixão e emoção

Bader Sawaia
Pontifícia Universidade Católica de São Paulo

Defendemos, neste prólogo, a concepção de que o autoritarismo, mais que um regime político, é uma qualidade de relação social pautada no medo da potência do outro e no desejo de eliminá-la, usando diferentes formas de violência (moral, física, sedutora) para instalar ou reproduzir a dominação em diferentes instâncias da vida pública e privada. Uma qualidade relacional que se objetiva de diferentes formas ao longo da história, como imperialismo, ditadura, colonialismo, escravidão, patriarcado, genocídio, feminicídio, preconceito etc.

Trata-se de uma relação social de três pontas: a dos que exercem o autoritarismo, a dos que o apoiam (ativa ou passivamente) ou se opõem (ativa ou passivamente) a ele e a dos que são alvos dele. Pontas entrelaçadas por dinâmica afetiva composta na base pelo medo.

Todos são afetados pelo medo ao mesmo tempo em que buscam impô-lo uns aos outros, mas com intencionalidade variando entre manter o autoritarismo ou enfraquecê-lo, de acordo com a posição ocupada nessa relação tripartite. Tal intencionalidade influencia a constelação afetiva que se forma em torno do medo. De um lado, a marcada por ódio, vingança, desejo de desigualdade, ressentimento e esperança de esperar[1]; de outro, pelo desejo de igualdade, esperança de esperançar (Freire, 1987) e alegria de militante (sentir-se ativo e autônomo).

[1] Paulo Freire distingue a esperança de esperançar da esperança de esperar. A primeira estimula a resistência e a autonomia e a segunda nos submete ao outro, esperando que ele resolva nossos problemas (FREIRE, 1987)

Na dimensão política, independente da variação, os que corporificam o autoritarismo precisam transformar essa tríade em política de governabilidade, para manter a população a seu lado e submetê-la a uma única vontade, a sua. Uma das estratégias é o controle dos meios de comunicação próprios a cada momento da história, tendo em vista seu papel na formação e controle das massas e na exibição de poder. Porém, é importante ressaltar que o autoritarismo pode alcançar o poder, até mesmo por trâmites legais, mas jamais a potência, que é da ordem da liberdade, autonomia e alegria. O autoritarismo se nutre da tristeza dos outros, é sustentado por bajuladores, adoradores fervorosos, sejam policiais ou milicianos, em lugar de companheiros e cidadãos.

O poder do autoritarismo está na capacidade de impor medo, ostensivo ou camuflado, para converter a pluralidade em unidade sintética, transformando cidadãos em massa disforme que responde em uníssono a um único desejo. Objetivo que se torna obsessão e finalidade de governo, a ponto de reduzir suas atividades à anulação da potência da multidão por temer a forca da resistência resultante da união do *conatus*. Na concepção spinozista (2013, p. 7), "*conatus* é o esforço pelo qual cada coisa busca perseverar em seu ser, o que é a essência atual da própria coisa", e é ele que resguarda a dupla função política e relacional do medo (resistência e servidão), apontada por Spinoza em contraposição a Hobbes.

Ambos concordam sobre a centralidade do medo na organização política. Porém, se para Hobbes o medo leva ao fortalecimento do Estado, para Spinoza tanto mantém a tirania quanto a abala. Segundo o filósofo, há o medo/paixão paralisador, que favorece a servidão, e o medo/ação, que mesmo causando sofrimento estimula a luta pelo fortalecimento da autonomia Daí a política dos afetos defendida pelo autoritarismo visar a expansão do medo/paixão, para sustentar seu poder, pois se reconhece como carente de potência. Essa forma de fazer política precisa camuflar a realidade por meio de narrativas negacionistas, polarizadoras e estimuladoras de ódio. Os que corporificam o autoritarismo buscam convencer, especialmente aos que o seguem, que sua missão é guiá-los no caminho da liberdade, da defesa da família, da nação e da verdade. Tal processo ilusionista depende, por sua vez, do bloqueio da sensibilidade do corpo social e individual às afetações que sofre no dia a dia, conforme indica a concepção spinozista de afeto.

> [...] Por afeto entendo as afecções do corpo, pelas quais a potência de agir do próprio corpo é aumentada ou diminuída, favorecida ou coibida, simultaneamente às ideias destas afecções. Assim, se podemos ser causa adequada de alguma destas afecções, então por afeto entendo ação; caso contrário, paixão (E III def. 3, p. 237).

Segundo Spinoza, não há separação e hierarquia entre corpo e mente. A mente conhece o mundo pelas experiências do corpo. É ele que sente dor, frio, fome e humilhação, por exemplo. Quando essa unidade é rompida, a mente pode se tornar a senhora das vilanias, aceitando e divulgando ideias falsas que respondem a desejos de quem as manipula (Jaquet, 2010). Assim, entende-se porque o autoritarismo está relacionado a corpos e identidades endurecidos, operados por singularidades massificadas e pela valorização das paixões tristes em oposição à ética da alegria e da liberdade.

Um corpo incapaz de sentir as afecções cotidianas é mais facilmente dominado por *fake news*. De que outra forma seria possível que um corpo, maltratado, passando fome, sem moradia, com seus direitos sociais negados, sofrendo preconceitos, aceitasse a ideia de que felicidade é ter um líder autoritário que o guia? Somente bloqueando a sensibilidade do corpo às afetações, para evitar que grite de dor e sofrimento, submetendo-se aos sentidos da mente, que se pode torná-lo alvo fácil de narrativas do poder.

Em paralelo a esta estratégia da política das paixões de separar a mente do corpo, destaca-se outra, a de massificação das singularidades. Com isso, temos o autoritarismo enredado também no confronto entre massa e multidão. O autoritarismo precisa do apoio da população, mas teme e detesta a multidão. Sabe que ela representa uma potência de enfrentamento de seu poder, por isso estimula e alimenta as massas — uma somatória de indivíduos que responde em uníssono ao líder e assume o desejo dele, partilhando suas frustrações, ressentimentos e ódios. A multidão, ao contrário, representa a pluralidade e persiste na ação coletiva e na atenção dos assuntos comuns. Ela não se une por princípios controversos, mas por sentimentos e necessidades comuns na defesa de seus direitos, tendo em vista perseverar na existência como potência de enfrentamento a poderes desmesurados. A multidão incita a experimentar o mundo e a fugir da atitude contemplativa, de subordinação ou desprezo pela política, oferecendo encontros expansivos e colaborativos, alegres, de uma alegria spinozista, que é arquiteta das liberdades cívicas (Spinoza, 2014).

Em síntese, neste rápido prólogo, procuramos delinear o autoritarismo segundo a filosofia de Spinoza, que o inscreve na relação entre afeto e política, emoção e razão, poder e potência, multidão e massa, e entre corpo e mente, em duplo movimento analítico, entre teoria e prática. Estimamos ter aberto espaço para a percepção de sutis nuances do autoritarismo em diferentes domínios da vida social e pessoal, pública e privada, e para a necessidade de se pensar estratégias de enfrentamento a ele em todos esses níveis, estimulando, em cada um deles, o fortalecimento de organizações coletivas e subjetividades revolucionárias (Sawaia; Silva, 2019).

Referências

FREIRE, Paulo. Pedagoria do oprimido. 17ª ed. Rio de janeiro, Paz e Terra. 1987.
RAMACCIOTTI, Bárbara. Deleuze e Chaui: leituras paralelas sobre a ética de Espinosa. Cadernos Espinosanos, São Paulo, n. 29, p.11-25, jul-dez 2013.
SAWAIA, Bader; SILVA, Daniele. A subjetividade revolucionária: questões psicossociais em contexto de desigualdade social. In Gisele Toassa, Tatiana Souza, Divino Rodrigues. Psicologia sócio-histórica e desigualdade social: do pensamento à práxis. Goiânia: Editora da Imprensa Universitária, 2019.
SPINOZA, Baruch. Obra Completa I: (Breve) tratado e outros escritos. São Paulo: Perspectiva, 2014.
SPINOZA, Baruch. Ética. Autêntica, 2013.

Afetos e memórias: trajetórias que miram à frente acompanhadas de retrovisor

Adélia Augusta Souto de Oliveira
Instituto de Psicologia/Universidade Federal de Alagoas

O honroso convite para a escrita do prefácio se configurou em um misto de reflexões atuais e memorativas. Escrevo de Maceió, Alagoas, eivada e potencializada pela fala do presidente brasileiro em discurso no "Pacto de Financiamento Global", em junho de 2023, em Paris. Lula se coloca de modo objetivo e cirúrgico, ao dizer que não há como falar sobre a defesa de florestas sem falar das desigualdades... econômicas, de gênero, territoriais, de raça, entre países e pessoas em um mesmo país. Escrevo também potencializada por inúmeras festas juninas que tomam conta do Nordeste brasileiro e evidenciam dramas e encantos culturais, afetivos e históricos. São ritmos musicais que remetem a ancestralidades e expressões do comum.

Esse caldeirão de informações e sentimentos nos leva a repensar e refletir profundamente sobre afetos e corpo, como alerta Vigotski ao finalizar o livro *Psicologia da arte*. Afetos que apontam a sinais memorativos, os quais se voltam à minha trajetória no Nexin, desde sua criação, período em que tive a honra de estar na PUC-SP, em momentos de reflexão sobre grandes questões nacionais, em que se viabilizavam proposições inovadoras e contundentes sobre o contexto brasileiro de desigualdade psicossocial, sob a orientação, especialmente, das ilustres Silvia Lane e Bader Sawaia.

Nossa turma de estudos, de mestrado e doutorado, era formada por professoras universitárias que receberam auxílio financeiro federal para ampliar a pós-graduação no Brasil e assim fizemos. As diferenças regionais contextualizaram e demarcaram as discussões, sem se arrefecerem frente à riqueza de diversidades teóricas, metodológicas da psicologia social brasileira. Muitos sonhos foram gestados e muitas realizações foram possíveis. A pós-graduação brasileira foi ampliada e se fez nas variadas regiões do país; a psicologia se pintou de cores regionais; a produção científica da psicologia se espraiou; as revistas científicas impulsionaram visão diversa das pesquisas brasileiras; as plataformas digitais voltadas à divulgação do conhecimento científico elevaram o compartilhamento acadêmico das questões regionais, nacionais e mundiais.

Partindo dessa conjuntura, a leitura deste livro me permitiu as seguintes reflexões, que apresento a seguir:

A coletânea *Afeto e autoritarismo: expressões psicossociais da política brasileira* lança luz histórica ao momento recente de retomada da democracia, após quatro anos de obscurantismo. Essa mirada de retrovisor permite, ao mesmo tempo, olhar para trás sem perder a direção da visibilidade e seguir em frente, avançando rumo a novas proposições científicas. Na trajetória, é meta estar com as malas cheias de utopias e desejos de transformação, lançando olhares de lupa, sagazes, no caminho dos últimos tempos, com asas de pássaro que plaina sobre o grande território e a grandeza do povo brasileiro. Nossos dramas são densamente afetivos, amorosos e recompensadores, e estes se colocam em direção ao compartilhamento, à troca, à escuta, ao acolhimento e aos afetos.

A amplitude e complexidade da obra são apresentadas em três blocos analíticos: i) Epistemologias da Extrema Direita, ii) Expressões das Ruas, iii) Resistências pela Democracia. A partir da divisão, foi proposto arranjo almejando-se avaliação cuidadosa e relevante. O livro, em particular, tende a refletir sobre continuidades, rupturas e avanços, em acuidade e aprofundamento referencial, da psicologia social da escola de São Paulo. Autoras e autores analisam fenômenos psicossociais vividos pela população brasileira nos últimos quatro anos de nossa história, como país que viveu a ascensão da extrema direita.

Na descrição que segue dos capítulos, preferimos não explanar exatamente como foi posta a sequência de apresentação dos textos no sumário e no miolo desta publicação. Fizemos isso no sentido de instigar coletivos de pesquisadoras e pesquisadores, alunas e alunos, professoras e professores, a examinarem com acuidade o livro, a pensarem formas de lê-lo e discutirem sobre, partindo-se de garimparem em minúcias, de modo sistêmico e autônomo, enxergando uma fonte que pensamos ser de alto valor para referências e estudos aprofundados. Sendo assim, vejamos.

A tragicomédia nos impacta a partir de Rafael e Guilherme, com o capítulo intitulado *Autoritarismo e bufonaria: o humor como crítica política em Porta dos Fundos*. Na mesma direção, deparamos com o escrito de José Carlos, cujo argumento permite descortinar o processo criativo como produção coletiva e, para tanto, o autor recorre a Bakthin, Spinoza e Vigotski, os quais demonstraram a relevância psicossocial da imaginação, destacando sua função político-pedagógica.

Dois capítulos nos encaminham para conhecer uma cidade no Sul e outra no Norte do país, com relações afetivas e aderências políticas de extrema direita. Afecções e experiências sulistas são abordadas em *O cotidiano de famílias bolsonaristas: tramas afetivas em frente a quartel de Blumenau/SC*. As autoras Amanda, Gabriela, Paola e Flávia cumprem tarefa árdua e importantíssima. Manifestações ocorridas em outra cidade, Manaus/AM, foram descritas em *Afeto, religião e autoritarismo: dimensões subjetivas da realidade em atos antidemocráticos de apoio ao Comando Militar da Amazônia*. Priscila, Leticia e Yamille relatam fenômenos observados em acampamento de extremistas em frente ao maior quartel da Amazônia brasileira.

As autoras Luciana e Cinara se dedicam a analisar realidade historicamente presente em nossa sociedade, acirrada com o fortalecimento da extrema direita. Em *"Cidadão de bem" versus "bandido": a violência policial e a criminalização da pobreza preta e periférica* enfrentam o debate sobre uma dicotomia eivada de problematizações acerca dos direitos humanos, da desigualdade de raça e classe social. Encontramos temática que se aprofunda com delicadeza a partir de Naiara e Bader, que apresentam *O poder dos afetos no vácuo da (in)justiça nacional: a dialética entre pressão internacional e saúde ético-política*. O texto sublinha rede de enlaces a traumas psicossociais brasileiros, sob a análise de afetos, memórias sociais, injustiças e verdades.

Ana, Daniel e Samira apostam em debate acerca de conjunturas controversas do ensino no Brasil. Em *Educação como resistência: práticas cotidianas de um saber-fazer pautado na educação popular* salientam experiências com jovens em programas com base no método de Paulo Freire, tendo em vista o combate ao autoritarismo. O embate científico de aspectos religiosos, nacionalistas e patriarcais recebe atenção de Lívia, Flávia e Thiago no capítulo *Deus, pátria e família: o tripé político-afetivo do ressentimento brasileiro e as fake news*. A escrita se dá na perspectiva spinozana e sócio-histórica.

Na vertente de olhar em relação a mídias sociais, Renan, Flávia, Rodrigo e Jalna revelam um submundo de afetos ilegais e irregulares, afeitos à comunicação social. Autoras e autores debatem formas de comunicação de longo alcance em razão da agnotologia operada por grupos de extrema direita. Reflexões de Gustavo elucidam formas de ampliação de ideias bárbaras e trágicas no Brasil, sustentadas em esteios moldados por decadência, elitismo e degeneração. O autor analisa Olavo de Carvalho em face ao culturalismo nacional que fundamenta a extrema direita.

Em *Motoboys x motociatas: o confronto entre autonomia e paixão de desigualdade em São Paulo*, Mahasiãn e Jaison discutem o fenômeno das motociatas nas ruas como forma de manifestação de bolsonaristas, tendo em vista a recusa de motoboys a aderirem a esses ideais. Gabriela e Tiago escrevem importante capítulo sobre epistemologias do autoritarismo e, no texto, sinalizam alguns dos principais pensamentos que nortearam movimentos supremacistas, historicamente. A liberdade experimentada em práticas educadoras e na defesa de direitos humanos é sublinhada por Ana, Daniel e Samira. Focalizam o capítulo no âmbito da população jovem e na busca de engajamento em encontros que potencializam a existência.

A juventude também protagoniza reflexões trazidas por Elisa. A autora se debruça, apoiada nas proposições de Paulo Freire, sobre situações de violência e autoritarismo em escolas e acerca de questões relativas ao "esperançar". Em *A saúde ético-política e possíveis contribuições psicossociais para adiar o fim do mundo*, Leandro nos convida a desvelar contribuições do campo psicossocial para enfrentamento e mitigação de efeitos da crise climática. No capítulo *A literatura originária do bolsonarismo como narrativa contra a diversidade brasileira*, Luiz Carlos, Renan, Sérgio e Ricardo enfocam o conceito de diversidade tal e qual episteme para pensar questões étnico-raciais e de direitos humanos no país.

No texto *Afetos e agência para a paz e para a violência: um olhar sobre a atuação de jovens parlamentares*, Roberta, Juliano e Marcos descrevem retrato da juventude brasileira na mídia nos últimos anos e apresentam cenário preocupante no contexto da violência, sintoma de autoritarismo policialesco de Estado. Em *Argumentos sobre subjetividad fascista y afectos*, Ignacio Dobles e Helga Arroyo projetam linhas de indagação teórica sobre surgimento e fortalecimento de subjetividades fascistas na América Latina.

Nos capítulos, em suma, situamos o apontamento de questões que levam, dialeticamente, ao início de nosso *Prefácio*, quando chamamos atenção à necessidade de percepção e combate ao autoritarismo em diferentes vertentes. Para isso, autoras e autores, por certo, apostaram em abordagens múltiplas sobre um tema que não se esgota na contemporaneidade porque é sistêmico e de caráter global. Por certo, o livro parece abrir um leque de possibilidades de análise e oferecer pressupostos e hipóteses de interessante perspectiva. Que assim seja!

Bons encontros com a sua leitura.
Maceió, junho de 2023

CAPÍTULO I

Argumentos sobre subjetividad fascista y afectos

Ignacio Dobles
Helga Arroyo Araya

Pero incluso en los tiempos más oscuros, siempre hay un rayo de esperanza
Y de eso se trata la historia, es la historia de la raza humana.
Un ciclo interminable de altibajos, pero mientras sigamos avanzando
Siempre hay una oportunidad para un mañana mejor (Bertold Brecht)

Este texto intenta establecer líneas de indagación teórica que aporten al esclarecimiento del surgimiento y fortalecimiento de opciones y, sobre todo, movimientos que consideramos pueden vincularse con una *subjetividad fascista*. Intentaremos caracterizar, en lo que sigue, la manera en que esta forma histórica ubica y define contextos específicos, promoviendo odios contra determinados grupos en la sociedad, y vulnerando severamente principios democráticos en la vida sociopolítica, con sus aspiraciones de pureza y rasgos necro políticos.

La laceración de preceptos derivados de la ilustración, como la igualdad, la democracia y los derechos humanos, es hoy en día, en América Latina, asunto de *lawfare*, de violencias e intervención extranjera, pero también de subjetividades. Podemos evidenciar expresiones de dichas tendencias en varios países latinoamericanos. El bolsonarismo en Brasil sería un ejemplo paradigmático, pero no el único.

Evidentemente existen particularidades, contextos históricos y culturales diferenciados que marcan las experiencias, pero en estas páginas queremos apuntar a lo que puede haber de común en la constitución y afirmación de subjetividades con un "desagrado", ácido, que han conducido al fortalecimiento de opciones de derecha extrema, promoviendo formas de violencia racistas, clasistas, patriarcales y coloniales.

Si, a la manera spinoziana, los afectos alegres potencian perseverancias del ser, animando encuentros con otros cuerpos para afianzar emociones, y si los afectos son fundamentales para el accionar político, ¿que ocurre con la afectividad en la subjetividad fascista? ¿Qué ocurre cuando esa potenciación de formas de ser fortalece odios y discriminaciones? Como escribe Spinoza, "nuestra alma hace algunas cosas y padece otras, a saber, en la medida en que tiene ideas adecuadas, necesariamente hace algunas cosas, y en la medida que tiene ideas inadecuadas, necesariamente padece algunas" (Spinoza, 2000, p. 127).

Examinaremos quitar en lo que sigue algunos ejes de discusión que consideramos pueden proveer claves para esbozar respuestas a las interrogantes presentadas. Para organizar y direccionar la discusión, compartimos y argumentamos, a continuación, un conjunto de tesis sobre la subjetividad fascista hoy. Estas claves son i) el ascenso de una subjetividad fascista es producto de una crisis sistémica, ii) la prevalencia de los mitos y de una afectividad iracunda en las subjetividades fascistas, iii) el fascismo opera con nuevas formas de subjetividad que se da en marcos capitalistas y racistas en que se fortalece la necropolítica y la deshumanización de grupos humanos, iv) las subjetividades fascistas no son asuntos de mero "retorno al pasado" sino que tienen características disruptivas y rebeldes.

2. El ascenso de una subjetividad fascista es producto de una crisis sistémica

> *Ya fue bastante denunciado que la ontología de la violencia favorece el pensamiento político de todas las doctrinas racistas y eugenistas, al excluir la idea de humanidad que garantice el principio de igualdad (Bader Sawaia)*

No podemos dejar de lado la noción de que el fortalecimiento de opciones afines al fascismo es producto, precisamente, de las consecuencias del capitalismo y de las contradicciones y fracturas que genera, que agudizan tendencias disruptivas en contextos en que han actuado con relativa comodidad, muchas veces, sistemas socio políticos que argumentan basarse en características de la Ilustración, en sus aspectos aspiracionales de promover libertad, equidad y la consideración de que se deben establecer derechos humanos universales. Que no se hayan cumplido estas metas, como discutían Horkheimer y Adorno (2001), en contextos de dominación, desigualdad, marginación y violencia, ha fortalecido la búsqueda de estas opciones alternativas regresivas.

Horkheimer (1986) afirmaba que las imposiciones producidas por la civilización actual producen agresividades latentes, que si son captadas por filosofías nihilistas y pueden derivar en racismo y violencia nacionalista. En esta línea, Adorno (2003) advierte que la potenciación de estas agresividades derivadas de las regulaciones civilizatorias parecieran provocar una disputa entre el encierro y la huida:

> Puede hablarse de una claustrofobia de la humanidad dentro del mundo regulado, de un sentimiento de encierro dentro de una trabazón completamente socializada, constituida por una tupida red. Cuanto más espesa es la red, tanto más se ansía salir de ella, mientras que, precisamente, su espesor impide cualquier evasión. Esto refuerza la furia contra la civilización, furia que, violenta e irracional, se levanta contra ella (p. 82).

La pregunta que emerge es ¿qué pasa cuando las circunstancias históricas, sociales, económicas y políticas desbordan el mal-estar? Ungh (2019), fundamentado en los escritos de Deleuze y Guattari, destaca: "[...] consideramos que el fascismo emergió como forma de contención de la inseguridad de la población en relación a las agruras de la guerra y la propagación de la explotación y la miseria intensificadas por el capitalismo" (p. 140).

Como lo señala Bobbio (2006) el fascismo se presenta como una ideología de ruptura, como un movimiento de salvación, de apelación unitaria, mítica, y afectiva, que emerge como respuesta a la crisis. Bobbio lo denomina una ideología de la crisis manifestándose principalmente a través de la disgregación del ordenamiento existente. Al respecto, Hannah Arendt (2017) argumenta que:

> El escape de las masas de la realidad es un veredicto contra el mundo en que son obligados a vivir y en el cual no pueden existir, ya que la coincidencia se ha convertido en su maestro supremo y los seres humanos necesitan la constante transformación de condiciones accidentales y caóticas en un patrón- hecho por humanos de consistencia relativa" (p. 461).

El fascismo y el nazismo, que aventajaban a otros movimientos de extrema derecha de su tiempo por su actividad, desafiante, disruptiva y violenta, se presentan como respuestas a la crisis generada por la modernización del capitalismo. El mismo Hitler afirmaba que "no son los éxitos pasajeros de la demagogia que ganan a las masas, sino la realidad visible y el poder de una organización viva" (Arendt, 2017, p. 473). Kershaw (2004) señala que lo que distingue al nazismo de otras corrientes de derecha en Alemania fue la capacidad organizada de acción. Enfatizaban una praxis, disruptiva y violenta, estimulando y canalizando odios y deseos reprimidos. Obviamente que para que esto funcionara tenía que haber un sedimento, una base posibilitadora, anclada históricamente.

Dorna (2003) comenta que mientras que la política burguesa imperante se ve degradada por la corrupción y los dobles discursos "la historia muestra otra constante insólita: los candidatos a tiranos dicen, generalmente, lo que piensan y hacen lo que dicen, lo cual no solo contrasta con la conducta de la clase política, sino que constituye uno de sus méritos mayores a los ojos del pueblo insatisfecho" (p. 182)

Como en la época de ascenso del nazismo y del fascismo italiano, lo que se pone en extrema tensión hoy es el rechazo de las aspiraciones derivadas de la ilustración, es decir, de la vigencia de derechos humanos universales, de la noción de que todos los seres humanos tienen derechos, la aspiración a la democracia y a la libertad, de la perfectibilidad de la experiencia humana en beneficios de todos. Es difícil, por ejemplo, concebir que los extremistas bolivianos que agreden a sus poblaciones indígenas o que los bolsonaristas insurreccionados estén partiendo de la premisa de que todos los seres humanos tienen derechos universales. Como lo señalan Sternhell, Sneijder y Asheri (1994) "el fascismo se rebela contra la modernidad en cuanto esta se identifica con el racionalismo, optimismo y humanismo del siglo XVIII" (p. 7) pero se desarrolla en el marco capitalista. Snadjer (1997) afirma que

> No se trata de revertir la industrialización, la urbanización y ni siquiera la masificación social, sino de suministrar a estos fenómenos marcos culturales y políticos adecuados, ya que hacia finales del siglo pasado tanto la democracia liberal como el socialismo parecían vivir crisis continuas y se mostraban incapaces de proporcionar las soluciones requeridas (p. 7).

El cambio debe efectuarse dentro del marco de la economía de mercado, rechazando frontalmente, a la vez, a una cultura política democrática y liberal, que se pretende destruir (Snadjer, 1997). Sternhell, Snadjer y Asheri (1994) señalan que

> La revolución fascista pretende cambiar la naturaleza de las relaciones entre el individuo y la colectividad sin que por ello sea necesario romper el motor de la actividad económica: la tendencia de beneficio-ni abolir sus cimientos- la propiedad privada o destruir el marco indispensable- la economía de mercado (p. 7).

Respondiendo a lo anterior, Falasca (2003) sintetiza lo que está en juego aquí en la forma de actuación del fascismo:

> Tanto el facismo como el nazismo crearon un modelo político-cultural, fundado sobre contradicciones básicas, que les permitían invocar la tradición a la vez que aceptan y explotan la tecnología; condenar la racionalidad, mientras aplican métodos racionales para el gobierno de lo social; aplaudir el pasado pero también saludarse como comienzo de una nueva época heroica (p. 65-66).[2]

3. La prevalencia de los mitos y de una afectividad iracunda en las subjetividades fascistas

> *Todo misticismo del cual el fascismo forma parte descansa en último análisis en los deseos no satisfechos de las masas* (Alejandro Dorna)

El mito es un hecho social que construye realidades, impone prescripciones, otorga explicaciones del mundo de la vida, interpela afectivamente, y ejerce un impacto en la constitución de subjetividades. Este elemento constituye, a su vez, un recurso de fortalecimiento identitario, porque tiene un doble función: social y psíquica (Martínez, 2011). Situar la forma en la que opera lo mítico en la subjetividad fascista resulta central porque permite entender cómo se produce un engranaje afectivo, cognitivo, figurativo y simbólico que se ancla en la consciencia de las masas y produce sentido.

Sorel (1908) en su texto titulado *Reflexiones sobre la violencia* puntualizó los mitos eran "sistemas de imágenes, construcciones que permiten a los hombres que participan en los grandes movimientos sociales representarse su acción inmediata bajo la forma de imágenes de batalla que aseguran el triunfo de sus causas" (p. 29). Para el autor, el mito no implica descripciones, sino expresiones de voluntad: "capaces de evocar en bloque y exclusivamente a través de la intuición, previo a cualquier tipo de análisis reflexivo, la masa de los sentimientos que corresponden a las diversas manifestaciones de la guerra" (p. 124). Lo que inspira a las personas para

2 "Both fascism and nazism created a cultural-political model, founded on basic contradictions, that allowed them to invoke tradition and at the same time accept and exploit technology; to condemn rationality, while applying rationalistic plans to the government of the social; to applaud the past but also salute themselves as the beginning of a new heroic era" (FALASCA, 2003, p. 65-66).

la acción, escribe O Sullivan (1983), no son los gobiernos parlamentarios, ni los intereses económicos, sino los mitos, y la fe que generan, con sus imágenes de batalla, tratándose de las huelgas generales o de la nación y la sangre (el nazismo).

Sorel (1908) desplaza el mito de la esfera del intelecto y lo instala en el lugar de las afectividades y de la acción. Para el autor, la función de lo mítico no consiste en estabilizar, sino en movilizar la actividad, a través de imágenes que traducen las relaciones de ideas en relaciones de hechos. No pueden, por lo tanto, ser interrogados desde la racionalidad, o ser regulados, porque no expresan pensamientos abstractos (O Sullivan, 1983).

Para entender esta configuración de lo mítico en la lógica fascista, recurrimos al texto siempre vigente de Freud (1939) *Psicología de las masas y análisis del yo*. El autor discute a Le Bon (1895), particularizando la noción de la masa como constuida por conjunto de personas con ligazones libidinales entre sí, basadas en identificaciones ambivalentes y en el revestimiento erótico y amoroso hacia un líder que es colocado en el lugar del ideal del yo*:* "una tal masa primaria es una reunión de individuos, que han reemplazado su ideal del yo por un mismo objeto, a consecuencia de lo cual se ha establecido entre ellos una general y recíproca identificación del yo (p. 50). La distancia entre el *yo* y el *ideal del yo* se borra y los límites se rompen. La masa quiere ser dominada, ávida de autoridad y de una inagotable sed de sometimiento, se somete instintivamente a aquel que se erige en su jefe (Le Bon, 1985 apud Freud, 1939).

Freud (1939) señala que la sugestibilidad de la masa está determinada por el prestigio del líder y su consecuente idealización. En esta dinámica afectiva, la mitificación es un recurso indispensable. El líder es colocado en el lugar del héroe, que ostenta la promesa de salvación ante la crisis. En el fascismo se explota la idea mítica de la omnipotencia del líder como hombre superior, y desde este lugar justifica la violencia. Como apunta Palma (2019), los sentimientos míticos se fusionan con la brutalidad sádica:

> Eso que el discurso promete se hace realidad al legitimar la violencia contra quienes son diferentes. Tanto discursivamente como en las prácticas se legitima el abuso contra quienes son señalados como inferiores, se naturaliza la idea de que hay unas personas que mandan y tienen el poder sobre otros; así, el fascismo vive de la reproducción indefinida de la experiencia de la omnipotencia para unos y la impotencia para otros (Palma, 2019, p. 231).

La política sería "la forma racional de explotar el fondo irracional de las masas" (Moscovici, 1985, p. 53). Reich (1983) aporta análisis clave para comprender este fenómeno a través de la noción de la fuerza social del irracionalismo en movimiento, como una especie de teatralización de la política. Define fascismo como "la actitud emocional básica del hombre autoritariamente sojuzgado de la civilización maquinista y de su concepción vital místico-mecanicista. Es el carácter místico-mecanicista de los hombres de nuestra época el que crea los partidos fascistas y no a la inversa" (Reich, 1981, p. 11).

Con este uso racional de lo irracional, el gran logro es el de llevar adelante una revolución o renovación espiritual, apelando a las raíces culturales e intelectuales conservadoras, y utilizando el odio a la diferencia como arma ideológica (Dobles, 2003). Esta apelación está basada en "una cultura fundada en el pensamiento mítico y en el sentimiento trágico y activista de la vida, que es concebida como manifestación de la voluntad de poder en el mito de la juventud como artífice de la historia y en la militarización de la política como modelo de vida y de organización colectiva" (Gentile, 1973, pp. 25-26).

Lo mítico se instaura en la repeticin: "con la exposición y la veneración de los símbolos, con el sugestivo reclamo a la solidaridad colectiva hasta alcanzar, en los momentos de alta tensión psicológica y emotiva, la fusión mística de la propia individualidad con la unidad de la nación y de la raza" (Gentile, 1973, p. 31). Reich (1983) es agudo al apuntar la urgencia de explicar cómo ha sido posible que la mística prime en el anclaje afectivo de sus estructuras:

> Si se lanzan burlas contra la mística, si, sin intentar explicarla, nos deshacemos de ella tachándola de ceguera o de psicosis, no obtenemos ninguna práctica para luchar contra la mística. Por el contrario, si podemos explicarla de forma materialista, debemos obtener forzosamente un contraveneno político contra ella (p. 60).

Para el autor, la carga afectiva de estas actitudes psíquicas está en contradicción con la realidad sociopolítica. Sin embargo, la semilla fascista puede florecer porque encuentra andamiaje en la estructura de la familia moderna de clase media, donde se despiertan los nexos afectivos vinculados a una figura paterna autoritaria hacia el interior y sumisa hacia el exterior. Lo anterior queda abigarrado en el nexo con la madre núcleo subjetivo- afectivo, donde recaen las representaciones de la patria y la nación (Palma, 2019). Para Reich (1983), la estructura est caracterizada por su modo de pensar metafísico, mítico, de creencia absoluta en ideales abstractos y misiones divinas.

> Estos rasgos fundamentales se relacionan con un estrato más profundo que está caracterizado por un fuerte vínculo autoritario a un ideal del «Führer» o a la nación. La creencia en una «raza de señores» se convierte en el resorte más poderoso tanto de la vinculación de las masas nacional-socialistas al «Führer» como de la base psicológica del enrolamiento libremente consentido. Además, lo que desempeña un papel decisivo, es la identificación intensa con el «Führer» (p. 107)

En su dependencia psíquica, cada nazi se considera un «pequeño Hitler» (Reich, 1983) lo que conlleva una fuerte identificación, sobreestimada. Barros (2021) afirma que la obnubilación narcisa hacia el líder refuerza los sentimientos de identificación, convicción y pertenencia, produciendo un encono casi erotómano. Para el autor se producen mecanismos que apuntan a instaurar una lógica de servidumbre para i) desproveer a la masa de cualidades y colocarla en la posición de objeto, ii) servirse de significantes amos, iii) legitimar el odio como motor porque el narcisismo abomina lo que hace diferencia y iv) producir sujetos programados y programables.

4. El fascismo opera con nuevas formas de subjetividad dentro de marcos capitalistas y racistas en que se fortalece la necropolítica y la deshumanización de grupos humanos

Se han desarrollado diferentes perspectivas teóricas para el análisis psicosocial de la personalidad autoritaria. Una primera línea, que vimos en apartados anteriores, apunta al campo del análisis de las masas (Le Bon, 1895; Freud, 1939; Reich, 1983), otra línea se orienta al estudio de la personalidad autoritaria, situando el análisis en lo intra-individual (Adorno, 1950). Entre estas perspectivas también se encuentran los enfoques cognitivos que articulan su análisis alrededor de las creencias y los dogmáticos; la psicología social experimental con el estudio de la obediencia ante el fenómeno autoritario y, de manera más reciente, los estudios del autoritarismo como fenómeno intergrupal (Etchezahar; Brussino, 2016).

Sin embargo, Teo (2021) señala que estudiar el autoritarismo es una herramienta importante para el análisis, pero que resulta insuficiente para entender por qué y cómo una persona se vuelve fascista, cómo se configuran sus subjetividades, cómo se encarnan afectos y las motivaciones sociales, y que hace para que opere desde una lógica de crueldad, racismo y deshumanización. Hay que problematizar el fenómeno de fascistización, entendiendo el nexo de lo socio, inter e intra-subjetivo, sin dejar de considerar las circunstancias que permiten su surgimiento.

Podemos entender que la subjetividad fascista actual es diferente y a la vez similar a la originaria, entre otras cosas porque los fascistas aprenden del pasado. Se basa en una ontología socio-relacional centrada en las lógicas del capitalismo que opera a través de dos mecanismos que funcionan con cogniciones afectivas basadas en discursos, imágenes, imaginaciones y prácticas: el racismo y el infra-humanismo (Teo, 2021).

En estos dos mecanismos el núcleo del fascismo da cuenta de una mentalidad y una política de nosotros contra ellos, que se engrana en el terreno psicosocial, con una política y una cultura de odio, miedo y violencia caracterizada por "un lenguaje de la intolerancia, la demagogia, la paranoia, las teorías de la conspiración, el fanatismo, las falsedades, el militarismo, el nativismo, el racismo, la misoginia, el ultranacionalismo, la visión distópica del mundo y la celebración de la ignorancia" (Stanley, 2018 apud Teo, 2021, p. 327).

Para entender la lógica de este nosotros contra ellos, la racialización, la inferiorización y la infrahumanización operan como estrategias cognitivas, afectivas y práxicas para denigrar al otro. La racialización funciona, pero la deshumanización es más abarcadora, porque hay sujetos que no pueden ser racializados, pero que son deshumanizados, como los comunistas en la Alemania nazi (Teo, 2021). Este otro tiene nombres: negro, judío, indio, musulmán, extranjero, refugiado, migrante, intruso, árabe, mujer, pobre, homosexual, comunista, etc. Es el otro extraño y amenazante, depositario de todo lo siniestro (Freud, 1919), homo sacer de la nuda vida (Agambem, 2017), que es utilizado para imponer régimen de separación y expulsión, de las vidas que importan y las que no (Mbembe, 2018).

El odio, como escribe Sartre (2019), implica imaginarse un mundo en que no exista el otro. Deleuze declara:

> Y aquí, me parece, la trinidad del fascismo: biopolítica racial, reclamación de espacio vital, esto es , de espacios abiertos, espacios de expansión; la denuncia del enemigo, no como otra persona, sino como agente biológico peligroso, como agente infeccioso, o sea, capaz de contaminar la raza o la civilización, la cultura, etc. Por tanto el genocidio se efectúa en función de las condiciones de sobrevivencia de la

población que lo comete. Se trata de liberar los agentes infecciosos. Es en nombre de la vida y la sobrevivencia del hombre que se efectúa al genocidio" (Deleuze, 2014 apud Ugnh, 2019, p. 141).

El fundamentalismo sustentado en la subjetividad fascista sería opción que brinda seguridad total, apelando a pasados sagrados (Lifton, 1993). Se trata de procesos purificadores que apuntan a supuestas contaminaciones, que impiden una armonía total a la que habría que llegar por medios violentos. Es una inmersión en sistemas ideológicos y conductuales de todo o nada. Los fundamentalismos, según Lifton (1993), pueden entenderse como "militancias anti modernas" que condenan todo tipo de pluralismo y aspiran a supuestas purezas: "política total, autoridad total, ser total" (p. 164). Es el paradigma inmunitario por excelencia (Esposito, 2009).

El *self* fundamentalista que se conforma es paradójico "abraza un sentido de seguridad bajo la protección de un poder último, manteniendo, sin embargo, una vigilancia altamente sospechosa ante un mal y un peligro que siempre amenaza" (Lifton, 1993, p. 168). Mbembe (2018) señala otra vía para legitimar la existencia del otro como enemigo: el principio de defensa ante el estado de inseguridad. La disputa ideológica entre seguridad-inseguridad genera dispositivos de estrategias del miedo, en los que legitiman las formas diferentes de organizar la muerte.

> El Estado de seguridad se alimenta de un estado de inseguridad que participa en fomentar y del que pretende ser su respuesta. Si el Estado de seguridad es una estructura, el estado de inseguridad es una pasión, o incluso un estado afectivo, una condición, hasta una fuerza del deseo. En otros términos, el estado de inseguridad es el motor del Estado de seguridad en la medida en que este último, en el fondo, es una estructura encargada de investir, de organizar y de desviar las pulsiones constitutivas de la vida humana contemporánea (Mbembe, 2018, p. 72).

Klein (2017), por su parte, discute la instalación de mecanismos para afianzar el miedo, naturalizarlo, e instaurar una incapacidad en la población para discernir las amenazas. La instalación del miedo y la angustia constituyen estrategias de control y dominación, cuyo poder es tan efectivo, porque opera como imaginarios de la muerte, a través de tres mecanismos: la parálisis, la desintegración y la desconexión con las personas (Lifton, 1982).

La configuración de subjetividades se componen de una dimensión cognitiva, expresada en argumentos pseudocientíficos que proporcionan un aparato ideológico para sostener la inferiorización; una dimensión afectiva con apelaciones míticas y propagandísticas que recurre a las emociones para legitimar la subhumanización; y una dimensión simbólica, que se instala dentro de los aparatos productores de estatutos de verdad.

Es central entender que las nuevas formas de subjetividad fascista están vinculadas con el engranaje del capitalismo neoliberal. La lógica del capitalismo se combina con el racismo y/o el sub-humanismo, imponiendo imperativo de acción inmediata que tiene como objetivo la muerte, la erradicación, la expulsión y la destrucción (Teo, 2021). Como apunta Pavón Cuellar: "la paranoia característica de los ultraderechistas únicamente cesa cuando se encuentran ante el capital" (2020, p. 28).

Teo (2021) relaciona la subjetividad fascista con el capitalismo (como ya hemos explicado), el racismo (es interesante que Arendt, en su libro sobre el totalitarismo, exprese que "imperialism would have necessitated the invention of racism as the only possible explanation and excuse for its deeds, even if no race-thinking had ever existed in the civilized world" (Arendt, 2017, p. 239)[3] y con la deshumanización de otros grupos humanos; lo que se relaciona con la necropolítica (Mbembe, 2018).

Sobre la violencia, con múltiples formas, ante quienes se niegan a ser "estandarizados" en el sistema hegemónico, Pavon Cuellar (2020a) destaca que "esta violencia es aquello que se desata contra lo que no se deja simbolizar y racionalizar, discriminar o inferiorizar, en función de aquella despiadada lógica vertical y unidimensional del capitalismo y su expresión ultraderechista" (Pavon-Cuellar, 2020b, p. 54), y que "al no poderse traducir la diferencia en desigualdad en la escala vertical establecida por el sistema capitalista, se ha recurrido a la violencia para excluir o eliminar la diferencia" (IB, p. 55). Hay que "segregar lo inasimilable para universalizar lo asimilable al capitalismo" (Pavon-Cuellar, 2020a, p. 29).

Si algo caracteriza el pensar y actuar de los sectores extremistas de derecha es la oposición contundente a cualquier noción de igualdad, a los igualitarismos (Pavon-Cuellar, 2020a). Se trata de una opción enérgica por la desigualdad que busca "preservar los privilegios, se rechaza los derechos humanos universales, se afirma la superioridad de ciertas clases y naciones, se impugnan las políticas distributivas" (Pavon-Cuellar, 2020b, p. 47) a la

[3] El imperialismo hubiera necesitado la invención del racismo como la unica explicacion posible y como excusa por sus acciones, aun si el pensamiento basado en la raza nunca hubiese existido en el mundo civilizado.

vez que se proclama la inferioridad racial y se humilla a mujeres y homosexuales.

Establecida la afinidad electiva entre capitalismo y subjetividad fascista, Reich, en la siguiente afirmación, subraya la función que juega el discurso fascista ante la contradicciones y tensiones sistémicas generadas por un capitalismo en desarrollo, o en decadencia: "el discurso posee una gran fuerza emocional que fascina al apolítico y al hombre común, pues les brinda un medio de aliviar la tensión y trasladarla así del interior al exterior bajo la forma perversa del odio racial, la violencia y la agresión" (Reich, 1983 apud Dorna, 2003, p. 171).

El capital parece ser lo único sagrado. Como apunta Pavón-Cuellar (2021), el capitalismo incorpora en su engranaje las violencias estructurales hacia ese otro:

> El capitalismo tiende a englobar las violencias estructurales del otro porque tiende a privatizar y acaparar el goce del otro. Esta privatización y acaparamiento, que ha llegado a su punto culminante en el neoliberalismo, se explica a su vez por la creciente subsunción del Otro, del sistema simbólico de la cultura, en el sistema económico del capitalismo, un sistema que va eliminando los obstáculos que se oponían a él y que así opera de modo cada vez unívoco, absolutizado, totalitario, incondicionado, libre, desregulado (p. 110).

5. Las subjetividades fascistas no son asuntos de mero retorno al pasado, sino que tienen características actuales, disruptivas y rebeldes

Reich (1983) distingue el aspecto revolucionario de la ideología fascista, que no quiere retornar a un estado de cosas anterior, sino movilizar anhelos de cambio de los sujetos: "las masas del fascismo son de índole subjetivamente revolucionarias y objetivamente reaccionarias" (Reich, 1973 apud Dahmer, 1983, p. 281). Podemos fácilmente establecer el paralelo con formaciones y movimientos contemporáneos, que de ninguna manera pueden calificarse como conservadores. Tampoco consideraba Reich (1983) al fascismo como un asunto pasajero, o como algo que no haya que tomar en serio. Ya hemos pagado un alto costo por no haber calibrado, en forma oportuna, al fundamentalismo y sus extremismos, y es claro que la psicología social latinoamericana no se ha ocupado lo suficiente de estos temas, incluyendo las características psicosociales de los sectores medios, que suelen ser muchas veces base de apoyo de estas tendencias sociopolíticas.

En una conferencia dictada en Venezuela, el filósofo argentino León Rozitchner (2003) admitía como se habían equivocado diversos sectores ante las señales de peligro sectores, previos al dominio militar dictatorial-fascista. Por su parte, Alejandro Dorna (2013), advertía que:

> La historia ha juzgado a aquellos que, por negligencia o ignorancia, descuidaron la presencia y la circulación de las ideas totalitarias. Como los políticos antifascistas de ayer, que nunca se tomaron el trabajo de leer los escritos de Hitler y de los ideólogos nazis de la época, los demócratas de hoy tienden a olvidar la doble y terrible experiencia de las dictaduras totalitarias: las víctimas no ven venir a los verdugos, y los estados democráticos no ayudan (o muy poco) a los demócratas vencidos (p. 49).

Estamos llamados a entender que las inclinaciones protofascistas han cobrado nuevas dimensiones disruptivas y rebeldes, que, como hemos señalado, exigen análisis que aborde el nexo entre las dimensiones socio, inter e intra subjetivas (Teo, 2021). Se requiere cuestionar los dispositivos ideológicos que sostienen el poder del statu quo y los mecanismos psicosociales que garantizan la reproducción del capitalismo neoliberal, y que, ante sus crisis, producen nuevas formas de subjetividad fascista.

6. Reflexiones finales

En tiempos de sacudidas políticas y sobresaltos de sistemas hegemónicos marcados por profundas desigualdades y carcomidos por sus propias insuficiencias y contradicciones, en que con mucha frecuencia se expresan las insatisfacciones y protestas de sus pobladores y pobladoras, parecería ser una tarea de primer orden explorar detenidamente cuando ese malestar acumulado puede detonar violencia extrema, agudizar discriminaciones, y, sobre todo, estimular e implementar odios.

Nuestra América Latina pasó, en décadas recientes, por su cruenta etapa de dictaduras militares de seguridad nacional, en las que fueron maltratadas y eliminadas muchas personas, para pasar posteriormente, después de un corto brote de movimientos revolucionarios fuertes en algunos países, a una "democracia forzada" en que se pudieron ejercer con más soltura algunas características de la democracia liberal, pero carentes de transformaciones profundas, para luego acelerar a marcha forzada la neoliberalización de la vida social, politica y economica (Arroyo; Dobles, 2020) puesta en aun mayor tensión en años recientes con el covid-19, siempre bajo la mirada atenta, que también produjo acciones regresivas, de una reforzada tutela imperialista, con sus presiones, agresiones y políticas de sanciones.

Hoy en día, el malestar acumulado, el revanchismo de los sectores opulentos y dependientes que habían sido desplazados, en una breve historia de gobiernos progresistas, y un revivir del racismo y de odios intensos han generado en diversos escenarios eventos violentos, disruptivos, con agresividad iracunda, que ha puesto en jaque a actos electorales y a las instituciones públicas, agredidas y debilitadas, con un entusiasmo celebratorio de millones de personas.

En este contexto se hace necesario intentar contribuir al esclarecimiento psicosocial de estos fenómenos. Como hemos dicho ya, a un esfuerzo de este tipo se le coloca usualmente el contraargumento de la diversidad, toda vez que la furia iracunda organizada se expresa de manera diferente en Argentina, Perú, Brasil o Costa Rica, por mencionar algunos escenarios. Dado este hecho, hemos contraargumentado que pretendemos enfocar lo que puede haber de común en muchas de estas expresiones de desagrado acumulado. Para ello, hemos recurrido a autores y autoras como Arendt, Sternhell, Snadjer, Asheri, Sawaia, Adorno, Mbembe, Dorna, Horkheimer, Lifton, Pavon Cuellar, Freud, Moscovici, Thomas Teo, y, particularmente, a las genialidades inquisitivas de Wilhelm Reich en su época militante, así como a nuestras propias intuiciones y observaciones. Es, evidentemente, una discusión muy compleja, que requeriría elaboraciones más desarrolladas. Sin embargo, concluimos que nuestra propuesta puede contribuir a articular miradas más integradoras, y, por lo tanto, de mayor sustento.

Hemos ofrecido argumentos a lo largo del texto, que sustentan los cuatro ejes esbozados en la introducción, en un marco que incluye dimensiones históricas, políticas y psicosociales. Nos parece claro que el fortalecimiento de subjetividades fascistas amenaza muy directamente las aspiraciones a sociedades más amables, más igualitarias, protectoras de derechos humanos, con participación democrática en la definición de sus prioridades y tareas. Parece, además, una amenaza existencial a las tareas más nobles y humanas de la propia psicología. Es, por lo tanto, un desafío teórico-conceptual, práxico, ciudadano, humano, ético, enfrentar estas expresiones regresivas de la mejor manera. Con Thomas Teo, estamos convencidos de que no se trata de esbozar únicamente un "antifascismo de seminario", sino de desarrollar una praxis consecuente, con una perspectiva que apunte a las constricciones que marcan a estructuras socioeconómicas como las del capitalismo neoliberal (Arroyo; Dobles, 2020) y que incorpore también la denuncia y la movilización social.

Referencias

ADORNO, Theodor. Consignas. Buenos Aires, Amorrortu, 1950/2003.

AGAMBEN, Giorgio Homo sacer. El poder soberano y la nuda vida. Madrid: AH editors, 2017.

ARENDT, Hannah. The origins of totalitarianism. Penguin Books, 2017.

ARROYO, Helga; DOBLES, Ignacio. Neoliberalismo y afectos. Derivaciones para una praxis psicosocial liberadora. San José, Editorial Arlekín, 2020.

BARROS, Marcelo. Anatomía de la modernidad. Buenos Aires: Grama Editores, 2021.

BOBBIO, Norberto. Ensayos sobre el fascismo. Buenos Aires, Prometeo, 2006.

DAHMER, Helmut. Libido y Sociedad. CDM, Siglo XXI, 1983.

DORNA, Alejandro. La democracia ¿Un espejismo? CDM, Lumen, 2003.

DOBLES, Ignacio. Wilhelm Reich y el fascismo. Actualidades en Psicología, 19, 106, 97-112, 2003.

ETCHEZAHAR, Edgardo; BRUSSINO, Silvina. Perspectivas psicológicas en el estudio del autoritarismo. In: MAGAÑA, Irene; DORNA, Alexandre; TORRES, Iván (org.). Contribuciones de la Psicología Política en América Latina: Contextos y Escenarios Actuales. Buenos Aires, RIL editores, 2016. p.85.

FALASCA, Simonetta. Of storytellers and master narrative: modernity, memory and history in fascist Italy. In: Olick, J. (org.) States of memory. Continuities, conflicts and transformations in national retrospection, Duke University Press, 2003.

FEST, Joachim. Hitler: una biografía. Madrid, Planeta, 2015.

FREUD, Sigmund. El malestar en la cultura. Madrid, Biblioteca Nueva, 1930/1997.

FREUD, Sigmund. Psicología de las masas. Madrid, Biblioteca Nueva, 1939/1997.

FREUD, Sigmund. Lo siniestro. Madrid, Biblioteca Nueva, 1919/1997.
GENTILE, Emilio. El fascismo y la vía italiana al totalitarismo. In: Pérez Ledezma, M (org.) Los riesgos para la democracia. Fascismo y neofascismo. Madrid: Pablo Iglesias, 1973. p. 25.
HORKHEIMER, Max. Sociedad en transición: estudios de Filosofía Social. Barcelona, Planeta-Agostini, 1986.
HORKHEIMER, Max; ADORNO, Theodor. Dialéctica de la ilustración. Fragmentos filosóficos. Madrid, Editorial Trotta, 2001
KERSHAW, Ian. La dictadura nazi. Principales controversias en torno a la era de Hitler. CDM, Siglo XXI Editores, 2004.
KLEIN, Naomi. La doctrina del Shock. New York: Henry Holt and Company, 2007.
LE BON, Gustav. Psicología de las Masas. 1895. Disponível em: https://upcndigital.org/~ciper/biblioteca/Filosofia%20moderna/Psicologia-de--las-masas-G.-Le-Bon.pdf
LIFTON, Robert Jay. The protean self. Human resilience in an age of fragmentation. New York, Basic Books, 1993.
LIFTON, Robert Jay. The Broken Connection. Nueva York, Basic Books, 1982.
MARTÍNEZ, Manuel. La función social y psicológica del mito. Revista Káñina, 35 (1), 187-199, 2011.
MBEMBE, Achille. Necropolítica. São Paulo: n-1 edições, 2019.
MBEMBE, Achille. Políticas de la enemistad. Ned Ediciones, Edición de Kindle, 2018.
MOSCOVICI, Sergei. La era de las multitudes. Un tratado histórico de psicología de las masas. CDM, Fondo de Cultura Económica, 1985.
PAVÓN-CUELLAR, David. El giro del neoliberalismo al neofascismo: universalización y segregación en el sistema capitalista. Desde el jardín de Freud, 20, 19-38, 2020a.
PAVÓN-CUELLAR, David. La violencia en la ultraderecha latinoamericana. La opción por la desigualdad y lo real del capitalismo. In: Falleti, E., Juarez, E.M.,y Delgado, (coord) Política y Violencia. Aproximaciones desde la psicología social. Ciudad de México: Zaracota y UAM-X, 43-58, 2020b.
PAVÓN-CUELLAR, David. El vampiro del capital y su pulsión de muerte: vigencia de Marx y Freud ante las actuales violencias estructurales del capitalismo. Revista de Filosofía de la Universidad de Costa Rica, [S. l.], v. 62, n. 163, p. 103–114, 2023. Disponível em: https://revistas.ucr.ac.cr/index.php/filosofia/article/view/55063. Acesso em: 10 jul. 2023.

PALMA, Cristian. ¿Qué puede decir el psicoanálisis sobre la ética frente al fascismo?. Desde el Jardín de Freud, 19, 219-238, 2019.
REICH, Wilhelm. Psicología de masas del fascismo. Barcelona, Bruguera, 1983.
ROSENBAUM, Ron. Explaining Hitler. Harper Perennial, 1998.
ROZITCHNER, León. Freud y el problema del poder. Buenos Aires, Editorial Lozada, 2003.
SARTRE, Jean. Reflexión sobre la condición judía. Barcelona, Editorial Seix Barral, 2005.
SAURET, Marie-Jean; ASKOFARÉ, Sidi; PELÁEZ, Gloria. Violencia, segregación y exclusión. Paradojas actuales. Universidad de Antioquia. Facultad de Ciencias Sociales y Humanas. Edición de Kindle, 2021.
SAWAIA, Bader. "Prólogo: a dimensão ético-ontológica da violencia". In: SAWAIA, Bader; ALBUQUERQUE, Renan; BUSARELLO, Flavia; PURIN, Glaucia. Afecto e violencia: lugares de servidão e resistência, pp. 33-44, 2020.
SPINOZA, Baruch. Ética demostrada según el orden geométrico. Madrid, Alianza Editorial, 2004.
SOREL, George. Reflexiones sobre la violencia. Buenos Aires, Editorial la Pléyade, 1908/1978.
STERNHELL, Zeev; SZNAJDER, Mario; ASHERI, Maia. El nacimiento de la ideología fascista. CDM, Siglo XXI, 1994.
TEO, Thomas. Essay on Fascist Subjectivity. In I. Strasser and M. Dege (eds.), The Psychology of Global Crises and Crisis Politics, Palgrave Studies in the Theory and History of Psychology, 2021 https://doi.org/10.1007/978-3-030-76939-0_1
UHNG, Domenico. Psicología, política e Esquizoanálisis. Campinas, Alinea Edit, 2019.

CAPÍTULO II

Conflito e medo: aproximação de teorias e confrontação de aspectos biológicos, psicológicos e sociais na arqueologia do autoritarismo

Gabriela dos Santos
Tiago de Oliveira

"Teremos que insistir na história dos homens, porque quase toda ideologia se reduz ou a uma falsa concepção da história, ou a uma abstração da mesma. A própria ideologia não é mais do que uma das partes da história". Karl Marx e Friedrich Engels *(A ideologia alemã)*

Desde os primórdios do modo de produção capitalista até os dias atuais, faz-se cada vez mais necessária a reflexão sobre o autoritarismo. A urgência dessa discussão está relacionada ao aumento vertiginoso de atitudes autoritárias em países onde, supostamente, reinam relações democráticas. Estudos sobre o autoritarismo e suas implicações para a sociedade e os indivíduos, de forma geral, dedicam-se às partes do processo autoritário, ora enfatizando seus aspectos sociais, ora apresentando suas expressões psicológicas e, em outros momentos, revelando sua faceta biológica. O objetivo do texto é pensar sobre as fases do processo autoritário, ou seja, os aspectos sociais, psicológicos e biológicos, essenciais para a sua efetivação. A intenção é refletir sobre dispositivos e mecanismos implicados no fenômeno autoritário.

O trajeto que percorremos poderia ser trilhado por outras vias e diferentes referências, no entanto acreditamos que a reflexão proposta contribui para investigações preocupadas em encontrar meios para que a vida humana seja regida por princípios democráticos, menos injusta e menos desigual. Em um primeiro momento, apresentamos definições e estudos sobre autoritarismo. Em seguida, uma reflexão sobre o principal afeto implicado nas relações autoritárias, a saber, o medo. Em outra etapa, pensamos sobre a trajetória do fenômeno autoritário ao longo da história. Por fim, tecemos considerações cujo intuito foi auxiliar com pesquisas e ações que visam combater o autoritarismo e seus efeitos.

1. Definições e estudos sobre autoritarismo

Para compreender um conceito, é preciso se voltar à sua história. O autoritarismo é objeto de investigações empreendidas de forma sistemática desde o período que antecede a Primeira Grande Guerra (1914-1918) e, principalmente, após a Segunda Guerra Mundial (1939-1945). Desde os estudos de Le Bon (2008, [1895])[4], (1947, [1918]) sobre a psicologia das multidões e dos novos tempos, bem como escritos sociais de Freud (2006a, [1913]), (2006b, [1921]), (2006c, [1927]) (2006d, [1930]), tenta-se entender as razões pelas quais a agressividade e a obediência não deixam de ser combustível para conflitos e terreno de situações pavorosas da história do homem moderno. Nessa mesma época de legitimação de regimes totalitários, cresce o interesse pelo conceito de autoritarismo, que passa a ser investigado na tentativa de conhecer as causas, os elementos que o sustentam, bem como suas consequências para indivíduos e sociedade.

A problemática fundamental do fenômeno autoritário situa-se na existência ou na falta de possibilidades capazes de fornecer a todas as pessoas um lugar e recursos com os quais possam desenvolver-se plenamente. É principalmente pela necessidade de lidar com a sensação advinda da constatação da ausência de evidências sobre a garantia do futuro[5] que o fenômeno autoritário se fortalece, se estende e cada vez mais é defendido até mesmo por aqueles que são suas maiores vítimas. Para sustentar o peso dessa "angústia insuportável, que, se prolongada, tornaria impossível a vida" os indivíduos em fuga e em pânico abrem mão de sua individualidade e integridade e adotam um "gênero de vida que muitas vezes consiste unicamente de atividades automáticas ou compulsivas" (Fromm, 1983 [1941], p.117). De acordo com Fromm (1983 [1941], p. 135-136):

> O comportamento humano pode ser motivado por impulsos provocados pela angústia ou, por outro qualquer insuportável estado de espírito, que tais impulsos tendem a superar esse estado e, no entanto, simplesmente mascaram suas manifestações mais flagrantes. O ódio consequente da crescente subordinação e exploração que recaem sobre os indivíduos convoca mecanismos psicológicos capazes de suprimir esse sentimento ou substituí-lo por outro, como, por exemplo, um sentimento de admiração cega. Esta tem duas funções: (1) afastar

[4] A data da edição consultada está acompanhada da data da publicação original da obra.
[5] A garantia do futuro é uma necessidade psicológica que exerce influência sobre as pessoas tanto quanto as necessidades biológicas básicas (Linton, R. Cultura e Personalidade, 1973).

o perigoso e doloroso sentimento de ódio; (2) amenizar o sentimento de humilhação. Se a pessoa que manda em mim é tão maravilhosa e perfeita, eu não devo ter tanta vergonha de obedecê-la.

O desastre do autoritarismo e sua expressão fundamental, o fascismo, foram estudados por Reich (1988, [1933]), que enfatizou a necessidade de, para compreendê-los, considerar três níveis diferentes da estrutura biopsíquica.

> No nível superficial da sua personalidade, o homem médio é comedido, atencioso, compassivo, responsável, consciencioso. Não haveria nenhuma tragédia social do animal humano se este nível superficial da personalidade estivesse em contato direto com o cerne natural profundo. Mas, infelizmente, não é esse o caso: o nível superficial da cooperação social não se encontra em contato com o cerne biológico profundo do indivíduo; ela se apoia num segundo nível de caráter intermediário, constituído por impulsos cruéis, sádicos, lascivos, sanguinários e invejosos. [...] a biofísica tornou possível a compreensão do inconsciente freudiano, aquilo que é antissocial no homem, como resultado secundário da repressão de exigências biológicas primárias. [...] sob condições sociais favoráveis o homem é um animal racional essencialmente honesto, trabalhador, cooperativo que ama e, tendo motivos, odeia. É absolutamente impossível conseguir-se uma flexibilidade da estrutura do caráter do homem atual, através da penetração desta camada mais profunda e tão promissora [o cerne biológico], sem primeiro eliminar-se a superfície social espúria e não genuína (Reich, 1988, p. 10).

Reich (1988, [1933]) transportou a discussão anteriormente apresentada para a esfera social e política. Ao considerar que "necessidades biológicas originais foram transformadas pelas circunstâncias e pelas modificações sociais, e passaram a fazer parte da estrutura do caráter humano, esta última reproduz a estrutura social da sociedade, sob a forma de ideologias" (p. 11). Para ele, o fascismo é "a expressão politicamente organizada da estrutura do caráter do homem médio", que é geral e internacional. Ainda segundo o autor, "fascismo é a atitude emocional básica do oprimido da civilização autoritária da máquina, com sua maneira mística e mecanicista de encarar a vida" (p. 11).

Ao entender o termo revolucionário como uma revolta racional contra situações insuportáveis existentes na sociedade humana, bem como o desejo racional de ir ao fundo, à raiz das coisas, para melhorá-las, então o fascismo nunca é revolucionário. Mesmo assim, muitas vezes aparece sob disfarce. "A revolta fascista tem sempre origem na transformação de uma emoção revolucionária em ilusão, pelo medo da verdade. A mentalidade fascista é a mentalidade do 'Zé Ninguém'[6], subjugado, sedento de autoridade e, ao mesmo tempo, revoltado. O fascismo só pode ser vencido se for enfrentado de modo objetivo e prático, com um conhecimento bem fundamentado dos processos da vida" (p. 12-13).

A ascensão do nazismo na Europa fez coincidir o interesse de pesquisadores com a disposição de governos e instituições em financiar estudos com intuito de compreender, combater e evitar regimes político-econômicos que tinham como premissa o extermínio de grupos sociais, supostamente inúteis em uma sociedade em que "o Estado deve ser como uma orquestra bem afinada, na qual todos os instrumentos devem estar sob a batuta do maestro"[7]. Dessa maneira, tudo e todos considerados desvios malsonantes deveriam ser eliminados. A situação obrigou intelectuais europeus, em especial da Alemanha, a migrarem para outros países, principalmente os EUA.

Entre eles, Kurt Lewin (1939) que, na porção norte da América, realizou pesquisas sobre tipos de lideranças e fortaleceu o movimento de saída das investigações psicológicas de dentro dos laboratórios para o cotidiano. No início da década de 1960, Stanley Milgram (1961), psicólogo social cujos pais migraram da Romênia para os Estados Unidos devido à perseguição nazista, realizou estudos sobre obediência à autoridade. Milgram fora aluno de Solomon Asch (1951), que, a partir de abordagem fenomenológica, investigou a força da influência do grupo sobre o indivíduo no famoso experimento do tamanho das retas.

No período entre 1944 e 1947, Theodor Adorno, também exilado da Alemanha nos EUA, junto de outros pesquisadores, empreendeu pesquisa sobre autoritarismo e personalidade autoritária. A hipótese era a de que "convicções políticas, econômicas e sociais de um indivíduo frequentemente formam um padrão amplo e coerente, que é uma expressão de tendências profundas em sua personalidade" (2019 [1950], p. 71). Dedicou-se a investigar "o indivíduo potencialmente fascista, aquele cuja estrutura é tal que o torna particularmente suscetível à propaganda antidemocrática" e descobriu "que indivíduos que apresentam suscetibilidade à propaganda

[6] W. Reich (1982) [1948]. Escuta, Zé Ninguém. Editora Martins Fontes: Lisboa, Portugal.
[7] Conhecido lema do regime nazista.

fascista têm muito em comum. Exibem características que juntas formam uma *síndrome*" (p. 71-72).

Adorno (2019) pondera que, em grande parte das abordagens de problemas políticos, estão presentes duas noções: "a concepção da ideologia[8] e a concepção das necessidades subjacentes na pessoa" (p. 73). Sobre ideologias, apontou que são encontradas em diferentes graus de apelo, este relacionado às suas necessidades e às possibilidades de ter essas necessidades satisfeitas ou frustradas. Debruçando-se sobre o antissemitismo, Adorno (2019) reiterou a tese de que está fundamentado em fatores inerentes aos sujeitos preconceituosos e ao contexto onde vivem. Indicou que o fenômeno antissemita é parte de "um quadro ideológico amplo, e que a suscetibilidade de um indivíduo a essa ideologia depende primeiramente de suas necessidades psicológicas" (p. 74-75).

Evidenciou que o estudo do potencial fascista é "uma parte do estudo da ideologia geral do indivíduo", isto é, saber quais os "tipos e intensidades de crença, atitudes e valor que provavelmente levam à ação e saber quais forças dentro do indivíduo podem inibir essa ação" (p.78). Ainda segundo o autor, a personalidade não é apenas consequência de respostas a estímulos da vida, mas, sim, "prontidão", uma espécie de programação tendenciosa que antecede as ações; mas o resultado explícito dessa tendência depende do seu encontro com a situação do momento e com outras prontidões que se colocam em oposição. Para o autor, é no percurso da formação na sociedade que a personalidade se desenvolve e, por isso, é influenciada por fatores econômicos e sociais e, para ser compreendida, é necessário voltar a atenção "não apenas à estrutura psicológica do indivíduo, mas à situação total objetiva na qual ele vive" (p. 83).

O portador da personalidade autoritária tende a "aceitar programas políticos e sociais que acredita que servirá a seus interesses econômicos" (p. 83), estes dependentes da "posição do indivíduo na sociedade, definida em termos econômicos e sociológicos" (p. 84). O autoritário demonstra "identificação com um grupo maior, como se seu ponto de vista fosse determinado mais pela sua necessidade de apoiar esse grupo e de suprimir grupos opostos do que pela consideração racional de seus próprios interesses" (p. 85) e, quase sempre, é hostil contra uma grande variedade de grupos. Sua "associação a grupos sociais (profissionais, fraternais, religiosos e similares) que, por razões históricas, favorecem e disseminam diferentes

[8] O termo ideologia, conforme o próprio autor, está sendo utilizado para "representar uma organização de opiniões, atitudes e valores - um modo de pensar sobre o homem e a sociedade". *Estudos da personalidade autoritária*, 2019, p. 73).

padrões de ideias", também exerce influência sobre suas atitudes (p. 86).

Na referida pesquisa, o pensador alemão destacou a necessidade do sistema fascista de submeter a população ao medo, ao mesmo tempo em que precisa, para existir, da ampla cooperação da maioria das pessoas. A pergunta que nos estudos sobre a *Personalidade autoritária* (2019 [1950]) tentou-se responder é: por que pessoas apoiam um sistema que, "por sua natureza mesma, favorece poucos à custa de muitos" (p. 88)? Diante de evidências com que se comprova a degradação da realidade social, a essa indagação parece fazer sentido encontrar explicação por meio de inflexão em direção ao interior dos indivíduos, com foco nos aspectos psicológicos e biológicos analisados e sempre em relação a contextos sociais nos quais existem.

Em outra obra, Adorno (2020 [1967]) relaciona a permanência dos pressupostos sociais do fascismo à tendência cada vez mais intensa de concentração do capital, em uma sociedade que notadamente dispõe de mecanismos capazes de democratizar a distribuição da riqueza entre as pessoas no mundo[9]. A tendência de concentração gera camadas cada vez maiores de pessoas excluídas e desclassificadas da posição que outrora ocuparam na sociedade. A manutenção do *status quo* perdido passa a ser buscada na consciência subjetiva, que simula a permanência dos antigos privilégios ao mesmo tempo em que passa a odiar todos que odeiam aquilo que lhe prejudica e que, ao reclamarem, insistem em trazer à tona a realidade que precisa ser negada para ser suportada.

A realidade em questão é a sociedade "democrática" contemporânea, que estendeu direitos a mecanismos necessários para participação de pessoas nas decisões políticas, por exemplo o direito ao voto, mas, naquilo que é mais fundamental para a sobrevivência, ou seja, a questão econômica, intrinsecamente relacionada à possibilidade de obter recursos para a vida, permanece tão injusta quanto os mais diversos impérios existentes ao longo da história. Para Adorno (2020), "poderíamos caracterizar movimentos fascistas como feridas, cicatrizes de uma democracia que até hoje ainda não faz justiça a seu próprio conceito" (p. 51). Segundo ele, a relação de movimentos fascistas com a economia é estrutural e está ligada à tendência de concentração de renda e pauperização da população.

---

[9] De acordo com Oxfam no Relatório "A sobrevivência do mais rico: por que é preciso tributar os super-ricos agora para combater as desigualdades" (2023), "desde 2020, o 1% mais rico amealhou quase dois terços de toda nova riqueza - seis vezes mais do que os 7 bilhões de pessoas que compõem os 90% mais pobres". O Relatório também aponta que "um imposto de até 5% sobre os super-ricos do mundo poderia arrecadar 1,7 trilhão de dólares por ano, o suficiente para tirar 2 bilhões de pessoas da pobreza e financiar um plano global para acabar com a fome".

Mesmo em conjunturas favoráveis, é possível, por diversos meios, convencer as pessoas de que num futuro bem próximo a situação ficará cada vez mais complicada e até mesmo entrará em catástrofe. A antecipação do futuro de uma ilusão é o que garante a existência do medo no presente. Tal dinâmica psicológica, de modo contraditório, aponta para um desejo inconsciente de desgraça, que poderia de fato superar essa situação dando fim à própria vida. O fato está relacionado com o apreço pelo regime fascista por aqueles que, por ele, são os mais violentados. Conforme o autor, "o baixo nível intelectual" e "a ausência de teoria" característicos desse tipo de movimento remetem a uma "constelação de meios racionais e fins irracionais" que corresponde "à tendência geral civilizatória que resulta em uma tal perfeição das técnicas e dos meios, enquanto, na verdade, a finalidade geral da sociedade é ignorada" (p. 54).

Em consonância com a assertiva, o fascismo é um conjunto de "técnicas de poder" e "de modo algum parte de teoria elaborada" (p. 61-62). É a impotência do espírito que incita o ódio contra os portadores do espírito.

2. As tensões da vida e os processos de adaptação ao ambiente

> *"A união entre homeostase[10], eficiência e variedades de bem-estar foi assinada no céu, na linguagem dos sentimentos, e difundida pela seleção natural. Sistemas nervosos presidiram a cerimônia".* António Damásio *(Sentir & Saber)*

Diante do exposto, podemos entender o autoritarismo como resultado da interação dos indivíduos com os contextos aos quais fazem parte. A gênese do fenômeno autoritário na contemporaneidade pode ser considerada uma reação à constatação, por parte das pessoas, de que, apesar de viverem em uma sociedade abundante em tecnologias e aparatos industriais, cada vez mais têm negados os recursos necessários à continuidade da vida. A história do desenvolvimento das espécies ao longo do tempo[11] é a história do surgimento de dispositivos de adaptação capazes de garantir a sobrevivência até mesmo nos ambientes mais hostis.

Conforme Damásio (2022), a história dos organismos vivos começou

[10] Conceito elaborado por Cannon, W.B., (1929). Organization for physiological homeostasis. Physiological Reviews, 9 (3): 399-431 apud Brito, I. e Haddad, H. (2017). A formulação do conceito de homeostase por Walter Cannon. Filosofia e História da Biologia, v. 12, n. 1, p. 99-113.

[11] Entendida a partir das teses darwinistas sobre "A origem das espécies" (1859).

há quatro bilhões de anos e, durante todo esse tempo, seguiu diferentes caminhos. O autor propõe dividir o período de existência da vida na Terra em três estágios: "um primeiro estágio é caracterizado pelo ser; o segundo é dominado pelo sentir; e o terceiro é definido pelo saber no sentido geral do termo" (p. 31). Cada humano contemporâneo possui heranças desses três estágios. "Os estágios de ser, sentir e saber correspondem aos sistemas anatômicos e funcionais independentes que coexistem em cada um de nós, humanos, e são acionados conforme se faz necessário" (IB.).

Muito antes do aparecimento da mente em qualquer *ser*[12], a vida era garantida por dispositivos que ainda estavam distantes das operações racionais características do pensamento humano. Tal fato ajuda a explicar e evitar o espanto diante do crescimento de um fenômeno como o autoritarismo, estritamente ligado nas pessoas às ferramentas de adaptação social e, quase que completamente, ausente de qualquer aspecto racional. Não é porque a mente passa a existir que ela é necessariamente utilizada e, algumas vezes, torna-se meio para a efetivação de estratégias advindas de sistemas afetivos e emocionais[13]. Damásio (2022, p. 22), ao pensar sobre a inteligência de organismos simples ponderou que:

> Baseava-se em uma compreensão oculta que levava em conta o objetivo de manter a vida, nada além disso. Essa inteligência não explícita incubia-se de gerir a vida, administrá-la de acordo com as regras e regulações da homeostase [entendida como] um conjunto de regras sobre como proceder, executadas incansavelmente segundo um extraordinário manual de instruções sem palavras nem ilustrações. Os avanços [do surgimento da mente] amplificaram o propósito da vida: sobreviver, é claro, mas com uma abundância de bem estar derivada, em grande medida, da experiência de suas próprias criações inteligentes.

O encontro do sistema nervoso com o corpo contém "uma inteligência biológica fundamental, a competência não explícita que governa a vida atendendo às demandas da homeostase e que por fim se expressa sob

[12] O primeiro organismo vivo, as Protocélulas, surgiram há 4 bilhões de anos, no entanto, o aparecimento das primeiras células nervosas aconteceu há 500 milhões de anos e o primeiro homosapiens data "apenas" de 300 mil anos atrás (Damásio, 2022).

[13] Para entender mais sobre sistemas afetivos, conferir "A lógica dos sentimentos" de Ribot (2005 [1905]), em "*Ribot e a valorização dos afetos, emoções e sentimentos pela psicologia*". G.M.R. Santos , 2022. Território e Subjetividade: reflexões sobre a cidade que pulsa ao ritmo da desigualdade social - tese de doutorado em Psicologia Social da PUC-SP.

a forma de sentimento" (p. 27-28). Além disso, é dessa união que surge a possibilidade de tornar explícito o conhecimento sobre o organismo, que pode até revelar parte do funcionamento "secreto da biologia - em outras palavras, as explicações para a vida inteligente" (p. 27-28). Conforme Damásio (2022), um dos primeiros exemplos de fenômenos mentais são os sentimentos, que:

> Permitem que os seres representem em suas respectivas mentes o estado de seu próprio corpo, voltado para a regulação das funções dos órgãos internos requeridas pelas necessidades da vida: comer, beber e excretar; assumir posturas defensivas, como ocorre durante o medo ou a raiva, o nojo ou o desprezo; coordenar comportamentos sociais como a cooperação e o conflito (p. 33).

Com a mediação de sentimentos, organismos experienciam a própria vida e, por meio deles, é possível avaliação graduada de seus êxitos relativos à tarefa de viver. Essa avaliação pode ser entendida como uma nota que o organismo dá a si próprio e que "se manifesta sob a forma de uma qualidade — agradável ou desagradável, leve ou intensa" (Damásio, 2022, p. 33). Sentimentos são elementos que tornam possível às pessoas tomarem consciência sobre a vida e sua situação existencial. É isso que, para o autor, caracteriza a fase do *saber*. O saber sobre si dá origem às memórias pelas quais "organismos dotados de sentimentos e consciência são capazes de manter uma história mais ou menos completa de sua vida, uma história de suas interações com os outros e de sua interação com o ambiente" (p. 35). Isso representa a "contrapartida mental de um organismo físico" (p. 63).

Segundo Damásio (2022), para os organismos, sentimentos funcionam como informativos que ficam implantados nos processos de conhecimento sobre o estado interior do corpo. Os dispositivos pelos quais um organismo consegue saber se está funcionando adequadamente são chamados de "homeostáticos porque, como informantes diretos, eles nos dizem se o organismo está ou não funcionando[14] [...] de um modo conducente ou não à vida e à sobrevivência" (p. 65). Em geral, permitem perceber se estamos sendo afetados de modo positivo ou negativo pelas condições nas quais vivemos. É na cooperação entre os componentes corporais e o sistema nervoso, em contato com o contexto em que existem, que é for-

[14] Para mais detalhes, conferir os conceitos de interocepção, propriocepção e exterocepção. Damásio, A. Sentir & Saber: as origens da consciência, p.65, 2022.

mada nossa visão de mundo, determinante na elaboração das estratégias (práticas e teóricas/sociais e psicológicas) utilizadas na, ainda, difícil tarefa de sobreviver. Para o autor:

> Os conteúdos precisos da nossa mente [...] são necessariamente experimentados com afeto. O que percebemos ou recordamos, o que tentamos entender por meio de raciocínio, o que inventamos ou desejamos comunicar, as ações que executamos, as coisas que aprendemos ou lembramos, o universo mental composto de objetos, ações e abstrações decorrentes, todos esses diferentes processos podem gerar respostas afetivas enquanto ocorrem. [...] E o fascinante é que o oposto também vale: o afeto pode alterar as luzes sob as quais os conteúdos de precisão são experimentados (Damásio, 2022, p. 68-69).

Ao longo da vida na Terra, a adaptação dos organismos foi eficiente em garantir a sobrevivência das espécies com o mínimo consumo de energia, no entanto, nos humanos, ironicamente, pela presença da consciência, "mecanismos alinhados à prosperidade da vida não têm prevalecido de modo tão retumbante" (Damásio, 2022, p. 71)[15]. Os humanos não são organismos afetados apenas por questões concretas e objetivas, mas, também e principalmente, pelos conteúdos de seus pensamentos e pelo significado da linguagem.

Selye (2017 [1956]), médico e cientista, interessou-se em investigar se havia um ponto comum presente em todas as doenças e descobriu que, qualquer que seja o problema, o que ele causa é desequilíbrio no funcionamento "normal" dos organismos[16]. Os problemas que adoecem, no caso dos humanos, têm a ver com a dimensão biológica da vida, mas, também e com igual importância, com dimensões psicológicas, históricas, sociais, políticas, culturais e econômicas. Todas elas dão origem a um todo, maior do que a soma das partes que o formam. As sensações e a consciência sobre a situação da própria vida dela em relação à vida dos outros e do mundo também contribui para o aparecimento de doenças. O sofrimento ético-político[17] é a patologia social do corpo humano.

---

[15] O autor discute essa situação em termos culturais com mais profundidade em "A estranha ordem das coisas: as origens biológicas dos sentimentos e da cultura", Damásio, 2018.

[16] Os organismos têm jeitos próprios de encontrarem equilíbrio nos diversos momentos da vida. Esse equilíbrio depende do funcionamento de dispositivos homeostáticos, biológicos e psicológicos.

[17] Sobre a definição desse conceito, ver Sawaia, B.B. (1999, 2009, 2011).

O desequilíbrio que altera o funcionamento do organismo foi chamado pelo autor de "*stress*" [estresse]. A "tensão da vida"[18] exige respostas que sejam eficientes em eliminar o conflito causado no corpo. As pessoas ficam tensas pela exigência da satisfação das necessidades fisiológicas e pelo efeito real e simbólico da sua condição de existência. O organismo desequilibrado aciona um dispositivo que altera sua fisiologia e otimiza os processos necessários para restabelecer a harmonia de seu sistema. Acionado periodicamente, esse dispositivo é um mecanismo de "cura", mas, se exigido constantemente, em sobrecarga, originam fatores que desestabilizam a saúde[19].

Selye (2017) dividiu o processo de exaustão dos dispositivos adaptativos, causado pelo estresse permanente, em três fases: "i) reação de alarme, ii) fase da resistência, iii) fase da exaustão" (p. 21). Denominou de "síndrome de stress" ou "síndrome de adaptação geral" o conjunto de modificações do organismo às reações de adaptação do corpo com o meio em que vivem. A relevância de seus estudos está relacionada ao seu entendimento sobre o estresse como resultado de situação ambiental total e não provocado por fatores específicos. A síndrome de estresse é o resultado da qualidade da relação do organismo com o meio do qual faz parte e para o ser humano isso inclui considerar todas as dimensões da vida: biológica, social, psicológica, cultural, política, econômica, familiar, individual, etc.

> [...] Estresse é o estado manifestado por uma síndrome específica constituída por todas as alterações não específicas produzidas num sistema biológico. [...] Uma alteração não especificamente produzida é a que afeta todo ou grande parte de um sistema, sem seletividade. [...] Uma alteração não especificamente causada é a que pode ser causada por muitos ou todos os agentes. [...] É especialmente importante levar em conta que a especificidade é sempre uma questão de grau (Selye, 2017, p.82 e 84).

> [...] A condição de *stress* biológico é essencialmente um ajustamento, através do desenvolvimento de um antagonismo entre um agressor e a resistência que a ele é oferecida pelo corpo (Selye, 2017, p.84).

---

[18] Este é o subtítulo da obra de Selye, H., 2017.

[19] Esta situação está relacionada com o hormônio ACTH e à liberação de corticóides no sangue que, em primeiro lugar, otimizam o funcionamento de órgãos cruciais para o restabelecimento da saúde. Liberados em excesso em decorrência de uma tensão permanente, esses mesmos elementos passam a fazer mal ao organismo.

Contribuições do autor iniciaram discussões sobre a necessidade de se considerar as dimensões da vida na busca por sua compreensão e por seu estado ótimo de funcionamento, tanto individual quanto coletivo. Ou seja, não são apenas elementos concretos do campo vital que afetam positivamente ou negativamente as pessoas. Humanos são seres portadores de consciência e capazes de se comunicar via linguagem complexa. Essa característica singular faz com que sejam afetados não apenas por estímulos objetivos, mas, também e principalmente, por estímulos relacionados à capacidade de pensar e falar. O significado das palavras e o sentido atribuído à vida interferem no equilíbrio e no desenvolvimento do organismo e, dependendo de seus conteúdos, podem estimular ou inibir avanços, ajudar a melhorar ou piorar sua situação.

Platonov (1958 [1930]), fisiologista russo e discípulo de Pavlov[20], investigou com afinco o efeito das palavras sobre as pessoas. Fundamentado no materialismo dialético e considerando a unicidade do psíquico e do somático, considerava a consciência como uma instância intimamente relacionada às condições de vida. Seu objetivo era ajudar a compreender os mecanismos da ação fisiológica das palavras. O autor lembra que, em toda história, a primeira forma de tratamento médico que existiu foi o cuidado por meio de palavras. Antes do surgimento de qualquer tecnologia medicinal, era conversando com os doentes que se tentava melhorar seu estado de saúde. Se a palavra e, em consequência, suas representações mentais (ideias e pensamento), podem afetar positivamente o organismo, é evidente que o contrário também pode acontecer.

Citando o mestre, pondera que: "La palabra es para el hombre un estímulo condicionado tan real como los demás estímulos comunes con los animales, pero al mismo tiempo tan omnímodo como ningún otro" (Pavlov, 1949 apud Platonov, 1958, p. 15). Conforme a situação concreta em que pessoas se encontram, palavras utilizadas para se referirem a elas e imagens abstratas de suas condições sociais, elaboradas em forma de pensamento, podem tornar-se fator que, com o passar do tempo, danifica o organismo biológico e altera suas motivações. A palavra, por representar e substituir por meio de significações as influências do meio ambiente sobre o organismo, pode realmente originar reações fisiológicas que interferem no seu funcionamento.

Segundo o autor, "así, pues, entre los factores capaces de actuar sobre la actividad nerviosa superior del hombre la palabra es un factor excep-

[20] Fisiologista russo conhecido por seus experimentos com cachorros sobre condicionamento.

cionalmente poderoso y desempeña un papel esencial en la vida individual y social del hombre" (Platonov, 1958, p. 21). Platonov (1958) também menciona estudos sobre emoções[21] para salientar contribuições de Béjterev[22] (1929), ao demonstrar que elas estão fisiologicamente relacionadas ao mesmo setor cerebral responsável pelo efeito das palavras no organismo, a saber, a região cortical. Enfatizou que Pavlov foi um dos pioneiros nos estudos sobre o mecanismo afetivo e o efeito condicionador das palavras por ter percebido e apontado que estados emocionais são sinais enviados por todo o corpo à região do córtex cerebral, sinalizando o estado funcional do organismo[23]. Dessa forma, emoções representam reações complexas do organismo que, para se manifestarem, exigem a participação de todo o sistema nervoso. "La palabra ocupa el primer lugar entre los estímulos capaces de suscitar reacciones emocionales. La palabra puede provocar reacciones mucho más intensas y cambios más profundos que cualquier factor físico" (Platonov, 1958, p. 224).

No período entre 1910 e 1935, Pavlov (1987 [1934]), em diálogo com pesquisadores da área de psicossomática, estudou sonhos e hipnose. Por meio de experimentos, revelou aspectos do funcionamento cerebral e da sua relação com o corpo. A compreensão do estado hipnótico atestou o efeito das palavras sobre o organismo e seus questionamentos sobre o sono e os sonhos trouxeram respostas relativas à tarefa principal de todos os organismos vivos, a saber, a adaptação ao meio onde vivem. Uma vez que não há meio ambiente estável, a harmonia do organismo com seu contexto depende de diferentes sinais "en estado de excitación y de inhibición que se refieren tanto al mundo exterior, cuanto al interior" (p. 42) que formam complexos mosaicos captados pelo córtex cerebral e que orientam as ações em prol da sobrevivência.

---

[21] Charles Darwin; William James e Carl Lange; Walter Cannon e Charles Sherrington.

[22] Importante psicólogo russo. Logo após a realização, em 1927, de uma consulta com Josef Stalin em que proferiu um diagnóstico que não agradou o governante da antiga União Soviética, foi encontrado morto, supostamente envenenado.

[23] "Identificada ligação mente-corpo no cérebro humano": o relacionamento entre a mente e o corpo humano é um assunto que desafia grandes pensadores há milênios, incluindo os filósofos Aristóteles e Descartes. A resposta, no entanto, parece residir na própria estrutura do cérebro. Pesquisadores disseram que descobriram que partes da região do cérebro chamada córtex motor, que governa o movimento do corpo, estão conectadas a uma rede envolvida no pensamento, planejamento, prontidão mental, dor e controle dos órgãos internos, bem como funções como pressão arterial e frequência cardíaca. [...] Os pesquisadores chamaram o sistema de rede de ação somato-cognitiva. Reportagem publicada no Jornal Folha de São Paulo em 23 de abril de 2023.

Pavlov (1987), ao induzir estados patológicos nos cães que participavam de seus experimentos, percebeu que muitas vezes nessas situações ocorria inibição temporária de seus sistemas nervosos, o que acarretava melhora provisória desses estados. O autor comparou tal inibição com aquela provocada pela hipnose e admitiu que todo procedimento normal de luta contra um agente patogênico é uma espécie de processo hipnótico. Em consonância com estudos clássicos[24] de Platonov e Pavlov, comportamentalistas contemporâneos continuam interessados em pesquisar o processo de adaptação de seres vivos a contextos nos quais estão inseridos. A discussão apresentada, sobre o efeito das palavras no organismo, se relaciona com investigações sobre o medo, uma vez que representações mentais sobre a vida, possíveis pela existência da consciência e da linguagem, constituem aquilo que amedronta as pessoas. Orientados por pesquisas etológicas que demonstravam a importância dos sinais de estímulos emocionais reguladores da organização social de diversas espécies, dedicam-se a entender o medo nos humanos, suas causas e consequências para indivíduos e sociedade.

> Poucos psicólogos experimentais negariam as suposições de que: 1. O comportamento, o sentimento e a sensação são resultados de acontecimentos fisiológicos específicos intrínsecos ao organismo; e 2. Estes acontecimentos são, por si mesmos, o resultado de uma complexa interação entre os fatores hereditários [...] e fatores ambientais passados e presentes (Gray, 1987, p. 58).

Segundo o autor, o medo nos humanos está intimamente relacionado com o estresse[25] e pode ser momentâneo, mas, quando prolongado, promove a cessação de atividades corporais relacionadas com a resistência às infecções. A interrupção acontece em decorrência do entendimento, por

[24] J.B. Watson (2021 [1920]), precursor do Behaviorismo, também realizou experimentos com a intenção de investigar a existência de medos inatos. Esse estudo ficou famoso por ter sido realizado com uma criança, conhecida como "Pequeno Albert". À época, a investigação já era considerada controversa e atualmente jamais seria permitida. No entanto, o autor tentou justificar a razão que o fez seguir adiante nesse empreendimento: "No princípio, houve considerável hesitação de nossa parte em tentar estabelecer experimentalmente reações de medo. Há certa responsabilidade nesse tipo de procedimento. Decidimos, por fim, fazer a tentativa, confortando-nos com a reflexão de que vínculos como esses surgiriam de qualquer maneira assim que a criança deixasse o ambiente protegido do berçário para enfrentar a dureza e confusão da casa" (p. 80).

[25] Tal como entendido H. Selye (2017).

parte do organismo que sente medo, de que é necessário despender um alto índice de energia com possíveis ações imediatas, típicas das situações que envolvem esse sentimento. Nas palavras do autor, "observa-se este padrão de comportamento — assim como o padrão observado na reação de emergência imediata — não importa que espécie de *stress* seja aplicado, quer seja este fisiológico [...] ou psicológico" (p. 67). Assim, constatamos que "sensações fisiológicas são apenas parte da evidência na qual baseamos um julgamento do nosso estado de humor; igualmente importante, ou talvez mais, é nosso conhecimento das circunstâncias que acarretam ou cercam nossas sensações" (p. 71), como o *status* social do indivíduo no grupo e o tipo de formação do grupo social.

Gray (1978) assevera que, em uma situação de medo, o organismo deve tomar uma decisão que envolve querer se aproximar ou se distanciar do objeto que desperta nele a emoção. Para o autor, não é a sensação de medo que abala o organismo, mas, sim, a situação de conflito a ser enfrentada.

3. Conflito histórico e fenômeno autoritário como herança

"Aqueles que não estiverem dispostos a falar criticamente sobre o capitalismo devem se calar sobre o fascismo". Max Horkheimer *(Os Judeus e a Europa)*

"Aqueles que não estiverem dispostos a falar criticamente sobre o colonialismo devem se calar sobre o capitalismo e o fascismo". Adaptação dos autores

As ponderações anteriores permitem entender o autoritarismo como fruto do conflito gerado pelas tentativas, ao longo da história, de solucionar um dilema antigo na humanidade. Mas que dilema é esse e qual conflito ocasiona? Em que época essa situação conflituosa ganha a forma pela qual até hoje continua exigindo das pessoas o acionamento de estratégias que, muitas vezes de maneira contraditória, visam interromper a situação dissonante?[26] O conflito dá origem ao fenômeno autoritário que é a expressão psicológica contemporânea da disputa histórica por recursos necessários à sobrevivência. Essa situação é compartilhada com todos os

[26] Festinger, L. (1975 [1957]) realizou importante estudo sobre Dissonância Cognitiva. Para compreender a relação da teoria da dissonância cognitiva com o contexto político brasileiro, consultar: Maciel-Baqueiro, L.M. e Santos, M.A.F. 2023, Dois caminhos da dissonância cognitiva no bolsonarismo: narcisismo coletivo e desengajamento moral. Ideias, Campinas, SP, v.14, 01-23.

seres vivos que já existiram, mas, nos humanos, parece ter efeito colateral adicional, a saber: a inquietação inerente à constatação de que, por termos consciência, poderíamos organizar a distribuição de recursos de modo racional e cooperativo, não somente na produção, mas principalmente na distribuição das riquezas produzidas[27].

O autoritarismo, para ser compreendido, exige desde o entendimento de dispositivos biológicos inatos, até o conhecimento da história particular dos indivíduos e do desenvolvimento da sociedade. E, por ser um produto da história do mundo e envolver características comuns a todas as pessoas, é tão geral e globalizado. Sendo verdade que a cabeça pensa onde os pés pisam, parece razoável que estudos sobre autoritarismo, realizados por pensadores europeus[28], tenham como foco e ponto de partida o movimento nazifascista e sua relação com o sistema capitalista. Porém, nessas obras são pontuais e quase ausentes menções à relação do capitalismo com o colonialismo e, em consequência lógica, do colonialismo com o fascismo. Nossa reflexão começa pelo capitalismo.

Marcuse (1999 [1942]), ao refutar a tese de que o nacional-socialismo[29] representou algum tipo de revolução, enfatizou que este não modificou as relações básicas do processo produtivo, que continuou administrado e controlado por grupos sociais específicos, defensores dos próprios interesses. São grupos que desconsideram necessidades da sociedade como um todo. Do *Terceiro Reich* até a atualidade, o domínio econômico e político continua a ser exercido por grandes conglomerados industriais, muitas vezes com auxílio de governos. Desse modo, o sistema nazifascista aboliu a separação entre Estado e sociedade ao transferir funções políticas para grupos sociais que, de fato, estão no poder.

Para o autor, "o nacional-socialismo tende ao autogoverno direto e imediato dos grupos sociais dominantes sobre o resto da população. Além disso, manipula as massas liberando os instintos mais brutais e egoístas do indivíduo" (p. 109). Em consequência desses fatos, a lei não garante mais o equilíbrio de interesses sociais e políticos e, ao ser a expressão direta de interesses particulares, transforma o Estado no "órgão executivo dos interesses econômicos imperialistas" (p. 111). A administração pública deixa

[27] Freud, S. (2006d [1930]) menciona que, dentre as três maiores fontes de sofrimento humano, as formas de relacionamento entre os homens são as que mais os afetam, justamente pela impressão de que poderiam ser diferentes.

[28] Com exceção de autores negras e negros.

[29] Nacional-socialismo é o movimento que representa as ações do Partido Nacional-Socialista dos Trabalhadores Alemães, de Adolf Hitler.

de ser um fim (satisfação de demandas sociais) para se tornar um meio (satisfação de demandas privadas).

> As relações econômicas devem, portanto, ser transformadas em relações políticas. A expansão econômica e a dominação devem não apenas ser suplementadas, mas superadas pela expansão e dominação políticas. Hitler promete que o novo Estado se tornará o agente executivo da economia, que organizará e coordenará toda a nação para uma expansão econômica sem limites [...] (Marcuse, 1999, p. 113-114).

A superação das forças políticas pelas forças econômicas representou a decadência da liberdade que, em nome da eficiência total do sistema, foi cerceada e sofreu consequências da neutralização "de todos os grupos que tivessem de ser sacrificados às necessidades da racionalização" em favor dos grandes monopólios e conglomerados (Marcuse, 1999, p. 115). O máximo potencial econômico sempre dependeu da existência e da expansão de novos mercados exclusivos que, no curso da história, foram conquistados pela invasão violenta de territórios em todo o mundo. Conforme Marcuse (1999, p. 121), o Estado nacional-socialista:

> É o governo das forças econômicas, sociais e políticas hipostasiadas. [...] Todas as relações humanas são absorvidas pela engrenagem objetiva do controle e da expansão. [...] Pode ser comparado a um conglomerado monopolista gigantesco que conseguiu controlar a competição interna e subjugar as massas de trabalhadores e que se lançou a conquistar o mercado mundial. [...] O estado nacional-socialista não é o reverso, mas a consumação do individualismo competitivo.

Para o pensador alemão, sob o nazismo, "interesses de grupos sociais dominantes jamais estiveram tão incrivelmente dissociados dos interesses da maioria da população" (Marcuse, 1999, p. 115). Questionando essa ponderação, apresentamos a partir de agora relevantes informações sobre o colonialismo.

James (2003 [1938]) destaca a importância do movimento de resistência ao sistema escravista ocorrido em Santo Domingo[30], no Haiti, a partir

[30] "Santo Domingo representava dois terços do comércio da França com o exterior e era a saída comercial mais importante para o tráfico de escravos. Era parte integrante da vida econômica da época: a melhor colônia do mundo, o orgulho da França que causava inveja em todas as demais nações imperialistas. Toda sua estrutura repousava sobre o trabalho de meio milhão de escravos" (James, C.L.R. 2003, Los jacobinos negros, p. 17).

de 1789. Até hoje, esse é o único exemplo conhecido de sucesso dos escravizados na luta contra colonizadores na América. Incentivados pelos ideais franceses de liberdade, igualdade e fraternidade, liderados por Toussaint L'Ouverture[31] e aproveitando a desatenção de imperialistas que disputavam entre si a posse de riquezas do território, empreenderam movimento revolucionário que culminou, em 1804, na declaração de independência do Haiti. Durante muito tempo, tentativas de recuperação da região por exércitos imperialistas (franceses, britânicos e espanhóis) foram frustradas graças à competência do movimento de resistência.

A incapacidade da retomada do território em revolta, por vias militares, exigiu o desenvolvimento de técnicas que pudessem colapsar a união e a organização das pessoas responsáveis pela manutenção da independência e, com isso, sustentar a volta da dominação colonial. Segundo James (2003), amedrontados com a possibilidade da revolta haitiana influenciar outros levantes ao redor do globo terrestre, europeus iniciam no Haiti um processo de disseminação de intrigas, motivadas por mentiras, com a intenção de colocar os integrantes da antiga colônia para brigarem entre si. Dessa forma, em conflito, a independência conquistada seria desestabilizada a partir do seu interior e não por forças exclusivamente externas.

Na população de Santo Domingo, o plano vingou e gerou insatisfação com a política de Toussaint que, para minimizar efeitos da manipulação ideológica, teve que aumentar o grau de repressão contra conterrâneos revolucionários[32] e, por isso, foi acusado de integrar-se ao grupo do qual se opunha. Contraditoriamente, foram os ideais colonizadores que inspiraram a revolta dos colonizados e, foi o medo dos colonizadores de perderem o domínio sobre territórios explorados, o que intensificou e aprimorou a utilização de técnicas de desestabilização social que têm como objetivo confundir a consciência das pessoas sobre o grupo ao qual pertencem e, assim, distorcer o reconhecimento de seus verdadeiros interesses, ou seja, aqueles que podem garantir a sobrevivência.

Estudos de Williams (2012 [1944]) enfatizam a íntima relação entre capitalismo e escravização. O autor denuncia o papel de forças econômicas

---

[31] De acordo com James, C.L.R. (2003), Toussaint L'Ouverture foi um dos homens mais notáveis de uma época rica em homens notáveis. Planejou e organizou desde o início operações que levaram à independência do território haitiano. "Entre 1789 e 1815, com a única exceção de Napoleão Bonaparte, a história não registra o aparecimento de nenhuma figura individual mais carismática que a deste negro, escravo até os 45 anos. Sem dúvida, não foi Toussaint que criou a revolução. Foi a revolução que criou Toussaint" (p. 18).

[32] Para mais detalhes dessa história, consultar James, 2003. *La burguesía se prepara para restabelecer la esclavitud.* In *Los jacobinos negros*, p. 251-268.

para o fim do regime escravista no império britânico. Também menciona o caráter economicista da exploração das pessoas negras, opondo-se a qualquer outro argumento que tente explicar o horror[33]. Segundo o autor, a escravização foi fundamental para consolidar o capitalismo industrial e, diferente do que aprendemos, foram movimentos de resistência negra que influenciaram a abolição[34]. Por isso, é preciso se contrapor à interpretação humanitarista dessa situação consagrada por autores europeus.

Césaire (2020 [1955]) salientou que a civilização europeia e ocidental, "tendo sido moldada por dois séculos de governo burguês é incapaz de resolver os dois principais problemas aos quais sua existência deu origem: o problema do proletariado e o problema colonial" (p. 9). Para o autor, é preciso revelar a verdade sobre os princípios da colonização e também negar que ela esteja relacionada apenas com missões religiosas, empreendimentos filantrópicos e a disseminação de conhecimentos e contenção das tiranias de povos atrasados. O movimento colonialista surge para estender à escala mundial a concorrência econômica das nações europeias. Para Césaire (2020), é necessário descolar a colonização do espectro da civilização. "[...] Da colonização à civilização, a distância é infinita; que de todas as expedições coloniais acumuladas, de todos os estatutos coloniais elaborados, de todas as circulares ministeriais despachadas, não sobraria um único valor humano" (p. 11).

É importante questionar a surpresa e indignação do povo europeu pelo surgimento do nazifascismo e criticar a compreensão de que se tratou de período passageiro de barbárie. Levando em conta que desde dois séculos essa barbárie já ocorria, imposta pelos europeus a povos não europeus, não é justificável seu status de fenômeno temporário (ID., op. cit.). "[Aquilo que o europeu] não perdoa em Hitler não é o crime em si, contra o homem, não é a humilhação do homem em si, é o crime contra o branco, é a humilhação do branco, é de haver aplicado à Europa procedimentos colonialistas que atingiam até então apenas árabes da Argélia, *coolies*[35] da Índia e negros da África[36]" (Césaire, 2020, p. 18).

O líder político francês avisa que, no fundo do capitalismo, ainda vivo, há o nazifascismo e, para consolidar seu alerta, apresenta uma frase do ditador alemão que deixa explícita a íntima conexão entre esses dois siste-

---

[33] O racismo é utilizado em função dos interesses econômicos.

[34] Conferir Marques, R.B. (2012). *Capitalismo e escravidão e a historiografia sobre a escravidão negra nas Américas*. In: Williams, E. *Capitalismo e escravidão*, 2012.

[35] Termo depreciativo para trabalhadores braçais.

[36] Bem como os indígenas nas Américas.

mas político-econômicos. "Aspiramos não à igualdade, mas à dominação. O país de raça estrangeira terá que se tornar novamente um país de servos, diaristas agrícolas ou trabalhadores industriais. Não se trata de eliminar desigualdades entre homens, mas de ampliá-las e torná-las lei (Frase proferida por Hitler extraída de Césaire, 2020, p. 19). Césaire (IB., op. cit.) define a colonização como "uma cabeça de ponte, em uma civilização, da barbárie que, a qualquer momento, pode levar à pura e simples negação da civilização" (p. 21).

Em sua obra, o autor indica excertos extraídos de documentos e textos das mais diferentes áreas, elaborados durante o período colonial, para demonstrar a equivalência desse regime com o nazismo, pois ambos sustentam-se por meio de enorme grau de desumanização e maldade[37]. Também expôs trechos de obras literárias que revelam o modo ideológico[38] como a colonização é transmitida ao mundo[39]. Para o autor, todos esses escritos unem-se na tentativa de reduzir os mais graves problemas humanos "a noções confortáveis e vazias" (p. 53). Césaire (2020) conclui que o "Ocidente, ao mesmo tempo que gargareja [belas palavras], não foi mais capaz de assumir os requisitos de um verdadeiro humanismo, de poder viver o verdadeiro humanismo" (p. 71).

---

[37] Selecionamos alguns desses excertos: I. "Os atiradores de elite tinham ordens para matar apenas homens, mas não foram detidos; intoxicados pelo cheiro de sangue, não pouparam uma mulher, nem uma criança... No final da tarde, sob a ação do calor, uma pequena névoa se elevou: era o sangue das cinco mil vítimas, a sombra da cidade que evaporou ao pôr-do--sol" - texto de General Augustin Gérard (1857-1926), chefe do Estado-Maior do governo colonial de Madagascar, entre 1896 e 1905.
II. "É verdade que trouxemos um barril cheio de orelhas colhidas, de par em par, de prisioneiros, amigos ou inimigos" - texto de Conde D'Herisson (1839-1898), que participou da chamada Segunda Guerra do Ópio (1856-1860), na qual a Inglaterra e França invadiram a China para forçá-la a render-se de vez ao imperialismo ocidental.

[38] O autor utiliza o termo "hipocrisia".

[39] I. "Os novos países são um vasto campo aberto a atividades individuais violentas que, na metrópole, se chocariam com certos preconceitos, com uma concepção sábia e regulada da vida, e que, nas colônias, podem se desenvolver mais livremente e, portanto, afirmar melhor seu valor. Assim, as colônias podem, de certa maneira, servir como uma válvula de segurança para a sociedade moderna. Essa utilidade, se fosse a única, já seria imensa" - texto de Charles Régismanset (1877-1945), escritor e funcionário do Ministère des Colonies. O livro citado é o Essai sur la colonisation, de 1907.
II. "Apesar de tudo, o bárbaro é da mesma raça que os romanos e os gregos. É um primo. O amarelo e o preto não são nossos primos. Aqui há uma diferença real, uma distância verdadeira, etnológica. Afinal, a civilização só foi feita até agora pelos brancos. Se a Europa ficar amarela, então certamente haverá uma regressão, um novo período de obscurantismo e confusão, ou seja, uma segunda Idade Média" - texto de Émile Faguet (1847-1916), escritor e crítico literário, membro da Academia Francesa de Letras.

4. Considerações finais: apontamentos para a superação do autoritarismo a partir de análise multidimensional

> *"O que constitui a essência da descoberta científica não é ver alguma coisa primeiro, mas estabelecer uma sólida relação entre o que já se conhecia e o que é até então desconhecido".* Hans Selye *(Stress: a tensão da vida)*

Analisou-se neste texto o conceito de autoritarismo. A ideia central foi a de que o fenômeno autoritário é fruto de conflito adaptacionista resultante da constatação, por parte das pessoas, da falta de garantias e de segurança em relação ao futuro. Tal conflito é agravado por sofrimento inerente à percepção de que a situação da distribuição de recursos pode ser mais bem organizada, uma vez que há aparatos industriais, técnicos e tecnológicos necessários à democratização de bens imprescindíveis para a vida. Procuramos suscitar que o autoritarismo provoca reações que atingem dimensões da existência humana e, para ser compreendido, demanda articulação de múltiplos saberes que, confrontados, fornecem mosaico teórico de aproximação do fenômeno em sua totalidade.

Diante do exposto, podemos por hora destrinchar o autoritarismo em cinco camadas: filogenética, ontogenética, ética, práxica e hermética. Da *filogenética*, extraímos informações que propiciam entendimento sobre como o organismo se relaciona com seus ambientes interno e externo; a *ontogenética* é dedicada a conhecer a história particular e coletiva de indivíduos, o que possibilita a verificação do âmbito onde o fenômeno ocorre; o campo da *ética* é terreno para reflexão sobre valores morais e elaboração de princípios norteadores ao ordenamento da existência; a dimensão *práxica* empenha-se em encontrar modos com os quais seriam efetivadas ações para a democratização; a *hermética* diz respeito à complexidade do fenômeno autoritário e o caráter ininteligível que impede o esclarecimento completo e exige uma crítica permanente[40].

Foi possível observar ainda que o autoritarismo é atravessado por diferentes temáticas que, enredadas, revelam o seu significado. Destaca-

[40] As camadas sugeridas alinham-se com os esquemas de microprojeção proposta por Lane, S.T.M. e Araújo, Y. em Arqueologia das Emoções. Rio de Janeiro: Editora Vozes, 2000.

mos cinco delas: coincidências, contradições, dimensão afetiva, limites e negações/projeções. Sobre *contradições*, salientamos conflitos entre razão e emoção, consciente e inconsciente, racional e irracional, pertencer e não ser parte, pobres e ricos, amor e ódio, necessidade e satisfação, interesses próprios e de grupo, meios e fins. Na *dimensão afetiva*, notamos efeitos do significado das palavras e da consciência sobre a situação de vida no organismo, além da primazia dos circuitos afetivos no desenvolvimento histórico de dispositivos de adaptação. Na questão dos *limites*, ou falta deles, apontamos a ausência de limites da acumulação de renda e concentração de riqueza, do Estado para efetivar princípios democráticos, das ciências e da razão nas tarefas de apreensão e superação do fenômeno autoritário, assim como dos limites impostos pela natureza. Quanto às *negações/projeções*, pensamos a negação do real por realidade psicológica e ideológica, a negação do capitalismo como parte e continuidade do colonialismo, a negação do ódio e sua transformação em admiração, a projeção do fracasso da razão sobre o campo afetivo, e a projeção, em forma de revolta, da disposição para rendição e submissão ao opressor.

Do que foi apresentado, destacam-se a esse respeito: i) a similaridade do significado da síndrome da personalidade autoritária de Adorno (2019) e da síndrome da adaptação geral de Selye (2017); ii) a semelhança da noção de coexistência de dispositivos adaptacionistas adquiridos no curso da vida na Terra (ser, sentir e saber), proposta por Damásio (2022), além do modelo psicanalítico do psiquismo, em que instâncias consciente, pré-consciente e inconsciente coexistem e mantêm preservadas experiências do passado, vivências do presente e expectativas do futuro; iii) a compreensão de Gray (1978) sobre os fatores implicados nos comportamentos relativos à vida social, que se alinha às proposições de Damásio (2022) e da psicanálise; iv) o entendimento de Adorno (2019) sobre a personalidade e seu potencial para interferir nas atitudes dos indivíduos, o que corresponderia ao modelo homeostático e suas regras.

Por fim, cabe ressaltar que, na Europa, o interesse por estudos sobre autoritarismo não surge de aspirações do pensamento racional. Foi, sim, motivado por sentimentos gerados durante o período do regime nazifascista. Também fica evidente que tensões da vida, seus conflitos e consequências, terão mais chances de serem amenizadas a partir da tensão dos diferentes campos do conhecimento que, eticamente (sentimentalmente) orientados, poderão guiar a humanidade em direção a um destino talvez nunca alcançável. Mesmo o ponto de chegada sendo incerto, é preciso manter o rumo de modo incansável e inegociável, possível apenas com a força volitiva do campo afetivo.

É preciso que o pensamento racional aceite sua insuficiência e, de seu devido lugar, forneça diretrizes para nos aproximarmos do bem-estar social ideal. A razão carece convencer-se de que deve ser guiada pelos princípios do coração (os afetos). E ainda, é mister realçar o protagonismo do medo na gênese e na manutenção do autoritarismo, bem como o relevante papel da condição de estresse e esgotamento. Despertam curiosidade investigações que demonstram similaridade entre processos de reação, acionados pelo conflito inerente à sensação de medo, e alterações fisiológicas típicas do estado hipnótico. No fenômeno autoritário, a consciência é quem encaminha a principal defesa contra seus efeitos, ficando à frente de mecanismos afetivos, no entanto o faz de forma contraditória e, do ponto de vista da preservação da vida, irracional.

Referências

ADORNO, T.W. Aspectos do novo radicalismo de direita. São Paulo: Editora UNESP, 2020.

ADORNO, T.W. Estudos sobre a personalidade autoritária. São Paulo: Editora UNESP, 2019.

CÉSAIRE, A. Discurso sobre o colonialismo. São Paulo: Veneta, 2020.

DAMÁSIO, A. Sentir & Saber: as origens da consciência. São Paulo: Editora Companhia das Letras, 2022.

FREUD, S. O futuro de uma ilusão. In: Obras psicológicas completas de Sigmund Freud, v.XVII, 2006c.

FREUD, S. Psicologia de grupo e a análise do ego. In: Obras psicológicas completas de Sigmund Freud, v.XVIII, 2006b.

FREUD, S. O mal-estar na civilização. In: Obras psicológicas completas de Sigmund Freud, v.XVIII, 2006d.
FREUD, S. Totem e Tabu. In: Obras psicológicas completas de Sigmund Freud, v.XIII, 2006a.
FROMM, E. O medo à liberdade. Rio de Janeiro: Zahar Editores, 1983.
GRAY, J. A psicologia do medo e do stress. Rio de Janeiro: Zahar Editores, 1978.
JAMES, C.L.R. Los jacobinos negros. Madrid: Turner, 2001.
LE BON, G. Psychologia dos novos tempos. Rio de Janeiro: Livraria Garnier, 1947.
LE BON, G. Psicologia das multidões. São Paulo: Martins Fontes Editora, 2008.
LINTON, H. Cultura e personalidade. São Paulo: Editora Mestre Jou, 1973.
MARCUSE, H. Tecnologia, guerra e fascismo. In: Implicações Sociais da Tecnologia Moderna. Tradutor: Maria Cristina Vidal Borba. São Paulo: Unesp, 1999.
OXFAM BRASIL. A sobrevivência do mais rico: por que é preciso tributar os super-ricos agora para combater as desigualdades, 2023.
PAVLOV, I.P. El sueno y la hipnosis. Buenos Aires: Editorial Psique, 1987.
PLATONOV, K. La palabra como factor fisiológico y terapéutico. Moscou: Ediciones en Lenguas Estrangeiras, 1958.
REICH, W. Escuta, Zé Ninguém. Lisboa, Portugal: Editora Martins Fontes, 1982.
REICH, W. Psicologia de massas do fascismo. São Paulo: Martins Fontes Editora, 1988.
SAWAIA, B. (Org.). As artimanhas da exclusão: uma análise ético-psicossocial da desigualdade. Petrópolis, RJ: Vozes, 1999.
SAWAIA, B. Da consciência à potência de ação: um movimento possível do sujeito revolucionário na psicologia social laneana. In W. Galindo & B. Medrado (Orgs.), Psicologia Social e seus movimentos: 30 anos de ABRAPSO (pp. 35-51). Recife: Editora Universitária UFPE, 2011.
SAWAIA, B. Psicologia e desigualdade social: uma reflexão sobre liberda-

de e transformação social. Psicologia & Sociedade, 21(3), 364-372, 2009.
SELYE, H. Stress: A tensão da vida. São Paulo: IBRASA, 2017.
WILLIAMS, E. Capitalismo e Escravidão. São Paulo: Companhia das Letras, 2012

CAPÍTULO III

A literatura originária do bolsonarismo como narrativa contra a diversidade brasileira

Luiz Carlos Checchia
Renan Albuquerque
Sérgio Bairon
Ricardo Alexino

Introdução

A intenção no capítulo foi enfocar o conceito de diversidade tal e qual episteme, com núcleo de importância voltado a questões étnico-raciais, de direitos humanos, saúde coletiva, sexualidade e autodeterminação. Situamos essa multiplicidade epistemológica em torno da diversidade como característica decolonial, refletindo sobre reconformações de pensamentos do sul global. Acreditamos ser a pesquisa de interesse público, porque, no caso brasileiro, o período de 2019 a 2022 foi de inúmeros retrocessos, com consequências duradouras para as próximas gerações.

Como pressuposto, tomamos o autoritarismo enquanto comportamento relacionado a sensos comuns, crenças, atitudes e valores que são antíteses ao conceito de diversidade. O ponto de partida foi a análise das obras *Destino manifesto* e *Tese da fronteira*, de pensadores estadunidenses, e da teoria do *Espaço vital*, de autor alemão influenciado pela leitura dos dois primeiros textos. Os três documentos, assim, entrelaçam-se e fundamentam experiências extremistas nos séculos XIX e XX, dentre elas o fascismo e o nazismo — hoje esteios do conservadorismo radical brasileiro na contemporaneidade (Ávila, 2005).

Também trabalhamos com a premissa de que o bolsonarismo tem sido liderado por religiosos, militares e megaempresários do agronegócio, além de banqueiros e políticos, que utilizam pautas morais para assentar suas representatividades. Para explorar o complexo, trouxemos argumentos de Burke (1999), que atrela questões conservadoras a cristianismo e neoliberalismo, com incentivos à livre iniciativa de mercado. Por hipótese de embasamento, destacamos que ideias oriundas das três publicações disseminaram-se entre a extrema direita brasileira nos tempos atuais e passaram a ser denominadas genericamente de bolsonarismo[41], com impressionantes impactos entre a população brasileira no âmbito de questões inerentes à diversidade.

Sublinhamos o tema da gênese do autoritarismo moderno a partir de conjunturas ideológicas antecedentes às duas primeiras grandes guerras mundiais, pois foi durante esse período singular, marcado pelo decorrer de pouco mais de 30 anos (1914 a 1945), que os EUA passaram a se autodenominar juiz e polícia do mundo moderno (Lukacs, 2006), após profundas transformações na política e na economia europeias. Essas mudanças tiveram efeitos globais a partir de então, com a criação do Conselho de Segurança da Organização das Nações Unidas (ONU).

Nos tópicos que seguem refletimos sobre o *Destino manifesto*, a *Tese da fronteira* e o *Espaço Vital*, interpretando-os como documentos tidos como marcos essenciais do conservadorismo branco e triunfalista do norte global. Por premissa, assumimos que ideias contidas nesses livros tenderam a ser repactuados no presente para dar espaço a posicionamentos que, principalmente no Brasil, incidem e afetam a dinâmica da diversidade entre povos da nação.

Contexto do problema

O *Destino manifesto*

Após o encerramento das eleições de 2020 à presidência dos EUA, o então presidente eleito, Joe Biden, fez o discurso de vitória. Em cerca de 14 minutos, falou sobre conciliação e cura da sociedade, recitou versos de hinos religiosos e reafirmou a "missão estadunidense" como farol do mundo, concluindo com "[...] e que Deus proteja nossas tropas"[42]. Na breve comunicação como presidente eleito, Biden reafirmou uma das maiores ideologias de consolidação dos EUA, o *Destino manifesto*.

Uma síntese do que significa o *Destino manifesto* é a pintura em estilo clássico *American progress*, de John Gast, de 1872. Embora de pequenas di-

[41] Reconhecemos o bolsonarismo como expressão particular do fascismo. Francisco Carlos da Silva pontua, em *Fascismos*, a necessidade de se colocar desafios de "lançar mais de um novo arsenal teórico e de novos métodos que possam explicar as duas marés fascistas (anos 1920/30 e anos 1990) e unificar a teoria explicativa do fascismo" (SILVA, 2005, p. 121). A "maré fascista" que emergiu pela ascensão do bolsonarismo é uma dinâmica social que conecta desde o fardo colonial até o refinamento do autoritarismo operado por organizações políticas espalhadas pelo mundo.

[42] Ver Agência BBC News Brasil. Em https://www.youtube.com watch?v=fYYOEMeOxaE.

mensões, com 16 cm x 41 cm, é repleta de iconicidades. Na imagem, vê-se pairando no ar a musa Columbia, a representar os EUA. A mão esquerda segura um livro e pela ponta dos dedos a direita traz o fio do telégrafo. Na parte de baixo, colonos assentados aram terras em família. Em outro ponto, pioneiros avançam em caravanas seguidos por diligências e estas por trens deslizando em estradas de ferro recém-instaladas. Trabalhadores montam postes e erguem cabos de eletricidade carregados por Columbia. O movimento vem da costa leste, constituída com cidades e portos conectados ao oeste bravio, aonde fogem nativos e búfalos assustados com o expansionismo impávido (Sandweiss, 1872).

A representação traduz a crença da sociedade (políticos, jornalistas, publicistas e demais profissionais de influência) de que o país era predestinado por Deus a liderar o mundo. Para isso, deveria crescer a ponto de cruzar o continente e povoar o extremo oeste, até o Pacífico, para além das terras de colonização inglesa. A noção era amparada na certeza de que os Estados Unidos tinham história distinta de nações do velho continente, a ser trilhada na luta contra o absolutismo inglês, tendo em vista a virtude e a solidez da população, segundo o *Destino manifesto*. O manuscrito sublinha a missão divina de resgate para a condução global.

No início da década de 1840, essas ideias circulavam entre entusiastas do conflito contra o México. Em meados de 1845 foram organizadas como doutrina em editorial não assinado no *The democratic review*. Semanas depois, texto semelhante foi publicado no *New York morning news*. Como John O'Sullivan era editor dos jornais e defensor do *Destino manifesto*, pensa-se ter sido ele o autor dos libelos, que criticavam opositores da anexação do Texas e exortavam a população a se unir em torno da missão expansionista. O *New York morning news* conclamaria o povo também durante a contenda com a Grã-Bretanha diante do território do Oregon (Aptheker, 1969).

O *Destino manifesto* não surge ao acaso. Integra a elaboração de outra formulação ideológica já em curso, a Doutrina Monroe. Discursando para o Congresso dos EUA em 2 de dezembro de 1823, o presidente James Monroe mandou recado a potências coloniais europeias, alertando-as a não voltarem à carga em interesses sobre províncias estadunidenses recém-emancipadas ou em processo. "Continentes americanos, pela condição de liberdade e independência que assumiram e mantêm, não devem, doravante, ser considerados sujeitos de colonização por quaisquer potências europeias" (Monroe, 1823, p/única).

Na ocasião, afirmou o presidente dos EUA que novo mundo e velho mundo formavam duas distintas experiências existenciais e uma não deveria intervir e se interpor em área de influência política e econômica da outra. Algo sustentado apenas até 1898, quando os próprios EUA entraram em guerra contra a Espanha por colônias, iniciando longa temporada em que o *Destino manifesto* se espraiou pelo planeta de modo ambíguo (Bandeira, 2016).

A *Tese da fronteira*

Frederick Jackson Turner nasceu em 1861 e morreu em 1932. Considerado fundador da moderna historiografia estadunidense, formou influente geração de historiadores. Em 1893 publicou o artigo *O significado da fronteira na história americana*, apresentando a *Tese da fronteira*, que defendia a conquista do oeste como ato construtor do novo tipo humano, forjado na dureza da luta contra a natureza selvagem e contra sociedades indígenas por seus territórios. Era a conquista da chamada "terra livre". A proposta se caracterizava por um individualismo centrado no núcleo familiar. Nela, organizava-se um tipo humano somente com outros como ele, em pequenas comunidades, tendo à frente a floresta a ser conquistada e o leste estadunidense, onde estavam centros urbanos com forte influência europeia, amaneirados. A costa leste seria a fronteira sem possibilidades, fechada pelo Atlântico e, depois dele, a velha Europa (Tonete, 2016).

O oeste representava, por outro lado, um manancial que exigia a força dos músculos e do caráter, além de retidão, disciplina e vigor de indivíduos. A expansão norte-americana rumo a oeste, assim sendo, granjeou essa propagada tipologia diferente de pessoa, que animava a sociabilidade, fosse da América ou da Europa.

> Por trás das instituições, por trás das formas e modificações constitucionais, estão forças vitais que dão vida a esses órgãos e os moldam para atender às mudanças nas condições. A peculiaridade das instituições americanas é o fato de terem sido compelidas a se adaptarem a mudanças de um povo em expansão — mudanças envolvidas na travessia de um continente, na conquista de um deserto e no desenvolvimento em cada área desse progresso, das condições econômicas e políticas primitivas da fronteira com a complexidade da vida na cidade (Turner, 2010, p. 2).

Pretendia-se um novo cidadão estadunidense, fruto da sociedade além-mar, temperado pela dureza selvagem do mundo rumo ao Pacífico, a ser descoberto. Um equilíbrio entre o legado civilizacional europeu e os esforços exigidos para a conquista da terra livre. Isso criaria também, segundo Turner, um espírito político de democracia liberal assumido por homens e mulheres potentes, criados na labuta. Sujeitos taciturnos, menos intelectualizados, menos filosóficos, mas com firme caráter, operosos e responsáveis.

> Na fronteira, o ambiente é forte demais para o homem. Mas ele deve aceitar as condições que ela fornece, ou perecerá, e então ele se acomoda nas clareiras indígenas e segue as trilhas indígenas. Aos poucos, transforma o sertão, mas o resultado não é a velha Europa, não o desenvolvimento de germes germânicos, assim como o primeiro fenômeno não foi caso de reversão ao marco germânico. Aqui está um produto novo que é americano (Turner, 2010, p. 3).

Para exemplificar a condição afirmada, Turner cita a declaração de um congressista.

> Eles logo se tornam políticos que trabalham, e a diferença, senhor, entre um político falante e um político trabalhador, é imensa. O velho domínio há muito é celebrado por produzir grandes oradores; os metafísicos mais hábeis em política; homens que podem rachar os cabelos em todas as questões obscuras de economia política. Mas em casa, ou quando voltam do Congresso, têm negros para abaná-los enquanto dormem. Mas um estadista da Pensilvânia, de Nova York, de Ohio ou da Virgínia Ocidental, embora inferior em lógica, metafísica e retórica em relação a um velho estadista da Virgínia, tem esta vantagem, que quando ele volta para casa tira o casaco e segura o arado. Isso dá a ele osso e músculo, senhor, e preserva seus princípios republicanos puros e não contaminados (Turner, 2010, p. 13).

A fronteira é, a um só tempo, espaço e experiência que medeiam sociabilidades. "O verdadeiro ponto de vista na história da nação não é a costa atlântica, é o grande oeste [...] é a fronteira a borda externa da onda, o ponto de encontro entre a selvageria e a civilização" (IB., op. cit.). Subjaz, assim, a formação territorial dos EUA, inerente às guerras, às armas e ao extermínio de povos originários. A *Tese da fronteira* foi influente na sociocultura, na história e na mídia de massa. Notemos, por ocasião, clássicos filmes de "velho oeste", com colonos e *cowboys* corajosos, impetuosos e desbravadores, enfrentando hordas silvícolas e avançando para terras distantes. Mais recentemente, *Guerra nas estrelas* encena viajantes intergalácticos singrando o cosmos para levar democracia e liberdade, em busca de planetas que possam chamar de lar. O cinema, assim, foi usado para reconfigurar o mito fundador do povo de acordo com a *Tese*...

O *Espaço vital*

Criado pelo geógrafo e etnólogo Friedrich Ratzel, o livro *Espaço vital*, conhecido no Brasil pelo termo original *Lebensraum*, é influenciado por textos doutrinários de *Destino manifesto* e *Tese da fronteira*. Ratzel visitou os EUA em 1873, quando se impressionou com formulações observadas e seus resultados práticos, principalmente no que concernia a mobilizações da população quanto a conquistas territoriais. Ratzel, então, desenvolveu noções de geografia política, potencializando a ideia de *Espaço vital* como determinante para entender processos políticos e conexões com o ambiente. Destacou ser a luta por áreas intocadas uma disputa crucial, entendendo como legítimas conquistas por povos preparados para fazê-las, mesmo que significasse tomar terras de minorias.

"Semelhantes à luta pela vida, cuja finalidade é obter espaço, lutas de povos se dão pelo mesmo objetivo. Na história moderna, a recompensa pela vitória sempre foi ou tem pretendido ser a união do proveito territorial" (Ratzel apud Werneck, 1976, p. 50). O *Lebensraum*, portanto, foi ideologia que mobilizou reivindicações coloniais alemãs na virada do século XIX para XX. Poucas décadas depois de formulada, foi acolhida por extremistas que a consideraram fundamental ao desenvolvimento do que seria o III Reich. A vastidão das plagas germânicas garantiria, então, segurança e liberdade, como Hitler escreveu em *Minha luta*, documento de referência nazista.

> A garantia da segurança externa de um povo depende da extensão de seu "habitat". Quanto maior for o espaço de que um povo disponha, tanto maior é sua proteção natural. Sempre foram conseguidas vitórias militares mais rápidas e, por isso mesmo, mais fáceis, eficientes e completas contra povos apertados *(sic!)* em pequenas superfícies de terra, do que contra Estados de vasta extensão territorial [...] Na vastidão territorial, em si mesma, já existe uma base para a fácil conservação da liberdade e da independência de um povo, enquanto que, ao

contrário, a pequenez territorial como que desafia a conquista (Hitler, 2000, p. 417).

Para o führer, todavia, importava não apenas segurança, mas asseverar-se de que assentamentos colonos formassem uma grande nação. "Não há solução fora da conquista de territórios para a colonização, aumentando a extensão da pátria e com isso mantendo os nativos em contato íntimo com o país de origem" (ID., op. cit., p. 1942). Assim, nazistas assumiram a proposta do que consideravam *Lebensraum* e defenderam a unidade ariana em movimentos supremacistas de anexação, ocupação e destruição de toda a Europa central até o Reino Unido, incluindo-se o leste europeu e grande parte da União Soviética (Eurásia), onde almejavam criar o maior campo de *commodities* do mundo para a manutenção do III Reich.

A partir do destaque, percebemos como o extremismo alemão se formou mediante influências do *Destino manifesto* e da *Tese da fronteira*. Um dos ideólogos do nazismo, Alfred Rosenberg, afirmou ter sido intelectualmente acolhido pela política racial estadunidense, inspirando-se a compor o tônus do nacionalismo germânico que culminou na Segunda Grande Guerra (Whitman, 2017). Nos Julgamentos de Nuremberg, Göring foi questionado como o partido teve a ideia de unificar a chefia de governo e Estado em uma só pessoa. O chefe da Luftwaffe respondeu que a origem inventiva partiu dos EUA. Podemos afirmar, desta feita, que houve estreitas e íntimas relações entre ideologias que animaram a conquista do oeste estadunidense e o extremismo alemão (Kakel, 2011).

As conexões não se estabeleceram de maneira mecânica e despropositaI. Foram reais e identificáveis. Grassaram por determinação do desenvolvimento capitalista em períodos que compreendem os derradeiros momentos das revoluções burguesa e conservadora, após a Convenção de Viena. Em outros termos, verificamos que atividades preponderantes originadas de lideranças adeptas dessas ideologias acomodaram processos históricos que seriam experiências de racismo e xenofobia.

O conservadorismo do tipo *Wasp*

Conservadorismo é corrente de pensamento surgida no Reino Unido. Seu formulador principal foi Burke (IB., op. cit.), advogado e político irlandês radicado na Inglaterra. Em crítica ao entusiasmo da Revolução Francesa, escreveu na primeira metade de 1790 o panfleto *Reflexões sobre revolução na França*. O texto é um dos marcos do pensamento conservador moderno (Watkins, 1790; Watkins, 1966), com influência nos EUA e entre os alemães. O conservadorismo na atualidade, porém, transcende a matriz original, tendo contornos próprios (Sigler, 1972).

As atualizações do conservadorismo contêm protótipos apresentados em *Destino manifesto*, *Tese da fronteira* e *Espaço vital*, publicações que foram fulcrais na formação do que hoje se conhece por *Wasp life style*, sigla em inglês para "estilo de vida branco, anglo-saxão e protestante" *(white, anglo-saxon and protestant)*, ou simplesmente *Wasp*, movimento que congrega grupos de inspiração supremacista de inúmeras vertentes, todas trabalhadas dentro do contexto do extremismo.

A proliferação dessas organizações é fato no século XXI. De certa forma, são recomposições de tradicionais ideologias componentes dos três livros clássicos. E o tipo *Wasp* é uma especificidade remodelada nos EUA que foi exportada para o mundo (McVeigh, 2009), sendo o movimento QAnon (Wendling, 2021; Fanjul, 2021) um de seus mais potentes exemplos. De todo modo, a ressurgência de velhas organizações em embalagens assépticas tem despertado preocupação para autoridades globais. Algo em comum ao modo de operação de agrupamentos *Wasp* é o uso de *fake news*, representadas por desinformação, contrainformação, rumores e boatos sobre o que consideram "globalismo cultural", uma suposta rede mundial que domina o pensamento das sociedades terrenas por meio de hegemonia política socialista/comunista.

Wasp são organizações baseadas em narrativas incomuns, não lastreadas em fatos, misturando questões judaico-cristãs, de controle humano por inteligência artificial, espionagens extraterrestres, satanismo de partidos de esquerda, fantasias comunistas de dominação do planeta e experimentos surreais proto-científicos. Esses temas são disseminados por meio de modelos de comunicação de submundo, ou seja, que não guardam relação com a realidade e ativam o expediente do pânico moral na população-alvo. Organizações *Wasp* reatualizaram os quatro grandes preconceitos estruturantes da humanidade (racismo, machismo, xenofobia e homofobia) segundo bases de pretensa excepcionalidade do norte global sobre o cone sul.

São organizações lideradas por radicais que, com ou sem apoio do Estado, encontram, via comunicação de submundo, acesso a plataformas baratas e de fácil trânsito de dados para a disseminação de conspirações antidemocráticas e ataques contra comunidades LGBTQIA+, mulheres, pobres, negros, povos originários, latinos, migrantes e demais populações que não se sujeitam a modelos autoritários e não diversos.

Os EUA viveram o auge do movimento *Wasp* no século XXI com a gestão Donald Trump (McVeigh; Estep, 2019) e, apesar de esforços de democratas e opositores do trumpismo, a vitória de Biden se deu por margem estreita de votos, o que significa que após quatro anos de administração de republicanos partidários da extrema direita da Casa Branca quase metade dos eleitores ainda se identificava com essa visão política (Mars, 2020). No Brasil, não foi diferente. Seguidores da ideologia *Wasp* impulsionaram a vitória de Jair Bolsonaro em 2018, que desenvolveu de 2019 a 2022 modelo próprio de agir a partir do protótipo *white, anglo-saxon and protestant*, chegando muito perto de ganhar as eleições de 2022. A derrota se deu por 1,8% de votos de diferença para Lula da Silva, líder do Partido dos Trabalhadores. O bolsonarismo rendeu a alcunha de Trump Tropical ao então chefe do Executivo brasileiro e isolou o país na Organização das Nações Unidas (ONU).

O conservadorismo radical brasileiro entrou em evidência desde quando Bolsonaro ganhou repercussão, após o Golpe de 2016 contra a presidenta Dilma Rousseff, do PT. O sucesso de popularidade do outrora deputado federal pelo Rio de Janeiro se fez graças a redes religiosas, militares e do agronegócio. O bolsonarismo se beneficiou de polêmicas participações em programas humorísticos de tv, webtv, rádio e podcast. A movimentação, na esteira do antipetismo e das ilegalidades da Operação Lava Jato, fez com que organizações *Wasp* pudessem se movimentar publicamente e defender sua candidatura.

Matéria do jornal El País, de 9 de junho de 2020, escrita por Gil Alessi e Naira Hofmeister, com o título "Sites neonazistas crescem no Brasil espelhados no discurso de Bolsonaro, aponta ONG", sugere que atrações mútuas entre Bolsonaro e grupos *Wasp* não se deram por acaso. A aproximação de correntes ideológicas do movimento conservador mundial ao bolsonarismo vem em firmes costuras desde o Golpe de 2016, sobretudo por causa de apoio de lideranças ligadas à Conferência de Ação Política Conservadora (CPAC, em inglês). A CPAC é a maior organização de vertente *Wasp* do planeta e foi criada em 1974, nos EUA. Está presente em cinco continentes e agrega o mais importante ponto de conexão entre os modos de pensar o conservadorismo mundial e o modelo brasileiro: a religiosidade.

O cristianismo foi religião que historicamente mais se aproximou de esferas do poder no Brasil. O bolsonarismo, por sua vez, aproveitou-se do crescimento de denominações protestantes neopentecostais e católicas reformistas no país. O neopentecostalismo e o reformismo têm história própria, mais antiga que o bolsonarismo, porém quando essas duas forças se encontraram, nos idos de 2013/14, criaram íntima associação com o modelo *Wasp* abrasileirado de pensar o mundo. Se antes o cristianismo tinha prática constituída de influência sobre governantes e classes dominantes (Silva Júnior, 2006), agora lideranças buscavam participação direta no governo, comprometendo publicamente políticos e candidatos, levando-os a púlpitos, missas e cultos, elegendo-os a cargos no Executivo e Legislativo.

O livro *The family*, do jornalista Jeff Sharlet, apresentou com detalhes como grupos religiosos gananciosos e com dinheiro atuaram no núcleo do poder político e econômico dos EUA. Igualmente, a jornalista Andrea Dip (2018) publicou livro-reportagem investigativo denominado *Em nome de quem? A bancada evangélica e seu projeto de poder*, em que descreveu a relação entre denominações neopentecostais, reformistas e a política nacional. A ascensão de neopentecostais e reformistas brasileiros foi embasada na teologia da prosperidade e impulsionada por lobistas, banqueiros, latifundiários e grupos pró-armas (Sharlet, 2008).

Esses brasileiros autodefinidos como cristãos flertaram abertamente com os quatro grandes preconceitos estruturantes da história humana. Foram milhões de pessoas que, nos dias de hoje, tendem a aderir à negação concretizada daquilo que o conceito de diversidade defende: aceitação, apreço, valorização, benquerença, afeição e respeito a outrem. Portanto, cabe reconhecer que o movimento nacional do tipo *Wasp* que aqueceu o bolsonarismo utilizou-se do evangelismo, a partir de interpretação própria, para combater políticas de apoio à pluralidade no Brasil.

Tensões e perspectivas sobre a diversidade

Crises gestadas no cenário geopolítico nacional levaram à ascensão da extrema direita desde 2016, como notamos. Em muitos casos, governantes brasileiros escolheram referenciar ações a partir do modo *Wasp* de proceder, com plenitudes nazifascistas (Lowy, 2019), o que gerou consequências à população, sobretudo a partir do advento da covid-19. A pandemia logrou sociedades inteiras a condições catastróficas, como foram os casos de EUA, Brasil e Índia. A Europa, mesmo sendo composta por nações ricas, teve milhões de vidas perdidas, dada a negação de boa parte dos cidadãos para a imunização vacinal, o que fez com que muitas mortes nesses países pelo SARS-CoV-2, desde junho de 2021, fossem de pessoas que não tomaram vacina. Coincidentemente, em EUA, Brasil, Índia, além de Reino

Unido, houve mais surtos de covid-19 nas regiões onde o discurso de base *Wasp* foi mais forte. Entendemos, portanto, que o conservadorismo foi associado ao negacionismo nas localidades (G1, 2021; Albuquerque *et al.*, 2020).

No Brasil, especificamente, o contágio por covid-19 aumentou em razão de ebulições de radicais de direita, em movimento que agiu contra informações fidedignas para a prevenção ao SARS-CoV-2. Com isso, além da pandemia ter ficado fora de controle no Brasil, a crise social foi intensificada por extremistas a partir de agendas autoritárias pactuadas desde a eleição de 2018. Essas agendas, no limite, mantiveram-se na candidatura de Bolsonaro em 2022: voto impresso, fechamento do Supremo Tribunal Federal, instalação de ditadura, discursos contra minoria, caça a comunistas e indiferença à miséria do povo.

De toda maneira, os mais de 58 milhões de votos que Bolsonaro conquistou na última disputa pela presidência vieram de pessoas que tinham simpatia por seus posicionamentos, alguns mais outros menos. O público foi motivado, em boa monta, por construções ideológicas de setores da política global, não necessariamente éticas. No Brasil, esses setores ascenderam no bojo da crise provocada pela atuação de parlamentares interessados na desestabilização crítica do governo de Dilma Rousseff, pela tática conhecida como "pautas-bomba" (Santos, 2017). O bolsonarismo, então, mostrou-se desde sempre como corrente oportunista do conflituoso Golpe de 2016. Com a saída de Dilma, foi capilarizado junto a lideranças populares.

Com a verve de ideologias conservadoras fortalecidas pelo CPAC, tal qual explicamos, o bolsonarismo passou a fragmentar a consolidação do conceito de diversidade. Com o culto ao rebaixamento intelectual e a apologia à ditadura, foi torrente a alimentar o radicalismo no país. Deu-se perceptível a associação entre o bolsonarismo e os atos dos adeptos do modelo *Wasp*, inclusive os proferidos e praticados pelo próprio presidente Jair Bolsonaro. Por conta disso, importante tarefa histórica posta tem sido compreender como a legião supremacista vem se acomodando cada vez mais em nossas relações cotidianas, de modo a barrar pautas da diversidade no atual governo Lula.

A tarefa passa, no agora, por percebermos o que há de específico no desenvolvimento de um país diverso e qual a representatividade da diversidade a que nos reportamos? Nesse particular, tanto EUA quanto Brasil, apesar da distinção de seus processos de colonização, consolidaram-se por caminhos a partir dos quais elites brancas se serviram de aparelhos repressivos do Estado para garantir interesses, tendo êxito porque compartilharam experiências semelhantes (Horne, 2010). Ademais, o movimento da extrema direita refratou a diversidade quando a retirou da narrativa cotidiana, atuando como *think tank* de formação social. Houve mesmo vertentes brasileiras desses *think tank*: Instituto Mises, Instituto Liberal e Instituto Millenium.

Também notamos que existem múltiplas redes de influenciadores/as e coletivos de disparo em massa de mensagens falsas que atingem milhões de pessoas a partir de dinheiro privado e mesmo público. Essa é a notória comunicação de submundo. Enquanto a prática de *fake news* se torna cada vez mais popular e influente, sobretudo com robôs, igualmente se reivindica a tradição conservadora oriunda da história extremista global, baseada no *Destino Manifesto*, na *Tese da Fronteira* e no *Espaço Vital*. Uma história regurgitada pelo bolsonarismo, influente no Brasil, promovendo a criminalização de públicos que pensam a diversidade, ampliando a escalada de riscos às comunidades LGBTQIA+, negra, indígena, quilombola e de matriz religiosa africana, entre demais — assim como perigos a militantes de esquerda, ativistas culturais e "comunistas", ou seja, quaisquer pessoas que divirjam do modelo *Wasp* de concepção, que nega a pluralidade como cosmovisão.

O bolsonarismo, assim o entendemos, foi indiferente às mortes por covid-19, ao fracasso econômico, à violência de Estado, às tragédias ambientais e às perseguições políticas. Esse movimento *Wasp* de estirpe brasileira esteve a ferir o âmago da diversidade porque não a aceitou enquanto caminho para sociedades interseccionadas, com exímio teor decolonial. O bolsonarismo golpeou a diversidade quando aceitou maniqueísmos sobre corpo ou alma, barbárie ou civilização, fato ou valor, bicho ou gente, cultura ou natureza (Anderson, 2019). A extrema direita fragmentou a diversidade quando incentivou factoides que criminalizavam opiniões divergentes (Blumer, 1978; Albuquerque, 2020) e foi contra denúncias de violências étnico-raciais e de gênero (Bomfim *et al.*, 2013). Esse movimento contrapôs-se à diversidade porque não a tinha como componente da própria gênese do país (Kalil, 2019).

Considerações finais

O bolsonarismo é corrente extremista nascida a partir de atividades do movimento *Wasp*, que força o uso de concepções não reconhecidas ou acordadas por conceitos e categorias acadêmicos e legislativos nacionais. É pensamento exportado, encerrado em percepções antidemocráticas, com reconformações segundo particularidades brasileiras. Defender o bolsonarismo, em termos políticos ou ideológicos é, acima de tudo, projetar sociedades que não tendem a aceitar a diversidade nacional, pois o bolsonarismo, ao pautar a manutenção de dado modelo familiar judaico-cristão, apequena-se dentro de verve moral própria e autoreferente.

Seu fator distintivo é o comportamento de massa ancorado à forte presença dos extremistas em redes sociais, usando-as como meio para realizar a comunicação de submundo. Esse comportamento, orientado pela perspectiva do heroísmo e por força de armas e discurso bélico, já surgiu durante o Estado Novo e a ditadura 1964-1985. Agora, foi instado mais uma vez mediante o cenário da sociopolítica com o Golpe de 2016. Desde então, a crise no Brasil passou a ser correlacionada no desrespeito a todo o tipo de lugar de autoridade, na vontade de reviver o militarismo, a hierarquia de poder e a noção de progresso neoliberal, segundo planos de rentismo financeiro.[43]

Ordem e progresso se vincularam a projeções de virilidade masculina, simbolizada na figura do ex-presidente, com severos ataques à ciência, à cultura e a poderes democraticamente constituídos (Executivo, Legislativo e Judiciário), mediante o uso de *fake news* como ação padrão (Homem, 2021). Nessa miríade de problemas, cremos ser preciso a concretização de mais investigações acerca da diversidade em seus segmentos de episteme e método, haja vista que está na ordem do dia sugerir superações ante a atual situação do nosso país (Steinmetz; Albuquerque, 2022). A resistência, nesse sentido, inegavelmente perpassa por um tipo de potência que aflora dos divergentes, a animar e solidificar norteamentos para o bem viver (Gudynas, 2011; Gudynas; Acosta, 2011).

Referências

ALBUQUERQUE, Renan, LEÃO, Jeremias, STEINMETZ, Wilhelm Alexander e ORELLANA, Jesem. Os desaparecidos da covid-19 - Quarentenas Amazônicas. Volume VI. Manaus/AM - Embu das Artes/SP: EDUA - ALEXA, 2020. Disponível em https://ufam.academia.edu/RenanAlbuquerque. Acessos em 15 de outubro de 2021.

[43] Por *massa/comportamento de massa* entendemos a definição: "[...] é destituída das características de uma sociedade ou comunidade. Não possui organização social, costumes e tradição, um corpo estabelecido de regras ou rituais [...] atua em resposta ao objeto que atraiu sua atenção e com base em impulsos pelo mesmo objeto" BLUMER (1978, p. 179).

ALBUQUERQUE, Renan. Indígenas Sateré-mawé/AM e Hixkaryana/AM em sofrimento mental e ético-político. INTERTHESIS (FLORIANÓPOLIS), v. 17, p. 01-17, 2020.

ANDERSON, Benedict. Comunidades Imaginadas. São Paulo, Companhia das Letras. 2019.

APTHEKER, Herbert. Uma Nova História dos Estados Unidos: A Revolução Americana. Rio de Janeiro, civilização Brasileira. 1969

ÁVILA, Arthur Lima. História e Destino: a frontier thesis de Frederick Turner (1861-1932). XXIII Simpósio Nacional de História. Londrina, 2005. Disponível em https://anpuh.org.br/uploads/anais-simposios/pdf/2019-01/1548206372_9dc83aa8d9d7912c5a34b872f42230cf.pdf. Acessos em 09 de outubro de 2021.

BANDEIRA, Luiz Alberto Moniz, Formação do Império Americano. Editora Civilização Brasileira, Rio de Janeiro. 2016.

BLUMER, Herbert. A massa, o público e a opinião pública. In COHN, Gabriel (org.) Comunicação e indústria cultural. S. Paulo: Companhia Editora Nacional [texto de Blumer original de 1946], 1978.

BURKE, Edmund. Speech of Edmund Burke, Esq., on Moving his Resolutions for Conciliation with the Colonies. [1775] In: Select Works – Vol. 1 – Thoughts on the Cause of the Present Discontents; Two Speeches on America. Indianapolis: Liberty Fund: 1999.

BOMFIM, Alexandre Maia do et al. Secretaria Especial de Direitos Humanos. Ministério das Mulheres, da Igualdade Racial e dos Direitos Humanos. Relatório de Violência Homofóbica no Brasil: ano 2013.

DIP, Andrea. Em nome de quem? A bancada evangélica e seu projeto de poder. Rio de Janeiro, Civilização Brasileira, 2018.

FANJUL, Sérgio. Teorias conspiratórias do QAnon varrem o mundo e são mais perigosas do que parecem. El Pais. 12 de janeiro de 2021. Disponível em https://brasil.elpais.com/internacional/2021-01-12/teorias-conspiratorias-do-qanon-varrem-o-mundo-e-sao-mais-perigosa-do-que-parecem.html. Acessos em 29 de setembro de 2021.

GUDYNAS, Eduardo. Más allá del nuevo extractivismo: transiciones sostenibles y alternativas al desarrollo. En: "El desarrollo en cuestión" (F. Wanderly, coord.), CIDES y Plural, La Paz, 2011.

GUDYNAS, Eduardo e ACOSTA, Alberto. El Buen Vivir más allá del desarrollo. Qué Hacer, DESCO, Febrero/ Marzo, Lima, 2011.

G1. Mais de 99% das mortes por Covid nos EUA em maio são de pessoas não vacinadas, aponta agência. Em 25 de junho de 2021. Disponível em https://g1.globo.com/bemestar/vacina/noticia/2021/06/25/mais-de-

-99percent-das-mortes-por-covid-19-nos-eua-em-maio-sao-de-pessoas--nao-vacinadas-aponta-agencia.ghtml. Acessos em 19 de outubro de 2021.

HITLER, Adolf. Minha Luta. 2000. Disponível em www.inlivros.net. Acessos em 03 de outubro de 2021.

HOMEM, Maria. O selvagem da motociata e sua máquina de corpo estilizado de curvas femininas e voluptuosas. Folha de SP/UOL, em 12 de junho de 2021. Disponível em https://www1.folha.uol.com.br/poder/2021/06/o-selvagem-da-motociata.shtml. Acessos em 10 de outubro de 2021.

HORNE, Gerald. O Sul Mais Distante, O Brasil, os Estados Unidos e o Tráfico de Escravos Africanos. São Paulo, Companhia das Letras. 2010.

KAKEL, Carroll P. The American West and the Nazi East : A Comparative and Interpretive Perspective. Palgrave Macmillan, 2011.

KALIL, Renan Bernardi. Capitalismo de Plataforma e Direito do Trabalho: Crowdwork e Trabalho sob Demanda por meio de Aplicativos. Tese de Doutorado, Universidade de São Paulo, Faculdade de Direito, 2019, 368p.

LÖWY. Michael. A resistível ascensão dos "novos" fascistas. Outras Palavras. Em 29 de outubro de 2019. Disponível em https://outraspalavras.net/outrasmidias/a-resistivel-ascensao-dos-novos-fascistas/. Acessos em 18 de setembro de 2021.

LUKACS, John. Uma Nova República, História dos Estados Unidos no Século XX. Rio de Janeiro, Jorge Zahar Editor. 2006.

MARS, Amanda. Contagem de votos mostra um risco para Biden e um mito sobre Trump. El Pais, 17 de dezembro de 2020. Disponível em https://brasil.elpais.com/internacional/2020-12-18/contagem-final-dos-votos-mostra-um-perigo-para-biden-e um mito-sobre-trump.html. Acessos em 12 de outubro de 2021.

MONROE, James. December 2, 1823: Seventh Annual Message (Monroe Doctrine). University of Virginia. Disponível em https://millercenter.org/the-presidency/presidential-speeches/december-2-1823-seventh-annual--message-monroe-doctrine. Acessos em 21 de outubro de 2021.

McVEIGH, Rory, STEP, Kevin. The politics of losing: Trump, the Klan, and the mainstreaming of resentment. New York. Columbia University Press. 2019.

McVEIGH, Rory. The Rise of Ku Klux Klan. Right-Wing Movements and National Politics. Mineapolis. University of Minnesota Press. 2009.

RATZEL, Friedrich. O Solo, a Sociedade e o Estado. In: Revista do Departamento de Geografia. São Paulo: USP/DG, n. 2, 1983.

SANDWEISS, Martha A. John Gast, American Progress, 1872. Disponível em https://web.archive.org/web/20140615021554/http://picturinghistory.gc.cuny.edu/item.php?item_id=180. Acessos em 16 de outubro de 2021.
SANTOS, Wanderley G. dos. A Democracia Impedida, o Brasil no Século XXI. Rio de Janeiro, FGV Editora. 2017.
SHARLET, Jeff. The Family, the secret fundamentalism at the heart of American power. New York, Harper Collins, 2008.
SIGLER, Jay A. A Tradição Conservadora no Pensamento Norte-Americano. São Paulo, IBRASA. 1972
SILVA JÚNIOR, Alfredo Moreira da. Catolicismo, poder e tradição: um estudo sobre as ações do conservadorismo católico brasileiro durante o bispado de D. Geraldo Sigaud em Jacarezinho (1947-1961). 2006. Dissertação (mestrado). Universidade Estadual Paulista. Faculdade de Ciências e Letras de Assis, 2006. Disponível em http://hdl.handle.net/11449/93451. Acessos em 11 de outubro de 2021.
STEINMETZ, Wilhelm Alexander Cardoso; ALBUQUERQUE, Renan. Covid e couvade: crenças agnotológicas sobre a covid-19 à luz da epidemiologia de ideias. RESEARCH, SOCIETY AND DEVELOPMENT, v. 11, p. e10311225349, 2022.
TONETE, Leandro Ribeiro. A fronteira de Frederick Jackson Turner. Uma nova história, uma nova historiografia. Revista Latino-Americana de História. 2016. Disponível em http://revistas.unisinos.br/rla/index.php/rla/article/view/622. Acessos em 19 de outubro de 2021.
TURNER, Jackson. The Frontier in American History. Edição Dover, Nova York, Editora Dover, 2010.
WATKINS, Frederick. The Significance of the Frontier in the American History. 1790. Disponível em http://xroads.virginia.edu/~Hyper/TURNER/chapter1.html. Acessos em 14 de outubro de 2021.
WATKINS, Frederick. A idade da ideologia. São Paulo, Zahar Editores, 1966.
WENDLING, Mike. QAnon: o que é e de onde veio o grupo que participou da invasão ao Congresso dos EUA. BBC News Brasil. 7 de janeiro de 2021. Disponível em https://www.bbc.com/portuguese/internacional-55577322. Acessos em 18 de outubro de 2021.
WHITMAN, James. Hitler's American Model. New Jersey, Princeton University Press. 2017.

CAPÍTULO IV

A guerra contra a modernidade: a importância de Olavo de Carvalho ao bolsonarismo

Gustavo Henrique Carretero

1. Introdução

O capítulo procura resgatar a importância de Olavo de Carvalho ao bolsonarismo e à extrema direita nacional, trazendo elementos sobre seu pensamento, filiações, proposições e impactos. Para tanto, facetas do autor serão apresentadas, tais como seu tradicionalismo e as concepções de guerras e marxismo cultural. Ele, apesar de não ter formação acadêmica clássica, teve profundo efeito para a (re)articulação política e ideológica nacional da extrema direita.

A crítica academicista da ausência de formação universitária em filosofia é um dos elementos que garantiu força ao movimento olavista. O anti-intelectualismo no pensamento do autor partia do pressuposto da "decadência, elitismo e degeneração" do pensamento acadêmico e cultural nacional. Tal proposta tem reflexos e encontra solo fértil no Brasil, onde o acesso a universidades de ponta é restrito a pequenas parcelas da população e a *intelligentsia* tende a desprezar religiosidade, hábitos, costumes e moralidade populares mais conservadoras.

Parte da força de Olavo de Carvalho, para além de suas idiossincrasias, concentrava-se na crítica recebida do que poderia ser definida como elite intelectual e cultural brasileira. Suas reações vigorosas e intempestivas geravam elementos de identificação em populações que constantemente eram e são consideradas como desqualificadas ao debate sobre os rumos nacionais, dentro de círculos acadêmicos, políticos, sociais e culturais.

Todavia, antes mesmo de começarmos tal reflexão, faz-se necessária uma digressão que, longe de responder, pelo menos aponte elementos sobre a crise da contemporaneidade, a qual possibilita emergência, aceitação e eleição de forças autoritárias ou populistas de direita[44].

[44] Não entraremos na discussão se tais forças são fascistas por acreditar que a temática transcende o escopo do capítulo.

2. Contexto da problemática: elementos para compreensão da crise da contemporânea e emergência do populismo e extrema direita

Algumas obras têm procurado se debruçar sobre as crises contemporâneas (Levitsky; Ziblatt, 2018; Nobre, 2013, 2020; Przeworski, 2019), apontado diversas versões a respeito de suas origens e repercussões. Levitsky e Ziblatt (2018) delimitam análises da crise como se estivesse estritamente ligada apenas a regimes democráticos/democracias liberais e não às formas como o capitalismo vem se desenrolando nos últimos 50 anos.

Zuboff (2021) sugere que, na contemporaneidade, há a "colisão" entre processos históricos de individualização e efeitos da aplicação de políticas neoliberais. A concepção de indivíduo, individualidade e subjetividade privada ou privatizada é uma das grandes invenções da sociedade burguesa. A partir dela, a noção de "construção da própria trajetória de vida" se torna possível. Discutimos, anteriormente (Carretero, 2011), que um dos elementos que possibilita a implantação da exploração capitalista é a ideologia liberal. A falsa ideia da cisão radical entre indivíduo (concebido como mônada na ótica do *self made man*) e sociedade, somada a características da sociabilidade e modo de produção burguês, faz com que a experiência de subjetividade privatizada se socialize para todas as camadas sociais em determinado momento das revoluções burguesas.

Mesmo com alterações no modo de produção e gestão capitalista (do liberal ao monopolista de Estado), a concepção e/ou ideologia da subjetividade/indivíduo se manteria como fundamental para manutenção e desenvolvimento do sistema. Autores da Escola de Frankfurt procuraram demonstrar o quanto tal concepção se torna anacrônica frente à experiência histórica do fascismo e das sociedades administradas no capitalismo de Estado. Adorno (1951/2006) destaca que a cultura no capitalismo tardio toma pessoas pelo que são: verdadeiras filhas da cultura de massa estandardizada e desindividualizante, amplamente despojadas de autonomia e espontaneidade. Entretanto, a concepção de indivíduo subjetivo não se desfaz mesmo com a perceptível redução das possibilidades de individualidade/individualização no fascismo e capitalismo do consumo de massas no século passado. Pelo contrário, se fortalece apesar da redução de seus espaços sociais de autonomia.

Além disso, após a segunda Guerra Mundial percebe-se o refluxo de movimentos de massa animados por líderes populistas de direita. Todavia, a ideia da produção[45] da subjetividade por meio do consumo se torna extremamente rentável, mesmo que promessas do indivíduo nos seus moldes liberais não se realizem. Quanto mais o anacronismo da individualidade aparece, em termos de relações sociais, mais permanece enquanto ideologia. A possibilidade da individualidade não se desfaz, apesar de sua diminuição. Não estamos defendendo o fim do indivíduo e da subjetividade, mas sua retração. Tais elementos muitas vezes se "retiram" à vida privada que, na contemporaneidade, encontra-se muito mais administrada do que no tempo dos escritos de Horkheimer, Adorno e Marcuse. Zuboff (2021) chama de capitalismo de vigilância o controle e a venda de informações privadas de navegação na internet pelas *big techs* (Zuboff, 2021).

Abromeit (2017) destaca características do modelo capitalista fordista-keynesiano, desenvolvido nos EUA entre 1930 e 1940 e pós-guerra na Europa Ocidental, com controle estatal da economia; pacto entre capital e trabalho pela melhoria da produtividade em prol de melhores salários; pleno emprego nos países centrais do capitalismo e robustos estados de bem-estar social. A hegemonia de tal modo de organização da produção e relações sociais criou clima desfavorável para movimentos populistas de direita na Europa e nos Estados Unidos. Não se pode negar também que em países periféricos as condições de vida se tornaram menos ruim. Tal processo se deu no contexto latino americano pela expansão de direitos sociais em detrimento de civis e políticos em governos ditatoriais. Em outras palavras, a difusão da ideologia do "capitalismo humanizado" e a melhoria das condições de vida (com ditaduras, em determinados contexto, e que se davam pela inserção das massas no consumo) contiveram perspectivas de levantes populistas e populares contra o sistema.

Horkheimer e Adorno (1944/1985) apontam que os germes do populismo e autoritarismo repousam em tendências profundas arraigadas não só nas origens da sociedade burguesa/capitalista, mas também na própria dialética do esclarecimento da civilização. Todavia, para a finalidade argumentativa do presente capítulo, assumimos a retomada de discussões da Teoria Crítica a respeito da utilização de movimentos populares pelas elites no início da época moderna na Europa.

---

[45] Crochik (1988) ressalta que cada sociedade produz os indivíduos que precisa para se reproduzir. A concepção dele, a partir de Adorno, é de que existiria uma lógica industrial de produção de indivíduos, por meio das formas de produção, educação, indústria cultural e consumo. É importante retomarmos a reflexão do quanto é possível se tornar pessoa única por meio do consumo de mercadorias, tanto objetos como produtos culturais, produzidos em massa? Ou quanto se pode falar de individualidade quando as vagas de emprego se voltam para características genéricas que não dizem respeito apenas a quem ocupará a posição?

Abromeit (2017) destaca o texto *Egoísmo e movimentos de libertação: para uma antropologia da época burguesa*. Ele teria sido seminal aos desenvolvimentos posteriores das reflexões da Escola de Frankfurt. Nele, Horkheimer analisa diferentes lideranças de movimentos populares no início do período moderno, tais como os liderados por Cola di Rienzo, Savanarola, Lutero, Calvino e Robespierre. As tentativas de mobilizar e controlar as classes mais baixas teriam consolidado o poder da sociedade burguesa.

> Em cada caso enfatiza a relação peculiar que se desenvolve entre os líderes burgueses e as classes mais baixas no decorrer dos movimentos: "Os esforços da burguesia para fazer prevalecer suas próprias demandas por uma administração mais racional contra os poderes feudais e com o apoio das massas populares desesperadas, ao mesmo tempo consolidando seu próprio domínio sobre as massas, se conjugam para explicar o modo peculiar como a luta pelo "povo" é conduzida nestes movimentos (Horkheimer, 1993, pp.61-62, apud Abromeit, 2017, p. 15 e 16).

A utilização das massas pela burguesia tinha elementos de interesses comuns e progressistas na tentativa de superação da ordem feudal. Por outro lado, na dinâmica também repousavam aspectos autoritários, haja vista a não coincidência entre interesses burgueses e das classes populares. Após as revoluções burguesas dos séculos XVII e XVIII, o conflito entre as partes emergiria com o surgimento do movimento socialista no século XIX, que desafiaria a nova hegemonia burguesa. O próprio fascismo representou algo qualitativamente novo. Rompeu com o conservadorismo tradicional do século XIX e envolveu a mobilização do povo contra uma ameaça percebida: a esquerda socialista:

> Aqui podemos notar que Horkheimer ressalta os elementos populistas do fascismo, mas também a diferente função que estes elementos desempenham nas modificadas condições sociais e históricas da Europa do começo do século XX. De modo simplificado, pode-se dizer que os elementos progressistas que caracterizaram os movimentos modernos iniciais desapareceram e apenas os seus elementos autoritários permaneceram (Abromeit, 2017, p. 16).

O autor destaca que o mais importante argumento do ensaio de Horkheimer é a demonstração de mudanças do populismo[46]. Elas estão inseridas no contexto das transformações da sociedade burguesa. No fim do século XIX emergem na Europa poderosas tendências populistas de direita que levaram ao fascismo. Interessa-nos, na leitura de Abromeit, a demonstração de que a irrupção de tendências conservadoras está contida na dialética da sociedade burguesa. As políticas fordistas-keynesianas e os estados de bem-estar social contiveram esses aspectos no capitalismo por algum tempo.

Entretanto, a crise do capital na década de 1970 faz com que organizações política e econômica da sociedade capitalista se desfaçam para a implantação do ideário neoliberal. Abromeit (2017) destaca crescentes níveis de desigualdade, frustração e ansiedade decorrentes de pioras nas condições de vida. Os já péssimos índices de qualidade de vida e as parcas melhorias passam a refluir até mesmo fora do eixo Europa e EUA.

O ideário neoliberal (com pretensões privatizantes, refluxo de sistemas de proteção social, enfraquecimento de movimentos populares organizados e etc.) aspirou ser o ápice da história humana, de tal maneira que autores como Fukuyama decretaram o fim da história. Todavia, desde os anos 1980 há deslocamento da maioria dos partidos para direita do espectro político. Até mesmo partidos socialistas e socialdemocratas adotaram ou implantaram políticas com viés neoliberal (Abromeit, 2017).

A desilusão popular com falsas promessas de individualização (Zuboff, 2021), a piora na qualidade vida, a despolitização do debate político decorrente da implantação do ideário neoliberal e as tendências latentes na sociabilidade capitalista se somam, no século XXI, aos efeitos, ainda perceptíveis, da crise do capital de 2008. As condições "criaram crescentes níveis de pobreza, insegurança e desesperança — que mais se assemelham aos anos 1920 e 1930 do que aos anos 1950 e 1960" (Abromeit, 2017, p. 23), ou seja, o contexto do surgimento de ideários fascistas e nazistas.

Esse é o contexto internacional político, econômico e social da reemergência e produto do qual se utiliza o populismo de direita. O Brasil não é exceção histórica, e ainda podemos citar os casos de Viktor Orbán, na Hungria; de Recep Erdogan, na Turquia; de Vladimir Putin, na Rússia; de Rodrigo Duterte (ex-presidente), nas Filipinas; de Donald Trump, nos EUA; de Giorgia Meloni, na Itália; do partido Democratas Suecos (de ins-

[46] Utilização de forças das massas e do povo com finalidades políticas e, muitas vezes, para defesa de interesses contrários aos populares. É digno de menção a distinção entre forças populistas e populares, entretanto a diferenciação das duas não será trabalhada no capítulo.

piração neonazista), como segunda força política no parlamento sueco; do Brexit inglês, sob a liderança do conservador Boris Johnson; da constante ameaça de eleição dos Le Pen, na França. Sabe-se, também, que a derrota eleitoral de governos populistas de direita não significa o refluxo do apoio popular.

É a partir dessa conjuntura global que chegamos ao Brasil do agora, ainda sangrando dos efeitos nefastos do governo de Jair Messias Bolsonaro, entre 2019 e 2022. Se há algo que se pode considerar positivo de tal governo (caso o argumento possa ser assim explanado), é que ideologias da cordialidade brasileira e do mito da democracia racial se estilhaçam no imaginário nacional. A violência da nossa formação social e da maneira como a sociabilidade capitalista se impõe no país ficam expostas. Nosso racismo, sexismo, machismo, lgbtfobia, xenobia etc. estão à mostra.

O populismo de direita brasileiro lançou e lança mão de atributos extremamente presentes na cultura nacional e não percebidos como violência. O imaginário/ideologia do "povo brasileiro" como cordial, sem preconceitos e racismo, esconde e nos priva da percepção da violência opressiva de nossas relações sociais. São elementos de matéria prima, a partir da qual se molda e constrói a força argumentativa de extrema direita nacional. A retórica dela tem profundas ressonâncias e repercussões nas individualidades produzidas a partir da nossa formação social. E Olavo de Carvalho é um dos utilizadores, expoentes e maiores beneficiados de tal processo.

Ele pode ser considerado guru, mentor intelectual e espiritual do Bolsonarismo, assim como de demais vertentes da extrema direita. Soube como ninguém se utilizar do anti-intelectualismo nacional, que perpassa vários extratos sociais, para ganhar mentes e corações. A *intelligentsia* política, intelectual e cultural nacional, ao não perceber a representação popular a respeito de si mesma, desconsiderou que críticas sobre falta de formação universitária e filosófica tradicional, além da superficialidade, violência e "lacração" dos argumentos olavistas, foram o combustível que permitiu a entrada e aceitação dele em diversos segmentos. Passaremos a explorar algumas facetas do pensamento de Olavo de Carvalho no que segue.

3. Discussão

3.1 O tradicionalismo de Olavo de Carvalho

Alonso (2019) aponta o bolsonarismo como uma comunidade moral, com conjunto de valores de orientação, conduta e interpretação da realidade de raízes antigas. Os participantes se baseiam na crença em binários: bem e mal, sagrado e profano, família e indecente, cidadão de bem e bandido, éticos e corruptos, nacionalistas e globalistas. Essa concepção traz redução e simplificação da realidade em estereótipos administráveis, que ativam sentimentos coletivos de alta voltagem. Essa clivagem teria sido produzida com a contribuição de movimentos sociais, jornalistas e políticos, a partir da criminalização de políticos profissionais e partidos, mediante a exaltação de juízes, militares, empresários e lideranças.

Frustração e revolta que unem a comunidade moral do bolsonarismo são geradas por percepções individualizantes e psicologizantes da crise da contemporaneidade (um processo social). São sentimentos explorados por lideranças autoritárias e populistas para direcionar essas pessoas a questões específicas. Bolsonaro se utilizou desde o ano de 2016, pelo menos, desses elementos (crise e frustração/revolta), para produzir coesão de sua comunidade moral. Ou seja, dinamizou um tipo de sintonia entre ele e o brasileiro médio. Bolsonaro se apresenta sempre ao público como homem comum, membro e representante da comunidade moral que abarca milhares de brasileiros.

Seu discurso traz elementos que encontra ressonâncias e repercussões no imaginário nacional, gerando atratividade diversa em diferentes segmentos sociais. Cesarino (2019) traz à tona a imagem fractal de Bolsonaro nos discursos e redes sociais. A projeção o apresenta como resposta mágica para diversos tipos de sensibilidades e diagnósticos produzidos pela crise contemporânea. Alonso (2019) destaca elementos morais binários que teriam atraído segmentos sociais ao Bolsonaro: nacionalismo *x* globalismo; moralismo hierarquizador *x* multiculturalismo e relativismo cultural; defesa do ideal da família patriarcal *x* ideologia de gênero; antielitismo e anti-intelectualismo *x* elites políticas, culturais e intelectuais.

A autoidentificação, mediada pela projeção de Bolsonaro como homem comum, com hábitos sem sofisticação e verniz cultural, se contrapõe aos modos de vida das elites esnobes e intelectualizadas, representadas pela universidade e pela esquerda política. São traços de seu antielitismo e anti-intelectualismo. A retórica bolsonarista se destina e tem repercussão em pensamentos simplificados e reducionistas de interpretação da realidade.

> A campanha de Bolsonaro emulou o movimento de Bannon no uso sistemático e eficiente das redes sociais. O veículo incentiva a retórica fragmentária, que não conforma um sistema. Suas formas brevíssimas, tuítes e memes, estimulam mensagens curtas, diretas, de compreensão

imediata. Acolhem o incisivo, o autoexplicativo, o chavão e o caricato. Bem ao gosto da comunidade moral bolsonarista, dispensam o raciocínio complexo, demandam escola sem partido, universidade sem críticos, política sem divergência. Acorde com a economia linguística da internet, trazem um tom mais opinativo que analítico. No limite, nem há retórica, antes pílulas de juízo. A comunidade moral bolsonarista prescinde de teorias, não persuade por argumentação, mas por repetição [...] Debochar dessa comunidade moral é inócuo. "Picarescos", como Trump e Bolsonaro, vencem eleições porque não são "picarescos" para todos. Representam a maior parte da sociedade. É preciso entender as motivações, os medos, a lógica desses representados. Talvez assim seja possível explicar como o sonho da Nova República de uma democracia socialmente justa azedou em pesadelo (Alonso, 2019, p. 49-50).

A semelhança entre Trump e Bolsonaro, citada pela autora, não é mera coincidência. Olavo de Carvalho e Steve Bannon eram mais próximos do que se poderia imaginar. O segundo foi estrategista político e fundamental nas eleições norte-americanas de 2016. Ele é peça chave para compreender não só a modulação do discurso de trumpistas, como também o escândalo *Facebook - Cambridge Analytica* (Huchon, 2018), que auxiliou na virada eleitoral contra a candidata democrata Hillary Clinton. Além disso, teve influência no *Brexit* inglês.

Olavo de Carvalho se definia como católico conservador. Todavia, tinha profundas ligações com movimentos de extrema direita e direita populista internacional. Teiltelbaun (2020) o aproxima de Steve Bannon e Alexandr Dugin[47]. A ligação entre os três ideólogos ultraconservadores ocorreu por meio de suas aproximações com o tradicionalismo[48], um misto de filosofia, misticismo e religião. A concepção remonta ao final do século XIX e começo do século XX. Seus principais ideólogos foram René Guénon (1886-1951) e Julius Evola (1898-1974), o último inspirador de algumas concepções do fascismo, um dos influenciadores do neofascismo italiano e defensor do racismo espiritual (em contraposição ao biológico).

O tradicionalismo é uma crítica da modernidade e dos valores ado-

[47] Conselheiro político de Vladimir Putin. Ele defende o mundo multipolar. A grande mãe-pátria Rússia deveria ser um dos polos e irradiar seus valores à Eurásia.

[48] Por se tratar de uma corrente mística, religiosa e filosófica do pensamento o Tradicionalismo será grafado com "T" para diferenciá-lo do mero conservadorismo e defesa da tradição.

tados na contemporaneidade. Mais do que antiliberal e anticomunista, questiona os próprios fundamentos constituintes da sociedade burguesa. Pressupõe organização social a partir de valores morais e não materiais. A defesa da espiritualidade, da religiosidade e da moralidade foi um dos pontos onde ideias e discursos de Olavo de Carvalho encontraram entrada e repercussão no cenário nacional.

Entretanto, o tradicionalismo estaria para além do conservadorismo, do fascismo ou do nazismo. A corrente do pensamento se pauta em misticismo, filosofia e religião para negar a modernidade (Teitelbaun, 2020), esta tida como modo de organização da vida social implantada no mundo europeizado a partir de 1800, coincidindo com as revoluções burguesas da época. O período, que é marcado pelo recuo da religião pública em favor da razão, pelo enfraquecimento do simbólico em favor do literal, pela negação de metafísica, espiritualidade (em acepção religiosa), emoções e sobrenaturalidade em favor da materialidade e ainda pela organização em massa das pessoas para mobilizações políticas poderosas (nações e colonialismo). Tradicionalistas negam a concepção de progresso burguês ante verdades e estilos de vida transcendentes e atemporais:

> Alguns tradicionalistas trabalham seus valores em um sistema de pensamento que vai muito além da divisão política moderna de esquerda ou direita: alguns até dizem que esse sistema está além do fascismo. Consequentemente, esse sistema infundiu o pensamento de propagadores da direita anti-imigração, populistas e nacionalistas, e o fez de maneira estranha. É anticapitalista, por exemplo, e pode ser anticristão. Condena o Estado-nação como uma construção modernista e admira aspectos do islã e do Oriente em geral. Isso tem cara de direita? (Teitelbaun, 2020, p. 20).

Tradicionalistas baseados em Guénon acreditam que há uma religião perdida (Tradição ou Tradição Perene). Ela teria sobrevivido por meio de fragmentos doutrinários e mitológicos espalhados em diversas religiões. Valores e conceitos dessa religião estariam presentes, de modo similar, em diferentes práticas de fé. Pontos semelhantes entre sistemas de crenças seriam sinais da hipótese. Nas religiões indo-europeias (sobretudo hinduísmo, zoroastrismo e religiões europeias pagãs pré-cristãs) ocorreria maior compartilhamento de características doutrinárias e mitológicas comuns. A ocorrência de traço físico similar em diversas pessoas apontaria para existência de seres superiores que foram perdendo atributos ao se relacionarem e misturarem com humanos, o que seria uma justificativa espiritual ao racismo, xenofobia e sexismo.

O tradicionalismo é estruturado por uma perspectiva peculiar de tempo e espaço. O tempo seria cíclico, assim como no hinduísmo, com quatro idades ou eras: ouro, prata, bronze e sombria. A idade/era do ouro estaria relacionada à virtude e a sombria à depravação, uma concepção pessimista e fatalista de história. O passar do tempo seria da degradação da condição humana e do universo. Apenas evento cataclísmico possibilitaria o retorno da virtude e, consequente, retomada da decadência. Cada idade seria governada por determinado tipo de arquétipo, baseado na concepção de casta do hinduísmo, sendo que todos conviveriam em todo tempo. As pessoas/castas se organizariam hierarquicamente em sacerdotes, guerreiros, comerciantes e escravos (correspondendo cada casta a uma idade/era).

As duas primeiras castas/eras trariam valores e aspirações espirituais e imateriais como cerne da vida social. No caso dos sacerdotes, a espiritualidade pura; já os guerreiros, noções morais de honra, mas terrenas e menos superiores. As duas últimas, valores e aspirações materiais e físicas. Os comerciantes, mercadorias e dinheiro; já escravos, o tráfico e gratificação corporal. A contemporaneidade representaria a era sombria, onde Estados, nações e sociedades seriam governadas politicamente e culturalmente por valores e aspirações materiais, como dinheiro e prazer corporal. Dessa maneira, o cataclismo/*kali yuga* possibilitaria o retorno à era dourada. Ele deveria ser provocado por erupções violentas das castas, que representariam os verdadeiros valores humanos e espirituais.

Steve Bannon, Alexandr Dugin e Olavo de Carvalho teriam realizado interpretações personalíssimas dos princípios do tradicionalismo. Eles teriam posições distintas, apesar de serem defensores da mesma causa e manterem conversas e diálogos entre si. Para os três ideólogos, independente de suas diferenças, populações que ainda não tivessem aderido completamente a valores da modernidade seriam representantes das castas superiores (sacerdotes). Seus valores e religiosidade conservadores representariam os verdadeiros valores espirituais.

Socialismo, capitalismo e comunismo representariam a valorização de aspectos materiais da existência humana, portanto seriam faces da decadência espiritual. Ao mesmo tempo, concepções de igualdade racial, gênero, identidade de gênero e até mesmo de democracia representariam tentativas de igualar os inigualáveis. O tradicionalismo é extremamente racista, xenofóbico, machista, sexista, lgbtfóbico, antidemocrático etc. A justificativa para essas práticas ocorre a partir de hierarquia espiritual entre pessoas. A democracia, as ideologias liberais e as socialistas igualariam os desiguais, o que promoveria a decadência.

O discurso do tradicionalismo inverte a hierarquia da modernidade e sociedade burguesa. Apela à restauração de formas de organização social, pautadas em religiosidade, valores conservadores e discriminatórios, como se i) fossem representantes da mais alta espiritualidade e ii) populações e pessoas possuidoras de tais valores fossem reserva virtuosa em um mundo em decadência e prestes a ser destruído. Obviamente as manifestações de seus ideólogos não aparecem ao público de maneira tão radical. Entretanto, podemos encontrar em Olavo de Carvalho e no bolsonarismo o apelo do retorno ao Brasil pré-moderno (com até mesmo a negação do racismo).

Teitelbaun (2020) destaca como concepções tradicionalistas, por aspirar ideais supremacistas, têm encontrado receptividade em propostas e radicalidades das extremas direitas mundiais. Acrescentamos também que discursos e práticas têm ressonâncias em públicos que, supostamente, não pertenceriam a esse espectro político. Tratam-se de pessoas e segmentos sociais atingidos pela crise capitalista, da sociabilidade, das promessas e do modo de produção da sociedade burguesa. O tradicionalismo se trasveste em discurso populista de direita em líderes como Bolsonaro e Trump, que se inspiram e são aconselhados por Olavo de Carvalho e Steve Bannon, respectivamente. São narrativas que, devido a simplicidade e esquematismo, dão sentido e unidade para vidas destruídas, frustradas e revoltadas com o caos provocado pela desmobilização do pacto fordista-keynesiano e pela aplicação de políticas neoliberais que produziram índices de desigualdade jamais vistos.

Há também nos discursos um redirecionamento da responsabilidade pela crise, retirando-a da sociabilidade burguesa na organização neoliberal do capitalismo para os direitos e valores civis, políticos e sociais de igualdade da modernidade. Estes que foram conquistados por meio de lutas políticas na democracia (apesar de todas as contradições entre democracia radical e capitalismo). Deve-se destacar, também, que, apesar da defesa de valores pré-modernos, tanto Steve Bannon como Olavo de Carvalho, utilizam-se da tecnologia da internet, das redes sociais e da segmentação de perfis para alcançarem seus objetivos. Já destacamos em texto anterior (Carretero, 2019) o perigo de tal procedimento, haja vista que lideranças autoritárias, no período de nazifascismo e pós-guerra, utilizavam mensagens extremamente genéricas para alcançar seu público.

Meios de comunicação hegemônicos da época (rádios, TVs, jornais e revistas) tinham padrão massificado. Na contemporaneidade, basta encaminhar mensagens personalizadas de acordo com segmentação de perfis em redes sociais. Tudo devidamente comercializado pelas *big techs*. Isto em momento histórico propício à aceitação de tais mensagens.

3.2 Guerras e marxismo cultural: elementos do pensamento de Olavo de Carvalho

O governo Bolsonaro agregou distintas tendências conservadoras e de extrema direita. Dentre outras, destacam-se as alas olavista, militar, liberal, ultraliberal, conservadora e lavajatista. Fausto (2019) destaca que essas alas foram organizadas a partir de quatro vértices. Em um estaria ele, seus filhos e Olavo de Carvalho; em outro, fração das forças armadas; e nos demais a base religiosa e parte do Judiciário. Tentava equilibrar tais forças, ao mesmo tempo em que lidava com o verdadeiro *establishment* político brasileiro: centrão ou pmdbismo, como denominado por Marcos Nobre (2013 e 2020).

A ligação de Bolsonaro com as extremas direitas mundiais se deu a partir de Olavo de Carvalho. Sua influência no governo foi percebida pelas indicações diretas de ministros, dentre eles alguns da educação e seu discípulo mais fervoroso, Ernesto Araújo, como ministro das relações exteriores[49]. A convivência entre tais vértices/vórtices não foi pacífica. Houve uma espécie de autofagia.

O bolsonarismo (como agregação provisória de forças de extrema direita e conservadora) fez com que o debate político nacional se deslocasse do campo político e econômico ao moral e dos costumes, questão cara ao tradicionalismo. Olavo de Carvalho é fundamental para tal, a partir de sua retórica crítica à esquerda, universidade e a elites políticas, intelectuais e culturais. O descrédito pela falta de formação universitária tradicional apenas trouxe maior atenção aos seus argumentos e práticas. Ser desvalorizado por certos extratos e elites sociais fez com que seu discurso encontrasse ressonâncias em determinados segmentos sociais, devido à identificação com o emissor e a mensagem.

O anti-intelectualismo e antielitismo de Olavo de Carvalho denunciariam, segundo ele, a hegemonia intelectual e política nacionais encasteladas nas universidades públicas e no congresso nacional. O comunismo e socialismo denunciados não se referiam apenas à defesa de ideais políticos e econômicos, mas também de direitos civis e políticos. Nas chamadas

[49] Não deixa de ter certo tom tragicômico a presença de um antiglobalista como ministro das relações exteriores.

guerras culturais teve extrema importância a concepção de "marxismo cultural" cunhada por ele. O termo "guerras culturais" teria sido elaborado por James Hunter para se referir ao processo pelo qual temas como direito de homossexuais, legalização do aborto, controle de armas e descriminalização de drogas passaram a ganhar proeminência no debate político americano (Gallego; Ortellado; Ribeiro, 2017).

No final dos anos 1980 formou-se a clivagem republicanos/conservadores e democratas/progressistas. No Brasil, polos aglutinadores das revoltas conservadoras foram o antipetismo, o anticomunismo e a antipolítica, que ganharam destaque como um das pautas das Jornadas de Junho, de 2013. Tais elementos se tornaram significantes esvaziados (Laclau, 1996) onde qualquer temática que afetasse a sensibilidade conservadora seria rotulada de comunista, esquerdista e petista. Olavo de Carvalho surfou e em parte contribuiu para essa onda, tendo maior proeminência desde então, e nesse processo vale destacar a semelhança retórica entre Trump e Bolsonaro, ambos aconselhados por gurus que professavam, não publicamente, o tradicionalismo (Teitelbaun, 2020).

Bernardo (2020) reflete se é possível separar o bolsonarismo do pensamento de Olavo de Carvalho. O denominado olavismo teve grande influência na formação de toda uma geração de pensadores conservadores de direita. Eduardo Bolsonaro toma Olavo de Carvalho como base filosófica do bolsonarismo[50] e o livro do autor estava presente na *live* da vitória eleitoral. Porém, como se caracterizaria a face pública dos ensinamentos dele? Bernardo (2020) ressalta que a verdade, para Olavo de Carvalho, não seria histórica, mas objetiva, eterna e universal, podendo ser alcançada:

> A pobreza do mundo seria, antes de tudo, então, uma pobreza de sentido, de espírito, de cultura. O sofrimento derivaria da deprimente corrupção da cultura ocidental — tornada destrutiva, negativa, individualista, hedonista, laica, ateia e relativista. Contra os tormentos da época, Olavo reabilita uma filosofia que oferece certezas — senso de moralidade, conforto espiritual e formação clássica — em um mundo incerto, o que permite uma associação quase imediata, e servil, com o personagem. É essa leitura bastante exagerada e totalizante da filosofia moderna, vendo-a como uma mera revolta simplista contra a tradição e a Verdade, que informa um retorno a formas antigas de filosofia. Assim, tem-se uma volta dos valores fundamentais — amor, família,

[50] https://youtu.be/TTdPd-P9TBs

verdade, sentido, espiritualidade, disciplina, autoridade. Acontece que essa teorização não apela ao tradicionalismo ou à permanência das instituições existentes. Pelo contrário: o discurso é o do enfrentamento do mundo moderno, não o de resistir a seu avanço, de preservar os poucos resquícios do passado ou de se enclausurar numa nostalgia nebulosa. Trata-se de uma visão de ruptura subversiva, a ser efetivada pela luta destemida e audaciosa contra o sistema — não o capitalista, mas o cultural. O modelo é o de uma revolução conservadora, não de um movimento puramente passivo; a tônica é de enfrentamento: para regenerar a civilização, há de se combater o moderno. Essa postura ofensiva não significa, entretanto, que sejam descartados elementos arcaizantes — um vago apreço pelo passado dourado e uma filosofia católica, por exemplo — do esquema, com o que se percebe que é uma máquina engenhosa e disparatada: arcaísmo e novidade, conservadorismo e revolução. Olavo também defende o indivíduo contra todo coletivismo coercitivo (Bernardo, 2020, s. p.).

O marxismo cultural seria uma reinterpretação olavista dos conceitos de hegemonia e intelectualidade orgânica de Gramsci. A queda da União Soviética e do muro de Berlim representaria uma mudança de estratégia do comunismo, da dominação no plano econômico ao da cultura. Na interpretação, a revolução, nas sociedades ocidentais, viria de transformações culturais para, depois, tornarem-se políticas e econômicas. Antes da tomada do Estado, seria preciso atingir a hegemonia cultural por meio de uma revolução que precederia a chegada ao poder (Bernardo, 2020). A revolução socialista seria longa; duradoura; não construída pela força, mas por convencimento progressivo. Por fim, ela se daria de maneira consentida pela população, após um longo processo que iria do cultural ao econômico.

Daí a importância dos conceitos gramscianos e da luta conservadora pela cultura e manutenção dos valores tradicionais. Ele também crítica as contribuições da Escola de Frankfurt, principalmente, no que tange o conceito de indústria cultural. O golpe militar de 1964 teria impedido que comunistas passassem do poder na esfera pública para o domínio efetivo dos aparelhos de Estado. Todavia, a ausência de repressão na esfera das artes e literatura teria permitido que a hegemonia cultural se transformasse em poder político com o fim da ditadura (PT e PSDB representariam o mesmo espectro político globalista), sendo que as elites nacionais representariam a decadência materialista da modernidade.

A política e o Estado brasileiro estariam tomados por comunistas representados pelo PT e pelo estamento burocrático que governaria o país por séculos. Haveria, portanto, uma luta histórica, multissecular, do povo contra o estamento burocrático que se incrustou no sistema político brasileiro. Na concepção de Olavo de Carvalho, existiria um Brasil profundo, devido ao tardio ingresso do país na modernização capitalista, que resistiria, com seu conservadorismo, aos avanços dos valores da modernidade (Teitelbaun, 2020) denominados, por ele, de comunismo, esquerdismo e petismo. A revolução brasileira seria a derrubada das elites que ocupam o estamento burocrático e político. Para tanto, seria necessário ocupar o Estado para um verdadeiro poder popular ou populista.

As guerras contra o marxismo cultural seriam, não somente, a disputa por hegemonia no campo da cultura, mas lutas pelo futuro da humanidade, ou retorno para era dourada, pós-cataclismo. Caberia aos representantes do Brasil profundo a revolução. Em suma, eles resistiriam aos avanços dos valores materiais, travariam uma guerra não apenas contra a modernidade, mas também pelo futuro ou retorno da humanidade aos verdadeiros valores conservadores.

Considerações finais

Finalizamos o texto refletindo que há nas filiações e pensamento de Olavo de Carvalho um tom restaurador de privilégios feudais, ou coloniais no caso brasileiro. Por mais anacrônica que a argumentação possa parecer, vale lembrar que as elites nacionais não se constituíram a partir de ideais revolucionários burgueses (Santos, 1979; Netto, 1990/2016; Couto, 2004/2014; Santos, 2014), mas da manutenção de privilégios coloniais. No país, o moderno e o arcaico sobrevivem por meio das desigualdades, do racismo, do patrimonialismo, dos genocídios e tantas outras marcas da nossa formação social. Estas, longe de serem superadas, são refuncionalizadas por meio da chamada modernização conservadora brasileira. Elogiada no pensamento de Olavo de Carvalho e tradicionalista como o Brasil profundo.

No país, temos pequenos avanços produzidos por políticas residuais e compensatórias de recorte neoliberal em governos de aspiração social-democrata, representado pelo PT. Tais mudanças mínimas afetam privilégios simbólicos de diversos segmentos sociais. Relembramos o apontamento de Abromeit (2017), sobre o deslocamento de todo o espectro político para direita no neoliberalismo. Em termos nacionais, qualquer deslocamento de privilégios historicamente construídos (mesmo com pequenos avanços políticos, sociais e econômicos) é suficiente para despertar e unir setores conservadores das mais diversas ordens.

Não se pode negar que avanços da implantação de políticas sociais, decorrentes do pacto social estabelecido na constituição de 1988, se deram em contexto de implantação de políticas neoliberais, mesmo que de recorte neodesenvolvimentista. Dessa maneira, não existe a nostalgia por um Estado de bem-estar social pretérito e desconstruído, mas a concepção de que o parco bem-estar obtido seria decorrente da implantação do receituário neoliberal ou de ditaduras militares.

Em tempos de retrocesso de padrões de vida, a implantação ou construção de políticas sociais mínimas no Brasil gera sensação de risco para privilégios simbólicos historicamente constituídos. O conservadorismo nacional encontrou em Olavo de Carvalho e no bolsonarismo uma caixa de eco. Nela, preconceitos, discriminações e ódio foram exaltados como virtude e seus detratores se tornaram vilões, doentes, pervertidos e antipatriotas. Portanto, é de suma importância a superação da conjuntura material, subjetiva, nacional e internacional, que permitiu e permite tal fenômeno. A derrota eleitoral de Bolsonaro e seu impedimento político não significa o fim das condições psicossociais que possibilitaram e possibilitam sua vitória.

Referências

ABROMEIT, John. A Teoria Crítica da Escola de Frankfurt e a persistência do populismo autoritário nos Estados Unidos. Cadernos de Filosofia Alemã: Crítica e Modernidade, [S. l.], v. 22, n. 1, p. 13-38, 2017. DOI: 10.11606/issn.2318-9800.v22i1p13-38. Disponível em: https://www.revistas.usp.br/filosofiaalema/article/view/133938. Acesso em: 1 jun. 2023.

ADORNO, Theodor L. Wiesengrund. A Teoria Freudiana e o Padrão de Propaganda Fascista. Margem esquerda: Ensaios marxistas, vol. 7, p. 164-189, 2006 (original publicado em 1951).

ALONSO, Angela. A comunidade moral bolsonarista. In: Companhia das letras. Democracia em risco?: 22 ensaios sobre o Brasil hoje. Ebook. Rio de Janeiro: Companhia das letras, 2019.

BERNARDO, Arthur Hussne. *Olavismo e bolsonarismo*. Revista Rosa, nº 1, vol. 1, 2018. Disponível em: https://revistarosa.com/1/olavismo-e-bolsonarismo Acesso em: 31 maio 2023.

CARRETERO, Gustavo Henrique. Um estudo frankfurtiano sobre a relação indivíduo e sociedade em Freud. Dissertação de mestrado. Programa de estudos pós-graduados em Psicologia Social da PUC-SP, 2011.
CARRETERO, Gustavo Henrique. Transformações do capitalismo e formação do indivíduo: contribuições da Escola de Frankfurt na análise das eleições presidenciais nos EUA e Brasil. Fractal: Revista de Psicologia, v. 31, n. 2, p. 83-90, 30 jul. 2019
CESARINO, Letícia. Identidade e representação no bolsonarismo. Corpo digital do rei, bivalência conservadorismo-neoliberalismo e pessoa fractal. Revista de Antropologia, *[S. l.]*, v. 62, n. 3, p. 530 - 557, 2019. DOI: 10.11606/2179-0892.ra.2019.165232. Disponível em: https://www.revistas.usp.br/ra/article/view/165232. Acesso em: 1 jun. 2023.
COUTO, Berenice Rojas. O direito social e a assistência social na sociedade brasileira: uma equação possível. 4ª edição e 4ª reimp. São Paulo: Cortez Editora, 2014 (original publicado em 2004).
CROCHIK, José Leon. Os Desafios Atuais do Estudo da Subjetividade na Psicologia. Psicologia USP, *[S. l.]*, v. 9, n. 2, p. 69-85, 1998. DOI: 10.1590/psicousp.v9i2.107820. Disponível em: https://www.revistas.usp.br/psicousp/article/view/107820. Acesso em: 1 jun. 2023.
FAUSTO, Ruy. Depois do temporal. In: Companhia das letras. Democracia em risco?: 22 ensaios sobre o Brasil hoje. Ebook. Rio de Janeiro, 2019.
GALLEGO, Esther Solano e ORTELLADO, Pablo e RIBEIRO, Marcio Moretto. Guerras culturais e populismo antipetista nas manifestações por apoio à Operação Lava Jato e contra a reforma de previdência. Em Debate (Belo Horizonte), v. 9, n. 2, p. 35-45, 2017. Disponível em: http://opiniaopublica.ufmg.br/site/files/artigo/7.pdf. Acesso em: 31 maio 2023.
HUCHON, Thomas. Driblando a democracia: como Trump venceu [documentário]. Paris: Spicee, 2018. (52 min.), son., color. Disponível em: https://vimeo.com/295576715 Acesso em: 27 de maio de 2023.
HORKHEIMER, Max & ADORNO, Theodor L. Wiesengrund. Dialética do esclarecimento. Rio de Janeiro: Zahar, 1985 (original publicada em 1944).
LACLAU, Ernesto Why do empty signifiers matter to politics? In: LACLAU, Ernesto Emancipation(s). London: Routledge, p. 37-46, 1996.
LEVITSKY, Steven e ZIBLATT, Daniel. Como as democracias morrem. Ebook. Rio de Janeiro: Jorge Zahar editor, 2018.
NETTO, José Paulo. Ditadura e Serviço Social: uma análise do Serviço Social no Brasil pós-64. São Paulo: Cortez editora, 2016 (original publicado em 1990).

NOBRE, Marcos. Choque de democracia: razões da revolta. Ebook. São Paulo: companhia das letras, 2013.
NOBRE, Marcos. Ponto-final: a guerra de Bolsonaro contra a democracia. Ebook. São Paulo: Todavia, 2020.
PRZEWORSKI, Adam. Crises da democracia. Ebook. Rio de Janeiro Rio de Janeiro: Jorge Zahar editor, 2019.
SANTOS, Wanderley Guilherme dos. Cidadania e Justiça: a política social na ordem brasileira. Rio de Janeiro: Editora Campus, 1979.
SANTOS, Joseane Soares dos. "Questão social": particularidades no Brasil. 2ª reimp. São Paulo: Cortez, 2014 (original publicado em 2012).
TEITELBAUM, Benjamin Raphael. Guerra pela eternidade: o retorno do Tradicionalismo e a ascensão da direita populista. Campinas: Ed. Unicamp, 2020.
ZUBOFF, Shoshana. A era do capitalismo de vigilância. Rio de Janeiro: Intrínseca, 2021.

CAPÍTULO V

Deus, pátria e família: o tripé político-afetivo do ressentimento e o encontro com as *fake news*

Flávia Busarello
Lívia Maria Camilo dos Santos
Thiago Prada

Em sua crítica ao "mito da não violência", que ronda as nuances afetivas do Brasil, Chauí (2001, 2017) demonstra como a nação está distante do contexto pacificador elencado pelo senso comum e por alguns estudos, como de Freyre (2006). Nesse caminho, a presente análise esboça contraponto ao rótulo de "país da alegria", pautado em carnaval, futebol e caipirinha, para tencionar se na verdade não somos uma sociedade movida pelo ressentimento. Longe de responder à problemática, almejamos refletir acerca de afetos que incidem no âmbito da questão.

O capítulo teve como objetivo analisar o ressentimento, afeto que não foi trabalhado diretamente por Spinoza, porém que recebeu destaque nos últimos tempos no Brasil, com a possibilidade, inclusive, de ser vinculado às manifestações do autoritarismo, aqui chamado de fascismo brasileiro. Apresentamos, na primeira parte, síntese sobre o ressentimento na filosofia de Friedrich Nietzsche e na abordagem psicanalítica de Maria Rita Kehl, com apontamentos sociológicos dentro da realidade brasileira. Em sequência, buscamos elaborar o ressentimento conforme seu complexo político-afetivo, a partir de perspectiva spinozana. Na segunda parte, sublinhamos ligações entre esse afeto e as *fake news* amplamente difundidas, sobretudo, nos últimos quatro anos no país (2019-2022). A inquietação central foi pensar em que medida notícias falsas tendem a alimentar e sustentar o ressentimento por meio do tripé Deus, pátria e família, considerado *slogan* da extrema direita no país.[51]

O método utilizado foi qualitativo, de viés bibliográfico, com aportes de entrevista de João, nome fictício, veiculada no Episódio 18 do podcast *Rádio Novelo apresenta*, intitulado "Narradores não confiáveis", de 23 de

[51] Importa sinalizar que o *slogan* não é original do extremismo direitista brasileiro contemporâneo, mas repetição do discurso que já estava presente no movimento fascista da Ação Integralista Brasileira de 1930. (CHAUI, 2001).

março de 2023[52]. O personagem tem alta relevância no cenário da nossa problemática, pois se descreve como um dos profissionais criadores da *fake news* do "kit gay", que viralizou no Brasil em 2018. Como pressuposto, entendemos que a dinâmica de falsas notícias e o afeto do ressentimento potencializam vínculos relacionados à trinca Deus, pátria e família, como analisamos a seguir.

1. Sobre ressentimento em filosofia e psicanálise

O conceito de ressentimento vem se tornando tema relevante na literatura brasileira. Dão conta do probema estudos filosóficos e psicológicos sobre Nietzsche e sua obra, nas últimas duas décadas[53], a começar por trabalhos do professor e filósofo Oswaldo Giacóia Júnior, em *Nietzsche como psicólogo* (2006) e *Nietzsche: o humano como promessa e como memória* (2014), até seu livro mais recente, *Ressentimento e Vontade* (2021), passando por curso posteriormente publicado em livro de Carlos Moura, *Nietzsche: civilização e cultura* (2005). Giacóia Júnior abrange o pensamento nietzscheano e se dedica a pensar o niilismo e o ressentimento.

Antônio Paschoal reune estudos de mesmo mote em *Nietzsche e o ressentimento* (2014). Renato Bittencourt também possui série de artigos na temática[54]. Situamos ainda o trabalho da psicanalista Maria Rita Kehl, com *Ressentimento* (2002, reeditado em 2020 pela Boitempo Editora), livro no qual elabora o conceito a partir de interpretação psicanalítica e de sintoma social. Kehl acumula recentes análises em artigos acerca desse afeto, do ponto de vista social e político na sociedade brasileira. Segundo Paschoal (2014), Nietzsche não foi o primeiro a abordar o tema do ressentimento na filosofia alemã e nem quem inaugurou a palavra no vocabulário germâ-

---

52 Disponível em: https://radionovelo.com.br/originais/apresenta/narradores-nao-confiaveis/#:~:text=APRESENTA%C3%87%C3%83O%20ATO%201&text=Era%20um%20jovem%20cientista%20pol%C3%ADtico,chegam%20at%C3%A9%20os%20nossos%20celulares. Acesso em 23 abr 2023.

53 Dado o caráter ensaístico conceitual deste trabalho, não nos é possível apresentar um levantamento bibliográfico da produção sobre o tema do ressentimento, que demandaria um trabalho à parte, todavia, procuramos trazer indicações de algumas obras recentes no âmbito nacional que exploram ou abordam diretamente o tema de autores considerados relevantes na pesquisa sobre Nietzsche no Brasil.

54 Indicamos do autor os seguintes artigos: *A questão do ressentimento na ética trágica de Nietzsche* (2009), *Nietzsche e a decifração do mecanismo psicofisiológico do ressentimento* (2010) e *A tipologia do ressentimento em Dostoiévski e Nietzsche* (2011).

nico[55]. Ele elaborou o ressentimento enquanto conceito filosófico de diversas camadas e significados, e, principalmente, como perspectiva moral de valor sobre a vida e o mundo, o que implica em modo de existência com consequências nos âmbitos sociais e políticos.

O ressentimento se expressa de duas maneiras: como fenômeno psicofisiológico e enquanto questão social e política. Ambas são manifestas por meio de uma perspectiva moral reativa sobre a vida. Na primeira dimensão, em que o ressentimento é tomado como problema individual, derivado de uma forma de adoecimento do organismo humano, Nietzsche dirá que se trata de modo de existência, forma de viver e perspectiva situacional a partir de uma fraqueza da condição fisiológica e psíquica, associada a uma série de características: impotência de reagir, hipertrofia da consciência, indigestão psíquica, disposição para a vingança e junção desta com a ideia de justiça e culpabilização.

O ressentido é incapaz de reagir a uma ofensa sofrida, ou seja, àquilo que ele considerou como ameaça à vida ou agravo pessoal. Sendo impotente em suas forças, as pulsões voltam-se para dentro e o ferem, impactando a consciência em termos de estado patológico, ampliando consideravelmente o evento ocorrido. Ele re-sente os afetos e a situação, sendo a experiência desproporcional ao acontecido. Como essas pulsões não podem ser descarregadas para fora, voltam-se ao interior, entram em espiral obsessiva sobre sua própria ferida e seu objeto, criando indigestão psíquica. O ressentido é como um estômago em permanente azia[56], com seu processo de esquecimento impedido de se realizar, não conseguindo digerir e assimilar acontecimentos ruins e tristezas derivadas deles. A azia consome todo o organismo, envenenando-o.

O único movimento do ressentido é um desejo nunca realizado, mas sempre esperado, o da vingança imaginária, pois não conseguindo responder ao mundo e ao outro de forma imediata, planeja e deseja por anos uma forma de se vingar que nunca concretiza, pois até mesmo para isso

---

[55] Cf Cap 1 "O termo 'ressentimento' e suas ocorrências nos escritos de Nietzsche"

[56] Sobre a analogia do espírito como um estômago, conferir *Assim falava Zaratustra* (2008), cap III Das velhas e novas tábuas § 16, *Para além de Bem e Mal* (2005) § 230. Indicamos também a leitura do livro *A fisiologia de Nietzsche: a superação da dualidade cultura/biologia*, de Wilson Antônio Frezzatti Júnior (2006), para uma pesquisa sobre a diferença entre cultura e civilização na obra de Nietzsche e sua tentativa de superação da dualidade entre cultura/sociedade e biologia/natureza dentro do pensamento filosófico e científico ocidental. Para uma leitura detalhada sobre os aspectos epistemológicos e filosóficos no debate entre ciências humanas e naturais na dicotomia entre cultura e natureza, indicamos *Nossa humanidade: de Aristóteles à neurociências*, de Francis Wolff (2012), sobretudo os capítulos 3 "O homem estrutural" e 4 "O homem neuronal".

é impotente. Além disso, para a pessoa ressentida, a vingança não surge como tal, mas sob o modo de justiça. O ressentido é aquele que confunde justiça com vingança, e assim só lhe resta o prazer no apontar de dedos, lamuriando e acusando, a vida e o outro, que seriam responsáveis por seu sofrimento. A culpabilização é expressa pelo processo de incutir no outro o pecado, a tristeza, a vergonha e a humilhação.

O ressentimento se apresenta como modo de vida subterrâneo[57]: no interior do próprio sujeito, os afetos são aguilhões em sua consciência e a memória trava completamente a existência no passado da humilhação que considera ter sofrido, em extrapolação cada vez maior, incapacitando o esquecimento. Não vive o presente. A própria vida do ressentido rasteja dentro de um subsolo, contemplando as mais profundas vinganças contra seus inimigos que o fazem sofrer. Todavia, o ressentimento enlaça mais que apenas sujeitos. Envolve também o coletivo, posto que ressentidos, impotentes para agir, associam-se na miséria e pela miséria de lamentações e acusações, para enfraquecer e entristecer a todos.

Mesmo que seja uma vontade fraca, é ainda uma vontade que deseja afirmar-se na existência perante ameaças que encontra. Porém, sendo organismo impotente, o coletivo reúne-se naquilo que o filósofo alemão chamará de "rebanho".

São grupos unidos para acusar a tudo e a todos, rejubilando-se dos próprios pesares. São negadores da vida, desprezadores do corpo. Afirmam categoricamente que os outros não podem ser felizes se eles mesmos não o são.

O modo de existência ressentido é o do escravo[58], que quer extrair a

---

[57] Estudiosos como Paschoal (2014) indicam a possibilidade do livro *Memórias do subsolo*, do escritor russo Fiódor Dostoiévski, ter servido como uma das inspirações a Nietzsche para a elaboração da sua concepção de ressentimento.

[58] Em *Genealogia da Moral* (1998), Nietzsche irá empreender uma investigação sobre duas morais que considera dominantes entre inúmeras outras, a dos senhores e dos escravos, a primeira é afirmativa, expansiva, criadora de novos valores, espontânea, independente, se move pela paixão e pela afirmação de si, os escravos são negadores, necessitando da mediação do outro para afirmação de si mesmos enquanto bons, ao acusarem os outros como maus, se movem pelo cálculo dos benefícios de suas ações, pela utilidade e auto preservação. Importante frisar que as duas morais elaboradas por Nietzsche não se referem necessariamente a categorias sociológicas e econômicas, mas sim, a tipos psicológicos (considerando o que comentamos anteriormente sobre a psicofisiologia do filósofo), isto é, perspectivas morais e modos de existência sobre a vida, e que para o Nietzsche, a moral dos escravos se tornou dominante no mundo ocidental (ao contrário de leituras equivocadas de que seria a moral dos senhores), outro ponto importante, é que justamente o escravo necessita do poder por ser impotente, e que muitas vezes é possível encontrar as duas morais em uma mesma "alma", conferir *Além do bem e do mal* (2005),§260. Indicamos para aprofundamento sobre o tema em Nietzsche: Giacóia Jr, *Nietzsche como Psicólogo*, Cap 1 (2006), Moura, *Nietzsche: civilização e cultura*, Cap. VI, (2005), Deleuze, *Nietzsche e a filosofia*, Cap IV (2018).

potência de tudo ao seu redor para poder afirmar-se. Essa vampirização da vida alheia se dá por meio da culpabilização e do entristecimento do próximo — escravos, padres e tiranos do poder requerem corpos e mentes tristes para poderem dominar, conforme Deleuze:

> O escravo, o tirano e o padre... trindade moralista. Nunca, desde Epicuro e Lucrécio, se mostrou melhor o vínculo profundo e implícito entre os tiranos e os escravos: "O grande segredo do regime monárquico e seu profundo interesse consistem em enganar os homens, dissimulado, sob o nome de religião, o termo ao qual se quer acorrentá-los; de forma que eles combatem por sua servidão como se fosse sua salvação" [*Tratado teológico-político*, prefácio]. É que a paixão triste é um complexo que reúne o infinito dos desejos e o tormento da alma, a cupidez e a superstição. (...) O tirano precisa da tristeza das almas para triunfar, do mesmo modo que as almas tristes precisam de um tirano para se prover e propagar. De qualquer forma, o que os une é o ódio à vida, o ressentimento contra a vida. A *Ética* traça o retrato do ***homem do ressentimento***, para quem qualquer tipo de felicidade é uma ofensa, e faz da miséria ou da impotência sua única paixão (Deleuze, 2002, p. 31, colchete nosso).

Dessa maneira, passa-se de fenômeno individual para social. Trata-se de uma política, mas uma pequena política, a da mesquinhez, da mediocridade, profundamente danosa. Para além dos campos psicológico e fisiológico, o ressentimento se expande para searas do direito e da moral. A sociedade e a vida como um todo são atingidas pelo envenenamento e pela despotencialização. A ação política do ressentido abarca não somente aqueles que são considerados culpados, mas todos que não sofrem como ele e, portanto, não são seus iguais. A lógica do ressentimento transita por uma metafísica e por uma antropologia metafísica.

Posto que a vida é insuficiente, é calvário absoluto, outro tipo de existência deve haver para além desta, em um plano transcendente, pois o que vivemos é corrompido. Em consequência, natureza humana e sociedade são divididas dicotomicamente, em subproduto maniqueísta, entre bons e maus, justos e ímpios, entre os que merecem ser salvos e os que precisam ser punidos. O tema do ressentimento em Nietzsche é ligado a outros temas, "tais como a psicologia do homem moderno, sua crítica à cultura, à moral, à religião ou às configurações políticas de seu tempo, sejam elas a democracia, o socialismo ou o anarquismo" (Paschoal, 2008, p. 16).

Conecta-se profundamente também com sua análise da antropogênese da civilização e cultura, a partir de temas sobre memória e esquecimento, assim como questões ligadas ao processo civilizatório da interiorização das pulsões e à influência de dois pilares formadores da civilização e da cultura ocidental, o pensamento grego socrático-platônico e o cristianismo. Para o filósofo alemão, a civilização ocidental produz ressentidos, sobretudo, porque nascemos e somos criados a partir de valores culturais e com base no pensamento metafísico platônico-socrático, a partir de ideias dualistas entre dois universos, o material e espiritual, o inferior (carnal e corrompido) e o superior (transcendente e imutável). Essas ideias foram apropriadas pelo pensamento teológico cristão e transformadas em desvalorização da vida.

No pensamento nietzscheano, a perspectiva moral escrava coexiste com a dos senhores no interior de todos os organismos, em uma luta de vontades de potência em permanente confronto. A perspectiva moral, cristã e metafísica, tornou-se dominante, e o processo civilizatório cultural, para o filósofo, moldou-se para o adestramento das pulsões e das forças de constituição do humano, tal como as conhecemos. Nesse processo, o ressentimento e a má consciência foram efeitos que tornaram o humano um animal doente e sua filosofia seria um diagnóstico da doença chamada ressentimento, junto ao niilismo, para os quais se propõe um *pharmákon* (remédio).[59]

Além do diagnóstico civilizatório e cultural que Nietzsche propôs em sua obra, apresentado aqui de maneira breve e geral, a psicanalista Maria Rita Kehl pretendeu realizar análise psicanalítica sobre ressentimento a partir de abordagem lacaniana, dialogando com Freud, Nietzsche e Spinoza. A autora sublinha que o ressentimento não é uma estrutura clínica, tal como a neurose e outras dentro do escopo psicanalítico — e que mesmo o conceito de sintoma social ainda é bastante discutido dentro da psicanálise —, ainda que possa ser pensado como categoria próxima do paradigma da neurose, com especificidades próprias e miríades afetivas. Para Kehl (2004), o ressentimento pode ser compreendido como "posição psíquica" em que o indivíduo fica preso.

É lugar caracterizado não somente pela incapacidade de esquecer o agravo sofrido, mas de não querer esquecê-lo, isto é, é movimento inconsciente de desejo para a manutenção de sofrimento de forma ativa, com

[59] Sobre os temas da má consciência, processo civilizatório e niilismo ligados ao tema do ressentimento, indicamos para maior aprofundamento MOURA (2005) e GIACÓIA JR (2014).

algum tipo de ganho. Não sendo estrutura clínica e nem sintoma social, pode-se considerá-lo como "solução de compromisso entre dois campos psíquicos, o do narcisismo e o do outro" (Kehl, 2004, p. 11). Essa solução de compromisso, segundo ela, privilegia o sujeito em detrimento ao coletivo, na tentativa de sustentar a integridade narcísica daquele, acarretando a experiência da falta enquanto prejuízo, em um mundo sempre ameaçador da integridade narcísica.

Assim, passa-se para uma constância de queixas e acusações, em que raiva, indignação e cólera voltam-se contra o próprio indivíduo. É o movimento nietzscheano da má consciência, a outra face do ressentimento, quando a culpa atribuída ao outro é sentida sobre si, mas jamais assumida. O ressentido nunca se reconhece como vingativo, mas como injustiçado. Dessa maneira, ocorre algo similar à "covardia moral" do neurótico, proposta por Freud. Segundo Kehl (2004), o ressentido é aquele que não assume o próprio desejo, delegando a outrem essa responsabilidade e assim isentando-se de consequências. Ele acusa os demais por fracassos e tentativas infrutíferas, posto que estabelece relação de dependência pueril com diferentes pessoas, supostamente mais poderosas, que deveriam protegê-lo e reconhecê-lo. O ressentido torna incapaz de suportar o desamparo, a falta e as próprias falhas que encontra em si. Para sustentar o narcisismo, ressentidos crem-se possuidores de superioridade moral em relação a qualquer sujeito.

Será a diferença, segundo ela, entre perdedor e vítima, no jogo político e também na luta pela própria vida, que demarca uma posição psíquica. No primeiro caso, existe a compreensão e aceitação das regras do embate democrático, de vitória ou perda, a partir de ações, riscos e consequências. Pode-se sair vitorioso ou fracassar. Ambas são possibilidades possíveis e nenhuma das duas são perenes. A qualquer momento, mudanças podem acontecer, havendo o compromisso de se assumir o movimento do próprio desejo e de se saber que muitas coisas não estão sob controle. Ainda assim, há uma responsabilidade sobre si. No segundo caso, a vítima não se responsabiliza pelo desejo, não aceita as regras do jogo e as suas consequências: tudo o que ocorre é sempre uma injustiça, um agravo e uma ofensa cometidos contra ela.

O ressentimento seria expressão sintomática de uma época e cultura, como a histeria foi para Freud na primeira metade do século XX e a esquizofrenia, como efeito do modo de produção do capital, na segunda metade, para Deleuze e Guattari. Assim, temos que o ressentimento é uma característica das sociedades modernas, caracterizadas pela busca de formas de igualdade social de classes perante a lei. Sociedades modernas tendem a permitir, ao menos idealmente, a movimentação econômica de classes. Na situação social e política de um Estado de exceção, isto é, de suspensão de direitos civis, sujeitos são reduzidos a seu corpo biológico e matável, o que configura uma "vida nua", como aponta o filósofo italiano Agamben em *Homo sacer*, *Estado de exceção* e *O que resta de Auschwitz*.

> A 'vida nua' produz uma espécie grave de abatimento e resignação, mas não o ressentimento. Este é o afeto característico dos impasses gerados nas democracias liberais modernas, que acenam para os indivíduos com a promessa de uma igualdade social que não se cumpre, pelo menos nos termos em que foi simbolicamente antecipada. Os membros de uma classe ou de um segmento social inferiorizado só se ressentem de sua condição se a proposta de igualdade lhes foi antecipada simbolicamente, de modo a que a falta dela seja percebida não como condenação divina ou como predestinação - como nas sociedades pré-modernas - mas como *privação*. São os casos em que a igualdade é 'oficialmente reconhecida mas não obtida na prática' que produzem o ressentimento da política. É preciso que exista um pressuposto simbólico de igualdade entre opressor e oprimido, entre rico e pobre, poderoso e despossuído, para que os que se sentem inferiorizados se ressintam (Kehl, 2004, pgs 17-18, grifo da autora).

A psicanalista levanta uma questão: é possível outro destino para raiva, humilhação e vergonha, que não o ressentimento? A pergunta é essencial quando consideramos movimentos sociais e políticos na busca por reparação histórica. Movimentos que são impedidos e sufocados não necessariamente se transformam em ressentimentos, pois dependerão muito da forma da reação, ou seja, de como essa derrota é assimilada. A busca de reparação e a luta por direitos iguais tampouco significa que sejam movimentos ressentidos. O ressentimento "não se confunde com a revolta silenciada e nem com a resignação forçada que se produz sob regimes totalitários ou em sociedades fortemente estratificadas" (Kehl, 2004, p. 17).

Em relação à sociedade brasileira, elementos sociais e culturais que aquecem o ressentimento devem ser considerados. Dentre eles, o principal é o autoritarismo paternalista, derivado de séculos de passado colonial, em que líderes políticos e religiosos detiveram certa obrigação em resolver problemas, retirando da sociedade papel ativo nas lutas e reivindicações. Assim, transmitiu-se um tipo de cobrança ressentida em vez de uma ação política. Há também, segundo Kehl (2004), purismo na esquerda e falta de autocrítica por parte de militantes históricos, "que não conseguem analisar o aspecto de sua responsabilidade pelas derrotas sofridas e assumem uma atitude — para a qual não faltam simpatias populares — de 'acusar os fortes pelo uso da força', como pensaria Nietzsche" (p. 29). Isto é, existe um ideal moral de progressistas consigo mesmo, que oblitera mudanças, estratégias e possibilidades de luta.

> No campo da direita, patologias sociais, como o racismo, o fascismo e o chauvinismo nacionalista, podem ser formas de compensação narcísica do sentimento de insignificância dos homens anônimos e infames; modos ressentidos de negação das condições da modernidade democrática, nascidas dos impasses criados por essas mesmas condições (Kehl, 2004, pp. 221-222).

Consideramos também haver herança fortemente baseada na cultura judaico-cristã, que alimenta a servidão, a tirania e a superstição do povo. Desse modo, o eleitor brasileiro participa passivamente de processos políticos, elegendo não candidatos, mas entidades protetoras, às quais deve servir de modo a ganhar o "reino dos céus". De acordo com Spinoza (2014a), no *Tratado teológico-político*, um povo que tem em Deus a salvação torna-se prisioneiro da superstição como, por exemplo, no ancestral "fantasma do comunismo", temido desde a modernidade até os tempos atuais[60]. Esse processo o mantém na passividade política e na esperança de que os rumos do país, no caso brasileiro, estarão nas mãos de quem melhor representa as vontades do "pai", uma entidade abstrata que o protegeria e o salvaria de forças poderosas.

> Na política, a tradição de dominação paternalista-populista pela qual tentamos suprir a falta de um pai ideal também favorece as condições do ressentimento. Até o momento em que escrevo, parece que a sociedade brasileira não superou o desejo de servidão e proteção que nos faz transformar cada novo líder político, de porta-voz dos anseios e reivindicações emergentes, em novo pai dos pobres (Kehl, 2004, p. 247).

Diante das considerações em torno desse afeto útil à manutenção da passividade, analisamos em seguida até que ponto falsas notícias tendem a

---

[60] Um espectro ronda a Europa, o espectro do comunismo. As potências da velha Europa aliaram-se numa sagrada perseguição a esse espectro, o papa e o czar, Metternich e Guizot, radicais franceses e policiais alemães (Marx; Engels, 2005).

aniquilar a força histórica de uma sociedade que já enfrenta problemas estruturais porque foi fundada em bases relacionais de dominação e servidão.

2. O campo das *fake news* e o *desiderium* de vingança

Para abordar o tema das falsas notícias, que integra o cenário recente da política brasileira, partimos de um problema-chave: por que alguém acredita em factóides, como os que dão conta de distribuição de "kit gay" em escolas do Ensino Fundamental e Médio do Brasil? É necessário esclarecer que, por trás da prática de *fake news*, amparando-a, há planejamento, incentivo financeiro, engajamento, pesquisas e pessoas especializadas. Portanto, a disseminação de falsas notícias não é algo ao acaso, mas estratégia com fundamento e intencionalidade.

No podcast *Rádio Novelo*, episódio 18, com o tema *Narradores não confiáveis*, João (nome fictício) foi entrevistado sobre a problemática das *fake news* (Novelo, 2023)[61] e destacou: "é uma galera muito estudada [que monta e distribui os factóides], não é um hackerzinho de fundo de garagem" (Novelo, 2023, p. 3). João é publicitário e trabalhou na produção de desinformação para a extrema direita em 2018. Ele afirma que em todas as campanhas eleitorais há propaganda, marketing e estratégias que buscam promover candidatos do partido *x* ou *y*. Esse é o *lado a* da corrida eleitoral. Porém, o *lado b*, aponta o entrevistado, tem por meta a derrubada de candidatos concorrentes pela via da desmoralização, com conteúdos irreais, referentes à reputação, índole e caráter, que tratam de conduta íntima e pessoal. "[...] Então, a gente tem que queimar os votos do adversário pra poder passar o nosso. É uma grande corrida, a corrida eleitoral" (Novelo, 2023, entrevista).

Ou seja, não se trata de ir pela via do coletivo, da participação ativa, da defesa dos projetos políticos que se quer efetivar, mas pelo individualismo, atrelado principalmente a valores cristãos e nacionalistas, contra inimigos a serem arruinados pela via de factóides de cunho desmoralizante, associados a questões que envolvem sexualidade, família, inclinações e costumes. Veiculam-se, desse modo, inverdades das mais absurdas, como a famosa "mamadeira de piroca", atribuída ao candidato à presidência de determinado partido nas eleições presidenciais de 2018. Nesse factóide

[61] A entrevista foi conduzida por Carol Pires com o João, entrevistado anônimo. Utilizamos como referência o texto da transcrição do podcast disponibilizado pelo mesmo, que poderá ser encontrado nas referências.

afirmava-se que, caso ocorresse a vitória do candidato da esquerda, seriam distribuídas mamadeiras com bicos fálicos para estudantes de escolas de todo o país. Apontava-se que o PT promoveria e estimularia a homossexualidade entre crianças.

Segundo o entrevistado João, a prática ancorou-se em princípios arraigados na cultura brasileira para "desmoralizar e ridicularizar" o candidato oponente: "meu trabalho era causar incômodo, mal estar político, tensão. A gente tinha de fazer o cara perder a credibilidade de algum jeito" (Novelo, 2023, entrevista). O incômodo, o mal estar e a tensão eram dinamizados por *fake news*, trazendo à tona temas ligados à cultura branca, cristã e patriarcal da sociedade, ancorados à extrema direita. E de fato, a partir disso, como mencionado anteriormente, em 2018 determinado candidato de esquerda foi atrelado à ideia da "mamadeira de piroca", afetando sua credibilidade entre boa parte da sociedade. Por suposto, ao difundir a homossexualidade via pautas consideradas anticristãs por conservadores (kit gay e mamadeira de piroca), o candidato de esquerda não zelaria pelo modelo ideal de família brasileira.

O ressaltado é a herança parental que insiste em desestimular novas configurações afetivas no país. Apesar de avanços, tem-se na tradição a configuração de família formada por casal heterossexual, permeada por relações hierárquicas entre pais e filhos, mantidas por ideologia cristã reproduzida dentro do próprio núcleo familiar, que encontra na igreja alicerces que sedimentam a servidão, a tirania e a opressão, ora germinadas por roupagens do sagrado. Kehl (2004) recorda, a partir de pesquisa do historiador Sérgio Buarque de Hollanda, sobre a "herança do autoritarismo cordial que nos deixou o colonizador português" e acerca do Brasil colonilado "como sociedade agrária dirigida de acordo com interesses particulares dos primeiros proprietários" (p. 240). Ela lembra que propriedades funcionavam segundo leis de cada senhor, como escreveu o histeriador, incidindo sobre familiares e subordinados, concentrando poder na figura patriarcal e no ambiente doméstico como república privada.

Dessa forma, o predomínio de interesses privados sobre interesses públicos, da moral familiar sobre as leis da *polis*, de valores afetivos sobre a impessoalidade das regras de cortesia, formaram no país a concepção de Estado avessa ao que a modernidade instituiu (Kehl, 2004). Elementos rurais, agrários e modelos políticos centrados no pai de família protetor, autoritário, que concentra sua potência sob a forma de lei pessoal, em torno da família como núcleo central, continuam persistindo em relações sociais ainda hoje. Importa deixar claro que estamos tratando de uma cultura religiosa específica do Brasil, de tradição cristã e que se materializa, sobretudo, em dois pilares: o catolicismo e o protestantismo.

Essas vertentes religiosas possuem raízes e práticas diferentes. Porém, há, de forma recorrente, um comum entre elas. Reside em denso conservadorismo, uma repressão a corpos femininos, negros e indígenas, em sustentação ao modelo patriarcal de sociedade. Esse modelo religioso se mostra em um complexo afetivo que dá base a muitas falsas notícias, pois é uma força de dominação de corpos e mentes no país, conduzindo à superstição, como já afirmado por Spinoza (2014a). E falsas notícias, que chegam das mais variadas formas (*whatsapp*, *facebook*, *instagram* etc.), geram afetos nos corpos que as encontram, posto que a interpretação sobre *fake news* varia conforme o sujeito e sua disposição de afetar-se, podendo ser desde o medo da mamadeira de piroca até a esperança do Estado militarizado.

Independente da qualidade de afetação, observa-se que esses mecanismos geram tensão e mobilização. Uma das bases afetivas é a dúvida, que mantém a flutuação de ânimo entre medo e esperança (Spinoza, 2013), conforme segue:

> Vamos supor, pra deputado, você não tem um, dois, três adversários. Você tem 50, 60 adversários. Aí você pega dez ali que detêm uma grande parte dos votos, com sua base fiel, e a base fiel não deixa de votar. Mas aí, dentro dessa base, você tem que identificar os que não são fiéis. Esses, você pega eles pela dúvida. Então, é assim: 'eu voto no fulano, mas eu tô vendo aqui que o fulano fez isso' [...] E quando a pessoa clica naquilo ali, a gente já consegue identificar os confusos, por exemplo. Aí, a gente manda mais conteúdo pra essa pessoa ficar mais confusa e ela chega num ponto de confusão tão grande que vai buscar outro candidato. Nessa que ela vai buscar outro candidato já tá, o quê?, hiperlinkado com o nosso. 'Que, ah, pô, ele não fez esse negócio aqui pra segurança, e tá falando que é até envolvido com tráfico. Mas esse aqui fez, não gosta de traficante. Não, então é esse aquí'. A gente tem que queimar os votos do adversário para poder passar o nosso. É uma grande corrida a eleitoral (Novelo, 2023, entrevista).

Medo e esperança são afetos fundamentais para compreender a relação com o mundo e os processos afetivos social e político. Para o filósofo holandês, são afetos oriundos da condição humana, do fato de sermos finitos e limitados. De um lado, a temporalidade nos coloca diante da certeza do fim; do outro, vemo-nos incapazes de abarcar a totalidade do real e suas múltiplas determinações diante da incerteza sobre acontecimentos de coisas futuras. Para Spinoza, ambos são afetos tristes e indissociáveis, ao contrário do que se compreende acerca da esperança vista como algo puramente positivo. Ele definirá o medo como "tristeza instável, surgida da ideia de uma coisa futura ou passada, de cuja realização temos alguma dúvida" (Spinoza, 2013, p. 112) e a esperança como "alegria instável, surgida da ideia de uma coisa futura ou passada, cuja realização temos alguma dúvida" (IB., op. cit.).

Significa que não existe medo sem esperança, isto é, esperamos que algo bom possa vir a nos acontecer. Tampouco existe esperança sem medo, ou seja, tememos que algo bom não aconteça. Em todo medo há esperança e vice-versa. Quando julgamos ter a confirmação de algo, caímos no desespero ou na segurança. Como afetos inseparáveis, convivemos com eles e por eles somos afetados. Derivados de condição finita e limitada, não podem ser erradicados, apenas reduzidos pela capacidade de nos afetar. Conquanto, ao longo da vida, somos levados de um lado a outro, entre medos e esperanças, como largados ao mar.

Como é par indissociável, a oscilação da dúvida gera a oscilação desses dois afetos, e com isso a segurança ou ausência deles, demonstrando trama afetiva vivenciada a partir das *fake news*, a movimentar a busca pela certeza, a ausência da dúvida — ambas concorrentes para flutuações da segurança política, não raro posta nas mãos de grupos autoritários. Uma vez que *fake news* se alimentam e continuam presentes em mídias não convencionais (redes sociais), como sanar a dúvida em um cenário onde não se possui educação digital? É essa herança supersticiosa do povo brasileiro, que busca na figura de um pai opressor a segurança, diante do mundo que o assusta e acua (Kehl, 2004), que gera governos sangrentos forjados a golpes ditatoriais.

A partir do exposto, perguntamos: por que ao invés de irmos pela via da ação buscamos o acolhimento político em braços de tiranos? Para responder, remetemo-nos à filósofa Chantal Jaquet. Para ela, devido à fragilidade da sua condição existencial, seres humanos são presas fáceis de afetos passivos (Jaquet, 2015). Por isso, são mais propensos à tirania que à democracia, à inveja que ao altruísmo, à vingança que à piedade. "Crer que se pode levar a multidão, ou aqueles que são sacudidos para todos os lados, dentro do jogo dos negócios públicos, a viver apenas segundo o preceito da razão, é sonhar com a idade de ouro dos poetas, quer dizer, é uma fábula" (Spinoza, 2014, p. 372).

É o coletivo que *fake news* impactam. Afinal, para segregar é necessário espalhar falsas notícias e manter sujeitos na flutuação afetiva de medo e esperança, sob tutela da dúvida. Sobre isso, João explica na entrevista ao podcast *Rádio Novelo apresenta*.

> Eu tenho a ideia e passo ao meu contratante. Geralmente os contratantes são os marqueteiros mesmo, os chefes de gabinete, a galera lá do núcleo duro. E minha equipe já vem completa. O cara fala: "É isso mesmo." E eu já tenho a minha produção de conteúdo ali. A gente faz [...] Faz os memes, os gifs, o vídeo, um negócio pro *whatsapp*, pra tudo. E, aí, disseminamos em plataforma de robô. Que a gente não tem como fazer manual mil, dois mil compartilhamentos, mas o robô faz cinco mil, seis mil compartilhamentos no dia fácil (Novelo, 2023, entrevista).

Não se trata de evento isolado, mas de fenômeno de massa, criado artificialmente para acolher consumidores vorazes e aflitos por verdades interessadas, que deem sentido à sua existência. Trata-se, portanto, de um medo com sólida base no real, fundado na insuficiência do ser humano em se desenvolver sem corpos que componham com o seu. Não salientamos, pois, sobre uma fantasia, mas acerca de uma condição, que pode, sim, ganhar contornos fantasiosos. Visto que "ninguém, solitariamente, é forte para se defender e para obter tudo aquilo que é necessário à vida, daí se segue que os homens aspiram naturalmente à sociedade civil e não podem jamais aboli-la por completo" (Spinoza, 2014, p. 402).

É importante o encontro com o outro, pois nesse momento a dúvida gerada por *fake news* pode ou não ser sanada. É no coletivo que podemos compreender a intencionalidade por trás de falsas notícias e ter encontros que provocam ideias adequadas e afetos alegres, pois enquanto corpos se mantiverem no medo a esperança irá padecer. Quando a constituição de sociedade ou grupo é posta sob a força de afetos tristes, e não de ideias adequadas, da racionalidade, da ação política, o que age é a compulsão por vingança, por aniquilação de outrem, é o antagonismo, a guerra de si contra si. É na fraqueza que o corpo humano padece. É diante de intempéries da vida e da morte, da natureza e da política, que a humanidade perece. De igual modo, *fake news* se disseminam não por ideias adequadas, mas por afetações e composições que mantêm sujeitos na ilusão.

Posto isto, retomamos o diálogo com o nosso interlocutor João, o qual analisa: "[...] a mamadeira de piroca é um absurdo tão grande que não entendo como é que tem gente que acreditou que aquilo fosse acontecer" (Novelo, 2023, entrevista). A afirmativa nos leva a crer que, por meio da superstição, de afetos precários que habitam a alma, factóides mantêm sujeitos em servidão, acreditando que estão lutando por liberdade (Spinoza, 2014a). No centro da encruzilhada está o tripé "Deus, pátria e família", exaltado e simbolizado por *fake news*. Seja a imagem de candidato *a*, que professa sua fé em Deus, mostrando religiosidade, seja a de candidato *b*, atrelado ao satanismo; ou a imagem da propriedade privada e da pátria livre (candidato *a*), contraposta à possibilidade do comunismo (candidato *b*). São conjuntos de factóides que circulam para afetar corpos memoriosos (Chauí, 2005) e geram ressentimento e quebra de vínculos, mantendo corpos na segregação, na ausência de bons encontros e ideias adequadas.

Spinoza nos lembra que "sociedade civil e corpo político não repousam [...] num acordo fundado sobre a razão, mas sobre um afeto comum" (Spinoza, 2014, p. 402). A afirmação nos leva a perguntar: qual é o afeto comum gestado e subsidiado por desinformações tão escabrosas?

> Dado que os homens, como dissemos, se conduzem mais pelo afeto do que pela razão segue-se que não é por condução da razão, mas por algum afeto comum que uma multidão se põe naturalmente de acordo e quer ser conduzida como que por uma só mente, ou seja (como dissemos no art. 9, cap. III), por uma esperança ou medo comuns, ou pelo desejo de vingar algum dano comum. Como, porém, o medo da solidão existe em todos os homens, porque ninguém na solidão tem forças para poder defender-se e reunir o necessário para a vida, segue-se que os homens desejam por natureza o estado civil, não podendo acontecer que eles alguma vez o dissolvam por completo. (Spinoza, 2014, p. 402).

Apesar de Spinoza não ter utilizado o termo "ressentimento" diretamente, há autores que aproximam sua elucubrações acerca da temática a partir da ideia de "vingança" (Jaquet, 2015), posição com a qual concordamos. É mister, portanto, defini-la: "[...] o esforço por fazer o mal a quem odiamos chama-se ira, enquanto o esforço por devolver o mal que nos foi infligido chama-se vingança" (Spinoza, 2013, p. 126). "Vingança é o desejo que nos impele, por ódio recíproco, a fazer mal a quem, com igual afeto, nos causou dano" (ID., op. cit., p. 149). No entanto, cabe distinguir entre desejo de vingança enquanto *cupiditas* e enquanto *desiderium*, discriminação que direciona a análise do afeto por caminhos opostos. *Cupiditas* é desejo que se efetiva em ato. *Desiderium* é desejo frustrado de vingança, que não atinge o alvo (Jaquet, 2015).

Como exemplo, temos a mamadeira de piroca. No momento em que compreendo algo colocando em risco minha família ou filhos, desejo me vingar desse dano comum (coletivo), mas não posso. O mesmo se aplica ao caso da pátria, outra ponta do tripé, porque ao acreditar que o país será varrido por uma revolução comunista e pessoas irão perder suas casas, procuram a vingança. É um estado de ânimo, segundo o filósofo, que se funda com base na ontologia afetiva. Assim, não se trata de contrato ou império dentro de um outro império, mas da gestão de afetos vividos no coletivo. Dentre esses afetos, como ressaltado, destacam-se medo e esperança. Os contratos ou compromissos não são nada além da formalização dos afetos no papel da lei. No *Tratado político* é apresentada tese de que sociedades são fundadas sobre o desejo de vingar dano sofrido em conjunto: o *desiderium* da vingança.

> O corpo político nasce de uma união de corpos que convergem e confluem sob a pressão de causas exteriores, e que são perpassados pelo mesmo movimento de medo, de esperança ou de sede de vingança que comunicam uns aos outros. Não há, pois, contrato ou compromisso na origem do Estado, mas um concurso de afetos, um movimento de composição sob a pressão de causas exteriores (Jaquet, 2015, p. 49).

Quando se trata de um Estado fundado no *desiderium* de vingança, Spinoza está se referindo a dano sofrido em comum. Ainda que a vingança seja mais imaginária que real, pois não se pode saber se o mal desejado ao outro é de fato o mal por ele temido. Tal qual encontramos em *Ética IV*, proposição XXXVII: "[...] é pelo soberano direito de natureza que cada um julga o que é bom ou mau e vela por seu interesse segundo o próprio temperamento [...] e se vinga (*vindicat*)" (Spinoza, 2013, p. 181). *Desiderium* consiste, portanto, de i) uma memória do objeto amado que existe enquanto lembrança cuja existência já se diluiu, ii) sendo esta uma lembrança das causas externas que aniquilaram a existência da coisa amada e iii) um desejo de possuí-la novamente.

O *desiderium* não pode ser considerado totalmente mau, uma vez que é irrealizável. Nesse sentido, o *desiderium* diferente da *cupiditas*, torna-se inofensivo devido à impossibilidade de efetivação. O desejo de vingar dano sofrido, pelo estatuto de inatingível, eterniza-se e mantém a multidão sob a tutela do irrealizável, como uma espécie de justiça eterna, imutável e inalcançável. Busca-se, dessa maneira, justiça e reparação, sendo evidentemente, um afeto reativo.

> Não somente ele não é diretamente nocivo como pode ser indiretamente bom, por pelo menos duas razões. De um lado, esse afeto não é apenas um motivo adicional para a união política da multidão e não serve apenas para iniciá-la. Ele é também um poderoso cimento para conservá-la, pois, para poder ser satisfeito, faz com que os homens, com a alma constante, suportem condições de vida rudes e se curvem a penosas regras. O Estado tem, pois, todo interesse em explorá-lo, já que este afeto dá a perseverança na obediência que a inconstância da esperança e do medo não podem sempre garantir de maneira tão eficaz (Jaquet, 2015, p. 58).

Dizendo de outro modo, ele pode ser bom na medida em que torna útil a opressão e a domesticação/subserviência, porém com um tom de conservadorismo que impossibilita o exercício do direito natural (Spinoza, 2014) em uma sociedade. O que se depreende da análise a respeito do *desiderium* de vingança é que, bem ou mal, temos tanto a fundação da multidão com base no desejo de vingar dano sofrido em comum, como a manutenção da sociedade nesses moldes. Há de se reconhecer que existe movimento fundado em desejo frustrado de vingança. Diferente do desejo *cupiditas*, que recai no ato e na destruição, o *desiderium* contribui para manter corpos em união, ainda que miseravelmente. Como no caso das *fake news*, em que a multidão deseja vingar a possibilidade do comunismo, ou a possibilidade de dar mamadeiras de piroca a seus filhos. O grupo afetado pelo *desiderium* deseja se vingar por possível dano sofrido. "Se Spinoza considera a vingança como contrária à razão e à justiça, por outro lado o *desiderium* de vingança pode ser compatível com elas e constituir uma potência auxiliar a seu serviço, na medida em que continua na ordem de um anseio frustrado sem passagem ao ato" (Jaquet, 2015, p. 59.)

O que mais se aproxima, portanto, do conceito de ressentimento na filosofia spinozana, pode estar relacionado ao *desiderium* de vingança: desejo frustrado de rebater dano sofrido em comum. Notemos que o termo "frustrado" dá orientação para compreender a profundidade de um afeto triste e passivo, que pouco contribui para a formação de um Estado democrático, onde é possível a expansão de corpos segundo a filosofia elencada na análise. Aproximando esse afeto às *fake news* da mamadeira de piroca, diríamos que é pelo dano comum à família que se deseja vingar aqueles que a estão destruindo. Porém, é um desejo frustrado. Não é possível exercê-lo. Sendo assim, é reconhecido como *desiderium*.

Diante das considerações, defendemos a tese de que o *desiderium* de vingança é uma constante na sociedade brasileira, uma vez que não faltam pessoas acreditando na superstição de que é preciso eliminar ideias progressistas, que ferem a moral de uma nação, cuja base é a suposta cordialidade histórica, o status patriarcal e militar, além do racismo, fomentando o sucesso de factoides alinhados ao *slogan* "Deus, pátria e família". No caso brasileiro, esse tripé dá o tom e o tema de ideias que circulam em massa, reforçando a origem de uma sociedade onde valores cristãos endossam práticas que priorizam bons costumes, em detrimento da vida e do bem viver.

> *João:* Ah, o eleitor aqui está falando muito sobre corrupção, anticorrupção. Já põe aí três, quatro escândalo, [dizendo que] o cara é corrupto, ladrão, que a irmã roubou, que o cunhado roubou, que os primos roubaram. Aí já vai queimando também.
> *Carol Pires*: E era verdade?
> *João:* Olha, uma parte era. E a parte mais interessante não era. A parte que era verdade é que supostamente existiam, né, algumas irregularidades em obras.
> *Carol Pires:* Uma investigação que ainda não foi comprovada.
> *João:* Isso, que era aquela coisa bem política, né? Vou abrir aqui só para ficar dizendo que tem. A que não era verdade, que o eleitor acha massa, é descobrir que a família inteira está envolvida. Aí, a gente começa a brincar. Que o fulano trouxe a irmã, que trouxe o cunhado, que trouxe o genro que trouxe o sogro, que trouxe o primo, que trouxe não sei quem. E a família inteira se beneficia (Novelo, 2023, entrevista).

Aqui temos alguns temas centrais que estão dando contornos à frágil condição do povo brasileiro, que encontra no ressentimento a saída para sua dor, assim como na moralidade versada sobre teses religiosas. É um povo que vê a esperança de uma segurança que sustenta valores concretizados em instituição familiar. Essa conjuntura revela a decadência a passos largos e muitas vezes encontra no familismo (Saraiva, 2016) um refúgio para continuar se conservando como solução perante diversos contextos, retirando do Estado sua função de promotor de igualdade e bem estar. Eis um ponto de resumo para nossa análise. De tal modo, nessas linhas, em suma, não tivemos por objetivo responder à temática das *fake news*, mas sim lançar olhar de afetividade ético-política para um importante âmbito, cerceador de corpos e promotor de padecimentos.

No momento em que escrevemos este capítulo, a atualidade convoca a psicologia social a olhar para cenários digitais, que podem tanto promover informação como desinformação. No cenário da desinformação política, o tripé "Deus, pátria e família" parece ter sido alimentado por poderosas corporações midiáticas e consumido com voracidade grande parte dos eleitores do país. No cenário da informação, compete à psicologia compreender a complexidade de fenômenos tão eivados de desejos, afetos e símbolos, tendo em vista dar continuidade a pesquisas comprometidas com a realidade social.

Referências

BITTENCOURT, Renato Nunes. A questão do ressentimento na ética trágica de Nietzsche. Revista Urutágua, (18), 2009, p. 47-61. Disponível em: https://periodicos.uem.br/ojs/index.php/Urutagua/article/view/6416. Acessado em 30 dez 2022.

BITTENCOURT, Renato Nunes. Nietzsche e a decifração do mecanismo psicofisiológico do ressentimento. Ensaios Filosóficos, Volume II - outubro/2010 p. 139-161. Disponível em: http://www.ensaiosfilosoficos.com.br/Artigos/Artigo2/Ensaios_Filosoficos_Volume_II.pdf Acessado em 30 dez 2022.

BITTENCOURT, Renato Nunes. A tipologia do ressentimento em Dostoiévski e Nietzsche. Revista Húmus, Mai/Jun/Jul/Ago. 2011. N° 2. Disponível em https://periodicoseletronicos.ufma.br/index.php/revistahumus/article/view/1632. Acessado em 30 dez 2022.

CHAUÍ, Marilena. Brasil: mito fundador e sociedade autoritária. (Coleção História do Povo). São Paulo: Fundação Perseu Abramo. 2° reimpressão 2001.

CHAUÍ, Marilena. Espinosa: uma filosofia da liberdade. 2ª ed. São Paulo: Editora Moderna, 2005.

CHAUÍ, Marilena. O mito da não violência brasileira. In: Sobre a violência. (Coleção Escritos de Marilena Chauí). Belo Horizonte: Editora Autêntica, 2017.

DELEUZE, Gilles. Espinosa, filosofia prática. São Paulo: Escuta, 2002.

DELEUZE, Gilles. Nietzsche e a filosofia. São Paulo: n-1 Edições. 2018.

FREZZATTI Jr, Wilson Antônio. Nietzsche: a superação da dualidade

cultura/biologia. Ijuí: Editora Unijuí, 2006.
FREYRE, Gilberto. Casa-grande & senzala: formação da família brasileira sob o regime da economia patriarcal. 51ª ed. São Paulo: Global, 2006.
GIACÓIA Jr, Oswaldo. Nietzsche como psicólogo. 3ª reimpressão. São Leopoldo, Rio Grande do Sul: Editora Unisinos, 2006.
GIACÓIA Jr, Oswaldo. Nietzsche: o humano como memória e como promessa. 2ª ed. Petrópolis, Rio de Janeiro: Editora Vozes, 2014.
GIACÓIA Jr, Oswaldo. Ressentimento e vontade. Rio de Janeiro, Editora Via Verita, 2021.
JAQUET, C. O acordo afetivo da multidão: O desejo (desiderium) de vingança como princípio do corpo político. Discurso, [S. l.], v. 45, n. 2, p. 41-62, 2015. DOI: 10.11606/issn.2318-8863.discurso.2015.112507. Disponível em: https://www.revistas.usp.br/discurso/article/view/112507. Acesso em: 16 jun. 2023.
KEHL, Maria Rita. Ressentimento. 1ª ed. São Paulo: Casa do Psicólogo, 2004.
KEHL, Maria Rita. Ressentimento. São Paulo: Boitempo, 2020.
MARX, Karl. e ENGELS, Friedrich. Manifesto Comunista. Tradução de Álvaro Pina. SãoPaulo: Boitempo Editorial, 2005.
MOURA, Carlos A.R. de. Nietzsche: civilização e cultura. São Paulo: Martins Fontes, 2005.
NIETZSCHE, Friedrich. Genealogia da Moral. São Paulo: Companhia das Letras, 1998.
NIETZSCHE, Friedrich. Além do bem e do mal. São Paulo: Companhia das Letras, 2005.
NIETZSCHE, Friedrich. Assim falou Zaratustra. 17ªed. Rio de Janeiro: Civilização Brasileira, 2008.
NOVELO, Rádio. Narradores não confiáveis, Ep. 18. Podcast. Locução de Branca Vianna. Entrevistado: "João". Entrevistadora: Bianca Lopes. 23 de Março de 2023. Transcrição do Podcast. Disponível em https://radionovelo.com.br/wp-content/uploads/2023/03/RNA_ep18_transcricao.pdf. Acesso em 09/07/2023.
PASCHOAL, Antônio Edmilson. Nietzsche e o ressentimento. São Paulo: Humanitas, 2014.
PASCHOAL, Antônio Edmilson. As formas do ressentimento na filosofia de Nietzsche. Philósophos - Revista de Filosofia, Goiânia, v. 13, n. 1, p. 11–33, 2008. Disponível em: https://revistas.ufg.br/philosophos/article/view/7961 . Acesso em: 30 dez. 2022.
SARAIVA, L.F.O. A familiarização da Assistência social: promoção de

direitos e gestão da vida no encontro entre vulnerabilidades, (des)proteção e periculosidade. Tese (Doutorado- Programa de Pós-Graduação em Psicologia) - Instituto de Psicologia da Universidade de São Paulo. São Paulo, 2016.
SPINOZA, B. Ética. 2 ed. Belo Horizonte: Autêntica Editora, 2013.
SPINOZA, B. Obra Completa I: (Breve) tratado e outros escritos. São Paulo: Perspectiva, 2014.
SPINOZA, B. Obra Completa III: Tratado Teológico-Político. São Paulo: Perspectiva, 2014a.
WOLFF, Francis. WOLFF, Francis. Nossa humanidade: de Aristóteles às neurociências. São Paulo: Editora UNESP, 2012.

CAPÍTULO VI

O bolsonarismo e a cólera nas redes sociais: reflexão e crítica sobre a comunicação de submundo

Renan Albuquerque
Rodrigo Vivar y Soler
Flávia Busarello
Jalna Gordiano

Introdução

Estudo divulgado em setembro de 2022, às vésperas da votação de 1º turno para presidente do Brasil, apontava que 67% da população do país tinham medo de declarar voto em decorrência da violência engendrada na disputa político-partidária. Perto de 3,5% dos entrevistados destacavam ter sofrido agressão física ou psíquica no período e isso equivalia a dizer que 3,8 milhões de eleitores já tinham sido ameaçados de algum modo. Concomitante, 21,7% dos respondentes aprovavam a violenta tomada de poder pelas Forças Armadas a partir de golpe de Estado e metade dessas pessoas afirmava não aceitar o resultado caso outro candidato, que não o ex-presidente Jair Bolsonaro (PL), vencesse o pleito (Sader *et al.*, 2023).

O clima era de animosidade, sobretudo por conta de latentes e manifestos incentivos a crimes de ódio por parte de Bolsonaro e seguidores (Steinmetz; Albuquerque, 2022), que de 2019 a 2022 potencializaram algo como um sistema nacional de fomento a preconceitos, a funcionar por meio de arcabouços coléricos via redes sociais (Doria, 2020; Lísias, 2020; Mello, 2020). Uma máquina incomum estava a impulsionar os setores militar, evangélico e do agronegócio, onde se situa a magnitude dos eleitores de extrema direita (Bairon *et al.*, 2021). Foi um forte período de aparelhamento de boa parte dos poderes nacionais de polícia, o que cimentou sistemas de repressão a adversários políticos (Empoli, 2019).

De novembro de 2022 em diante, após o candidato à presidência pela coalizão brasileira de centro-esquerda e esquerda, Luiz Inácio Lula da Silva (PT), sair vitorioso pela margem de votos mais apertada da história recente da redemocratização do Brasil, não cessaram questionamentos relacionados à seguridade social na nação (Brasil, 2023). A união popular da direita e extrema direita, montada para as eleições de 2022, manteve-se a partir de ambíguo modelo de comunicação de massa. Esse modelo é conceituado neste *paper* como "comunicação de submundo" e partimos do suposto para analisar e discutir a temática do nazifascismo no Brasil. Questionamos o uso da comunicação para forjar políticas de produção de ignorância (agnotologia) impulsionadas por apoiadores do agora candidato derrotado Jair Bolsonaro.

Nos tópicos que seguem, ponderações foram subdivididas acerca i) do que é e como funciona a comunicação de submundo; ii) dos efeitos no âmbito da liberdade de expressão, da democratização das redes sociais e da disseminação do nazifascismo; iii) da comunicação de submundo enquanto ação para instabilidade democrática, tentativa do golpe e tutela militar da sociedade; e iv) dos públicos propensos à cooptação por esse modelo comunicacional.

1. Enfoque teórico

Durante a década de 1970, Foucault desenvolveu projeto sobre a história política da governamentalidade. O projeto almejava analisar e estudar emergências e proveniências de práticas de governos no que concerne a procedimentos de controle a condutas de populações. Os cursos *Segurança, território, população* e *nascimento da biopolítica* (Foucault, 2008, 2012) refletiram sobre modos como se formava, na sociedade ocidental, um estilo de poder, ou melhor, uma arte de governar, cujas experiências abordavam desde o poder pastoral, passando pela razão de Estado, até as primeiras formas de biopolítica. O projeto foucaultiano desdobrou-se da época passada até o presente segundo interpretações de Agamben (1995), Mbembe (2018) e Espósito (2006), entre demais.

A utilização na contemporaneidade do programa foucaultiano, referente à governamentalidade e biopolítica, orienta-se pela experiência de se perscrutar motivos pelos quais sociedades em franca virtualização da vida veem emergir dispositivos de controle porosos e sofisticados. Sobre as problemáticas da governamentalidade e da biopolítica, abordadas por meio da comunicação de submundo no artigo, projetamos referências a olhares críticos. São reflexões promovidas sobre teias computacionais em cadeia e interligadas, de extensão global, fundamentadas por regimes de algoritmos (Steinmetz; Albuquerque, 2022). Essas teias são conhecidas como "redes sociais".

Pensamos ser um tipo de governamentalidade que dialoga com a biopolítica porque abrange desdobramentos de aplicação sistemática que permitem a verificação de regimes de verdades interessadas em redes sociais. Governamentalidade e biopolítica, no caso, são esteios para a percepção de afetos espraiados mediante um conjunto de capilaridade alcançado por meio de plataformas de mídias de grande alcance (Albuquerque; Andrade; Santos, 2022). Acerca de tal condição, tecemos que:

> [...] se nos processos político-discursivos a legitimidade, a história, a verdade, a justiça representam elementos mobilizadores, organizadores e hierarquizantes da ação, há uma esfera do contemporâneo transitando em outras características e estratégias. Não se trata de projetar uma ação política sem os universais da política moderna (representação, soberania, direito, Estado), mas de compreender uma política fundamentalmente exercida por meio de máquinas e dispositivos de controle das subjetivações combinados com lógicas de governo. As transformações engendradas pela produção de subjetividades não se apresentam como resultado apenas do conhecimento, da cultura ou da informação. Sua dimensão seria também afetiva e existencial. Com base nesta produção se propagariam discursos, saberes e funções político-tecnológicas (Teles, 2018, p. 430).

A perspectiva parece refletir sobre compreensões em torno da experiência de se entender formas de controle. E acrescentamos. É uma perspectiva que necessita atentar ao fato de que as primeiras décadas do século XXI no Brasil colocaram em evidência movimentos ondulatórios, pelos quais estratégias de governamentalidade e biopolítica, marcadas por algoritmos, impactaram processos de objetivação e subjetivação da existência na internet e para além da internet (Albuquerque et al., 2020a). Processos que tiveram como sintoma, por sua vez, ascensão e sustentação de grupos de extrema direita. Em nosso país, esses grupos estão ligados umbilicalmente ao bolsonarismo (ID., op. cit.).

Essa ligação, em termos nacionais, segundo a proposta da comunicação do submundo, dá-se em face à instrumentalização que opera jogos políticos de constituição de verdades interessadas, ou melhor, de múltiplas verdades interessadas, responsáveis pela criminalização do pensamento crítico e pela desconstrução de pautas de grupos vulneráveis (população LGBTQIA+, negras, negros, indígenas e quilombolas, somente para ilustrarmos alguns exemplos) (Albuquerque; Oliveira, 2019).

A comunicação de submundo parece enredar-se, conceitualmente, no arco da constituição de campanhas que incentivam desinformação, contrainformação, rumores e boatos a se tornarem potentes instrumentos de governamentalidade e biopolítica para grupos extremistas. É uma comunicação que produz afetos (Spinoza, 2013) e estes geram instabilidades no tecido social brasileiro a partir de uma complexa dinâmica que mantém corpos imersos na servidão (Spinoza, 2014). Diante do arcabouço teórico em tela, cremos que essa forma de comunicação, em suma, tem servido de instrumento para o nazifascismo.

2. Metodologia

O estudo foi guiado pelas premissas que seguem: i) as redes sociais operam dentro da lógica de engajamento (*clickbait*) para a geração de receita financeira, independente da veracidade do que está a ser veiculado, ii) o que concorre para que temas do tipo sensacionalistas, lastreados por *fake news*, ganhem projeção e se potencializem mediante visualizações e compartilhamentos, forjando ambiente propício para a operacionalização da comunicação de submundo.

A pesquisa foi qualitativa, de abordagem hermenêutica, mediada por garimpagem e coleta de dados em redes sociais. Procedemos à verificação de práticas comunicacionais a partir de análises de postagens da extrema direita. O destaque foi para conteúdos recebidos e repassados tendo por base motes de desinformação, contrainformação, rumores e boatos. Granjeamos a interpretação de rebatimentos e consequências dessa dinâmica, que foi conceituada de comunicação de submundo.

Exploramos e descrevemos modos de ação e reação de públicos receptores e geradores de comunicação de submundo principalmente nas redes sociais *facebook*, *discord*, *whatsapp* e *telegram* (mas também em *twitter*, *youtube*, *instagram*, *tiktok* e *google*), onde se espalham extremismos políticos na contemporaneidade. Realizamos avaliação de discursos do bolsonarismo tendo em vista qualificar a comunicação da extrema direita segundo pressupostos definidos em: i) O que é e como funciona a comunicação de submundo; ii) Efeitos à liberdade de expressão, democratização de redes sociais e ascensão do nazifascismo; iii) Comunicação de submundo enquanto ação para instabilidade democrática, tentativa do golpe e tutela militar da sociedade; e iv) Públicos propensos à cooptação pela comunicação de submundo.

3. Resultados e discussão

3.1 O que é e como funciona a comunicação de submundo

A comunicação de submundo, instrumentalizada e definida a partir de desinformação, contrainformação, rumores e boatos, categorias popularmente aglutinadas na expressão *fake news*, perfaz-se mediante exercício que guarda em si um princípio: o do espalhamento multimidiático irrestrito, posto que tem a ver com movimentos e mudanças contínuos. É como o Paradoxo do Hotel Infinito (Hotel de Hilbert) (Bishir; Drewer, 1970; Black, 1966), a salientar que, apesar de estar sempre lotado, trata-se de lugar que nunca fica sem quartos vazios porque se criou, dentro dele, volume tão grande de possibilidades de hospedagens que há sempre métodos diferentes de recriação e remodelação de quartos. Vale dizer que o infinito a que me refiro diz respeito a algo fechado em um moto-contínuo, a alimentar a si mesmo. Como esfera monumental, a girar e reproduzir-se indefinidamente. Descrevemos a seguir exemplo, na tentativa de entendimento. Senão, vejamos.

Todos recordam da praça pública da Grégia Antiga, a Ágora. Esta, no século XXI, é a internet, onde se dão relações da comunicação de submundo. Na nossa Ágora pós-moderna, em semelhança, o convencimento de pessoas por manipulação é feito mediante robôs e algoritmos, a dispararem milhares de mensagens a públicos multidiversos, sem intervalos, em tempo real e em planos globais. Isso mostrou eficácia no Brexit, no Reino Unido, em seguida na eleição de Trump nos EUA, em 2016, e ainda na vitória de Bolsonaro em 2018, no Brasil. Em todas as situações, o modelo foi o mesmo, de dispersão viral em redes sociais. Mas os disparos virtuais em massa, historicamente, não pararam por aí.

Em milhares de situações em nível nacional, factoides (informação falsa ou forjada) e *memes* (ideia ou audiovisual com teor humorístico) continuam a ser refeitos e reconformados para disparos virtuais em massa, assim como no Hotel Infinito, onde quartos são recriados e remodelados indefinidamente. Factoides e *memes* são montados quando eventos servem de muitas formas a um mesmo fim, o viral, ainda que fora de contexto ou sentido, diante a realidade. O mecanismo aponta para uma não finitude de possibilidades porque, assim como no Paradoxo do Hotel Infinito, a processualidade da comunicação de submundo não se importa com factual, lógica, entendimento ou verdade. O que vale é a propagação. E só ela.

No Brasil, existe uma grande maquinaria que realiza financiamentos coletivos para a difusão dessa comunicação de submundo, sendo fortalecida por grandes empresários e rentistas desde 2018 (Carta Capital, 2022), quando se percebeu que domínios da internet ordinária (*world wide web*) e da internet profunda (*deep web/dark web*) eram gigantescos, sobremaneira no que tange às redes sociais. Esses universos da web tem sustentado a estrutura onde o debate público da extrema direita acontece (Barreto Filho; Borges, 2022). Assim, por mais importante que sejam concentrações informacionais que tratem acerca do valor do diálogo *tête-à-tête*, existe fenomenal potência simbólica a ser compreendida por todos no que tange às redes sociais no país.

Na contemporaneidade, a batalha por influência é tão ou mais decisiva quanto a travada por canais históricos de comunicação *broadcasting* (grande mídia), dado que o modelo de negócios da internet enfatiza e monetiza engajamentos (Silva; Carvalho, 2022). É o *clickbait* (uso de títulos sensacionalistas para gerar mais cliques no conteúdo), que muito interessa à comunicação de submundo, um meio alimentado por tempestades semióticas de desarranjo, não limitado por ética e razoabilidade (Vasconcellos-Silva; Castiel, 2022). Essa comunicação se apresenta como epidemia global porque é fruto de modelo mercadológico defensor de reconfiguração de poderes em nova ordem planetária. Para a extrema direita e o capitalismo de plataforma, tomadores de decisão por algoritmos, o caos é um "cenário de oportunidade" para *clickbaits* — para repetirmos esse termo mercadológico.

Outra problemática é a da utilização incipiente de tecnologias digitais, não raro tomadas *per se* como instrumentos que não necessitam de saberes para eficiente manejo. Todavia, a falta de familiaridade de sociedades globais em relação a *gadgets* e adjacentes aponta riscos à navegação em redes sociais (Vosoughi; Roy; Aral, 2018). Dessa maneira, na prática o que pretendemos salientar é que a plataformização do cotidiano humano não habilita automaticamente ou necessariamente pessoas a entenderem sobre arenas agnotológicas onde transitam virtualmente dia a dia (Blumer, 1978; Debord, 1991).

O pluralismo e a popularização de instrumentais de acesso à internet não ativam de forma automática capacidades de conscientização social, como se podia supor. Pelo contrário, dados compilados pela Organização para Cooperação e Desenvolvimento Econômico (OCDE)[62] mostram que bilhões de indivíduos em todo o mundo demonstram incapacidade

[62] Relatório *Leitores do Século 21 - Desenvolvendo Habilidades de Alfabetização em um Mundo Digital*. Mais informações em https://educamidia.org.br/por-que-os-jovens-nao-sabem-diferenciar-fatos-de-opiniao.

para compreender ambiguidades entre fatos ou factoides, audiovisuais verídicos ou *memes*, impactando no discernimento entre conteúdos reais ou inventados, verdades ou mentiras (Borges, 2017).

Outro estudo divulgado pelo Instituto Ipsos, este direcionado ao Brasil, sublinha que entre a população nacional 62% já acreditaram e repassaram informações falsas ao menos uma vez de 2021 até agora, percentual mais alto entre países avaliados pelo levantamento[63]. A circunstância sugere corrosão em conjunturas éticas de compartilhamento de dados em ambientes cibernéticos, com consequências concorrentes ao rebaixamento de linguagens e saberes constituídos.

3.2 Efeitos à liberdade de expressão, democratização de redes sociais e disseminação do nazifascismo

Discorrer sobre liberdade de expressão é, ao mesmo tempo, explicitar sobre democratização de redes sociais e nazifascismo, pois estes são dois dos *cases* de maior sucesso do século XXI. Para quaisquer dos caminhos pelos quais sociedades globais tendem a projetar o futuro, tanto o tema da democratização das redes quanto do espalhamento do nazifascismo vêm sendo enunciados como questões problemáticas. E o são porque funcionam segundo ideias e práticas com efeitos opostos aos que se propõem. Ou seja, utilizam-se do panorama da liberdade de expressão para tomar de assalto o Estado Democrático de Direito.

O nazifascismo mostra-se na atualidade como linha política contracorrente, que supostamente pode ser aceita e defendida em nome da liberdade de expressão. E vem assolando muitas nações, entre elas EUA, Brasil, Itália, Polônia, Hungria e Ucrânia. Tomando a sequência de importância entre países, o território brasileiro foi o segundo mais impingido dos últimos anos. O nazifascismo contemporâneo, para ser marca de sucesso e vigorar, usou sua estratégias da comunicação de submundo no país. Esse tipo de comunicação se serviu i) do falseamento de sua propaganda e ii) do colonialismo das suas relações públicas.

No que concerne ao falseamento da propaganda, chamamos atenção ao fato de que não se viu até o momento a expressão "nazifascismo" mencionada como slogan oficial de partidos, governos ou para motivações de bandeiras no Brasil, incluindo-se o período das eleições recentes

[63] Disponível no endereço https://www.terra.com.br/noticias/dino/brasil-e-o-pais-que-mais--acredita-em-fake-news-no-mundo,acbdeccec78a0351201bafd2285942a0b1ehpqxx.html.

disputadas por Bolsonaro e apoiadores. Foi assim também nos EUA durante o mandato de Donald Trump (Araújo, 2023). Mesmo de tal maneira, sem alardear crenças extremistas, eclipsando interesses, modos nazifascistas de presidir dessas duas lideranças políticas se entranharam nas redes sociais e também em programas jornalísticos do tipo *hardnews*, fazendo muito estrago. Importante dizer que redes sociais e *hardnews* representam perto de 85% da informação consumida no país. Outros 15% são fatiados entre a comunicação de engajamento progressista brasileira. Então, o ato de agir a partir do falseamento de propaganda permite que o nazifascismo continue forçando limites éticos e atacando a democracia.

Quanto ao colonialismo das relações públicas, é a ação que viabiliza planos governamentais comunicados pelo nazifascismo, por meio de pautas morais ancoradas a i) Deus, pátria, família e liberdade, ii) pela sanha armamentista e iii) via destruição socioambiental e sociosanitária em razão do lucro (Albuquerque *et al.*, 2020b). São três intensas frentes de luta da extrema direita. Elas alcançam sucesso porque marcam sentimentos de dominação do outro por poder simbólico (Fanjul, 2021). O colonialismo das relações públicas incide sobre mentes e corpos com a pretensão de impor o supremacismo ao que se mostra diferente de seus interesses. É atividade que remete ao passado de violências pós-conquista cometidas contra povos originários e negros na história do Brasil.

Assim sendo, tanto o falseamento de propaganda quanto o colonialismo das relações públicas são realizações da comunicação de submundo para influenciar a sociedade brasileira em suas cinco prioritárias esferas: morte, vida, identidade, isolamento e liberdade. Chomsky (2013) chamou atenção sobre o tema do sucesso do nazifascismo mundial em razão de seus disfarces de liberdade de expressão ao analisar o Brasil após a terceira eleição de Lula e o governo da coalizão progressista após seis anos. Chomsky, professor emérito do Instituto de Tecnologia de Massachusetts (MIT), disse o seguinte: "Lula terá de lidar pelo menos com dois grandes desafios até o fim do mandato. Os problemas maiores são a elite rica do país e a questão das enormes pressões sobre a Amazônia" (cf. Chade, p/ única, 2023).

Considerando o ressaltado sobre o nazifascismo travestido de liberdade de expressão, compreendemos que a nação brasileira terá de trabalhar bastante para sanar um problema profundo, o fato de ricos não terem qualquer compromisso e respeito com a sociedade em geral, muito menos com o maior bioma florestal do mundo (Magalhães; Junqueira, 2023), flertando ainda com extremismos políticos por meio da comunicação de submundo

(Prazeres, 2022; Lima, 2023). Vejamos, por exemplo, um tipo operante de comunicação de submundo feita pela elite hegemônica do país, a acontecer dentro do Banco Central (BC) na atualidade, até mesmo porque o BC mostra-se, hoje, como versão higienizada do que foram as Forças Armadas (FFAA) de 2019 a 2022, na gestão Bolsonaro. O BC faz uma comunicação umbilical, dialogando de si para consigo (Motoryn, 2022).

A cúpula da direção do Banco Central não raro assume como desimportante o fato de 70% dos 212 milhões de brasileiros estarem na pobreza ou extrema pobreza, pois manteve a taxa de juros em patamar acima de 13,5% até o fim do primeiro semestre de 2023. A exemplificação sugere o quanto uma decisão unilateral do Bacen deixa de passar pelo crivo da sociedade civil (Matos, 2023) e é encaminhada apenas a partir do viés da comunicação de submundo[64], sendo adornada pela grande mídia como algo bom e desejável à população — mesmo que, na época, perto de 33 milhões de brasileiros estivessem sobrevivendo na indigência (em pobreza extrema) e outros 125 milhões conseguissem mensalmente somente o mínimo para se manter (em situação de pobreza). A mesma grande mídia, sem restrições e com convicção, foi acrítica quanto ao Golpe de 2016 contra a presidenta Dilma Rousseff (PT) e sobre a prisão de Lula em 2018[65].

O nazifascismo, porquanto, confunde-se com a noção de liberdade de expressão quando instrumentais midiáticos são usados em situações irrestritas, em movimentos comunicacionais latentes ou manifestos para atos autocráticos. Essa utilização, a saber, no Brasil culminou na alta do número de células neonazistas, que passou de 75 em 2015 para 1,117 em 2022, com 530 núcleos que abrangem mais de 10 mil pessoas (Bechara, 2022). O crescimento vertiginoso se deu com o incentivo da política de ódio a divergentes, praticada pelo bolsonarismo. O destaque é evidente quando se nota que, de 2019 a 2022, no mandato do ex-presidente, a Central de Denúncias de Crimes Cibernéticos da plataforma Safernet Brasil apurou mais de 25 mil chamadas de apologia ao nazifascismo só nas redes sociais.

Nazifascismo e liberdade de expressão acabam, assim, como temáticas correlatas de se refletir na contemporaneidade porque a própria democratização das redes sociais gerou resultados psicossociais controversos

[64] Veja que a comunicação de submundo não é algo apenas escuso. Ela pode sim se mostrar uma ação legalizada, mas nem por isso deixa de ser excludente e unidirecional.

[65] A detenção de Luiz Inácio Lula da Silva ocorreu no dia 7 de abril de 2018, após o ex-presidente se entregar à Polícia Federal (PF) no Sindicato dos Metalúrgicos do ABC em São Bernardo do Campo, na Grande São Paulo. Em 8 de novembro de 2019, o Supremo Tribunal Federal (STF) determinou a soltura do petista.

(Dunker, 2023). Indicativo do afirmado foi revelado por levantamento do Grupo Atlas, que na semana seguinte à intentona golpista de 8 de janeiro de 2023 apontou estarem 25% dos brasileiros a favor ou indiferentes aos ataques da extrema direita aos Três Poderes em Brasília (Polo, 2023). Do total de respondentes, não mais que metade atribuía alguma responsabilidade direta ou indireta a Bolsonaro pelo levante.

Inclusive, dentro de grupos de *whatsapp* e *telegram* das polícias militar, civil e federal de diferentes Estados brasileiros se notavam ambientes de difusão de *fake news* por mensagens de teor ressentido e frustração, em face ao golpe malsucedido (Alves, 2023). Foram registradas falsas afirmações de que pessoas presas por atos golpistas em Brasília estariam sendo maltratadas, além de postagens criminosas anunciando censura para quem criticasse Lula e o PT. Representavam, em suma, desinformação em alto grau, sobre malas de dinheiro que o presidente, já em seu terceiro mandato, teria depositado no Banco do Vaticano, assim como um incontável número de factoides e *memes* afirmando que o ministro da Justiça, Flávio Dino, iria desarmar por completo e compulsoriamente as polícias (ID., op. cit.).

3.3 Comunicação de submundo enquanto ação para instabilidade democrática, tentativa do golpe e tutela militar da sociedade

Suspeitamos que o germe de pulsão de morte que dominou o cenário sociopolítico brasileiro de 2019 a 2022 e em grande medida se faz presente na atualidade deu-se com virulência a partir de processos da Operação Lava Jato (hoje comprovadamente suspeitos) e exatamente por conta de informações transmitidas pela comunicação de submundo (Goes, 2021). Porém, a população só soube disso já com a soltura de Lula e a vitória do petista em mais de 15 processos, seis anos e meio após o começo do lavajatismo. Esses dados foram tornados públicos por vazamento cibernético de nível nacional (Carvalho; Monteiro, 2021).

No fim do segundo semestre de 2019 firmou-se de domínio livre a informação de que foram criados grupos de *whatsapp* e *telegram* para promotores e juízes combinarem atos inerentes a processos da Lava Jato, o que é ilegal segundo decisão do Supremo Tribunal Federal (ID., op. cit.). Anos antes, cabe destacar, a sociedade assistia estarrecida às Jornadas de Junho de 2013, articuladas por meio de redes sociais e incentivadas pela própria comunicação de submundo. As manifestações serviram para sustentar o lavajatismo e desacreditar o governo Dilma Rousseff.

As Jornadas de Junho deram prova de que plataformas midiáticas seriam inequívocos meios de difusão da extrema direita no Brasil. E a campanha de Bolsonaro à presidência em 2018 tomou como base a eficácia das redes sociais desde as Jornadas de 2013, tendo em vista cimentar a relação do bolsonarismo com a sociedade (Rennó, 2022, 2020). Existiu, decerto, forte tentativa de fazer da política do ódio um *modus operandi* (Cesarino, 2022). Para a extrema direita, a intenção era e continua a ser a criação de senso de identidade e pertencimento a grupo cujas convicções são decantadas como sendo justas. Até o não dito serve de incentivo como silêncio simbólico a verdades interessadas. Essa é a comunicação de submundo no Brasil, com características semelhantes às de outro movimento inspirado em teorias conspiratórias, o QAnon, dos EUA, que igualmente nega a justiça social e empareda a nação estadunidense.

A partir da comunicação de submundo se forçam impedimentos à agenda do povo, da classe trabalhadora. São impedimentos que surgem ao tempo em que o bolsonarismo se utiliza dessa comunicação para assumir a luta contra a corrupção política e os poderes públicos constituídos, em contraposição à presumida disciplina das Polícias e Forças Armadas, bem como da retidão evangélica (Pinheiro-Machado; Freixo, 2019). Isso tem sido possível porque é assim que se permitem conexões globais da extrema direita brasileira com redes mundiais do nazifascismo. Além de *whatsapp*, *telegram*, *discord* e *facebook*, neste momento em que debatemos o problema *instagram*, *twitter*, *tiktok*, *youtube e google* também servem como canais para fins questionáveis.

O modelo comunicacional defensor de instabilidade democrática, tentativa do golpe e tutela militar da sociedade merece ser confrontado a partir de ações conjuntas de regulamentação e *fact-checking*, mediante sistemas potentes e conectados. É preciso unir Executivo, Legislativo e Judiciário, escolas e universidades públicas e privadas, associações sindicais, de bairros e organizações comunitárias, além de institutos de pesquisa e núcleos de divulgação de C&T, para a participação efetiva da sociedade organizada, de modo que force *big techs* a embarreirar desinformação, contrainformação, rumores e boatos. É preciso um modelo de democracia representativa para combater as *fake news*, criadas por interesses de classe movimentados por fins materiais e mantidos como hábito discutível entre agrupamentos midiáticos majorados por cadeias de reforço e recompensa.

É objetivo de ações de regulamentação e *fact-checking*, também, fazer cumprir a lei de programação sociocultural (nº 12.343, de 02/12/2010) para Estados e municípios da federação, com validade a empresas com concessão pública. No Art. 1º, a lei aprova o Plano Nacional de Cultura via o § 3º do art. 215 da Constituição Federal. O plano trata de diversidade cultural, respeito a direitos humanos, acesso à arte e cultura, direito à informação, comunicação e crítica aberta, direito à memória, às tradições e à responsabilidade socioambiental. Conforme a lei, é responsabilidade de agentes públicos o estabelecimento de políticas culturais.

Todavia, braços da comunicação de submundo no Brasil desrespeitam sistematicamente esse dispositivo jurídico nacional e demais normas agregadas, concorrendo para entraves que impedem não só o Brasil, mas toda a América Latina, de crescer e avançar em políticas de educação, desenvolvimento e combate à fome. As sociedades do sul global possuem recursos materiais e intelectuais e não nutrem contencioso com outras nações. Porém, a comunicação de submundo age para embarreirar a socioeconomia popular e fomentar animosidades, impedindo que entre latinos ocorra idêntico plano de distribuição de renda observado na Ásia em 1980, 1990 e 2000.

3.4 Públicos propensos à cooptação pela comunicação de submundo

Há de se entender que a comunicação de submundo, em termos gerais, é direcionada para funcionar orientada a três grandes perfis psicossociais de pessoas: as suscetíveis, as radicais e as fanáticas. Essas pessoas são atraídas ideologicamente a partir de movimentos de sedução que utilizam a trinca de estados emocionais: o trágico, o sinistro e o patético. Ou seja, a comunicação de submundo sabe a quem atingir, conhece bolhas generativas que deseja potencializar e monta *fake news* narradoras de calamidades, atos antiéticos e comportamentos vergonhosos de adversários. Essa comunicação, de natureza contestável, tem por intenção criar sentidos comuns, identidades e pertencimentos que incentivem indivíduos e coletivos a terem convicções baseadas na plena aceitação de liderança e em altos princípios de autoridade (Milgram, 1963, 1974).

O fato de públicos extremistas assumirem efetivar pesados sofrimentos e hostilidades a terceiros é justificado como missão a cumprir, ordem inabalável, autorização suprema. Assim, a comunicação de submundo toma para si o caráter instrumental de atividade que faz funcionar a máquina algorítmica de ódio que atinge o Brasil, via redes sociais, em proporções inimagináveis. Até a década de 1990, antes da digitalização das mídias e do surgimento da comunicação de submundo, como tentamos conceituar, 3% da população do país se declaravam de extrema direita, com amparos nazifascistas e antidemocráticos. O porcentual aumentou a partir da crise na América Latina no fim dos anos 2000, após ciclo virtuoso de dez anos de crescimento, de 2003 a 2012.

Quando em 2013 e 2014 houve a volta da massificação de subempregos e desempregos, a baixa generalizada na renda de trabalhadores e a aceleração das desigualdades — três fatores expoentes do governo Bolsonaro —, viu-se com notoriedade a explosão da clientela da comunicação de submundo. De 2015 a 2022, 33 milhões de pessoas foram empurradas para a extrema pobreza (indigência) e outras 125 milhões estagnaram na pobreza crônica. O poder de compra nacional despencou. Pesquisa Nacional por Amostra de Domicílios (PNAD) do Instituto Brasileiro de Geografia e Estatística (IBGE) mostrou que em meados de 2022 havia 40% dos trabalhadores recebendo R$ 253,95 per capita/mês, 50% ganhavam R$ 1.530,96 per capita/mês e 10% lucravam R$ 7.933,66 per capita/mês (Garcia, 2022).

Os dados permitem que notemos o quanto a democratização das redes depende da compreensão sobre usos e responsabilidades que incidem na economia nacional. Essa conjuntura de empobrecimento nacional, portanto, situou o Brasil como um dos maiores campos experimentais do planeta para atividades nazifascistas, desembocando na ideia do personalismo e da derrocada do Estado enquanto ente social. Ou seja, a comunicação de submundo, a vilipendiar as massas, vende a ideia da liberdade de expressão como algo irrestrito e irreconciliável com o dever público do Estado Democrático de Direito (Ferraz; Clair, 2022) e esse constructo só alimenta a miséria.

Exemplo do descrito está nas inúmeras falas oficiais de Bolsonaro, e apenas nas oficiais, entre 2021 e 2022, tal qual destaca a Revista Piauí. O veículo identifica que o ex-presidente insinuou fraude nas urnas em 35 das 87 *lives* de *youtube* feitas entre 1º de janeiro de 2021 e 8 de setembro de 2022. E em pelo menos 14 delas admitiu ações golpistas caso não se reelegesse (Araújo, 2023). Então, bem antes do 8 de janeiro de 2023, já expunha com todas as letras a ameaça e ainda cerceava o trabalho da imprensa. A violência contra profissionais de comunicação atingiu 430 casos em 2021 e 376 em 2022 em todo o país, segundo a Associação Brasileira de Jornalismo Investigativo (Abraji). Jair Bolsonaro foi responsável diretamente por um terço dos ataques.

Esse cenário se formou porque o Brasil teve avanços após o fim da ditadura em termos de direitos humanos, além de melhorias no acesso a serviços básicos de educação e saúde, mas não observou com rigor graves problemas de desigualdade histórica e comunicação por encadeamento hegemônico. Pensamos que uma das chaves para trilhar o rumo do enfrentamento a essas barreiras é o acesso público e gratuito à educação emancipadora e à informação responsável e popular. No entanto, nos últimos anos o que se viu foi inflexão nesse sentido. Até 2014, com a ex-presidenta Dilma Rousseff, o orçamento de custeio e investimento em universidades e institutos federais era de R$ 21,2 bilhões/ano. Após as gestões Temer e Bolsonaro, o montante caiu a R$ 9,7 bilhões em 2022. Então, como pensar em caminhar para um melhor entendimento acerca de liberdade de expressão sem o combate à comunicação de submundo e seus ativos agnotológicos? Eis o desafio.

Também supomos como desafio, enquanto nação, que um certo Brasil se perdeu para sempre depois da tentativa de golpe em 08/01/2023 (Dunker, 2023). Conjecturadas cordialidade, civilidade e ventura do brasileiro foram por terra. A verve alegórica que unia samba, feijoada e futebol, a qual tínhamos a celeridade de atribuir a nós mesmos, com sabor e orgulho, não pode mais ser repetida *ad nauseam*, simplesmente porque não existe. E talvez jamais tenha existido (Araújo; Carvalho, 2021). Quiçá fora invenção recorrente de frações conservadoras e ultraconservadoras da sociedade nacional, que representam pelo menos metade de toda a população.

Considerações finais

O bolsonarismo, evidentemente, não criou o racismo, a misoginia, a xenofobia e a homofobia, quatro preconceitos estruturantes da sociedade brasileira. A corrente ideológica do extremismo foi gestada a partir deles e sem dúvida atualizou-os em nova chave sintomática, fiadora de condições necessárias para ser legitimada entre a população. De toda maneira, a aproximação de brasileiros a planos nazifascistas globais, defendidos por movimentos supremacistas, segue em firmes costuras porque vem sendo amparada financeiramente, como ocorreu via Conferência de Ação Política Conservadora (CPAC, em inglês).

A CPAC é a maior instituição capitalizada da extrema direita do planeta. Foi fundada em 1974 nos Estados Unidos e se mantém ativa em pelo menos cinco continentes. Em 2019, sujeitos centrais do bolsonarismo, como os parlamentares Carlos, Flávio e Eduardo Bolsonaro, incentivaram a realização da primeira CPAC em território brasileiro. A segunda edição, em 2021, contou com figuras como o republicano Donald Trump Jr[66], filho do ex-presidente, e Jason Miller, assessor de Trump e criador da rede social Gettr[67] (cf. Naísa, 2021; Ventura, 2021; Gaglioni, 2021; Coutinho, 2021). O encontro foi voltado para além da base nazifascista. Miller reuniu-se em particular com o então presidente Jair Bolsonaro e seu filho, senador Eduardo Bolsonaro, depois do evento, a fim de sustentar planos políticos mais alargados, direcionados ao Congresso brasileiro.

Esse movimento mundial da extrema direita atua como *think tank* de formação multidiretiva, com apoio de suas vertentes nacionais: Instituto Mises, Instituto Liberal e Instituto Millenium. A extrema direita brasileira pretende ter grande penetração popular pelo tônus da política de produção de ignorância, subproduto comercializado através da comunicação de submundo. Por essa comunicação, veiculam-se modos de pensar e agir com raízes em crenças de excepcionalismo racialista, impulsionadas pelo pânico moral como ferramenta de conquista e dominação.

Em paralelo, procedimentos da comunicação do submundo relacionam-se a pressupostos de governamentalidade algorítmica, tensionando efeitos no campo da biopolítica. O movimento ondulatório das perspectivas ultraconservadoras precipita a formulação de dispositivos de controle que potencializam a servidão voluntária. Trata-se, dentro da forma de procedimento da extrema direita, de uma biopolítica dos afetos, compreendida como experiência massiva de objetivação e subjetivação, além de veridicção, isto é, de ação por meio de jogos de verdades interessadas. São estatutos a partir dos quais a conduta da sociedade é regulada pela disseminação de ódio via comunicação de submundo, exercendo assim planos de afetação que geram fragmentações do comum.

Portanto, concluímos, segundo dados apresentados, que a cólera nas redes sociais no Brasil é fundamentada a partir de planos da comunicação de submundo financiados por densa estrutura internacional. São planos que se renovam segundo conveniência da extrema direita — ao sabor do cenário político-partidário nacional —, representada no país por Jair Bolsonaro, que tende a aglutinar em sua figura pública intenções totalitárias e nazifascistas. No futuro, demais estudos precisam descrever com bases

[66] A presença de Donald Trump Jr. ocorreu via videoconferência apenas porque a passagem do Furacão Katrina pelos EUA impediu sua viagem para o Brasil.

[67] A Gettr foi lançada em 4 de julho de 2021 e atualmente os brasileiros são o segundo maior público da rede.

atualizadas a funcionalidade da comunicação de submundo, dado a mutabilidade de sua dinâmica.

Referências

AGAMBEN, Giorgio. Homo Sacer: o poder soberano e a vida nua. Belo Horizonte: UFMG, 1995.

ALBUQUERQUE, Renan; ANDRADE, Francisco; SANTOS, Isaías. Formas narrativas do povo indígena Sateré-Mawé/AM - Brasil: um estudo sobre o livro sagrado 'Sehaypóri'. Muiraquitã: Revista de Letras e Humanidades, v. 10, p. 1-14, 2022

ALBUQUERQUE, Renan; SAWAIA, Bader; BUSARELLO, Flávia; PURIN, Gláucia. A comunicação estratégica e histórica dos Sateré-Mawé/AM no enfrentamento à covid-19 na Amazônia Central. Comunicação & Inovação (online), v. 21, p. 99-115, 2020a.

ALBUQUERQUE, Renan; LEÃO, Jeremias; STEINMETZ, Wilhelm Alexander; ORELLANA, Jesem. Os desaparecidos da COVID-19 - Quarentenas Amazônicas Volume 6. Alexa Cultural: Embu das Artes/SP, EDUA: Manaus/AM, 2020b.

ALBUQUERQUE, Renan; OLIVEIRA, Giorgio. Dos relatórios provinciais à polifonia dos moradores do Quilombo de Santa Tereza do Matupiri-Andirá/AM, Norte do Brasil. História & Perspectivas, v. 31, p. 36-55, 2019.

ALVES, Chico. Grupos de PMs do DF difundem fake news e mensagens golpistas. UOL - Coluna Chico Alves. Em 18/01/2023. In https://noticias.uol.com.br/colunas/chico-alves/2023/01/18/grupos-de-pms-do-df-difundem-fake-news-e-mensagens-golpistas.htm. Acessos em 18/01/2023.

ARAÚJO, Mateus. Bolsonaro 'avisou': da invasão ao Capitólio aos atos golpistas em Brasília. Coluna Sociedade – TAB UOL. Em 10/01/2023. https://tab.uol.com.br/noticias/redacao/2023/01/10/em-tom-de-ameaca-bolsonaro-previa-ataque-golpista-a-brasilia-desde-2021.htm. Acessos em 04/03/2023.

ARAÚJO, Maria do Socorro; CARVALHO, Alba. Autoritarismo no Brasil do presente: bolsonarismo nos circuitos do ultraliberalismo, militarismo e reacionarismo. Revista Katálysis, v. 24(1), p. 146-156, jan. 2021.

BAIRON, Sérgio; ALBUQUERQUE, Renan; GARRIDO, Fabiano; VASQUEZ, Roberto. Coalizão Democrática: as eleições de 2022 e a garantia

das instituições. São Paulo: Alexa Cultural, Manaus: EDUA, 2021.
BARRETO FILHO, Herculano e BORGES, Stella. Quem são as pessoas e as empresas suspeitas de financiar atos golpistas. UOL/SP, em 17/11/2022. In https://noticias.uol.com.br/politica/ultimas-noticias/2022/11/17/quem-sao-as-pessoas-e-empresas-suspeitas-de-financiar-atos-golpistas.htm. Acessos em 03 de março de 2023.
BECHARA, Victoria. Quatro fatores que explicam o avanço do neonazismo no Brasil. Veja. Em 28/11/2022. In https://veja.abril.com.br/coluna/maquiavel/quatro-fatores-que-explicam-o-avanco-do-neonazismo-no-brasil/. Acessos em 03 de março de 2023.
BISHIR, John e DREWES, Donald. Mathematics in the behavioral and social sciences. New York, Harcourt/Brace, 1970.
BLACK, Max. Modelos y metáforas. Madrid: Tecnos, 1966.
BLUMER, Herbert. A massa, o público e a opinião pública. In COHN, Gabriel (org.) Comunicação e Indústria Cultural. S. Paulo: Companhia Editora Nacional [texto de Blumer original de 1946], 1978.
BORGES, Roseane. A pós-verdade e a miséria do jornalismo contemporâneo. Carta Capital, 8/02/2017. https://www.cartacapital.com.br/opiniao/a-pos-verdade-e-a-miseria-do-jornalismo-contemporaneo.
BRASIL, Plantão. Depoimento de ministro Alexandre de Moraes. Em 07/04/2023. Endereço eletrônico https://www.youtube.com/watch?v=xkEf9-UYsA4. Acessos em 07 de abril de 2023.
CARTA CAPITAL. Empresários que financiam atos golpistas doaram R$ 1,3 milhão a Bolsonaro. Carta Capital, 18/11/2022. In https://www.cartacapital.com.br/cartaexpressa/empresarios-que-financiam-atos-golpistas-doaram-r-13-milhao-a-bolsonaro-revela-site/. Acessos em 03 de março de 2023.
CARVALHO, Joaquim de; MONTEIRO, Thiago. Delgatti, o hacker que mudou a história do Brasil. Grupo Prerrô. Em 11/04/2021. In https://www.prerro.com.br/delgatti-o-hacker-que-mudou-a-historia-do-brasil . Acessos em 03 de março de 2023.
CESARINO, Letícia. Bolsonarismo sem Bolsonaro? Públicos antiestruturais na nova fronteira cibernética. Revista do Instituto de Estudos Brasileiros, (82), p. 162-188, maio 2022.
CHADE, Jamil. Tentativa de golpe no Brasil foi mais organizada que nos EUA, diz Chomsky. UOL - COLUNA. Em 08/02/2023. In https://noticias.uol.com.br/colunas/jamil-chade/2023/02/08/tentativa-de-gol-

pe-no-brasil-foi-mais-organizada-que-nos-eua-diz-chomsky.htm. Acessos em 10 de março de 2023.
CHOMSKY, Noam. Mídia: Propaganda, política e manipulação. WMF Martins Fontes; 1ª edição, 2013.
COUTINHO, Dimitria. GETTR: rede social dos bolsonaristas fere leis brasileiras de proteção de dados. Tecnologia. IG. 16 de agosto de 2021. https://tecnologia.ig.com.br/2021-08-16/gettr-leis-protecao-de-dados.html. Acessos em 22 de maio de 2023.
DEBORD, Guy. A Sociedade do Espetáculo. Lisboa: Mobilis in Mobile; 1991.
DORIA, Pedro. Fascismo à Brasileira. Editoria: Planeta, 2020.
DUNKER, Christian. Série 'Ruptura' ajuda a explicar a mente dos vândalos que atacaram Brasília. Blog do Dunker – UOL. Em 24/01/2023. In https://www.uol.com.br/tilt/colunas/blog-do-dunker/2023/01/24/serie-ruptura-ataque-terrorista-brasilia-8-de-janeiro-de-2023-psicanalise.htm. Acessos em 03/04/2023.
EMPOLI, Giuliano. Os engenheiros do caos: como as fake news, as teorias da conspiração e os algoritmos estão sendo utilizados para disseminar ódio, medo e influenciar eleições. 3. ed. São Paulo: Vestígio, 2019.
ESPÓSITO, Roberto. Comunidad, Inmunidad y Biopolítica. Barcelona: Herder, 2009.
FANJUL, Sérgio. Teorias conspiratórias do QAnon varrem o mundo e são mais perigosas do que parecem. El Pais. Em 12/01/2021. In https://brasil.elpais.com/internacional/2021-01-12/teorias-conspiratorias-do-qanon-varrem-o-mundo-e-sao-mais-perigosa-do-que-parecem.html. Acessos em 29 de janeiro de 2023.
FERRAZ, Maria Cristina; CLAIR, Ericson. Políticas da assombração: o populismo bolsonarista como produção de inquietantes duplos. Galáxia (São Paulo), v. 47, n. 47, p. e57538, 2022.
FOUCAULT, Michel. Segurança, Território, População. São Paulo: Martins Fontes, 2008.
FOUCAULT, Michel. Nascimento da Biopolítica. São Paulo: Martins Fontes, 2012.
GARCIA, Maria Fernanda. Brasil: 10% mais ricos ganham 31 vezes o salário dos mais pobres nas regiões metropolitanas. Observatório do Terceiro Setor. Observatório das Metrópoles, Laboratório PUCRS-Data Social e Rede de Observatórios da Dívida Social na América Latina (RedODSAL).

In https://observatorio3setor.org.br/noticias/brasil-10-mais-ricos-ganham-31-vezes-o-salario-dos-mais-pobres-nas-regioes-metropolitanas/#:~:text=40%25%20mais%20pobres%3A%20R%24,%3A%20R%24%201.644%20per%20capita. Acessos em 10 de maio de 2023.

GAGLIONI, Cesar. O que é a Gettr, rede social no radar do TSE e da Polícia Federal. Nexo Jornal. 8 de setembro de 2021. https://www.nexojornal.com.br/expresso/2021/09/08/O-que-%C3%A9-a-Gettr-rede-social-no-radar-do-TSE-e-da-Pol%C3%ADcia-Federal. Acessos em 22 de maio de 2023.

GOES, Severino. Moro é suspeito para julgar Lula, decide Supremo Tribunal Federal por 7 votos a 4. Conjur. 23/06/2021. In https://www.conjur.com.br/2021-jun-23/moro-suspeito-julgar-lula-decide-stf-votos?utm_source=dlvr.it&utm_medium=twitter. Acessos em 18/01/2023.

LIMA, Leanderson. PF fecha cerco a financiadores de garimpo na TI Yanomami. Amazonia Real. Em 14/02/2023. In https://amazoniareal.com.br/financiadores-do-garimpo/. Acessos em 10 de março de 2023.

LÍSIAS, Ricardo. Diário da catástrofe brasileira – Ano I, o inimaginável foi eleito. Editora Record, 2020.

MAGALHÃES, Ana; JUNQUEIRA, Diego. Esquema de ouro ilegal Yanomami envolve empresas milionárias acusadas de lavagem de recursos no Pará. Repórter Brasil. Em 03/02/23. In https://reporterbrasil.org.br/2023/02/esquema-de-ouro-ilegal-yanomami-envolve-empresas-milionarias-acusadas-de-lavagem-de-recursos-no-para/. Acessos em 10 de março de 2023.

MATOS, Caio. Para 76% da população, Lula acerta ao forçar queda dos juros, aponta Quest. UOL. Em 15/02/2023. In https://congressoemfoco.uol.com.br/area/governo/para-76-da-populacao-lula-acerta-ao-forcar-queda-dos-juros-aponta-quaest/. Acessos em 10 de março de 2023.

MBEMBE, Achile. Necropolítica. São Paulo: N-1, 2018.

MELLO, Patrícia Campos. A máquina do ódio: notas de uma repórter sobre *fake news* e violência digital. Companhia das Letras, 2020.

MORAES, Alexandre. Canal Plantão Brasil, em 08/04/2023, endereço eletrônicohttps://www.youtube.com/watch?v=xkEf9-UYsA4. Acessos em 08 de abril de 2023.

MOTORYN, Paulo. Mineração artesanal: decreto de Bolsonaro estimula garimpo na Amazônia para atender empresários. Brasil de Fato. Em 14/02/2022. In https://www.brasildefato.com.br/2022/02/14/mineracao-artesanal-decreto-de-bolsonaro-estimula-garimpo-na-amazonia-para-atender-empresarios. Acessos em 10 de março de 2023.

NAÍSA, Letícia. Saiba mais sobre a Gettr, rede social que deu o que falar esta semana. Portal UOL. https://www.uol.com.br/tilt/noticias/redacao/2021/09/09/saiba-mais-sobre-a-gettr-rede-social-que-deu-o--que-falar-esta-semana.htm?cmpid. Acessos em 22 de maio de 2023.

PINHEIRO-MACHADO, Rosana; FREIXO, Adriano de. Brasil em transe: nova direita e desdemocratização. Rio de Janeiro: Oficina Raquel, 2019.

POLO, Érica. Pesquisa mostra que 76% discordam de ataques de bolsonaristas radicais. Valor – SP. Em 10/01/2023. In https://valor.globo.com/politica/noticia/2023/01/10/pesquisa-mostra-que-76percent--discordam-de-ataques-de-bolsonaristas-radicais.ghtml. Acessos em 10 de março de 2023.

PRAZERES, Leandro. As lideranças ligadas ao garimpo na Amazônia que vão tentar vaga no Congresso na eleição de outubro. BBC News Brasil. Em 30/05/2022. In https://www.bbc.com/portuguese/brasil-61601585. Acessos em 10 de março de 2023.

RENNÓ, Lúcio. Bolsonarismo e as eleições de 2022. Estudos Avançados, v. 36, n. 36(106), p. 147–163, set. 2022.

RENNÓ, Lúcio. The Bolsonaro Voter: Issue Positions and Vote Choice in the 2018 Brazilian Presidential Elections. Latin American Politics and Society, v.62, n.4, p.1-23, 2020. doi: https://doi.org/10.1017/lap.2020.13. https://doi.org/10.1017/lap.2020.13.

SADER, Emir; ALBUQUERQUE, Renan; SANTANA, Silvio; HOGEMANN, Edna; PETRY, Luís Carlos. Coalizão Democrática Vol. 2: O Bolsonarismo Pós-2022 e A Grande Tarefa de Reconstrução da Democracia. 1. ed. Manaus/AM e Embu das Artes/SP: Edua e Alexa Cultural, 2023, v. 2, 84 p.

SILVA, Roberto Cardoso Freire da; CARVALHO, Jaciara de Sá. Algoritmos e Fake News. e-Curriculum, v. 20, n. 4, p. 1826-1847, out. 2022. In http://educa.fcc.org.br/scielo.php?script=sci_arttext&pid=S1809-38762022000401826&lng=pt&nrm=iso. Acessos em 10 abril 2023. Epub 30-Jan-2023. https://doi.org/10.23925/1809-3876.2022v20i4p1826-1847.

SPINOZA, Baruch. Obra Completa I: (Breve) tratado e outros escritos. São Paulo: Perspectiva, 2014.
SPINOZA, Baruch. Ética. 2 ed. Belo Horizonte: Autêntica Editora, 2013.
STEINMETZ, Wilhelm Alexander Cardoso; ALBUQUERQUE, Renan. Covid e couvade: crenças agnotológicas sobre a covid-19 à luz da epidemiologia de ideias. Research, Society and Development, v. 11, p. e10311225349, 2022.
VASCONCELLOS-SILVA, Paulo; CASTIEL, Luis. As *fake news* e os sete pecados do capital: uma análise metafórica de vícios no contexto pandêmico da COVID-19. Cadernos de Saúde Pública, v. 38, n. 38(5), p. e00195421, 2022.
VENTURA, Giulia. Gettr: como é a nova rede social que caiu no gosto da família Bolsonaro. Metrópoles. 10 de agosto de 2021. https://www.metropoles.com/brasil/gettr-como-e-a-nova-rede-social-que-caiu-no-gosto-da-familia-bolsonaro. Acessos em 22 de maio de 2023.
VOSOUGHI, Soroush; ROY, Deb; ARAL, Sinan. The spread of true and false news online. Science, 2018; 359:1146-51.

CAPÍTULO VII

O cotidiano de famílias bolsonaristas: tramas afetivas em frente ao quartel de Blumenau/SC

Amanda Probst
Gabriela Mueller
Paola Holzapfel
Flávia Busarello

1. Problema, método e viés sócio-histórico

Durante os últimos quatro anos, de pandemia e mandato do ex-presidente Jair Bolsonaro, pudemos observar o levante do movimento bolsonarista no país. Apoiado no *slogan* Deus, Pátria e Família e estruturado a partir de ideais da extrema direita, o fenômeno não estava somente em manifestações na rua, televisão ou nas mídias. O que denominamos de bolsonarismo tomou conta de relações domésticas, amizades, conversas e os mais diversos espaços da vida privada. Exemplo disso é que nossas próprias famílias também foram atravessadas por esse espectro. Vimos pais, mães, tios e primos admirarem e se aproximarem do extremismo.

Por quatro anos, convivemos com expressões como "bandido bom é bandido morto", "kit covid", "bom mesmo era na ditadura militar", "universidade é lugar de balbúrdia", entre tantas outras que ocuparam ambientes íntimos da casa. Na tentativa de retratar um fragmento do bolsonarismo, apresentamos aqui relatos de duas pessoas que acompanharam o desenrolar do movimento no seio de suas famílias, assim como descrições de pesquisadoras que vivenciaram o cotidiano de acampamentos em frente a quarteis, registrando acontecimentos *in loco* do movimento pró-golpe que se espalhou pelo Brasil no final de 2022.

O capítulo pretendeu fazer recorte de experiências sobre como foi o período, mediante sentimentos de quem conviveu diariamente com o bolsonarismo na cidade de Blumenau, em Santa Catarina. Este local de descendência germânica, que não raro mostra proximidade com ideais conservadores, foi o pólo de recorte das narrativas. A coleta foi realizada a partir de etnografia com mulheres de tendências progressistas, porém integrantes de família de apoiadores do bolsonarismo, assim como visitas a acampamento em frente ao quartel da referida cidade. Para construir o diário de campo, a sistemática foi inspirada em pressupostos da pesquisa participante e da ação-participante (Busarello, 2022). Para registros, houve mediação por por fotos e áudios em celular, além de anotações em caderneta e documentações perscrutadas a partir de publicações em mídias sociais (*whatsapp*, *telegram*, *facebook*, *instagram*). A meta foi avaliar afetações marcadas nos corpos memoriosos das pesquisadoras (Spinoza, EII).

Para conhecer o cotidiano familiar das colaboradoras do estudo, encontramos de forma separada com as duas entrevistadas[68] que se dispuseram a integrar a pesquisa. Com isso, puderam fazer relatos de forma independente. Os ambientes foram sigilosos e utilizamos questões norteadoras semiestruturadas. As mesmas perguntas foram feitas a ambas. Foi questionado, em geral, como era a convivência dentro de uma família bolsonarista. Encontramos vínculos semelhantes de respostas.

No enfoque teórico, Spinoza foi elencado como pressuposto para investigarmos a prática do bolsonarismo. Pois, conforme o autor explica, em muitos momentos lutamos pela servidão acreditando que defendemos a liberdade (Spinoza, 2014a). E justamente a corrente extremista em estudo defende a retirada de direitos dos trabalhadores e a redução de garantias para educação e saúde gratuitas — tendo muito apoio popular para isso. Assim sendo, verificamos esse paradoxo inerente à ideologia em tela e nesse complexo pensamos residir a relevância da pesquisa, pois ao registrar e analisar afetações de corpos que convivem com o movimento bolsonarista retratamos a produção afetiva e as afetações dos encontros marcados por contextos históricos vivenciados (Sawaia, 2001).

Por pressuposto, assumimos a existência de processualidade afetiva constitutiva de sujeitos sócio-históricos na região do estudo, conforme Spinoza e Vigotski, formando-se *ingenium* coletivo (Busarello, 2022), neste caso, ornado pela região do Vale do Itajaí/SC. Segundo Bernardete Ramos Flores, "a arquitetura, a arte mais visível da cidade, desempenha esta função identificadora. Na invenção da cidade étnica coube ao neo enxaimel a arte da identidade germânica" (Flores, 1997, p. 75). Em resumo, para sublinhar o contexto citadino de engendramento do *corpus* do estudo, explicitamos condições psicossociais da cultura alemã de Blumenau, macrovila germânica, que podem ter servido como potencializadoras de um movimento bolsonarista nacional.

[68] Nomes fictícios escolhidos pelas próprias entrevistadas.

2. Resultados

Seguem algumas perguntas realizadas e respostas coletadas para leitura e checagem de maneira estrutural sobre como se estabeleceram relações familiares, em bases controversas.

2.1 Resumo de transcrição de entrevistas

Pesquisadora. Como foi a reação da sua família quando Bolsonaro ganhou a eleição de 2018?

Respondente 1. Foi um marco que gerou muita esperança e força entre eles. Ficaram confiantes de que Bolsonaro representava o sentimento de revolta pelo que estava acontecendo naquele momento do país. Lembro bem da alegria e emoção de meus pais ao saberem que seu representante político havia ganhado a eleição. Foi alívio a eles verem que os "opressores" saíram da sua longa estadia como líderes do país, além de um finalmente estar ganhando o que merecia (a prisão). "Agora, sim, o Brasil vai pra frente", era o que eu muitas vezes ouvia. A alegria era tanta que parecia uma virada de Ano Novo. Todas as coisas ruins ficaram para trás e o senso de patriotismo só crescia entre a comunidade germânica, pois enfim a árdua batalha contra o mal tinha sido vencida e os bons podiam descansar, conforme salientavam.

Respondente 2. Clima de vitória, alegria, comemoração e alívio pelo fim da corrupção, de acordo com o que descreviam. Falavam pela defesa da família tradicional e dos valores que partilhavam em comum os eleitores de Bolsonaro. E esses afetos perduraram até o fim do mandato.

Pesquisadora. Como você acredita que começou o interesse da sua família pelos ideais da extrema direita?

Respondente 1. A questão cômica é que não sei bem quando a família foi invadida pelo bolsonarismo em si, apenas lembro de ouvir rumores de uma oposição que viria para tirar "os ladrões (PT) do poder, para que assim o Brasil voltasse a ser um bom país, como era na época da ditadura militar". Esse fenômeno que o bolsonarismo representava e ainda representa foi quase que um desejo de voltar àquele tempo, da ditadura. Reviver esse orgulho de um Brasil supostamente ordeiro e civilizado. Foi como uma promessa silenciosa e no momento em que alguém trouxesse a ditadura de volta estariam salvos da "perdição" em que viviam. A partir da minha família, percebi que a disseminação do bolsonarismo fez crescer a efervescência do ódio interpartidário e, cada vez mais, o pano de fundo de uma nova ação política do Exército borbulhava entre todos os cidadãos, que gritavam a plenos pulmões pela volta das Forças Armadas às ruas.

Respondente 2. Os últimos quatro anos foram desafiadores, tanto por ver o país tomar o rumo que tomou, quanto por me angustiar ao perceber a falsa utopia em que meus pais se entranharam, acreditaram, e ainda acreditam, ferrenhamente. Percebi uma matemática de manipulação se desenrolando com a perda da individualidade em prol de uma identidade coletiva, com a descredibilização das mídias, com a luta por um bem maior e pela potencialização pela identificação em grupo, mediante o que diziam. Mas, para mim, entender a lógica não torna mais fácil a aceitação e o entendimento de que seus familiares estão cada vez mais entremeados nesse esquema. A identificação inicial ao movimento era inevitável. O líder do movimento é a síntese dos valores da geração da minha família: respeito pelos militares, pela ordem vivida na ditadura militar e por uma promessa de luta contra o mal que assolava o país há anos (PT), além da defesa da família tradicional brasileira e principalmente dos valores cristãos.

Pesquisadora. Como as pessoas da sua família reagiram ao surgimento da pandemia de covid-19?

Respondente 1. Obviamente que os "cidadãos de bem" teriam percalços durante a governança do líder, mas ninguém tinha como prever que justamente um ano após a posse de Bolsonaro o país e o mundo seriam assolados por uma pandemia. Mas isso não foi motivo de desespero, não mesmo! Afinal, "Jair Bolsonaro já foi militar, ele saberia como lidar com situações extremas", disseram meus familiares. "Então agora ele teria de lidar com isso enquanto continuava a levar o país para a excelência e prezando pelos valores da família", continuavam eles. Mas até hoje não sei quais são exatamente essa melhorias. Apenas sei da importância da família cristã, pois, para eles, "agora que não tem mais um ladrão nos roubando. O Brasil vai ser uma potência".

Respondente 2. As atitudes tomadas pelo presidente sempre foram justificáveis, assim como suas falas absurdas também. Tudo o que era dito pelo líder durante a pandemia sempre se dava "fora de contexto" ou era justificada porque "ele é um senhor de mais de 60 anos, não tem como mudar o jeitão militar dele mesmo". Até hoje, alguns ecos do desserviço à saúde reverberam, como por exemplo a desconfiança em novas vacinas. Como o caso de quando foi noticiado que todo Estado de Santa Catarina estava com alerta de casos de dengue e eu comentei que gostaria de tomar a vacina e fui respondida com um uníssono "Não vais tomar". Quando perguntei o motivo, eles responderam: "não sabemos o que tem dentro dessa vacina".

Pesquisadora. Como foi passar a quarentena com sua família durante o governo Bolsonaro?

Respondente 1. Quando estávamos todos em casa durante a quarentena, as conversas estavam constantemente relacionadas à política. E era incrivelmente fácil como as coisas se tornavam justificáveis. "Ele fez isso por causa disso e aquilo por causa daquilo outro". Parecia quase que os bolsonaristas tinham informantes de dentro do Palácio da Alvorada, que providenciavam informações em primeira mão para os grupos de *whatsapp* da família, explicando toda e qualquer ação do governo, e claro era sempre uma solução ou estratégia incrível, por mais duvidosa que parecessem a qualquer outro que não estava nesse círculo privilegiado.

Respondente 2. No início, foi tranquilo, pois sempre levaram o vírus e seu nível de mortalidade a sério. Respeitaram a quarentena rigorosamente. Porém, a tranquilidade começou a mudar quando surgiram as primeiras *fake news* e as campanhas de remédios ineficazes que promoviam a cura. Qualquer médico que discordasse do que acreditavam estava errado. E sempre havia outra autoridade médica que defendia seus métodos — e aquele sempre estava completamente certo. Não havia criticidade a qualquer estudo que comprovasse a teoria que o presidente defendia, apesar de os profissionais da saúde se exaurirem dias e noites tentando provar o contrário. As duas vacinas obrigatórias foram tomadas e defendidas. Porém, logo após começaram a surgir mais *fake news* acerca das mesmas, que ressoam até hoje fazendo-os questionar qualquer vacina que surja.

Pesquisadora. Como você percebia a confiança deles no Bolsonaro?

Respondente 1. Uma crença automatizada. Não havia espaço para duvidar, até porque, a meu ver, dentro do cenário da minha família ninguém queria refletir sobre a responsabilidade da dúvida. Perguntas do tipo "será que eu confiei na pessoa certa para ser meu presidente?" e "será que ele é realmente diferente do que eu tanto odiava?" não se davam. Cheguei a fazer essas interrogações e, com certeza, eu estava completamente enganada em sequer sugerir tal coisa. As respostas eram sempre: "ele não é igual ao PT, e se um dia ele for eu deixo de seguir". Eu tinha lá minhas dúvidas sobre isso.

Respondente 2. O sobrenome Messias é mera ironia do destino, no entanto, ao que se trata de questionar suas crenças, ao presidente isso cabia. Toda e qualquer atitude estava pautada em um porquê. Sempre se comentava "o presidente não deixa uma ponta solta!". Aos poucos, até mesmo o injustificável era justificado. Tinham alguns pontos de identificação, principalmente a admiração ao exército, a hombridade, a defesa do porte de armas, a honra ao país. Enfim, Bolsonaro tinha as características de um bom patriota. Alguns membros da família serviram ao quartel e mantêm amizades militares até hoje. Estavam unidos por servirem à pátria e, na luta do bem contra o mal, que poderia assolar o país, eram pró-armas. "Guerrilheiros" era como se autodenominavam. E, como demonstra essa imagem (imagem 1 deste texto), recebida no dia 16/12/2022, tiveram seu "presente de natal" concretizado no ato de 8 de janeiro.

Imagem 1 - Imagem disseminada nos grupos de bolsonaristas no WhatsApp da família da Paula

Fonte: arquivo pessoal das entrevistadas

Pesquisadora. Como foi conviver em uma família bolsonarista?

Respondente 1. Foi difícil. Por muito tempo tive que engolir muitas das chamadas "verdades" que meus pais insistiam em trazer a todo instante. Qualquer momento era o momento para anunciar os feitos de Bolsonaro, ou então praguejar sobre a esquerda/oposição petista. Teve determinado momento que, assim me parecia, meus pais não sabiam falar sobre outra coisa além de política. Era desgastante e até mesmo vergonhoso em algumas situações — como quando estávamos em um ambiente com pessoas 'não-bolsonaristas' e meus pais tentavam quase que catequizar a pessoa. Após inúmeras brigas e discussões, após o Lula assumir em janeiro de 2023 o assunto cessou por aqui. Não era algo que eu esperava de meus pais. Achei que agora mesmo ouviria ainda mais sobre política, mas algo aconteceu que os fez parar com o convencimento alheio. O que para mim significa paz dentro de casa.

Respondente 2. Somente após cerca de um ano de mandato começou a se instaurar, para mim, um clima de tensão dentro de casa. No início eu questionava, conversava tranquilamente sobre o assunto. Porém, depois qualquer questionamento era visto como afronta e acabava em discussão. Quando nos reuníamos em família, política era o principal assunto e eu tinha que permanecer quieta, pois não me atrevia a fazer qualquer comentário, já sabendo qual seria o resultado.

Pesquisadora. Vocês debatiam sobre política?

Respondente 1. Antes de me cansar mentalmente sobre o assunto "política" em casa, cheguei a questionar e discutir, para tentar ir além do fatalismo (ser bolsonaro ou não ser bolsonaro, eis a questão), que era soberano. Mas incansavelmente ouvi discursos fabricados e reativos, que não abriam qualquer espaço para um debate político. Acredito que isso poderia ser chamado de "jeito bolsonarista" de ser. Talvez por influência dos militares que andaram junto deste movimento, a única resposta possível era "sim, senhor".

Respondente 2. No início, sim. Questionava para entender, sem qualquer segunda intenção, os feitos do presidente. Dava chance para debater, mas com o tempo percebi que nenhum debate era benéfico. Os questionamentos eram vistos como forma de oposição e ameaça, e acabavam terminando em vozes alteradas. Então, metade do tempo eu torcia para que não se tocasse no assunto. E na outra metade fechava os ouvidos para tentar não ouvir. E ficava calada para não refutar coisas que não me desciam a garganta.

Pesquisadora. Quais foram os principais afetos que você sentiu durante o governo Bolsonaro?

Respondente 1. Sentia que estava em uma boca de urna. Era bombardeada de desinformações que eu não queria saber, e que vinham de sei lá de onde, através de meus pais. No começo, eu tentava argumentar e trazer um pouco mais de apaziguamento, mas depois de um tempo ficou muito cansativo ter que educar meus pais. Eles não desejavam pensar de outro jeito. Queriam que pensássemos do jeito que achavam correto. Isso foi um aprendizado que gerou um afastamento na minha relação com eles, porque não nos entendíamos. Acho que, em resumo, me sentia agoniada, esperando para que algo mudasse ou que meus pais mudassem essa mentalidade fechada que tinham durante o governo Bolsonaro. Por algum tempo também fiquei triste, porque via em quanta desinformação eles estavam mergulhados e, pior, repassando para várias pessoas, como no caso da vacina da covid-19. Tive que falar por semanas que era importante tomar a vacina e ainda assim foi na base da briga/discussão.

Respondente 2. Solidão, exclusão. Me sentia destoada e diferente da minha família. Silenciada. Minhas ideias e valores eram desprezíveis e absurdos. Me sentia tensa todas as vezes que o assunto política era trazido à tona nos encontros familiares, pois eu teria que permanecer calada. Tive de me manter calada na maior parte do tempo durante os quatro anos de (des)governo, para evitar conflitos que nunca foram construtivos, porque sempre havia uma resposta e justificativa para tudo. E somente um dos lados estava disposto a ouvir e considerar.

Pesquisadora. Qual o momento que mais chamou sua atenção durante o período de governança de Bolsonaro?

Respondente 1. Acho que cada período teve as suas surpresas. Posso dizer assim, mas o que mais gerou conflitos na minha casa foi quando a pandemia de covid-19 começou. As teorias da conspiração aumentaram muito. Parecia que todo sofrimento e mortes na cabeça deles era um ataque da oposição contra o Bolsonaro. Cheguei até a ouvir que o vírus tinha sido "fabricado" para acabar com o governo. Além desses absurdos, ouvi muito de indignação dos meus pais em relação às pessoas que eram a favor do isolamento social. Isso iria "quebrar a economia", como eles diziam, mas no fundo eu sabia que o problema por trás era Bolsonaro estar sendo prejudicado. Depois vieram as vacinas. Enquanto eu estava feliz com a notícia e ansiosa para tomar minha dose, meus pais continuavam trazendo "informações privilegiadas" de grupos de *whatsapp* de que a vacina também foi "fabricada" e muitas pessoas estavam morrendo depois de tomá-la. Foi um briga imensa para fazer com que meu pai, que era do grupo de risco, fosse vacinado, mas no fim acabaram cedendo. Depois de muitas discussões. Enfim, tudo foi difícil. Mas na pandemia piorou ainda mais, porque ao invés de olharem para o contexto do perigo da doença, as mortes, e todo o sofrimento que tinha naquele momento, resolveram resumir como um ato político que estava servindo para tirar o Bolsonaro do poder.

Respondente 2. Uma cena que me chamou atenção foi no início desse ano, com a posse do presidente Lula. Minha família se encontrava despotencializada, sem mais esperanças e com um sentimento de traição relacionado ao ex-presidente. Quando ficaram sabendo dos atos de 8 de janeiro, meu pai veio me mostrar os vídeos de pessoas que estavam em Brasília falando "vamos fazer história, isso vai virar história". Ele estava muito emocionado e relatou estar "todo arrepiado" com aquilo. Era uma faísca de esperança, segundo ele.

Dos pontos a serem ponderados, a leitura flutuante e as ponderações inferenciais mediadas por verificação de co-ocorrência de léxico e semântica, bem como gestuais, ênfase por narrativa e história de vida, foram fatores determinantes para as classes agregadas de sentidos a partir de frequência e importância que seguem: i) Discursos de ódio relacionados à política; ii) Dinâmica familiar a partir de efeitos das *fake news*; iii) Cotidiano religioso implicado; iv) Política realizada segundo discursos messiânicos.

Em seguida, disponibilizamos dados descritos a partir de exploração de crenças e atitudes de manifestantes que acamparam em frente a quartéis.

2.2 Resumo de etnografia

Fomos primeiramente ao quartel em 13 de dezembro de 2022. Chegamos e procuramos um local para observar o movimento. Somos duas mulheres brancas, loiras e com idades em torno dos 25 anos. Amanda estava com camiseta azul, enquanto Paola estava com calça e camiseta cinzas[69]. Não tínhamos nenhum conhecido. Percebemos olhares de desconfiança. Paola não tinha indício de pertencer àquele grupo por conta de trejeitos e

[69] Nomes fictícios.

vestimenta. Tendas estavam armadas em cima de calçadas ao longo da rua, que fica em frente ao 23° Batalhão de Infantaria do Exército de Blumenau/ SC. Durante o dia, em sua maioria eram idosos que cuidavam do local. São trechos movimentados de ruas da cidade. O fluxo de carros tornou-se constante a partir das 18h. Ao passar da noite, o local ficou ainda mais cheio de pessoas.

Imagem 5. Acampamento em frente ao quartel de Blumenau.

Fonte: arquivo pessoal.

Todos os dias aconteciam cultos com orações e pregações de pastores. Havia barracas e toldos para ajudar na subsistência do acampamento. Pessoas, em boa medida, estavam ali desde o início do movimento; algumas tinham vindo de outras cidades. Algumas barracas tinham identificações de dia, mês e cidade (imagem 5), para que registros da esquerda não fossem fraudados ou usados como *fake news*, segundo supunham manifestantes. Um detalhe é que fomos visitar o acampamento dia 13, mas o número não aparecia em nenhum lugar: foi colocado 12+1 no mostrador de data do lugar. Em todas as barracas havia sinalizações e faixas com menções políticas, explicando as exigências do movimento, assim como algumas manifestações militares e religiosas (imagens 6, 7, 8 e 9).

Imagem 6. Acampamento bolsonarista em frente a quartel de Blumenau/SC.

Fonte: Acervo pessoal.

Imagem 7. Acampamento bolsonarista em frente a quartel de Blumenau/SC

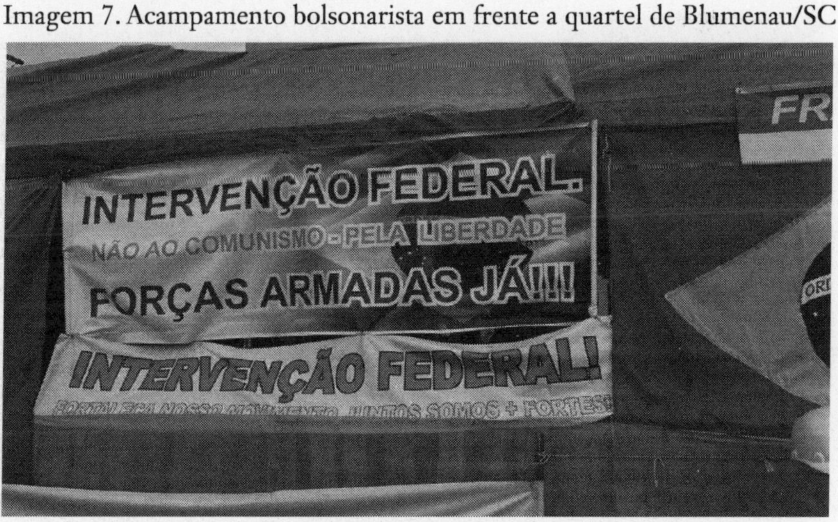

Fonte: Acervo pessoal.

Imagem 8. Acampamento bolsonarista em frente a quartel de Blumenau/SC.

Fonte: Acervo pessoal.

Imagem 9 - Acampamento bolsonarista em frente a quartel de Blumenau/SC.

Fonte: Acervo pessoal.

Nos acampamentos eram distribuídos alimentos aos participantes. Como não conhecíamos ninguém, não fomos recepcionadas e nem nos ofereceram comida. Todas as pessoas estavam vestidas de verde e amarelo. Não havia ninguém acompanhando o movimento, além de nós, que não vestisse essas cores. O espaço em geral estava limpo. Não havia resíduos no chão e as barracas estavam montadas de forma organizada. Bebidas alcoólicas não eram permitidas no local, nem uso de drogas. As pessoas eram quase em sua totalidade brancas, geralmente casais de homens e mulheres acima de 40 anos.

Depois dessa primeira observação, iniciou a fala de um indivíduo em cima de um carro de som. Ele se apresentou e percebemos que era bastante conhecido no acampamento. Soubemos que era líder religioso na cidade e vinha participando ativamente daquele espaço, com discursos motivacionais de cunho religioso. Ele iniciou falando sobre um evento ocorrido na noite anterior, quando gente "de fora do grupo" passou pelo acampamento com spray de pimenta e acabou prejudicando os "patriotas" que estavam ali. Também falou, em tom de aviso, para que as pessoas ficassem atentas a quem é "quer desvirtuar o movimento para que pessoas sintam medo de estar ali, [pois] fizeram e vão continuar fazendo. Essa esquerda é suja".

Falou também sobre a responsabilidade de estar em um grupo, de como ações individuais reverberam no movimento do coletivo — "vão tentar manchar a nossa imagem". Comentou sobre a importância do movimento ser pacífico, pois são "um povo ordeiro, pacífico e organizado, graças a Deus, [apesar de] cada dia mais os nervos aflorando". "Temos um alinhamento e um padrão, e é isso que precisamos manter para que a imprensa fique desesperada, sem deixar nada para que eles possam publicar e manchar a história do movimento desta cidade de Blumenau", afirmou ele.

Após o discurso, foi organizado um culto, liderado pelo mesmo indivíduo, que realizou orações, dentre as quais salientava preocupação em relação à desinformação. Foi relatado por ele que meios de comunicação de massa "atrapalhavam o movimento", porque divulgavam dados irreais. Afirmou: "Nós vivemos um momento único em nossa nação. Nós não fomos preparados para essa guerra que estamos enfrentando". E continuou sua narrativa mencionando versículos bíblicos sobre provações e dificuldades. "Estamos vivendo dias difíceis na nossa nação. Muitos têm recebido informações de *youtubers* infiltrados, que não são reais. Não devemos e nem podemos dar munição para a esquerda. Eles estão nos usando para compartilhar aquilo que eles querem".

Após dar exemplo do afirmado, comentou que deveriam sempre se retratar quando erram e que, por estarem vivendo situação inesperada, era normal o equívoco quanto a dados e fatos, mas precisavam estar atentos, pois estavam "vivendo uma guerra psicológica, [considerando que] familiares os estavam desestimulado a estarem ali". O líder político-religioso continuou falando sobre desinformações e afirmou que só podiam confiar no Bolsonaro e nas forças armadas, porque ambos trabalham em silêncio, para o bem da nação. Então, continuou ele, informações oriundas de pessoas que se dizem do movimento geram frustração porque não são fontes corretas.

Ele finalizou contando uma estória, sobre uma festa que Jesus queria fazer e convidou seus amigos, mas eles não vieram. Chamou funcionários de templos, que também não apareceram. Então, chamou pessoas que estavam na rua e elas vieram à festa. A partir da metáfora, tentou supor que muitos são chamados, mas poucos tomam a decisão de acatar e partir, sendo, portanto, os escolhidos. E quem estava no movimento eram os escolhidos, conforme situou o pastor. "Deus escolheu a dedo para defender teu pai, irmão e amigo que não veio até aqui. Quem não vem é porque não entendeu o chamado. Mas foi Deus quem tocou no seu coração".

Em certo momento, uma de nós pesquisadoras, tentando fazer interação com demais pessoas, conversou com uma mãe que segurava a filha de aproximadamente três anos no colo. A colega perguntou sobre o motivo de trazê-la à frente do quartel, ao passo que ouviu a seguinte resposta. "Ela ama vir aqui, porque é a festa do Bolsonaro". No final da nossa visita no campo, começaram o que foi denominado de "gritos de guerra". Em seguida, o mesmo pastor que ora discursava fez um chamamento a que todos seguissem o perfil do Exército e também seu perfil no *instagram*, para terem informações de qualidade. Ele mencionou que tudo era gravado em formato de *live*, na plataforma, e por isso não tinha "perigo" de *fake news*.

Na sequência, cantaram a música "capitão do povo", que simboliza Bolsonaro e o movimento. Nesse momento, o acampamento foi potencializado. Muita gente se juntou no meio da rua, em frente ao carro de som (imagens 10, 11 e 12), e balançou bandeiras do Brasil enquanto entoava "é o capitão do povo, que vai vencer de novo, ele é de Deus, você pode confiar, pois ele defende a família e não vai te enganar. É o capitão do povo, que vai vencer de novo, igual a ele nunca existiu, é a salvação do nosso Brasil". Depois disso, fomos embora.

Imagem 9. Dia 13/12/2022, momento em que começou a tocar "capitão do povo" no acampamento bolsonarista de Blumenau.

Fonte: Acervo pessoal das pesquisadoras.

Relato do dia 14/12

Uma de nós, autoras da pesquisa, chegou ao acampamento acompanhada da família de Alessandra[70] e o pai dela foi até uma barraca em que estavam distribuindo comida aos manifestantes. Por estar ao lado dele, também ofereceram comida à nossa colega de estudo, que relatou *a posteriori*: "foi diferente do dia anterior, quando pessoas olhavam com curiosidade e até mesmo desconfiança para mim", disse ela quando compartilhou sua experiência pessoal. Também foi interessanbte saber que, assim como uma das entrevistadas contou, que os pais estavam indo desde o início do movimento, outros indivíduos reafirmaram essa comunicação, indicando que houve repetição no cotidiano dos acampados.

Muitos visitavam o movimento em frente ao quartel todas as semanas, em diversos dias. Como conheciam pessoas e rotinas do local, estavam familiarizados e entendiam a dinâmica daquele espaço de complexidades. Na conversa com um jovem que aparentava ter cerca de 20 anos, o tema foi *fake news* e opiniões sobre a tomada de poder por parte do ex-presidente. Havia outras pessoas por perto, que entraram na conversa e admitiram que informações transmitidas entre bolsonaristas acabam sendo muitas vezes falsas, o que, segundo eles, atrapalha porque gerava confusão e desmotivava o pessoal.

Todavia, nesse momento, o jovem comentou sobre suposta notícia que havia lido, a qual dava conta de que Bolsonaro havia assinado decreto e já movimentava pessoas de confiança no Senado (para um possível golpe de Estado): "[...] com que intuito ele faria esse decreto se não tivesse nenhum plano para ficar (depois do dia 1 de janeiro)? Isso é porque ele vai fazer alguma coisa", retrucava o jovem, parecendo crer na tomada de poder após a virada do ano. Ele continuou comentando: "foi isso que fez eu voltar para cá, porque às vezes a gente pensa assim 'ai, não, agora deu, não adianta mais', mas aí quando a gente escuta o que tudo pode acontecer se aquele mal (Lula) entrar, eu sinto que preciso estar aqui".

Percebemos, com isso, que a desinformação tendia a ser fonte de alimento contra a falta de esperança após a derrota da extrema direita nas urnas. E foi uma hipótese que se confirmou a partir de comentários sobre "sustentar países vizinhos comunistas" assim que o novo partido assumir a presidência. Destacavam que não tinham base verídica para nortear a afirmativa, mas mesmo assim "queriam acreditar". A conversa voltou ao assunto do ora propalado decreto de Bolsonaro.

---

70 Nome fictício de um contato de campo intermediador.

Mais uma vez, o jovem comentou. "Bolsonaro sempre foi muito sincero, ele é muito franco, e isso é até um mal. Mas ele não iria mudar agora. Ele não ia me enganar agora. Para que, né? Ele poderia chegar lá é dizer 'Lula venceu e não tem o que fazer, se vocês quiserem protestar, vocês protestem por conta e risco'. Ele ia falar isso curto e grosso, ia falar que dia 1º (de janeiro) está passando a faixa e vai descansar, como até mesmo ele disse em uma entrevista quando perguntaram o que ele ia fazer se não ganhasse. [...] Ele não é tipo um ditador que quer ficar pra sempre no poder.".

Ainda conversando com o jovem rapaz, questionei se ele vem sozinho para a manifestação e ele comentou que sim, vem para representar pai e mãe, que não conseguem vir porque chegam do trabalho cansados. Quando comentei sobre a minha dificuldade de vir e ele falou "tem que vir, todos os dias, nem que seja para passar 30 minutos". Perguntei se fazia parte de alguma congregação das igrejas presentes no local e disse que não veio por isso, mas que depois que a manifestação começou ele se interessou e começou a participar das comunidade.

Comentei sobre o dia da diplomação do Lula e o rapaz perguntou se tínhamos vindo ao acampamento aquele dia. Outra senhora ao lado disse que não veio, porque estava se sentindo "para baixo" nesse dia. "Mas deveria ter vindo", devolveu o jovem, acrescentando que quando vem à manifestação parece que "recarrega as baterias". A mulher, então, afirmou com ênfase. "Assim é comigo também, pois quando fico em casa, vendo aqueles grupos cheios de informação *fake* e o noticiário, que não assisto há muito tempo, começo a orar e fico nervosa. Mas quando venho para cá, fico melhor". O rapaz concordou e disse que "aqui (no acampamento) eu não consigo ficar pra baixo, quando eu venho e vejo essa rua tomada de gente, cara, fico super animado".

A senhora, então, salientou. "A emoção que a gente tem não dá pra descrever, é uma sensação de pertencimento, de união, de que não está sozinho no mundo". O rapaz concordou e complementou. "Eu fico alegre, não tem como ficar triste, eu não fiquei triste em dia nenhum aqui. Dá agonia de ficar em casa, parece que é errado, que eu tinha de estar aqui". Houve, inclusive, referência ao discurso do dia anterior feito pelo pastor. "Depois do que aquele pastor falou eu entendi, porque antes eu achava que era doida, porque convidava um monte de gente e ninguém vinha. Mas ele falou que a gente tem uma missão e muitos são chamados, mas nem todos escolhidos. Aí eu entendi porque eu tenho de estar aqui". O rapaz disse compartilhar desse sentimento. "Quando chega perto das 18h e ainda não me arrumei pra vir, começa a me dar uma agonia".

Por fim, perguntei o que vai ser depois de 1 de janeiro. "Tem que acontecer alguma coisa até lá, né? Depois a chance diminui drasticamente. A gente sabe que uma hora isso tem que acabar. Ninguém é louco de querer vir pra cá sem motivo". O rapaz acrescentou. "E a gente sabe a consequência de vir pra cá: se ninguém tivesse aqui você acha que algo ia acontecer? Vindo pra cá, existe possibilidade de alguma coisa acontecer". A senhora encerra a conversa. "É nisso que a gente se segura, se não teria sido muito deprimente".

Considerações finais

O movimento bolsonarista tem características marcantes, partilhadas como um todo. Especificamente, em Blumenau/SC, encontramos discrepâncias, as quais mostram autodenominados "patriotas" impactados pelo afetamento de vínculos familiares. São pessoas cercadas de sentimentos tristes e angústias, produzidos pela incessante presença da figura do bolsonarismo em seus lares. Sejam apoiadores ou não, em ambientes domésticos notamos o germe da intolerância e impossibilidade de diálogo. Nesses casos, afetações decorrentes do movimento fragmentam o sentimento de comum e, como descrito nas entrevistas, abalam os grupos familiares gerando tristeza entre aqueles que não concordam com as ideias apresentadas pelo ex-presidente.

Analisando afetos descritos no texto, relacionamos que a constante incitação ao ódio desse grupo não fica apenas entre eles, transborda e contamina relações que as pessoas possuem. Percebemos que existem pilares importantes para a coesão deste grupo, como a religião e todos os seus dogmas, além da veneração dos poderes militares e aquilo que foi chamado de "patriotismo". Para além de um debate partidário, o bolsonarismo movimentou a politização de vários temas a partir de um olhar de aniquilação do diferente, efeito esse que se espalhou para o cotidiano familiar, ou "tradicional almoço de domingo". Este efeito nos convoca a analisar mazelas dessas afetações que vão além do "patriota", atingindo todos aqueles que convivem com o sujeito, pois todos afetam e são afetados nos encontros que vivenciam (Spinoza, 2013). Sendo assim, é necessário exercitar um olhar nas relações históricas que formaram os acampamentos no final do ano de 2022. O que desejamos destacar é que o bolsonarismo não começou em 2018, com a eleição de Jair Bolsonaro, mas sim se mostrou enquanto um amplo núcleo afetivo que foi cultivado por anos nessas famílias que acompanhamos em um curto período.

A política de afetos suscitada por narrativas bolsonaristas nos acampamentos transitou entre o medo do que aconteceria com o Brasil no governo Lula e a esperança de que resistindo esse mal seria evitado. E não poderia ser diferente, porque de acordo com Spinoza (2013), medo e esperança são afetos indissociáveis, portanto uma flutuação de ânimo. E a causa externa que conectou patriotas se tornou quase uma crença espiritual de guerra santa, em que todos eram soldados a combaterem o mal como um dever moral. O par afetivo, assim, se instaurou entre a esperança do bem e o medo deste mal vencer, ou o comunismo ou ainda os diversos futuros que chegaram através das *fake news* para as famílias que acompanhamos. A partir da nossa pesquisa, para aqueles que estavam em frente aos quartéis só existia uma forma de ganhar esta guerra espiritual: os militares, ou melhor a intervenção militar.

Não se pode desconsiderar que, segundo Spinoza (2013), a esperança é um afeto alegre. E mesmo com a posse se manteve, sendo, como contou a entrevistada, "uma faísca de esperança", que surgiu com a tentativa de golpe no dia 8 de janeiro de 2023, mantendo os afetos aqui tão destacados: medo e esperança, ora segurança e desespero; porque se do par afetivo é excluída a dúvida, da esperança provém a segurança e do medo o desespero. (Spinoza, 2013). São esses afetos que oscilam segundo a dúvida, que compõem o bolsonarismo nos corpos das famílias que acompanhamos.

Ao mesmo tempo, os acampamentos se mostraram um local de acolhimento para os patriotas, conforme descrito na observação "a emoção que a gente tem não dá pra descrever, é uma sensação de pertencimento, de união, de que não está sozinho no mundo". Naquele espaço, eles encontravam outros corpos que compunham com os seus, tirando-os da solidão e do medo, de uma guerra espiritual que vivenciavam, a princípio sozinhos, em seus lares ou com suas famílias. Também se afetavam com as simbologias que os identificavam, como a música "capitão do povo", conforme descrevemos a partir da observação de campo: era um momento em que o acampamento se unia e entoavam a canção de modo uníssono, no meio da rua, balançando as bandeiras. Esses símbolos serviam para conservação e manutenção do Estado, como explica Spinoza (2014a). No caso aqui analisado, do autoritarismo.

Spinoza afirma que "como, além disso, todos os homens temem a solidão, porque ninguém, na solidão, tem força para defender-se e conseguir as coisas necessárias à vida; [...]" (Spinoza, 2014b, p. 402). O acampamento, deste modo, apresentava um espaço para combater o mal de forma coletiva, em união, somando suas forças contra a tragédia que se anunciava para eles. Um espaço de encontro que os mantinha na flutuação de ânimo, cristalizando em seus corpos memoriosos o par afetivo.

Ao mesmo tempo em que os patriotas encontravam no acampamento um remédio para a sua solidão, as entrevistadas descreveram sentir solidão, exclusão e serem silenciadas dentro das famílias por não concordarem com o movimento bolsonarista. Vemos aqui um paradoxo afetivo — ao mesmo tempo que o acampamento gerava pertencimento ao patriota, também provocava quebra no sentimento de comum envolvendo o núcleo familiar. Com isso, provocava sofrimento para aqueles com quem se convivia.

Da mesma forma que medo e esperança se tornavam combustível para o movimento bolsonarista, observamos que o autoritarismo também lançou os sujeitos na servidão e principalmente gerou a quebra do comum, cristalizando a flutuação de ânimo e a manutenção das ideias inadequadas em seu corpo/mente. Vemos esses sujeitos fazendo o pior e acreditando que estavam fazendo o melhor para si (Spinoza, 2014a), porque cada um julgava de acordo com o seu afeto o que lhe parecia bom ou mau (Spinoza, 2013). A ausência de afetações com corpos diferentes conservava o que já estava cristalizado no corpo memorioso, a guerra espiritual. O bolsonarismo incluia e excluia através de um signo emocional comum (Vigotski, 2009).

A conexão mostra que afetos são potencializadores importantes quando analisamos um movimento social. Sawaia (2009) afirma que as emoções são responsáveis pela união de potências *(conatus)* que constituem o sujeito político coletivo e, a partir dessa potência, existe uma maior vontade de agir. Neste caso, era a luta pela manutenção do governo Bolsonaro, que representava a proteção de sagrados valores que legitimavam o extermínio de tudo aquilo que paradoxalmente divergia da doutrina bolsonarista (Albuquerque *et al.*, 2020). Existia, nesse caminho, a justificativa da liberdade e do fim da corrupção, mesmo ocasionando a produção de solidão em família.

Todavia, não podemos analisar o movimento apenas em seu núcleo. Fazer isso seria reduzir afetações. O bolsonarismo nos convoca para a dialética e também para a produção afetiva daqueles que não concordam com suas verdades. Isto nos chama a analisar sofrimentos psíquicos de sujeitos que compõem famílias bolsonaristas. Ou seja, o bolsonarismo vai além dele mesmo e de seus seguidores, incidindo sobre núcleos domésticos. Mas pensamos que mesmo com mazelas de afetos de ódio e medo geradas pelo bolsonarismo, o sentimento do comum dessas famílias persistiu, e por isso pedimos licença para parafrasear, ou melhor, incluir em

Belchior mais alguns sussurros afetivos: "a voz resiste, a fala insiste, você me ouvirá".

O afeto resiste e quem se encontrar irá escutar.

Referências

ALBUQUERQUE, Renan; SAWAIA, Bader; BUSARELLO, Flávia; PURIN, Gláucia. A comunicação estratégica e histórica dos Sateré-Mawé/AM no enfrentamento à covid-19 na Amazônia Central. Comunicação & Inovação (online), v. 21, p. 99-115, 2020.

BUSARELLO, Flávia Roberta. A luta das indígenas pelo direito à cidade: uma análise centrada nos afetos. 2022. 243f. Tese (Doutorado em Psicologia: Psicologia Social) - Programa de Estudos Pós-Graduados em Psicologia: Psicologia Social da Pontifícia Universidade Católica de São Paulo, São Paulo, 2022.

FLORES, M. B. R. Oktoberfest: turismo, festa e cultura na estação do chopp. Florianópolis: Letras Contemporâneas, 1997.

SAWAIA, Bader B. (org.). As Artimanhas da Exclusão: Análise psicossocial e ética da desigualdade social. 2 ed. Petrópolis: Vozes, 2001. Disponível em:

SPINOZA, B. Obra Completa III: Tratado Teológico-Político. São Paulo: Perspectiva, 2014a.

SPINOZA, B. Obra Completa I: (Breve) tratado e outros escritos. São Paulo: Perspectiva, 2014b.

SPINOZA, B. Ética. 2 ed. Belo Horizonte: Autêntica Editora, 2013.

VIGOTSKI, L. S. Imaginação e criação na infância. São Paulo: Ática, 2009.

CAPÍTULO VIII

Afetos e agência para a paz e para a violência: um olhar sobre a atuação de jovens parlamentares

Roberta Holanda Maschietto
Juliano da Silva Cortinhas
Marcos Alan S. V. Ferreira

Introdução

O retrato da juventude brasileira na mídia nos últimos anos apresenta um cenário preocupante. Em 2022, jovens entre 12 e 29 anos representaram 50% das vítimas dos homicídios cometidos no país (FBSP, 2022, p. 14). Nos últimos meses, para além dessa situação estruturalmente precária, episódios de violência nas escolas acenderam um alerta social sem precedentes. Poucos dias antes da escrita deste capítulo, um estudante de apenas 13 anos desferiu um ataque a facadas na escola estadual onde estudava, em São Paulo, assassinando uma professora de 71 anos e ferindo quatro pessoas (Deutsche Welle, 28 mar. 23). Cena comum nos Estados Unidos, no Brasil o primeiro registro de ataque em escola se deu em 2002. Desde então foram registrados 23 casos de ataques violentos em escolas, mas o mais preocupante é que, destes, 10 aconteceram em nove meses entre 2022 e abril de 2023, muitos deles refletindo influências nazistas (inclusive via utilização de símbolos durante os ataques) (Borges, 2023). Esses episódios acontecem em paralelo ao crescente número de ocorrências de apologia ao fascismo e ao nazismo em instituições de ensino em cidades tão diferentes quanto Curitiba, Campinas, São Paulo, Belo Horizonte, Belém, Manaus e Boa Vista.[71]

A conversão de jovens ao extremismo de direita não é um fator isolado e reflete, de maneira geral, a profunda divisão ideológica que se observa

[71] Há inúmeros relatos sobre esses casos na mídia. Alguns exemplos podem sem encontrados nos seguintes links de notícias: 1) https://www.otempo.com.br/cidades/neonazismo-avanca-nas-escolas-do-brasil-veja-casos-recentes-que-sinalizam-isso-1.2774067; 2)https://www1.folha.uol.com.br/educacao/2023/01/propagacao-de-suastica-e-ideias-nazistas-em-escolas-acende-alerta.shtml; 3) https://ponte.org/jovem-negro-e-alvo-de-racismo-em-grupo-de-alunos-de-um-dos-colegios-mais-caros-do-brasil/; 4) https://g1.globo.com/sp/campinas-regiao/noticia/2022/11/04/escola-de-valinhos-desliga-8-alunos-apos-estudante-denunciar-ataques-racistas-com-referencias-a-hitler.ghtml

na sociedade brasileira e que tem se ampliado por meio da mobilização de afetos (entendidos aqui como emoções, sentimentos, paixões) mobilizados, em especial, a partir do uso das plataformas virtuais e mídia social. Conforme o Relatório sobre o extremismo de direita entre jovens e adolescentes escrito durante o governo de transição do governo Bolsonaro para o governo Lula, esse tipo de violência está relacionada com o "contexto social que se vincula com a escalada do ultraconservadorismo/extremismo de direita no país e a falta de controle e/ou criminalização desses discursos e práticas, bem como de sua difusão através de meios digitais" (GT da Educação, 2022, p. 9). A visão de supremacia branca, masculina e heteronormativa faz parte dessa agenda e se reflete no discurso de pânico moral que vê as minorias como ameaças à sociedade. No caso de ataques perpetrados em escolas, há, ademais, uma conexão entre processos prolongados de bullying sofridos pelos perpetradores, seguidos pela cooptação desses jovens por propagadores da extrema direita (GT da Educação, 2022, p. 16).

É importante destacar que essa onda de extremismo entre jovens reflete um retrato parcial da juventude brasileira. Não muito tempo atrás, mutirões de estudantes secundaristas ocuparam as escolas em várias cidades do país clamando por uma agenda mais progressiva na área da educação (David; Martins, 2021; Alves; Groppo, 2021). Esse movimento também foi marcado por afetos que incluíram desde a conclamação por uma mudança afetiva no próprio formato da educação, até experiências de violência, sofrimento, indignação e frustração a partir das respostas do estado às ocupações (Purin; Sawaia, 2020).

Em artigo anterior (Maschietto; Ferreira; Cortinhas, 2022), ao escutar estudantes do ensino médio sobre questões ligadas a paz, violência e poder, nós destacamos que a busca por (e falta de) valores afetivos como empatia, liberdade, respeito e cuidado marcam o perfil da juventude, mas essa demanda não necessariamente é escutada ou acompanhada por respostas efetivas tanto no âmbito escolar quanto na sociedade de maneira mais geral. Aliadas a essas demandas, os jovens com quem conversamos apresentaram críticas importantes ao sistema político e econômico do país, demonstrando, de maneira geral, zelo pela democracia e pela liberdade, mas também ressaltando a necessidade de mais justiça e redistribuição econômica, além de respeito pela diversidade.

Neste capítulo, optamos por olhar para outro espectro da juventude: os jovens que ascenderam a uma posição de poder importante, tornando-se deputados federais. O objetivo foi examinar como eles se posicionam e constroem os afetos em seus discursos públicos. Entendemos que esses afetos podem tanto corroborar a democracia e valores como empatia, inclusão e respeito, como também podem instigar valores e políticas opostas, alinhadas com tendências autoritárias. Nesse sentido, este capítulo parte de um pressuposto muito simples: os jovens têm potencial tanto para fomentar a paz quanto a violência e os afetos construídos, quando não manipulados, constituem elementos essenciais para se compreender essa agência.

Especificamente, consideramos quatro jovens deputados federais de diferentes espectros políticos e refletimos sobre suas falas e posicionamentos, de forma a identificar os tipos de afetos mobilizados para gerar engajamento. Estes são: Kim Kataguiri (hoje com 27 anos, em seu segundo mandato, hoje pelo União, anteriormente pelo DEM), Tabata Amaral (hoje com 29 anos, também em seu segundo mandato, agora pelo PSB, anteriormente pelo PDT), Érika Hilton (hoje com 30 anos, primeiro mandato pelo PSOL) e Nikolas Ferreira (hoje com 26 anos, primeiro mandato pelo PL). Não sendo nosso propósito fazer uma análise exaustiva de cada deputado/a, oferecemos uma reflexão baseada em material selecionado a fim de que possamos aprofundar o exame sobre a construção dos afetos no discurso e como esses afetos podem fomentar valores democráticos ou autoritários.

Este capítulo está dividido em cinco seções, além da conclusão. A seguir, discutimos muito brevemente a ideia de agências para a paz e para a violência, especialmente no caso da juventude, e como a construção de afetos pode contribuir para essa agência. As quatro seções seguintes se debruçam na análise dos discursos dos deputados. Na conclusão, refletimos sobre como a dimensão afetiva desses discursos pode fomentar a paz (inclusive a democracia e a justiça social) e a violência (ao reforçar valores autoritários).

Juventude, afetos e agência para a paz e para a violência

Antes de discutir a questão da agência e dos afetos, cabe explicar a definição de "jovem" aqui utilizada. Não existe uma concepção universal sobre o que é ser jovem. Apesar de a dimensão fisiológica e processos de desenvolvimento, como puberdade, serem importantes, há fatores culturais que também afetam a compreensão do que constitui ser jovem (Özerdem; Podder, 2015; Berents; Mollica, 2022). No Brasil, o Atlas da Juventude[72] considera jovens aqueles entre 15 e 29 anos de idade. Uma vez que a idade mínima para ser deputado é 21 anos e que a quantidade de jovens parlamentares é pequena, vamos aqui considerar jovens os deputados que tinham até 30 anos completos no momento em que assumiram o cargo.

A forma como a juventude tem sido tratada na academia tem variado substancialmente ao longo dos anos e segundo diferentes campos disciplinares (e.g., Tavares 2012; De Castro, 2019; Groppo; Silveira, 2020). Neste artigo, vamos explorar uma perspectiva menos discutida no caso brasileiro e mais explorada nos estudos sobre juventude em contextos de guerra e pós-guerra, qual seja, o potencial da juventude enquanto agente político para fomentar a paz e a violência (Lopes Cardozo *et al.*, 2015; Podder, 2015; Berents; Mollica, 2022).

A questão da agência tem sido um tema central na discussão sobre a juventude. Como destacam DeJaeghere *et al.* (2016), boa parte do debate público sobre a juventude navega por uma perspectiva binária. De um lado, existe a visão segundo a qual a agência dos jovens deve ser direcionada, canalizada de forma tal que eles não sejam capturados por dinâmicas que possam levar à tensão social. Essa visão deriva da perspectiva da "explosão juvenil" (*youth bulge*), que trata do crescimento da população juvenil no mundo e a difícil alocação desses jovens nas dinâmicas globais. No âmbito dos estudos em conflito e paz, isso se reflete em abordagens que relacionam o tamanho da população jovem masculina com propensão a conflitos violentos, uma vez que isto aumentaria a chance de cooptação e recrutamento (Del Felice; Wisler, 2007; Berents; Mollica, 2022).

De outro lado, há autores que reforçam a ideia de um "dividendo da juventude", ou seja, enfatizam o papel da juventude não como um "risco social" mas como "fazedores" da sociedade. Neste sentido, tem sido crescente a literatura que enfatiza o papel da juventude construindo a paz em cenários de conflito ou pós-conflito violento (Del Felice; Wisler, 2007; Lopes Cardozo *et al.*, 2015; Podder, 2015; Berents; Mollica, 2022).

Alinhamo-nos com a perspectiva de autores como Lopes Cardozo *et al.* (2015), Berents e Mollica (2022) e Pruitt (2015), que reforçam a importância de se pensar a juventude de forma heterogênea, o que inclui múltiplos grupos com características e identidades distintas, carregando assim, potenciais diversos, tanto para a paz quanto para a violência. Nesse sentido, um pressuposto central deste capítulo é que a agência dos jovens é

[72] Ver: https://www.google.com/url?q=https://atlasdasjuventudes.com.br/sobre/. Acesso: 27 de abril de 2023.

crucial no desenho da sociedade e na forma como as dinâmicas sociais irão se desenvolver, seja de forma positiva ou negativa.

Ao pensarmos em potenciais para a paz e para a violência, consideramos esses dois termos como opostos e cobrindo um espectro amplo que perpassa não apenas a dimensão interpessoal (como a violência física ou letal, ou a paz como ausência de violência organizada), mas também a dimensão estrutural (como presença/ausência de acesso a elementos básicos para a sobrevivência e bem estar e justiça social) e simbólica (como a presença/ausência de racismo e machismo) (Galtung, 1969; Bourdieu, 2000). Nesse sentido, a agência dos jovens para a violência levaria ao reforço de estruturas opressivas que já existem (como a desigualdade, o racismo, machismo, xenofobia, tendências autoritárias, etc.), enquanto que a agência para a paz levaria à contestação dessas estruturas e à proposição de arranjos alternativos que favoreçam a justiça, equidade, bem-estar, etc.

Neste capítulo, definimos a agência dos jovens como "o espaço de manobra disponível para que os jovens desenvolvam estratégias (in)conscientes que apoiem ou travem a construção da paz no mais amplo contexto cultural, político e econômico" (Lopes Cardozo *et al.*, 2015). A ideia de "espaço de manobra" reflete a relação que existe entre agência e estrutura, destacando o quanto elementos macro, como economia e política (e sua relação com elementos como classe, raça, gênero, etc.), e também elementos identitários (como cultura e religião) afetam esses espaços, tanto para inibir a ação dos jovens (ou de alguns jovens), quanto para facilitar essa ação ao criar espaços e oportunidades para a ampliação dessas vozes.

Ao analisar as pautas e discursos dos quatro deputados, nossa intenção é observar, a partir dos afetos que mobilizam, como contribuem para a expansão de agências para a paz ou para a violência. No que concerne à discussão sobre afetos, embasamos a análise nos trabalhos de Wetherell (2012) e Ahmed (2018). Wetherell trabalha o conceito de práticas afetivas, que foca em como o emocional aparece na vida social e como as pessoas lidam com isso. A ideia de prática está imbricada na mobilidade, podendo se manifestar de forma rápida e pontual ou perdurar no tempo, espalhando-se em determinados grupos ou na sociedade de maneira mais ampla. Já Ahmed (2018), ao tratar da mobilidade dos afetos, cunha o termo "economias afetivas", destacando que os sentimentos não residem nos sujeitos ou objetos, mas são o produto dessa circulação (Ahmed, 2014, p. 8). Ou seja, as emoções não necessariamente se manifestam de dentro do indivíduo para a sociedade ou vice-versa. Ao contrário, as emoções criam as próprias delimitações que nos fazem distinguir entre o interior (eu) e o exterior (sociedade) (Ahmed, 2014, p. 10). Esse aspecto é importante porque reforça o valor das emoções como capital, ou como valor afetivo que se acumula com o tempo. O processo, eventualmente, leva à fetichização das emoções, que são então percebidas como inerentes aos objetos, anulando sua criação e história.

Nesse contexto, e uma vez que os afetos possam ser distribuídos ou cultivados, inclusive por meio de tecnologias, eles também envolvem questões de poder que levam a determinados padrões tanto no sentido de reforçar padrões existentes ou levar à perturbações (Wetherell, 2012). É nesse sentido que entendemos afetos como potenciais mobilizadores de agências e como amplificadores de poder de determinados atores e sujeição de outros.

Um olhar afetivo sobre quatro jovens deputados federais

Antes de discutir a visão dos quatro deputados, é importante apresentar o contexto em que se inserem. Na legislatura vigente, iniciada em 1º de fevereiro de 2023, dos 513 deputados eleitos, apenas 24 possuíam até 30 anos. Na legislação 2018-2022, esse número era de 30 deputados. Se olharmos apenas pelo fator idade, a presença de jovens na Câmara dos Deputados é muito reduzida, representando na presente legislatura apenas 4,67% dos deputados, ainda que a população brasileira entre 20 e 29 anos corresponda a cerca de 16% dos brasileiros[73]. Isto posto, a presença desses jovens no congresso não necessariamente significa que suas pautas sejam voltadas para os jovens (ou parcela do público jovem). Ainda, cabe destacar que o perfil desses jovens (assim como dos deputados em geral) também não é balanceado em termos de representatividade do perfil dos jovens brasileiros. No geral, observa-se a presença majoritária de parlamentares do sexo masculino e brancos. Em 2018, eram cinco mulheres e 25 homens entre os deputados jovens. Ou seja, as mulheres representavam menos de 20% desse grupo. Em 2022, a proporção de mulheres aumentou para pouco menos de 40% (9 mulheres para 15 homens), sendo que pela primeira vez foram eleitas deputadas transexuais no Brasil, uma delas, aqui considerada, a deputada Erika Hilton.

Por fim, ao olhar o espectro partidário, fica claro que mesmo dentro desse grupo tão pequeno há uma variação muito significativa em termos de orientação política. Os deputados selecionados para análise obtiveram votações expressivas. Como destacado em artigo do Globo (3 out. 23), Niko-

[73] A pirâmide etária brasileira pode ser acessada em: https://educa.ibge.gov.br/jovens/conheca-o-brasil/populacao/18318-piramide-etaria.html.

las Ferreira (PL) foi o deputado com mais votos no Brasil (1.492.047 votos por Minas Gerais). Tabata Amaral (PSB) foi a oitava colocada no ranking nacional, com 337.873 votos por São Paulo. Kim Kataguiri (União) ficou em décimo lugar, com 295.460 votos, também por São Paulo. Por fim, Érika Hilton, ainda que não tenha entrado no ranking dos 50 mais votados no Brasil, foi a nona mais votada em São Paulo, atrás de Kim Kataguiri, com 256.903 votos.

A seguir, discutimos a dimensão afetiva presente nos discursos de cada deputado a partir de mídias selecionadas. Nosso intento não é a generalização sistemática de construção de afetos em cada caso, mas sim a análise mais aprofundada da construção desses afetos, o que nos leva a trabalhar com um número reduzido de material, considerando que os mesmos afetos são repetidos em vários canais diferentes de comunicação.

Kim Kataguiri: a criminalização do outro e a esperança das novas gerações de direita

Filho de um metalúrgico de origem japonesa, Kim Kataguiri nasceu em 28 de janeiro de 1996 e passou a se engajar politicamente aos 17 anos, quando começou a postar vídeos no YouTube criticando o modelo econômico do PT e defendendo políticas econômicas de cunho liberal. Em 2014, com apenas 18 anos, ele foi um dos co-fundadores do Movimento Brasil Livre (MBL), que teve papel importante na mobilização para o impeachment da então presidenta Dilma Rousseff. Em 2015, apareceu na revista *Time* como uma das 100 pessoas mais influentes no mundo.[74] No ano seguinte, tornou-se um dos colunistas da Folha de São Paulo. Em 2018, foi eleito deputado federal pelo Democratas (DEM), com 465.310 votos, tornando-se o segundo deputado mais jovem da história até então, aos 23 anos[75].

Kataguiri se apresenta como liberal, reforçando pautas presentes no site do MBL[76]. A grande marca de sua ascensão, entretanto, é o discur-

[74] Ver site da revista Time: https://time.com/4088721/kim-kataguiri-brazil-protests/.

[75] A mais nova é a Deputada Luisa Canziani (11/04/1996), que foi eleita no mesmo pleito e é pouco menos de 3 meses mais nova que Kim Kataguiri.

[76] Conforme o site oficial (https://mbl.org.br/), o MBL defende "a liberdade individual, a propriedade privada e o Estado de Direito como conceitos fundamentais de uma sociedade que se propõe a ser livre, próspera e justa". Seus valores incluem: liberdade e responsabilidade, paz e proteção a direitos individuais, livre iniciativa e empreendedorismo, incentivo ao trabalho e respeito à propriedade privada, igualdade perante a lei, democracia. Na prática isso implica apoio a bandeiras como apoio ao livre comércio, fim de políticas de cotas, privatização, livre concorrência, voto facultativo, além do fim do estatuto do desarmamento, justificado pelo direito de autodefesa do cidadão.

so anti esquerda. Nesse sentido, sua ascensão e popularidade devem ser compreendidas a partir do contexto em que o Brasil se encontrava, de alta rejeição da presidenta Dilma Rousseff e das acusações de corrupção difundidas pela Operação Lava Jato.

Nesta seção, vamos analisar os afetos promovidos por Kim Kataguiri a partir da análise dos 59 textos que escreveu em sua coluna na Folha de São Paulo, espaço que teve entre janeiro de 2016 e março de 2017 e que foi palco importante para a publicização de suas ideias e sua consolidação como jovem ativista de direita. Aqui, identificamos dois tipos de afetos predominantes. Primeiramente, observa-se a raiva, quando não mesmo o ódio e a repulsa à esquerda. Esse sentimento é expresso de diferentes maneiras, mas alguns elementos se repetem. Um deles é a animalização de esquerda no que parece uma tentativa de desumanização. Guilherme Boulos (hoje deputado pelo PSOL), por exemplo, é referido como "poodle do adesismo", "poodle de estimação" e "cabeça de jerico". Em outras instâncias, Kataguiri se refere aos defensores do PT como "buldogues do governo" ou "a militância quadrúpede".

Segundo, é constante a recorrência a episódios e/ou expressões que primam pela humilhação e ridicularização de figuras da esquerda. Por exemplo, na coluna "Macri e o samba da petista doida"[77] a expressão 'doida' faz referência à então presidenta Dilma Rousseff. Em outra instância, ao se referir a Marina Silva, ex-petista, como possível alternativa após o fim do governo Dilma, ele conclui: "Não importa quantas penas o adornem, quantos cipós o envolvam ou quanto urucum lambuze o seu rosto: o petismo será sempre petismo"[78].

Se a animalização e o ridículo apresentam o outro como um ser diferente e não digno de respeito, a raiva é instigada pela narrativa constante de criminalização da esquerda. Além de inúmeras referências aos escândalos de corrupção durante a gestão do PT, repete-se ao longo dos textos uma teoria muito específica, a da "corrupção como método de governo":

> É fato que o PT não inventou a corrupção. Mas a utilizou para inventar algo muito pior: o golpismo institucionalizado. Os escândalos do mensalão e do petróleo não se resumiram ao roubo. Os petistas não se limitaram a gastar nosso dinheiro em tríplex. Eles saquearam

[77]https://www1.folha.uol.com.br/colunas/kim-kataguiri/2016/02/1736130-macri-e-o--samba-da-petista-doida.shtml.

[78]https://www1.folha.uol.com.br/colunas/kim-kataguiri/2016/03/1754791-o-petismo--verde.shtml.

sistematicamente o Estado e compraram deputados e senadores para governar sem que precisassem dialogar com o Congresso. Acabaram com a tripartição do poder. Submeteram o Legislativo ao Executivo. Transformaram a propina em *método de governo*[79] (grifo nosso).

Além disso, a criminalização está presente na descrição de inúmeras outras expressões sociais da esquerda. Sua primeira coluna, por exemplo, se intitula "Passe livre para o terrorismo", em referência às manifestações para o passe livre em São Paulo:

> Aqueles que andam de camisa negra, máscara no rosto e pedra na mão e chamam os outros de fascista estão de volta às ruas. Enquanto berram pelo mito do transporte público, gratuito e de qualidade e pedem menos violência, militantes queimam ônibus e jogam coquetéis molotov na polícia. [...] Eles não se organizam simplesmente para cometer crimes. *Espalham o medo generalizado*[80] (grifo nosso).

Em outra coluna, menciona: é da *natureza* de uma milícia como o MTST e de seu miliciano-chefe *linchar fatos e pessoas*"[81] (grifo nosso).

A narrativa se repete e apresenta facetas mais agudas, quando a esquerda é representada como cruel e aproveitadora, ou seja, novamente, desumanizada, muitas vezes via distorção de fatos. Por exemplo, na coluna "A esquerda como cruel e aproveitadora"[82], ele faz referência a um estupro que teria ocorrido em uma invasão do MTST e que não teria sido condenado por militantes de esquerda. Entretanto, na página da coluna em questão, logo aparece uma nota da Folha corrigindo a informação de que a terra mencionada era uma área urbana invadida e informando a inexistência de qualquer conexão com o MTST.

Na coluna "Discurso no velório de Marisa escancarou perversidade de Lula", sem qualquer referência ao contexto em que se deu o falecimento de Marisa, Kataguiri afirma:

---

[79] https://www1.folha.uol.com.br/colunas/kim-kataguiri/2016/03/1744768-o-chororo-dos-desesperados.shtml.

[80] https://www1.folha.uol.com.br/colunas/kim-kataguiri/2016/01/1731011-passe-livre-para-o-terrorismo.shtml.

[81] https://www1.folha.uol.com.br/colunas/kim-kataguiri/2016/01/1733280-que-coisa-feia-boulos.shtml.

[82] https://www1.folha.uol.com.br/colunas/kim-kataguiri/2016/06/1778976-o-sofrimento humano-como-moeda-politica.shtml

> Já se passaram mais de 10 anos desde o escândalo do mensalão. A mentalidade doentia do petismo não mudou. E daí que ele usou a morte da esposa como palanque? Foi para reviver um projeto de poder em prol dos mais pobres. Pelo poder, Lula transformou corrupção em método de governo. Pelo poder, *Lula sacrificou até a própria humanidade*"[83] (grifo nosso).

O outro lado da narrativa de Kataguiri passa pela promoção de afetos que trazem esperança e admiração pelo 'novo', os jovens de direita e o MBL, movimento que ele representa. Essa narrativa é derivativa, advém da demonização do outro, o que favorece a construção do sujeito de direita como 'a esperança', 'o protagonista' que faltava no cenário político, o que não se corrompe porque não joga segundo as regras dos políticos da velha-guarda. O protagonismo aqui é importante, pois reflete a agência dos jovens representados pelo MBL, como aqueles que resgataram a democracia brasileira. Esse protagonismo traz esperança de uma mudança para melhor, é contagiante e mobilizador. Além de tudo, e mais importante, vê a direita (e ele próprio) como moralmente superior, porque, à diferença das manifestações "criminosas" e "violentas" da esquerda, é pacífico.

> Na quarta, militantes do MTST, que Boulos comanda com mão de ferro e cabeça de jerico, *nos atacaram a pauladas, pedradas, socos e chutes*. Vários de nós ficaram feridos. Apesar disso, *não reagimos, demos as mãos e ficamos de costas para os criminosos*[84] (grifo nosso).

Há maneiras pacíficas e republicanas de se protestar. Para manter a ordem e, consequentemente, proteger a democracia e a própria vida das pessoas, é por meio delas que se deve atuar. Nada de bom pode surgir da *barbárie*[85] (grifo nosso).

Essa cuidadosa construção de imagens e afetos resulta na mensagem essencial de Kataguiri: apesar da recorrência à animalização, à ridicularização e à desumanização do outro, quem propaga ódio e constrói uma narrativa de nós-contra-eles é o outro!

[83] https://www1.folha.uol.com.br/colunas/kim-kataguiri/2017/02/1856480-discurso-no-velorio-de-marisa-escancarou-perversidade-de-lula.shtml

[84] https://www1.folha.uol.com.br/colunas/kim-kataguiri/2016/01/1733280-que-coisa-feia-boulos.shtml

[85] https://www1.folha.uol.com.br/colunas/kim-kataguiri/2016/10/1825989-oportunismo-politico-das-esquerdas-causou-morte-em-escola-invadida.shtml

> O governo de Dilma Rousseff se tornou uma grande campanha eleitoral. Como toda campanha petista, não apresenta nenhuma proposta, mas promove um verdadeiro *espetáculo de demonização do adversário*[86] (grifo nosso).
>
> Apesar de inconformados por terem perdido o poder, os líderes petistas estão serenos. O ódio e a revolta que transmitem para a militância é friamente calculado [...] A Folha, por incrível que pareça, finalmente, em editorial, *chamou-os pelo nome: fascistas*[87] (grifo nosso).

Ainda que essas colunas representem a fase inicial da ascensão de Kataguiri, a tática de construção de si via oposição continua sendo abraçada pelo agora reeleito deputado federal. Em suas redes sociais, a própria estética das postagens prima pela chamada destacada que aponta para os problemas da esquerda (mais recentemente o governo Lula e seus ministros). Entretanto, existem algumas diferenças importantes. Primeiramente, Kataguiri também apresenta críticas ao governo Bolsonaro. Ao entrar no seu canal, por exemplo, o vídeo introdutório é um clip de dois minutos intitulado "Como Bolsonaro DESTRUIU a direita!" Não vamos entrar em detalhes sobre os inúmeros vídeos de Kataguiri. O ponto a destacar é que a queda de Bolsonaro abre um espaço para reforçar seu discurso de que uma outra via é necessária, ou seja, abre-se espaço para o protagonismo. Ao mesmo tempo, observa-se uma certa atenuação da linguagem mais agressiva que caracterizava a sua coluna, ainda que continue a criminalização de certos movimentos de esquerda, como o MST.

Tabata Amaral: a autoconfiança gerada a partir de investimentos privados

Tabata Claudia Amaral de Pontes nasceu em 14 de novembro de 1993, na cidade de São Paulo, tendo sido eleita deputada em 2018 e reeleita em 2022. Amaral possui uma origem humilde, quando comparada à maioria dos outros deputados federais brasileiros. É filha de uma diarista e de um cobrador de ônibus e fez a maior parte de sua formação inicial em escolas públicas. No início do ensino fundamental, ganhou destaque na primeira edição da Olimpíada Brasileira de Matemática das Escolas Públicas (em

---

[86] https://www1.folha.uol.com.br/colunas/kim-kataguiri/2016/05/1767153-um-governo-de-propaganda.shtml.

[87] https://www1.folha.uol.com.br/colunas/kim-kataguiri/2016/09/1810656-fascistas-vermelhos-mostram-a-verdadeira-natureza-do-pt.shtml.

2005), em que ganhou medalha de prata. Em 2006, teve novamente grande destaque, chegando à medalha de ouro. A partir desses desempenhos, como ela própria afirma em um vídeo gravado para divulgar a Olimpíada, sua vida mudou[88]. A partir de então, recebeu uma bolsa de estudos no Colégio Etapa, uma das escolas mais caras de São Paulo. Amaral afirma que a experiência de ter feito sua formação tanto em escola pública quanto em uma privada de elite a fez perceber o tamanho da desigualdade brasileira e da cidade de São Paulo[89]. Seu sucesso acadêmico continuou e, em 2012, foi aprovada em diversas universidades estadunidenses. Matriculou-se em Harvard, onde se graduou em Ciência Política e em Astrofísica. Ao longo de seus anos naquela universidade, Amaral contou com bolsa de estudos tanto da universidade quanto da Fundação Estudar.

A educação foi a chave a partir da qual Tabata Amaral deixou sua condição periférica e chegou à vida pública. É interessante observar, porém, que a grande capacidade individual da Deputada teve o constante suporte de apoios financeiros de entes privados que foram condição essencial para sua ascensão. Além do Colégio Etapa, Amaral foi bolsista da Fundação Estudar por diversos anos e somente atingiu a Universidade Harvard a partir do aporte financeiro da Fundação. Suas candidaturas, do mesmo modo, tiveram como base as doações de grandes empresários. A campanha nas eleições de 2018 recebeu mais de R$ 1,2 milhões de pessoas físicas, sendo que 39,45% foram doados por apenas 9 empresários (Bruza, 2019). Entre os maiores doadores, estão sócios de consultorias de investimentos, como Patrice Etlin, e sócios de importantes conglomerados da educação, como a Ânima, que possui 100 mil alunos em universidades privadas brasileiras. Na campanha de 2022, dados do Painel Siga o Dinheiro demonstram que Tabata Amaral continuou a ter perfil muito diferente da maioria dos demais candidatos. Menos de 10% de sua arrecadação veio do fundo partidário, o que a torna um caso raro entre os eleitos. É interessante observar que a então candidata recebeu, naquela eleição, mais de RS 2 milhões provenientes de doações de pessoas físicas. Entre os doadores, há novamente um rol de empresários importantes, como Armínio Fraga, ex-presidente do Banco Central, Elie Horn, do grupo Cyrela, banqueiros como Cândido Bracher e o fundo Constellation, em que Jorge Paulo Lemann é sócio (Irajá, 2022).

Apesar da importância dessa poderosa estrutura empresarial por trás de suas vitórias, os afetos difundidos por Tabata Amaral em seus pronuncia-

[88] Vídeo disponível em: https://www.youtube.com/watch?v=xw1ZvnUuoBQ.
[89] Vídeo disponível em: https://www.youtube.com/watch?v=_3PdLO6NM1k.

mentos e manifestações públicas enfatizam os sonhos e as vitórias pessoais. Quando se manifesta sobre a estrutura em que viveu, ela constantemente enfatiza aspectos negativos, como a pobreza e as condições precárias a ela relacionadas, procurando potencializar seu valor pessoal. As falas são recheadas de afetos que pretendem construir empatia em seus espectadores/eleitores, principalmente os mais carentes, que são estimulados a sonhar e a lutar por um futuro melhor que é sempre visto como atingível.

Essas características e os afetos a elas relacionados podem ser facilmente observados no vídeo que está em destaque no seu canal de YouTube. O vídeo, intitulado "minha história", é iniciado com cenas de favelas. Logo no início, a deputada afirma: "**eu** não sei se eu fui feliz nos últimos meses, foi muito duro. E a política é muito áspera, mas não teve um dia em que **eu** não tivesse muita certeza que **eu** tô onde **eu** deveria tá". Logo após essa frase, o vídeo mostra imagens de sua infância, em que aparece com sua família, inclusive em evento religioso, o que demonstra a intenção de fomentar afetos muito ressaltados também pela extrema direita, sem que isso seja necessariamente trabalhado no texto, mas sim nas imagens. Nesse momento, Tabata afirma:

> Eu tinha uns 7, 8 anos, minha trabalhava como diarista e meu pai tava desempregado. E aí **eu** lembro que eu chegava da escola, eu tinha que fazer almoço, eu tinha que arrumar a casa, **eu** tinha que bordar e **eu** era muito nerd, **eu** sempre fui, **eu** sempre gostei de estudar, então **eu** lembro de querer muito tempo para estudar e nunca ter. Eu tinha muita vergonha do que acontecia com a gente. Eu tinha vergonha de não ter dinheiro pra ter um tênis, **eu** tinha vergonha de tá com fome, **eu** tinha vergonha de meu pai ter bebido o final de semana todo. Eu achava que era nossa culpa, de alguma forma. E aí a minha escola começou a entender...

Enquanto fala sobre sua infância, Amaral está diante de uma favela. A linguagem utilizada por ela neste vídeo se repete em diversos de seus artigos no jornal Folha de São Paulo[90] e em discursos oficiais. A deputada procura externar, na maioria de suas aparições, postura leve, sorridente e

[90] Tabata foi colunista da Folha de São Paulo durante praticamente 3 anos, entre abril de 2019 e janeiro de 2022. Publicou, ao longo do período, 96 artigos, que têm como tema assuntos da política nacional e, principalmente, questões relacionadas com a educação.

positiva, indicando que o foco na "cultura da excelência" (Cohen, 2017)[91] pode mudar vidas. É interessante observar, porém, que tanto as fundações que investiram em Amaral quanto a própria deputada raramente enfatizam a necessidade de investir em educação pública como fator de transformação, havendo foco constante na educação de modo geral, o que abre margem para o setor privado. A própria Fundação Educar enfatiza afetos relacionados com a competitividade e a seleção de "protagonistas" e "líderes", indicando uma associação plena aos valores liberais de ênfase no indivíduo.

As manifestações da deputada se concentram muito nas suas próprias conquistas, mas parecem minimizam a relevância dos privilégios que teve em sua carreira, decorrentes de aportes financeiros de milhões de reais de entes privados. Tais privilégios poderiam ser reconhecidos, o que produziria um discurso mais equilibrado, mas que talvez não gerasse tantos afetos positivos como a empatia e a esperança, além de sensações de reconhecimento e admiração entre a parcela periférica e carente da população brasileira. Com isso, Amaral parece buscar gerar um sentimento de reconhecimento e pertencimento nessa parcela do eleitorado, aquela que possivelmente não alcançaria a partir de discursos associados à sua capacidade acadêmica. Seus discursos sobre educação, em especial, estão constantemente associados ao campo econômico e são relacionados com o sonho da ascensão social. Para tanto, a prevalência do investimento privado sobre o público permanece em evidência:

> Eu tinha muita consciência de que eu tava naquela escola incrível e todos os meus colegas tavam na mesma escola pública. Então foi ali que eu percebi que por ali que nossa vida ia mudar, mas que eu também sentia um peso muito grande para que outras pessoas também tivessem a mesma chance.

Parece contraditório, porém, que Amaral somente tenha ganhado destaque midiático, justamente porque sua história é uma exceção. É constante, nos pronunciamentos e entrevistas da deputada, a noção de que o indivíduo que se esforçar alcançará seus sonhos, o que é claramente defendido por Amaral em vídeo de divulgação da Fundação Estudar publicado

[91] A obra de Cohen (2017) enfatiza a cultura difundida por três dos maiores empresários brasileiros, que tem como foco a excelência em todas as suas ações, novamente fazendo sobressair o poder do indivíduo e sua capacidade pessoal sobre os privilégios estruturais de que gozam tais empresários. O caso de Tabata Amaral, financiada pelos empresários, é muito citado na obra.

ainda de 2016, quando ainda era estudante de Harvard[92]. Em geral, suas manifestações sobre sua própria história reforçam dificuldades e minimizam privilégios, transparecendo vaidade e orgulho, mas gerando empatia e senso de pertencimento em seu público mais periférico.

Nikolas Ferreira: pânico moral com propulsão das redes sociais

O deputado Nikolas Ferreira de Oliveira marcou o último processo eleitoral brasileiro ao se tornar o deputado mais votado do país, com 1.492.047 milhões de votos. O expressivo sucesso do graduado em Direito se deu especialmente na cidade de Belo Horizonte, cidade em que ele conquistou a liderança entre os deputados federais em todas as seções eleitorais, sendo que em somente duas delas teve menos de 20% dos votos válidos[93].

Criado no aglomerado de favelas Cabana do Pai Tomás, nos limites de Belo Horizonte e Contagem, Nikolas se destacou nos anos anteriores como vereador na sua cidade natal. Ali, mobilizando um discurso conservador e agressivo, tornou-se um dos principais cabos eleitorais de Jair Messias Bolsonaro. Nota-se também no discurso dele um forte componente religioso, fruto talvez de sua formação religiosa evangélica, dado que seu pai é pastor na localidade onde cresceu.

Curiosamente, embora sua agenda seja muito voltada a questões conservadoras — inclusive com um discurso claramente transfóbico que gerou problemas na justiça recentemente[94] — sua pauta durante seu mandato como vereador foi bastante concentrada em questões de liberalismo econômico. Similar a outros expoentes da ultradireita como Kim Kataguiri, seus principais projetos como vereador foram conectados com liberalização econômica e empreendedorismo. Logo, há no caso dele uma similitude com outros conservadores brasileiros, que mobilizam uma ideia de conservadorismo para questões sociais, mas disseminam um liberalismo econômico extremo em questões financeiras e produtivas.

---

[92] Vídeo: "Da Periferia para Harvard - conheça a trajetória de Tabata Amaral". Disponível em: https://www.youtube.com/watch?v=_3PdLO6NM1k

[93] https://www.jota.info/eleicoes/quem-e-nikolas-ferreira-o-deputado-federal-mais-votado-do-brasil-em-2022-27102022.

[94] Em abril de 2023, Nikolas Ferreira perdeu um processo na justiça para a deputada Duda Salabert (PDT), sendo condenado a pagar R$80.000,00 por declarações transfóbicas contra a deputada. Ver mais em: https://www.em.com.br/app/noticia/politica/2023/04/19/interna_politica,1483585/nikolas-ferreira-e-condenado-a-pagar-r-80-mil-a-duda-salabert.shtml

A popularidade de Nikolas Ferreira está fortemente ancorada nos seus milhões de seguidores em redes sociais. Ele inicia sua jornada política com vídeos a favor do impeachment de Dilma Rousseff em 2016. Posteriormente, ganha força marcando no processo de eleições municipais que o elevam ao cargo de vereador de Belo Horizonte. A título de exemplo, enquanto nos meses anteriores às eleições de 2022 ele tinha 3,3 milhões de seguidores, em abril de 2023 este número ultrapassa os 7 milhões. Além disso, há outros 4,2 milhões no TikTok, fazendo dele o mais popular entre os deputados jovens eleitos para a legislatura atual.

Não obstante suas posições polêmicas e claramente agressivas contra direitos humanos fundamentais — especialmente da população LGBTQIA+ — Nikolas Ferreira tem uma habilidade marcante em mobilizar eleitores, e jovens em particular, via redes sociais. Sua estratégia é pautada em criar vídeos curtos, em geral legendados, que são replicados em várias de suas redes, em especial as com mais seguidores, que são o Instagram e TikTok. Em seus vídeos que ultrapassam a casa de 5 milhões de visualizações, vê-se alguns exemplos desta mobilização. Em vários destes vídeos, nota-se uma linguagem jovial para mobilizar eleitores alinhados ao Bolsonaro durante as eleições[95], muitas vezes usando de ironias e de um tom jocoso, como se transgredisse os parâmetros formais comuns a pessoas mais maduras.

Neste sentido, nota-se um espírito de transgressão aos formalismos inclusive em espaços políticos considerados bastiões da democracia brasileira, como visto no seu vídeo de mais de 10 milhões de visualizações em que puxa coros contra o presidente Luis Inácio Lula da Silva na Câmara dos Deputados junto a outros deputados de direita e extrema-direita[96].

Igualmente, em uma de suas atividades profissionais, Nikolas vende um curso online denominado "Cristãos e a Política", com custo de R$197,00. Entre os conteúdos, está presente uma lógica de amigo/inimigo, como se depreende dos nomes dos módulos, tais como "estamos em guerra", "ativismo LGBT", "o feminismo" e "entendendo o inimigo"[97]. Semelhante a Kim Kataguiri, há uma lógica de projetar o eu criando o ini-

---

[95] https://www.tiktok.com/@nikolasferreiradm video/7157737854762765574?lang=em.
[96] https://www.tiktok.com/@nikolasferreiradm/video/7195275117314706693?lang=em
[97] https://www.nikolasferreira.com/o-cristao-e-a-politica-org/

migo no outro, mobilizando para isso temas polêmicos e que transgridem o "politicamente correto".

Estas transgressões, não obstante, passam dos limites do decoro e ferem a dignidade humana de grupos minoritários. Ao mesmo tempo, para quem se identifica com seus posicionamentos, passa a ideia de um ser corajoso, que expressa o que todos sentem, desafiando, assim, o que é visto como supressão de liberdade de crença por parte da esquerda. Nesse sentido, lembra muito a postura do ex-presidente Jair Bolsonaro e sua forma de cultivar afetos.

O caso mais emblemático foi seu pronunciamento no Dia Internacional das Mulheres em 2023. Ali, através da humilhação pública e ridicularização, Nikolas mobiliza afetos contra transexuais e mulheres defensoras de seus direitos. As últimas são pejorativamente intituladas "feministas", como se a defesa da igualdade de direitos entre homens e mulheres fosse algo descabido em pleno século XXI. Na ocasião, Nikolas vestiu uma peruca loira, disse que seria agora "Nikole" e logo expressou:

> [...] eu não estou defendendo o meu umbigo, a minha liberdade. Eu estou aqui para defender a *sua* liberdade. A liberdade, por exemplo, de um pai recusar que um homem de dois metros de altura, um marmanjo, entre no banheiro junto com sua filha sem você ser considerado um transfóbico. A liberdade das mulheres, por exemplo, que estão perdendo o seu espaço nos esportes, estão perdendo os seus espaços até mesmo em concurso de beleza, senhores. E pensem só nisso: uma pessoa que simplesmente se sente algo e impõe isso para você[98].

Em nome da defesa da liberdade, Nikolas populariza uma visão de que transexuais ocupam espaços das mulheres, usando para isso o argumento de que as filhas — como "propriedade" de um pai — serão ameaçadas pelo respeito aos direitos das pessoas trans. No entanto, as próprias mulheres

[98] CÂMARA DOS DEPUTADOS - DETAQ. Sessão: 17.2023. Orador: Nikolas Ferreira, PL-MG. Disponível em: https://www.camara.leg.br/internet/ sitaqweb/TextoHTML. asp?etapa= 5&nuSessao=17.2023&nuQuarto= 2827616&nuOrador=1&nuInsercao=1&dtHorarioQuarto= 14:44&sgFaseSessao=BC&Data= 08/03/2023&txApelido=Nikolas%20 Ferreira,%20PL-MG&txFaseSessao= Breves%20Comunica%C3%A7%C3%B5es&txTipoSessao= Ordin%C3%A1ria%20-%20CD&dtHoraQuarto=14:44&txEtapa=

também são atacadas em seu discurso, por exemplo, quando ele defende que as mulheres retomem a sua feminilidade, tenham filhos, amem a maternidade, formem suas famílias, porque, dessa forma, vocês colocarão luz no mundo e serão, com certeza, mulheres valorosas![99]

Ou seja, sua visão traz consigo uma ideia da mulher de valor como aquela a serviço da família, como se a maternidade fosse excludente a uma ideia de desenvolvimento profissional e agência individual. As entrelinhas de seu discurso excluem também do quadro moral de valor e respeito aquelas mulheres que por diferentes razões não podem ou não querem ser mães, assim como aquelas que por alguma razão não expressam um ideal masculino de feminilidade.

Suas afirmações foram fortemente condenadas por deputadas de amplos espectros políticos, como Sâmia Bonfim, Maria do Rosário e Tábata Amaral (Teles, 2023), ainda que, na ocasião, se escutasse outros deputados dando risadas frente à performance teatral do deputado. Entretanto, por mais triste que possa parecer para as pessoas afetadas pelo preconceituoso discurso, sua fala na tribuna da Câmara com peruca loira e se auto-intitulando 'Nikole' — e que, aliás, ocorreu logo na sequência da fala da deputada Erika Hilton — alcançou o objetivo de popularizar quem é Nikolas Ferreira: até o final de abril, o vídeo tinha 10 milhões de visualizações no Instagram.

Em resumo, ao examinar o papel do Nikolas Ferreira como mobilizador de afetos, nota-se claramente sua postura religiosa, ao mesmo tempo jocosa e defensora de um modelo tradicional de família. Ele tornou-se um ícone político não somente pelo seu alinhamento à extrema-direita, mas também por simbolizar uma juventude cristã que não se vê alinhada com valores progressistas. Seu reforço de um tradicionalismo familiar, ancorado em silenciamento da agência das mulheres e movimento LGBTQIA+, transforma-se em popularidade advinda de grupos sociais que veem seus privilégios ameaçados pela ampliação de direitos das mulheres e minorias.

[99] Ibidem.

Erika Hilton: existe espaço para todes

Erika Hilton foi criada pela mãe e pelas avós na região metropolitana de São Paulo e depois seguiu com a família para Itu. Quando adolescente, foi forçada pela família a frequentar a igreja, com o intuito de 'cura-la', dada a sua orientação sexual (Lino, 2022). Aos 15 anos foi expulsa de casa e passou a morar nas ruas, onde acabou se prostituindo a fim de sobreviver. Seis anos depois voltou a morar com a mãe e teve a oportunidade de terminar seus estudos, entrando na faculdade para cursar pedagogia, onde também começou seu engajamento político a partir do movimento estudantil.

Em 2020, foi a vereadora mais votada no Brasil com 50.508 votos, sendo a primeira travesti a ocupar uma cadeira na Câmara Municipal de São Paulo. Num país onde a violência contra travestis e transexuais é enorme, não surpreende que Hilton tenha sido ameaçada diversas vezes, com mensagens de ódio e pressão para que deixasse seu cargo (Rodrigues, 2022), mas ela não apenas resistiu, como em 2022 fez história mais uma vez, sendo eleita deputada federal por São Paulo, um marco na Câmara dos Deputados.

Nesta seção vamos analisar os afetos cultivados no discurso de Erika Hilton a partir de um dos vídeos mais acessados dela no YouTube, uma entrevista concedida no programa Roda Viva em 1° de fevereiro de 2021[100]. À diferença dos outros deputados aqui considerados, Hilton não possui um canal seu no YouTube, mas há inúmeros vídeos de entrevistas concedidas em diferentes mídias. Este teve 186 mil visualizações, onze mil 'likes' e mais de 1.324 comentários, eminentemente elogios à entrevista.

Devido à sua história, não surpreende que o discurso de Hilton vá na direção oposta de Kim Kataguiri e Nikolas Ferreira: o ponto de partida é a desumanização sofrida por pessoas trans e excluídas, logo o que se busca é o reverso, a humanização desses corpos. Hilton assume a sua história e utiliza sua experiência pessoal para reforçar a importância do lugar de fala, o que por sua vez, visa gerar empatia:

[100] Disponível em: https://www.youtube.com/watch?v=qvzQd0tN27w.

> As marcas da violência e desumanização, da abjeção de um corpo que pelo simples fato de ser preto, de ser pobre, de ser trans, fizeram com que eu compreendesse a urgência e a necessidade de que a minha voz e a voz dessas pessoas fossem ouvidas.

A utilização repetida do termo "corpo" ou "corpos" no plural é importante: é no corpo do pobre, do preto, do trans em que o ódio é despejado, constituindo o local recipiente da raiva, da repulsa e da rejeição de quem considera esses corpos como anormais ou errados. Ao mesmo tempo, é como se o próprio corpo fosse a causa do ódio, simplesmente por existir. A negação do afeto, a solidão, a crueldade da sociedade e do sistema são citados por Hilton como elementos dessa vivência na margem. Seu papel é jogar luz nessa discussão, para que a sociedade entenda seu corpo como um "corpo humano, natural", de forma que seus direitos humanos sejam respeitados. Essa transformação, argumenta, se dá pela construção de um "novo imagético acerca do que é este corpo na sociedade como um todo". Ou seja, o que ela busca é o "resgate da nossa humanidade".

Nesse sentido, a construção do eu não se dá pela oposição ao outro, mas pelo reconhecimento da vitimização das populações trans, dos moradores de rua, dos excluídos e que querem ser incluídos, e não separados da sociedade. Busca-se o acolhimento por meio da compreensão do outro e da empatia. De certa forma, o acolhimento (termo não utilizado por Hilton, mas que inferimos aqui a partir da construção de sua narrativa, e que se mistura com a preocupação com o cuidado) seria o afeto subjacente ao discurso da inclusão.

Ao mesmo tempo, a inclusão também é apresentada de forma pragmática: é crucial para dar voz e representatividade aos excluídos. A ideia é que apenas os marginalizados podem mudar a narrativa da agenda política, porque somente essas pessoas podem trazer a sua vivência e os problemas que enfrentam. Assim, a disputa da narrativa, segundo Hilton, "não virá da branquitude, não virá da cisgeneridade, porque eles estão muito acomodados com seus privilégios".

Duas implicações são oriundas dessa colocação. Primeiramente, a ocupação dos espaços políticos pelas minorias não é vista apenas como meio de mudar a legislação, mas, primordialmente, como meio de mudar a narrativa sobre os marginalizados, de forma a fomentar a sua humanização e seus direitos humanos. Em suas palavras, "eu acho que neste caminhar nós vamos abrindo os olhos da sociedade, desses parlamentares, para que enxerguem as nossas vidas como importantes, *como vidas que valem*. E aí sim nós vamos mudar".

Segundo, não obstante o privilégio dado à narrativa dos marginalizados, de forma alguma isto implica a exclusão dos privilegiados. Ao contrário, ao ser questionada sobre o papel dos brancos, dos heterossexuais e cisgêneros nessa luta por humanização dos marginalizados, Hilton ressalta:

> O papel dos aliados é compreender as nossas lutas, entender o que estamos elaborando e permitir e deixar que nós sejamos protagonistas porque a luta é nossa. Nós precisamos protagonizar, mas ausência de um corpo trans um corpo cisgênero precisa ser antitransfobia, na ausência de um corpo negro um corpo branco precisa ser antiracista.

Mais ainda, Hilton reforça a visão interdependente entre todos os corpos e como avanços para um grupo marginalizado, em última instância, apenas reforça a democracia para todos:

> Quando nós avançamos, todo mundo avança conosco, *o avançar do meu corpo não faz nenhum outro corpo precisar retroceder*.
> Quando as mulheres negras não tem garantias, quando as mulheres LGBT não tem garantias, não existe democracia, e isso é um dano não só para nós, isso é um dano pra toda a sociedade. *Quando nós somos um alvo, a sociedade inteira sofre com isso*.

Nesse sentido, o protagonismo de Hilton e dos grupos que defende não é apresentado antitético aos interesses dos privilegiados. Não só isso, como o protagonismo reside não na supressão da agência do outro, ou no simples exercício de gerar oposição, mas na busca por ações propositivas, pela criação de novas estratégias políticas. Há aqui uma dimensão focada na criatividade e possibilidade de construção de algo novo que beneficie a todos e todas. Aqui, Hilton reforça a importância de não apenas se pensar nestas pessoas como vítimas (do sistema, da violência, etc.), mas como agentes propositivos, como agentes de mudança social positiva, que podem contribuir com soluções justamente devido à sua vivência nas margens. Essa construção de um mundo positivo para todos os seres é o cerne do discurso de Hilton, mas não a ponto de ignorar a existência do ódio. Como ela lembra, "Nós estamos vivos, nós estamos construtivos, nós estamos afrontando um sistema que nos quer mortos". A diferença é que este ódio não pode ser superado por mais ódio e repulsa àqueles que odeiam as minorias. Numa lógica Freiriana, ao lembrar da sua própria história e como a família a havia excluído, Hilton ressalta a importância da humanização do outro que não compreende e que julga quem é diferente. Ao falar sobre sua família, explica:

> Estas pessoas, indiretamente, também foram vítimas da transfobia, porque elas tinham medo do que ia acontecer com o meu corpo, elas tinham medo do que Deus ia fazer com a minha alma, e na ignorância a na precariedade acabaram respondendo de uma forma violenta.

Considerações finais

Após analisar os discursos de cada um desses jovens deputados, é importante voltar para a questão central deste capítulo: como os afetos construídos por esses jovens em posição de destaque podem contribuir para a paz ou para a violência? Considerando a violência não apenas como uma manifestação de agressão física ou psicológica, mas como algo que pode ter contornos estruturais e simbólicos, podemos relacionar essas emoções com seus possíveis efeitos no âmbito social e político.

Recapitulando a análise dos deputados, percebemos algumas diferenças importantes. Primeiramente, os dois deputados do gênero masculino trabalham com uma lógica semelhante, no sentido de reforçar a construção da sua identidade (e das suas pautas) a partir da oposição ao outro. Ainda que em graus distintos — Kataguiri focando em elementos mais políticos e econômicos, enquanto Nikolas enfatizando a pauta moral — ambos utilizam um tom firme, quando não agressivo, ao mesmo tempo em que recorrem a humor e ironia para desqualificar o outro. Ou seja, a criação de estereótipos é muito clara e, no contexto atual da sociedade brasileira, contribui para aumentar a fragmentação social existente. No caso de Nikolas Ferreira, essa dinâmica é levada ao extremo, uma vez que, dados os números de violência contra população LGBTQIA+ no Brasil, suas falas legitimam a desumanização dessas pessoas. Aliás, no espectro político, não faltam pautas propositivas no sentido de diminuir os direitos dessas pessoas, falando-se até mesmo em um "efeito Nikolas" após o discurso do dia das mulheres (Alves, 2023). Nesse sentido, esse discurso reforça a violência simbólica já extremamente aguda no caso das populações LGBTQIA+ e, consequentemente, a violência estrutural (via restrição de direitos) e direta que já se abate sobre essas pessoas. A deturpação do conceito liberdade é crucial nesse sentido, pois ela é difundida como um conceito que não pode favorecer a todos (a liberdade do/as outro/as é vista como uma agressão à 'minha' liberdade de ter meus valores 'cristãos' respeitados).

No caso de Kataguiri, embora este deputado também esteja engajado em pautas morais conservadoras (a exemplo do recente projeto de lei que propõe alterar o Estatuto da Criança e do Adolescente para "criminalizar condutas de pessoas que instigam, incentivam, influenciam ou permitem criança ou adolescente" a fazer transição de gênero) (Alves, 2023) o foco do seu discurso ainda está na ideologia política e econômica. Seu alvo é, essencialmente, a esquerda. Ainda, sua postura em discursos prima por uma 'demonstração de saberes', apresentada como superior à ideologia que pauta a agenda tradicionalmente mais à esquerda. Essa construção, comparada ao caso de Nikolas, traz efeitos menos nefastos (no sentido de fomentar preconceito e violência interpessoal); entretanto também reforça a divisão social existente, ao invés de buscar pontes a fim de restaurar o fragmentado tecido social brasileiro.

Tabela 1: Afetos cultivados pelos quatro jovens deputados

Deputado/a	Construção de afetos e sua lógica
Kim Kataguiri	O eu é construído em oposição ao outro via manipulação de afetos **Raiva/repulsa/ódio** à esquerda (via animalização, ridicularização/ironia, criminalização, desumanização, inversão e distorção de fatos) **Esperança, otimismo** em relação ao papel protagônico dos jovens de direita
Tabata Amaral	A **esperança** de mudança associada à meritocracia e empoderamento individual Recurso à história pessoal como objeto de **inspiração e admiração** A postura serena e calma e seu engajamento com o tema da educação fomentam a sensação, em sua audiência mais carente, de **admiração e reconhecimento**, pois enfatizam a possibilidade de realização de sonhos, mas ignoram as condições favoráveis e o suporte financeiro que Amaral teve ao longo de sua trajetória.
Nikolas Ferreira	Identidade baseada na oposição acirrada entre conservadorismo moral e a agenda progressista da esquerda Ênfase na transgressão, simbolizando a **coragem** de falar o que pensa, e na fala **agressiva** revestida de humor e ironia, (possivelmente com o intuito de normalizar o tom agressivo?) **Repulsa** ao outro (LGBTQIA+, feministas, esquerdistas), condenação moral Manipulação da ideia de liberdade e seu significado
Erika Hilton	Recurso à história pessoal de marginalização como forma de cultivar **empatia** Visão de interdependência social: a necessidade de se transcender a ótica amigo-inimigo e focar no **acolhimento** A ênfase na **humanização** dos corpos, dos marginalizados, que devem ser vistos não como ameaças, mas como colaboradores da sociedade, busca por **compreensão** A **coragem** de enfrentar ameaças e ódio, a importância do protagonismo das vozes marginalizadas

As posturas das deputadas Tabata Amaral e Erika Hilton vão na lógica oposta. Ainda que suas visões políticas sejam muito distintas, seus discursos apresentam uma pauta muito mais propositiva e construtiva. No caso de Amaral, as possibilidades de mudança estão subjacentes ao indivíduo e sua capacidade pessoal de buscar oportunidades. Sua ênfase na meritocracia, na prática, não é diferente do que Kataguiri postula em tantas ocasiões. Entretanto, o lugar de fala e a forma de abordar o tema é diferente, pois no caso dela, não há necessidade de se buscar inimigos para mudar as coisas. Este tom mais afável e sua forma calma de falar passam uma visão mais branda do cenário social brasileiro, desconsiderando, inclusive, todo o aporte financeiro que ela recebe e que, obviamente, não se aplica à vasta maioria das populações periféricas com as quais ela propõe se identificar. Ou seja, fatores estruturais (ou a violência estrutural) são minimizados em seu discurso. Essa talvez seja a maior diferença entre ela e Érika Hilton.

Hilton destrincha a profunda ligação entre violência simbólica (a desumanização do outro), a violência estrutural (o morar nas ruas, por exemplo) e a violência direta (como as agressões à população trans). Nesse sentido, a paz que ela busca, e que passa pelo direito básico de reconhecimento de todos os seres como humanos, requer uma mudança de corações. O acolhimento que ela busca, nesse sentido, deve advir da sociedade como um todo, pois não há possibilidade de meritocracia em situações tão assimétricas como a que existe no caso brasileiro. A ênfase é em uma paz ampla e a forma de alcançá-la é mais complexa e, portanto, mais condizente com a nossa realidade.

Reconhecidos esses diferentes caminhos de construção de afetos, o que esta pesquisa não responde, mas que é fator imprescindível para se pensar a agência da juventude para a paz e para a violência, é como esses discursos são recebidos do outro lado, pelos jovens que acompanham esses deputados. Ou seja, qual a sua capacidade de influência? Um simples olhar nos números de seguidores desses jovens deputados nos leva a crer, com profundo pesar, que discursos pautados na divisão, ódio e negação do outro ganham mais adeptos. Ao mesmo tempo, o fato de pela primeira vez na história duas mulheres transexuais ocuparem cadeiras no congresso mostra que outras vozes estão correndo atrás de seus espaços. Ainda não há espaço para todes, mas há sinais de que esses espaços estejam sendo conquistados.

Referências

AHMED, Sara. The Cultural Politics of Emotion. Segunda edição. Edimburgo: Edinburgh University Press, 2014.

ALVES, Adriana; GROPPO, Luís Antonio. Narrativas, memórias e experiências: o processo de ocupação estudantil na Baixada Fluminense. Linhas Críticas, v. 27, 2021, pp. 1-20.

AVELAR, Dani. Brasil tem um novo projeto de lei antitrans por dia, e 'efeito Nikolas' preocupa, Folha de São Paulo, 20 de março de 2023. Disponível em: https://www1.folha.uol.com.br/poder/2023/03/brasil-tem-um-novo-projeto-de-lei-antitrans-por-dia-e-efeito-nikolas-preocupa.shtml. Acesso: 26 de abril de 2023.

BERENTS, Helen & MOLLICA, Caitilin. Youth and Peacebuilding. In: RICHMOND, Oliver & VISOKA, Gezim (eds), The Palgrave Encyclopedia of Peace and Conflict Studies. Cham: Palgrave Macmillan: 2022, p. 1744-1760.

BORGES, Thais. Avanço do extremismo está ligado a aumento de ataques a escolas; 1º caso foi em Salvador. Correio, 2 de abril de 2023. Disponível em: https://www.correio24horas.com.br/noticia/nid/avanco-do-extremismo-esta-ligado-a-aumento-de-ataques-a-escolas-1o-caso-foi-em-salvador/. Acesso: 27 de abril de 2023.

BOURDIEU, Pierre. Pascalian Meditations. Tradução de Richard Nice. Cambridge, Oxford: Polity Press, 2000.

BRUZA, Rafael. Nove empresários bancaram quase metade da campanha de Tabata, superando o PDT, Diario do Centro do Mundo, 18 de julho de 2019. Disponível em: https://www.diariodocentrodomundo.com.br/nove-empresarios-bancaram-quase-metade-da-campanha-de-tabata-superando-o-pdt-por-rafael-bruza/. Acesso: 27 de abril de 2023.

COHEN, David. Cultura da Excelência: as inspiradoras histórias da Fundação Estudar, que dissemina valores do trio de empresários mais bem-sucedidos do Brasil. São Paulo: Primeira Pessoa, 2017.

DAVID, Franciele Maria; MARTINS, Suely Aparecida. As ocupações secundaristas em Francisco Beltrão-PR — 2016: fazer-se e experiências. Linhas Críticas, v. 27, 2021, pp. 1-20.

DEJAEGHERE, Joan G.; MCCLEARY, Kate S. & JOSIĆ, Jasmina. Conceptualizing youth agency. In: DEJAEGHERE, Joan G.; JOSIĆ, Jasmina & MCCLEARY, Kate S. (eds.), Education and Youth Agency. Qualitative Case Studies in Global Contexts. Springer, 2016, p. 1-26.

DEL FELICE, Celina & WISLER, Andria. The unexplored power and potential of youth as peacebuilders, Journal of Peace, Conflict & Development, No. 11, 2007. Available at: https://www.bradford.ac.uk/library/library-resources/journal-of-peace-conflict-and-development/PCD-ISSUE-11-ARTICLE-The-Unexplored-Power-and-Potential-of-Youth-as-Peace-Builders_Celina-Del-Felice-and-Andria-Wisler.pdf.

DEUTSCHE WELLE. O que se sabe sobre o ataque a faca em escola de SP, 28 de março de 2023. Disponível em: https://www.dw.com/pt-br/o-que-se-sabe-sobre-o-ataque-a-faca-em-escola-de-sp/a-65144511. Acesso: 27 de abril de 2023.

FBSP – FORUM BRASILEIRO DE SEGURANÇA PÚBLICA. Anuário Brasileiro de Segurança Pública 2022. Disponível em: https://forumseguranca.org.br/wp-content/uploads/2022/06/anuario-2022.pdf?v=15. Acesso: 15 abril de 2023.

GLOBO. Veja os 50 deputados federais mais votados em todo o Brasil, 3 de outubro de 2022. Disponível em: https://g1.globo.com/politica/eleicoes/2022/noticia/2022/10/03/veja-os-50-deputados-federais-mais-votados-em-todo-o-brasil.ghtml. Acesso: 27 de abril de 2023.

GROPPO, Luís Antonio & SILVEIRA, Isabella Batista. Juventude, classe social e política: reflexões teóricas inspiradas pelo movimento das ocupações estudantis no Brasil, Argumentum, v. 12, No. 1, 2020, p. 7-21, doi: http://10.18315/argumentum.v12i1.30125.

GRUPO DE TRABALHO (GT) DA EDUCAÇÃO. Governo de Transição. Relatório. O extremismo de direita entre adolescentes e jovens no Brasil: ataques às escolas e alternativas para a ação governamental. Dezembro de 2022. Disponível em: https://campanha.org.br/acervo/relatorio-ao-governo-de-transicao-o-ultraconservadorismo-e-extremismo-de-direita-entre-adolescentes-e-jovens-no-brasil-ataques-as-instituicoes-de-ensino-e-alternativas-para-a-acao-governamental/.

IRAJÁ, Victor. O estrelado rol de empresários que apostam em Tabata Amaral. Revista Veja, 1 de setembro de 2022. Disponível em: https://veja.abril.com.br/coluna/radar-economico/o-estrelado-rol-de-empresarios-que-apostam-em-tabata-amaral/.

LINO, Nathalia. Travesti preta e luta por nome social, Portal UOL, 3 de outubro de 2022. Disponível em: https://noticias.uol.com.br/eleicoes/2022/10/03/sao-paulo-elege-a-primeira-travesti-deputada-federal-conheca-erika-hilton.htm. Acesso: 26 de abril de 2023.

LOPES CARDOZO, M.; HIGGINS, S.; MABER, E.; BRANDT, C.

O.; KUSMALLAH, N. & LE MAT, M. Literature review: Youth agency, peacebuilding and education. Research Consortium Education and Peacebuilding, 2015. Dispnível em: https://educationanddevelopment.files.wordpress.com/2014/11/youth-literature-review.pdf

MASCHIETTO, Roberta H., FERREIRA, Marcos Alan & CORTINHAS, Juliano da SIlva. Exploring subjectivities of peace, violence, and power among the youth in Brazil, Peace & Change, v. 47, No. 3, 2022, p. 233-253.

ÖZERDEM, Alpaslan & PODDER, Sukanya. Youth in conflict and peacebuilding: Mobilization, reintegration and reconciliation. Cham: Springer, 2015.

PODDER, Sukanya. The power in-between: youth's subaltern agency and the post-conflict everyday, Peacebuilding, v. 3, No. 1, 2015, p. 36–57.

PRUITT, Lesley J. Gendering the study of children and youth in peacebuilding, Peacebuilding, 3, n.2, 2015, p. 157-170.

PURIN, Gláucia T. & SAWAIA, Bader B. Violências e afetos vividos pelos estudantes do Movimento Secundarista Autônomo de São Paulo entre 2015 e 2018, p. 311-329. In: SAWAIA, Bader B.; ALBUQUERQUE, Renan; BUSARELLO, Flávia R. & PURIN, Gláucia T. (org.) Afeto e Violência. Lugares de Servidão e Resistência. Alexa Cultural: Embu das Artes/SP, EDUA: Manaus, AM, 2020.

RODRIGUES, Jayanne. Vereadora trans Erika Hilton é alvo de novas ameaças de morte por e-mail. Portal UOL, 15 de agosto de 2022. Disponível em: https://noticias.uol.com.br/ultimas-noticias/agencia-estado/2022/08/15/vereadora-erika-hilton-e-alvo-de-novas-ameacas-de-morte-por-e-mail.htm. Acesso: 26 de abril de 2023.

TAVARES, Breitner. Sociologia da Juventude: da juventude desviante ao protagonismo jovem da Unesco, Sociedade e Cultura, v. 15, No. 1, p. 181-191, 2012.

TELES, Levy. Nikolas Ferreira põe peruca, diz que é deputada 'Nikole' e prega contra feminismo no Dia da Mulher, Estadão, 8 de março de 2023. Disponível em: https://www.estadao.com.br/politica/nikolas-ferreira-poe-peruca-diz-que-e-deputada-nikole-e-prega-contra-feminismo-no-dia-da-mulher/. Acesso: 26 de abril de 2023.

WETHERELL, Margaret. Affect and Emotion. A New Social Science Understanding. Los Angeles, Londres, Nova Dheli: Sage, 2012.

CAPÍTULO IX

Motoboys *x* motociatas: o confronto entre autonomia e paixão de desigualdade em São Paulo

Mahasiãh Raimundo
Jaison Hinkel

1. Problema

Em um período que se inicia nos primeiros meses de 2020 até o final do ano 2021 estivemos em meio à maior crise sanitária dos últimos tempos. Esse tempo não ditou o fim das preocupações, mas sim foi o mais conturbado delas. Vivenciamos o desespero, as incertezas. Pouco fizeram efeito nossas emoções e tristezas frente às exigências de um sistema econômico e político que, hoje, está aquém da plenitude da vida humana. Como comorbidade, no Brasil, estivemos sob um governo que, liderado pelo ex-presidente Jair Bolsonaro, teve como principal ação o trabalho contínuo para que o coronavírus fosse disseminado (Brasil, 2022).

Durante o período, o ex-presidente negou exigências sanitárias de prevenção, como distanciamento, isolamento e uso de máscaras, além de dificultar até a compra de vacinas e a aplicação delas. O SARS-CoV-2, facilitado pelas consequências dessas açoes, ceifou a vida de mais de 700 mil brasileiros (Ministério da Saúde, 2023). Ações que, em geral, não foram isoladas, mas ativamente legitimadas por legião de apoiadores da extrema direita por todo o Brasil. Tal legião mostrou-se estar sempre à disposição das vontades de Bolsonaro, principalmente nas vezes em que necessitava demonstrar força para façanhas de seu governo. Foi nesse cenário que a pandemia serviu de palco para o desfile do autoritarismo nas ruas.

Bolsonaro, vendo chegar à metade final de seu mandato, encontrou uma forma de burlar o vírus e a recomendação de evitar aglomerações. Motociatas[101] foram estratégia encontrada tanto para urgir e bradar discursos antissistema, como para demonstrar força e popularidade para a próxima eleição, frente a acusações de oposicionistas de seu governo ao gerenciamento da pandemia e outros escândalos. Segundo matéria publicada pelo UOL, a partir da checagem de documentos da República,

[101] Motociata: manifestação em forma de desfile de motos. Essa prática era também comum na década de 20 e 30 promovida na Itália pelo ditador fascista Benito Mussolini.

viabilizada pela lei de acesso à informação, tornada pública pela agência "Fiquem Sabendo", foi constatado que cada motociata custou em torno de R$ 100 mil aos cofres públicos, incluindo gastos de hospedagem, gasolina e valores exorbitantes em padarias (Motociatas..., 2023).

Uma dessas motociatas foi realizada em São Paulo, dia 12 de junho de 2021, organizada por grupos evangélicos e integrantes de motoclubes. Diferentemente das motociatas que aconteceram em Brasília e no Rio de Janeiro, foi a única que esteve sob rótulo evangélico, nomeada de "Acelera Para Cristo" (Nascimento, 2021). Bolsonaro alegava ser convidado, porém, em documento para solicitação de abastecimento das motos oficiais, via avaliação da Agência Brasileira de Inteligência (Abin) e pago com cartão corporativo, observa-se uma descrição de requisição para "Evento Oficial do Senhor Presidente da República", "Motociata na Cidade de São Paulo – SP" (Cartão..., 2023).

A motociata, em matéria apurada pela British Broadcasting Corporation (BBC Brasil), para ocorrer, teve a participação ativa de um empresário evangélico, dono de loja de imóveis na zona sul/SP, chamado Jackson Vilar, que foi candidato a deputado federal em 2018, e também ferrenho opositor às políticas de isolamento social contra o coronavírus e do governo de João Doria, em São Paulo (Acelera..., 2021). Jackson sobrevoou de helicóptero o trajeto da motociata dias antes, para promovê-la. Dispôs ainda de sorteio de moto ao fim do ato para os que participassem. O empresário não revelou quanto investiu no evento, mas afirmou que gastos foram cobertos por ele e outros colegas (Acelera..., 2021).

Nessa motociata, em discurso, Bolsonaro citou as Forças Armadas e a Polícia Militar, afirmando que as instituições estariam com ele na "garantia da lei e da ordem", jargão muitas vezes citado pelo ex-presidente para ameaçar regulações de suas ações no governo. Ele discursou ainda contra medidas para conter a pandemia, exaltando a cloroquina como alternativa preventiva ao coronavírus, apesar de ser remédio sem eficácia contra a covid-19 (Galf; Azevedo, 2021). Bolsonaro e apoiadores comemoraram e se vangloriaram pelo êxito da manifestação, afirmando números de participantes aquém da realidade, sugerindo que teriam atingido o total de 1,3 milhão de motocicletas. A verdade é que foram de fato muitas pessoas, tendo cifras que variavam entre 6 mil a 12 mil participantes, segundo a *Folha de São Paulo* (Galf, 2021).

Porém, aqueles que aderiram e estavam nas motociatas, não representavam nem de longe o substrato diverso que compõe a população brasileira, sendo somente uma pequena parcela, particularizada. Com isso, desfazia-se pela base o argumento de popularidade que o bolsonarismo desejava atribuir ao movimento. Este movimento controverso, representado por conjunto reduzido de apoiadores bolsonaristas, foi notado pelo editorial do Fábio Zanini, também na *Folha da São Paulo*. Ele entrevistou o presidente do sindicato dos motoboys de São Paulo, Gilberto Almeida, que afirmou a seguinte questão: "[a] motociata de Bolsonaro não teve moto de trabalhador" (Motociata…, 2021).

Ao serem verificados vídeos disponíveis sobre a manifestação, encontraram-se provas cabais, pois além de não haver motociclistas com típicas bolsas de aplicativos de *delivery* ou, raramente, com baús de carga na moto, eram poucas as motos populares. Somavam-se em sua maioria ao evento motos de passeio, de alta performance e valores elevados (Acompanhe..., 2021; Presidente..., 2021). Além disso, mais um detalhe fornecido por outra jornalista, Angela Alonso (2021), chamou nossa atenção: em cima das motos, quase todos eram homens e brancos. Além disso, apoiadores da motociata aparentavam em sua maioria estar em torno da meia-idade, sendo que seus casacos ou coletes sustentavam distintivos alegóricos destacados sobre o couro, que estavam associados a motoclubes da região. A estética imita o estilo estadunidense, como em filmes de motoqueiro, ou às vezes roupas camufladas em estética militar. As poucas mulheres presentes se encontravam na posição de carona. E aqui percebemos indicativos importantes para pensar os afetos em relação às motociatas, como problematizamos no que segue.

2. Paixão de desigualdade

Olhar para motociatas mais de perto nos permite desencobrir parte essencial da política bolsonarista. Sua maquiagem populista representa nada mais que a defesa de interesses e um projeto de poder particular, presente tanto na estética como no perfil do público, que em nada tem a ver com um projeto comum. O desfile do maquinário de motocicletas esportivas, de dezenas de milhares de reais, tem também o nome de um desejo, que podemos problematizar como um desejo de desigualdade.

Desejo de desigualdade é ideia exposta por Rancière em texto publicado no jornal *Outras Palavras*, em fevereiro de 2021. No artigo, ele usa mais especificamente o termo "paixão de desigualdade". Sua proposição indica debate relevante frente ao envolvimento dos apoiadores de Trump, nos Estados Unidos, que nos é valioso para pensar o bolsonarismo no Brasil. O autor questiona o que tem feito com que a oposição, ao tratar sobre o tema, use termos controversos para designar tais apoiadores, como loucos, malucos, delirantes, doentes, alienados e burros. Termos que exaltam o irracionalismo no envolvimento de pessoas nesses projetos políticos, levando a crer em falha de caráter pessoal, seja pelos termos serem médico-centrados ou manicomiais, ou pela atribuição de déficit cognitivo.

Partindo do suposto, é importante, em primeiro lugar, afirmar que racionalidade e emoção nunca se descolam da atividade humana. Sawaia é uma das autoras que estudam, na esteira do pensamento de Vigotsky e Spinoza, a compreensão da subjetividade e do corpo em sua univocidade radical, caracterizando a "união indissociável entre pensar, sentir e agir" (Sawaia, 2018, p. 32). Rancière parece entender essa dinâmica emocional e procura atribuir ao fascismo que se alastra — no caso debatido pelo autor, nos EUA — a um processo desejante. Segundo suas proposições, eles não são fascistas por falha de caráter, mas porque desejam, e de alguma forma nutrem-se dessa subserviência (Rancière, 2021).

La Boétie, em *Discurso sobre a servidão voluntária*, pontua que "enquanto houver no homem algo de humano, ele só se deixará subjugar se for forçado ou enganado" (2006, p. 22). Em *Ética*, proposições de Spinoza se mostram em acordo com La Boétie e acrescentam reflexões: o "algo de humano", insubmisso, é o que Spinoza chama de *conatus* (essência-desejo-afirmação), que é a vontade de perseverar na existência de maneira livre e autônoma. Porém, o autor entende que é também do caráter desejante o engano (Ética III, def. 1). É pelas armadilhas da própria racionalidade que pessoas se voltam contra a própria natureza. Por conta de ideias confusas, buscam a servidão convictos de agir pela liberdade.

Spinoza explica a base afetiva da racionalidade para, ao contrário do que propunha Descartes e outros filósofos, afirmar que paixões-afetos não são defeitos, falhas ou desvios da racionalidade causados por sedições do corpo. Spinoza apresenta a dimensão política dos afetos pela sua filosofia monista. Afetos não são vícios, para o autor. São transições e variações do corpo e da mente, que exprimem o encontro com o mundo. Os encontros ou favorecem a existência e o desejo de perseverar nela (*conatus*), o que o autor conceitua como alegria, ou refreiam, o que é conceituado por tristeza. Afetos são o que há de mais humano e, segundo Jaquet, "exprimem a simultaneidade, a contemporaneidade do que se passa na mente e no corpo" (2015, p. 39).

A emoção é parte constitutiva da estrutura da racionalidade, pois corpo e mente, razão e emoção, são uma coisa só, sem hierarquias, rompendo com o dualismo cartesiano. A razão se expressa como emoção, de forma que "é da ligação profunda entre corpo e alma que decorre a concepção de ser humano como ser de desejo e paixão, e a tese política de que a vida ética começa no interior dos afetos" (Sawaia, 2018, p. 30). A proposição da univocidade corpo e mente e, portanto, do resgate da qualidade ética dos afetos, nos aproxima do que Rancière (2021) compreende, ao defender que radicais trumpistas são nutridos por racionalidade. Esta racionalidade, para o autor, parte de uma gramática perversa. Não é algo à parte, sendo por isso que a descreve como perversão inscrita na estrutura de razão.

Rancière (ID., op. cit.) se opõe a duas posições que, segundo ele, são insuficientes para explicar o fenômeno do autoritarismo: i) a de "um povo frustrado e brutal", além de "invejoso, pronto para seguir alguém que saiba como encarnar seus ressentimentos e jogar luz à sua causa", ii) e a de "um povo bom e ingênuo", enganado por ser mal informado, pois lhe falta conhecimento. O autor atribui a essas posições caráter demasiadamente simplista para compreender o fenômeno contemporâneo. Para ele, não é plausível tantas pessoas, de características tão variáveis se encaixarem apenas em um ou outro perfil.

O autor aposta se tratar de algo que dialoga com uma gramática afetiva, a perpassar por símbolos e discursos, de forma particular e não direcionada a uma classe *x* ou *y*, aos ressentidos ou aos ingênuos, mas àqueles que compartilham similar sensibilidade (Rancière, 2021). Tal gramática não está apenas interessada em alimentar frustração e ressentimento, mas se utiliza da satisfação e por isso é popular. Em motociatas realizadas no Brasil por apoiadores de Bolsonaro, por exemplo, podemos observar que o compartilhado pelos participantes era a alegria e o pertencimento. Há sorrisos e gritos ao verem seu "mito" ao lado deles. E Rancière ainda cita demais potencializadores dessa sensação.

As tecnologias da informação, sobretudo as mídias sociais, onde o líder fala todos os dias a todos, tanto em público como em privado, catapultou o sentimento de comum dentro da extrema direita. A comunicação via aplicativos de conversa, além de permitir a cada um dizer diariamente o que está na mente ou no coração, também permite a evocação de sentidos referentes à integração social. Sendo assim, em relação aos grupos trumpistas, Rancière (2021) afirma serem produto de uma série de instituições, procedimentos e formas de ação, mas também de palavras, frases, imagens e representações que expressam sentimentos de um grande grupo, ao inventar regime de afetos.

O autor acredita que para trumpistas nos EUA já não importa se o que acreditam é verdade ou não. Não se trata de falta de avaliação ou de conhecimento, mas sim de um construto coletivo em que operam vontades, desejos e afetos. Significa dizer que acreditam simplesmente porque ficam felizes por ouvir o que ouvem, ou por falar o que falam, por compartilhar o que compartilham, pois faz parte de uma gramática do coletivo. Rancière (2021) insiste que o caráter delirante desses grupos não significa estarem fora da razão. É modo de pensar alinhado a uma multiplicidade de superstições entranhadas nas instituições de nossa sociedade, historicamente marcada pelo regime colonial-capitalista.

Pelas proposições de Rancière, entendemos que há aí a lógica do desejo de desigualdade. O desejo, ou paixão por desigualdade, sugerido pelo autor, não é só fruto de uma coleção de superioridades ou inferioridades; de ressentimento ou ingenuidade das pessoas. Ela é um querer e uma forma de pensar. Uma racionalidade forjada no seio de nossa sociedade, que chamamos de democrática, mas está eivada por instituições que herdaram estruturas coloniais e hoje até normalizam o culto à "lógica da desigualdade". Assim, produzem pessoas e subjetividades em crise, revelando uma face truculenta do real.

Escritos de Rancière sobre os EUA e o trumpismo ajudam a problematizar o fenômeno do bolsonarismo no Brasil. Bolsonaro, devoto a Trump, fez questão de copiar em muitos aspectos o governo do ex-presidente norte-americano, seguindo-o em linha ideológica e processual, inclusive sendo orientado pelos mesmos articuladores da extrema direita mundial (Brêda, 2022). A partir daí, o campo fascista no Brasil conseguiu criar gramática própria. As motociatas compõem esse esquema e, em seu apelo estético, podem trazer pistas acerca da conjuntura bolsonarista.

Em jaquetas, camisas ou bandeiras do Brasil, é possível ver a figura de Bolsonaro estampada junto às cores da bandeira nacional, em suposta exaltação à pátria. O ex-presidente se sobressai. É fácil notar o apelo simbólico ao homem viril, desbravador, triunfante sobre os demais. A pátria, por sua vez, é terra que assenta com normalidade processos agressivos e autoritários, ainda que sejam postos como discurso evangelizador, tal como o "Acelera para Cristo". O apelo militarista também é notado, seja em camisas camufladas do Exército ou, por exemplo, num triciclo customizado com armas e bonecos militares, que transitava junto às outras motos (Acompanhe..., 2021).

Na motociata, Bolsonaro vai à frente dos seguidores. Quando para e sobe em sua moto, é aclamado por gritos, mostrando a profunda admiração dos presentes. Bolsonaristas acreditam e desejam o triunfo do desbravador branco, hétero e destemido. Ele reflete e insufla parte da lógica dominante incrustrada na família patriarcal nuclear, cristã, na escola militar, em ações das Forças Armadas e outras instituições regentes das mais perversas superstições:

> A superstição é o operador básico da servidão. A primeira, sustentada pelas paixões tristes, principalmente o medo e a esperança, se produz quando o sujeito, confuso sobre as causas dos afetos que lhe compõe ou desconhecendo-as, torna-se entristecido e vulnerável, disponível a estabelecer relações de obediência ante um poder político estabelecido e passa a ser determinado passivamente do exterior (Strappazon; Maheirie; Sawaia, 2022, p. 09).

Partindo dessa seara, questionamos: por que motoboys, integrantes de uma das categorias que mais cresceram em quantidade e relevância na pandemia, não aderiram às motociatas? Que gramática afetiva é essa não compactuada pela categoria dos entregadores? São questionamentos que, a partir de contribuições de Sawaia (2018), entendemos dizerem respeito a uma experiência política. Dessa maneira, temos que os motoboys podem ser o radar de condição cidadã baseada em experiência política particular, sendo capazes de evidenciar modos de tratamento em sociedade.

3. Bons encontros e autonomia

Trazendo ao debate matéria da coluna Painel, na *Folha de São Paulo* (2021), notamos o presidente do Sindicato dos Mensageiros Motociclistas, Ciclistas e Mototaxistas Intermunicipal do Estado de São Paulo (SindimotoSP), Gil, sublinhar os percalços dos entregadores em meio àquele contexto da pandemia, questionando: "você viu moto de trabalhador? É porque trabalhador não tem o que comemorar. Gás de cozinha subindo, gasolina subindo, derivados de petróleo subindo e os motoentregadores mergulhados em precarização potencializada pelo governo federal (Motociata..., 2021).

Motoboys integraram categoria muito afetada pelas novas configurações do trabalho no contexto neoliberal contemporâneo. A chegada de empresas-aplicativo em pouco tempo bagunçou toda a categoria. Fizeram com que rapidamente até o termo motoboy fosse substituído por "entregador de aplicativo". Essas são as configurações do que Abílio (2020, p. 580) chama de uberização do trabalho, configuradas num "processo em que o trabalhador informal se vê despojado de direitos, garantias e proteções associados ao trabalho e arca com riscos e custos de sua atividade".

Se por um lado motociatas foram insufladas por sentimentos de satisfação e alegria expressa quase que como euforia, por outro os motoboys expuseram descontentamento por suas condições e pelo descaso do governo ante a categoria. A alegria passiva da motociata inclina-se à heteronomia e à superstição, enquanto o descontentamento do outro não é simplesmente sinônimo de impotência, mas também uma insubmissão do desejo frente às determinações do exterior. A humilhação do direito de existir enfrentado pelos motoboys pode ser definida como um sofrimento ético-político[102]. O descontentamento se traduz como afeto que marca a situação de estar "mergulhado em precarização" (Motociata..., 2021), a guardar sentido ético para a luta por autonomia frente às contingências impostas.

Spinoza, na teoria dos afetos, assinala que aumentamos em poder à medida que mais pessoas concordam entre si (Spinoza, Ética IV, prop. 18, Escólio). É possível notar no fenômeno dos entregadores de aplicativo que a pandemia, por salientar a precariedade, criou um ambiente de descontentamento e indignação que uniu a categoria frente às suas problemáticas. O "Breque dos Apps", realizado no dia 1º de julho de 2020, talvez tenha sido o primeiro grande momento a possibilitar o encontro enquanto categoria a criar uma gramática própria em meio ao espalhamento da covid-19.

Foi um importante momento reivindicativo nacional, que deu ressonância às problemáticas enfrentadas pelos entregadores quanto às contingências da pandemia e ao descaso do governo e das empresas-aplicativo na proteção de direitos de trabalhadores. As principais empresas-aplicativo alvo das manifestações foram iFood, Loggi, Uber Eats e Rappi, todas do ramo de *delivery* [entrega] de comida. Uma das pautas da paralização nacional foi a falta de apoio em relação a cuidados quanto à covid-19. Empresas não estavam se responsabilizando efetivamente com a distribuição de kits de álcool em gel e máscaras. O "Breque dos Apps" reivindicou ainda

[102] Sofrimento-ético político é conceito e categoria de análise proposta por Bader Sawaia no livro *As Artimanhas da Exclusão* (1999). Define em seu texto que o sofrimento "é a dor mediada pelas injustiças sociais" (Sawaia, 1999, p. 102), e que o termo sofrimento ético-político busca enfatizar "a vivência cotidiana das questões sociais dominantes em cada época histórica, especialmente a dor que surge da situação social de ser tratado como inferior, subalterno, sem valor, apêndice inútil da sociedade" (Sawaia, 1999, p. 104). Sendo assim, o sofrimento ético-político é uma dor cristalizante, que não depende da força de um só indivíduo para superá-la, pois as raízes dessa dor encontram-se nas entranhas da desigualdade social no seu processo de inclusão/exclusão.

aumento do valor pago por km, aumento do valor mínimo por corrida, fim da pontuação e restrição de local pelo aplicativo da Rappi, bem como o seguro de roubo e acidente.

A meta era resolver problemas que amplificavam precarização e sofrimento (Carvalho, 2020). Tanto empresas-aplicativo, quanto governo federal, ignoraram os acontecimentos, em silêncio estarrecedor. Todavia, para além dessas coisas, não só a reivindicação foi importante para democratizar pautas exigidas, mas também possibilitou bons encontros, na medida em que:

> Os bons encontros são o caminho para o aumento da potência de ação e como consequência, a expansão dos limiares de liberdade. As composições compreendidas como bons encontros são aquelas que expandem, ao mesmo tempo, a capacidade afetiva e reflexiva de um corpo-subjetividade, ou seja, expandem sua potência de ação, possibilitando a predominância da ação sobre a paixão na vida afetiva, alargando "para os lados" sua capacidade de afetar e ser afetado. Do mesmo modo, quanto mais forte e variada for a composição de um coletivo, mais apto e forte ele estará para transformar esta potência coletiva em ação soberana como expressão da liberdade política – e os bons encontros são condição, no campo político, para a composição deste comum coletivo (Strappazon; Maheirie; Sawaia, 2022, p. 11-12).

No cenário descrito, de desamparo e violações de direitos, motoboys não podiam confiar nos aplicativos, muito menos na ação do governo federal. O que restou foi a confiança de um pelo outro. A partir desse cenário se criou um comum como desejo. O comum é conceito que descreve a composição de corpo múltiplo e singular, que concorda e é vinculado pela concordância. É também sentimento de que nossa potência de vida só é possível e favorecida por meio do outro (Sawaia, 2018, p. 34). O comum não é paixão (passividade), é desejo (afirmação). Como sugere Bove (2014), pela definição de *hilaritas*, é alegria democrática, que envolve corpo e mente, em confiança política.

Conforme com Bove (2014), o comum, expressado pelo afeto da *hilaritas*, é modo de resolução frente ao desejo humano de não ser dirigido por semelhante. Esse desejo só pode ser efetivado no comum, de forma democrática, no sentido de que, como corpo composto de muitos outros corpos, perpassa o múltiplo e o uno, confundindo-se em uma só afirmação. Bove (2014) busca definição de *hilaritas* em Spinoza (2020), que reafirma o termo contentamento. Atravessado pelo conceito de Spinoza, Bove explica que *hilaritas* seria "afeto de alegria ligado, simultaneamente, à alma e ao corpo, quando todas as partes do homem, no seu corpo e no seu espírito, são igualmente afetadas" (2014, p. 221). "A potência de agir do corpo é aumentada ou estimulada de tal maneira que todas as partes adquirem, entre si, a mesma proporção entre movimento e repouso. *Hilaritas* é afeto bom e nunca excessivo" (Ibidem).

Para Bove (2014, p. 222), contentamento (*hilaritas*) seria "o afeto da difusão da confiança comum". No texto *Da confiança política: construir a hilaritas democrática*, usa-se como base de reflexão a experiência hebraica, atribuindo a ela exemplo da perfeita confiança política, que se expressava no contentamento de que, ao ser liderado por Moisés, graças a sua virtude divina de representante de Deus e mediador de suas aspirações, o povo hebreu estava no comando de si, gerando total confiança da multidão em suas práticas e potência de ação frente às contingências. Contentamento, nesse sentido, é ação de enfrentamento ético-político ante padecimentos. Por isso, é necessariamente bom e nunca excessivo.

O contentamento está referido ao que Spinoza define como ações e relacionado à potência e ao desejo que segue de nossa natureza. Em *Ética*, o filósofo define que "coisas são boas à medida que ajudam o homem a desfrutar da vida da mente". Assim, bom é o que sabemos ser útil. Como modo derivado da natureza, o ser humano é envolvido no desejo de perseverar na existência, aumentando de uma perfeição maior ou menor, em sua intensidade, se esse desejo é favorecido ou refreado. "Nada de mau pode sobrevir a ele que não se deva a causas exteriores" (ID., op. cit.).

Os entregadores, na sua luta por autonomia, por circunstância da conjuntura precária frente a seus direitos, encontraram na confiança mútua pela criação de um corpo comum afirmado pelos bons encontros uma maneira de se assumirem ativamente pelo contentamento, que Bove descreve quando trata do "[...] prazer de juntos serem como um, do desejo ou amor de viver em comum, em energia virtuosa ou vigor da virtude divina que desenvolve, de maneira equilibrada e equilibrante, prática constituinte da imaginação política do corpo da multidão" (Bove, 2014, p. 222).

Como diriam Antônio Negri e Michael Hardt, o amor político é difundido nos entregadores (Brown; Szeman, 2006), sendo esse o principal motivo, pela gramática afetiva, do distanciamento dos motoboys das motociatas bolsonaristas. Falamos de amor pelo reconhecimento do outro como diferente e porque a relação com esse outro aumenta nosso próprio poder. É amor amparado em multiplicidade e confiança, que Negri (Brown; Szeman, 2006, p. 108) conceitua, servindo-se de Spinoza, como "o aumento de nosso próprio poder acompanhado do reconhecimento de uma causa externa".

O "Breque dos Apps", possibilitado e organizado mediante uso de tecnologias da comunicação no ambiente de redes sociais, contrariou impulsos neoliberais de individualismo e fragmentação, consagrando-se como uma das maiores reivindicações da categoria, acontecendo no Brasil inteiro. Porém, uma greve não foi o suficiente para alcançar a dignidade necessária para melhorias do trabalho. O breque foi o ponto alto de uma luta, favoreceu o sentimento de comum, todavia empresas-aplicativo permaneceram intactas, convocando entregadores para a rua novamente — alguns até punidos, pelo chamado "bloqueio branco"[103].

Só que o movimento não foi em vão. Presente como memória alegre, alimentou a politização da categoria e a insurgência de lideranças. Em dezembro de 2022 foi criada a Aliança Nacional dos Entregadores de Aplicativo (Anea). É atualmente a representação nacional que congrega trabalhadores organizados. Em resposta às exigências ainda não concretizadas desde as reivindicações do breque, a Anea busca a defesa de direitos e visa contribuir com o debate da regulação das plataformas (Anea, 2023).

3.1 O autoritarismo como excesso apaixonado

É necessário expor que o amor é afeto alegre, porém, pode ser fruto de padecimento ou fortalecimento, dependendo ao que ele serve, pois "é uma alegria que o homem se esforça tanto quanto pode conservar: é esforço por considerar a coisa amada como presente e por afetá-la, tanto quanto pode, de alegria" (Spinoza, Ética III, prop. 38). Diferentemente do amor político, que se dá pelo contentamento, como já definido, motociatas pareceram estar atravessadas também por um amor, mas que serve a algo mais parecido com o amor cego, passivo, que beira a admiração alienante. A utilização da expressão "mito", atribuída a Bolsonaro por apoia-

[103] "Bloqueio branco" é o nome de uma prática de retaliação das empresas-aplicativo que implica em diminuir, ou até impedir, que propostas de entrega cheguem no celular do entregador para efetivar o trabalho. Tem sido aplicado em diversas ocasiões: quando o entregador não aceita algumas corridas; quando faz reclamações à empresa; quando se volta a atos de greve. O bloqueio segue uma dubiedade, porque o entregador continua no aplicativo, mas "fantasmagoricamente" bloqueado, o que dá margem das empresas negarem essas práticas.

dores, explicita essa forma de relação. A admiração, para Spinoza (2020), é imaginação que ocupa sozinha a mente, mantendo sujeitos suspensos pela exclusiva consideração do afeto (Spinoza, Ética III, prop. 52, Escólio). O autor conceitua que um amor ligado à admiração, chama-se adoração (Ibidem). Desta maneira, a adoração seria, amor passivo, sendo imaginação confusa sobre sua causa eficiente, por isso não envolve o corpo inteiro ativamente. Além disso, a gramática do desejo de desigualdade é parecida com o que Bove (2014, p. 218) usa para definir a mediação entre Deus, Moisés e seu povo, pois é a "própria potência impotente", sendo "politicamente produtiva". O amor da adoração é politicamente produtivo. É alegre no sentido do corpo sentir poder, mas passivo, pois não possibilita autonomia, mas abdica-se dela. Está na essência desta gramática a paixão. Diferente do contentamento, a *titilatio*, ou excitação, é alegria que não atinge o corpo todo, e sim parte dele. Pode não ser boa quando excessiva. A excitação corrói o corpo comum, causando desagregação, fazendo-o servir a um excesso apaixonado (passivo), diminuindo sua autonomia.

Há na base do autoritarismo trumpista e bolsonarista semelhantemente volição afetiva, a denominada "paixão de desigualdade". Esta paixão, entendida como *titilatio* (excitação), é desagregação, obsessão, que tem para si a única consideração no corpo, portanto se expressa como dominação. O pressuposto da dominação é considerado por Spinoza (Id., op. cit.) mediante a ideia de que "cada um, por natureza, deseja que outros vivam de acordo com a inclinação que lhes é própria". O autoritarismo, ao não abranger o contentamento como afirmação comum, está inclinado à dominação do outro e à quebra do horizonte político pela desagregação do comum. É potência impotente, apaixonada. É como excitação (*titilatio*) no corpo da sociedade que, com base nas motociatas bolsonaristas, compõe-se uma gramática ambientada no amor passivo e também na adoração, amalgamada em ideias supersticiosas.

Com isso, tomamos como contempladas, por hora, discussões propostas de início neste capítulo, mediante crítica ao fato de que, em meio à pandemia, motociatas bolsonaristas, como a ocorrida em São Paulo, não agregaram a categoria de entregadores de aplicativo, deixando, com isso de pensar sobre dramas efetivos da sociedade brasileira, além de gerarem conflitos no corpo da nação. A ausência da categoria foi explicada por problemas referentes à precarização e desigualdade, mazelas sofridas frente ao descaso do governo e das empresas-aplicativo. A conjuntura, ligada ao descontentamento da categoria, engendra sofrimento ético-político relacionado à humilhação quanto a direito e dignidade aos trabalhadores.

Trouxemos o conceito de "paixão de desigualdade", de Rancière, e conceitos de "comum" e "*hiláritas*", na esteira do pensamento de Spinoza e interlocutores, enquanto formas de compreender a base volitiva tanto das motociatas quanto da luta dos entregadores, respectivamente. Caracterizamos no bojo das reflexões o confronto da autonomia, referente ao desejo político afirmado na resistência ativa contra dominação pelos entregadores, inclinada ao contentamento, aos bons encontros e afetos ativos. Em contrapartida, no âmbito da paixão por desigualdade, relacionamos motociatas bolsonaristas em interlocução com empresários, movimentos evangélicos e apelo militarista, estes referentes a um tipo de desejo que sustenta a heteronomia do amor passivo, expressa como adoração amalgamada a ideias de superstição. Sawaia (2000), sobre a potência de padecimento das paixões tristes, salienta:

> Há homens que vivem nesta condição, há os que a exploram e aqueles que se entristecem com elas. Todos eles são do tipo que os tiranos necessitam. Eles precisam das almas tristes para manter seu poder, assim como as almas tristes precisam do tirano para preservar na potência de padecer. Já a potência de ação é antagônica ao poder de escravizar o outro e ao padecimento de se deixar escravizar (p.18-19).

O autoritarismo é triste, é louvor à impotência, pois ao estar no âmago da superstição parece proclamar "que é bom o que traz tristeza e mau o que traz alegria" (Spinoza, Ética IV, Apêndice, cap 31). O filósofo holandês deixa pistas sobre um sentido ético ao enfrentamento em tempos conturbados pela prepotência autoritária. "O desejo que surge da alegria é, em igualdade de circunstâncias, mais forte que o desejo da tristeza" (Idem). O contentamento, produzido por bons encontros, é motor para a superação do sofrimento ético-político e, por isso, para combater o autoritarismo deve-se ter à frente o *télos*[104], afirmação política da potência alegre da existência, que é por si só insubmissa.

Concordamos com Bove (2010) quando afirma que Spinoza oferece

[104] Termo relacionado a ato, segundo dicionário filosófico (Abbagnano, 1998), que traduz o movimento e processo que leva a sua perfeita realização (*télos*). Segundo outro dicionário (Japiassú; Marcondes, 2001, p. 182), "se trata de um termo que vem da teleonomia concepção segundo a qual a finalidade ou propósito de algo pode ser explicado através de leis causais naturais, sem nenhuma referência a elementos metafísicos ou religiosos". Considerando as definições, o termo é usado no sentido da atribuir um fim que não é determinado por valores externos, ou teleológicos, mas pertencente à imanência.

alternativa ético-política original, a partir da qual é possível repensar o que entendemos por afeto, política, democracia, igualdade e liberdade. Nesse sentido, reconhecemos que alegria é afeto democrático por excelência, na medida em que atravessa o tecido social e se constitui como chave de passagem da paixão à ação.

4. Apêndice: um conflito colonial e contra-colonial no seio da multitudo

Antes de encaminhar nossas conclusões, consideramos uma questão: não por ironia, Bolsonaro e apoiadores finalizaram a motociata em SP às margens do Monumento às Bandeiras, criado em homenagem aos feitos de colonizadores. No monumento, os bandeirantes estão montados em seus cavalos; enquanto os bolsonaristas em suas motos. Notamos, nessas cenas, o mesmo desejo cravado em diferentes momentos: das motociatas às hordas bandeirantistas, ele se manifesta como servidão pontuada em ideal colonial-capitalista que se perpetua no projeto brasileiro autoritário de sociedade (Chauí, 2000).

Entretanto, um mês depois, partindo do outro lado da região, a periferia desce as ruas e incendeia a estátua do bandeirante Borba Gato, na Praça Augusto Tortorelo. Foi uma ação de autoria declarada por um grupo denominado "Revolução Periférica". Entre os participantes, estavam dois entregadores. Eles foram detidos por dias, de forma preventiva. Um deles era Danilo Silva de Oliveira, homem negro, também conhecido como Biu, líder comunitário na Favela do Vietnã. Outro era Paulo Galo, também homem negro, figura que já vinha sendo notada nas ruas e pela mídia, no período da pandemia, como liderança na luta dos entregadores e do movimento dos "Entregadores Antifascistas".

Galo foi preso após se entregar na delegacia, afirmando estar envolvido no incêndio e, ao ser encarcerado, explanou sobre o ocorrido, dizendo o que segue: "[...] para aqueles que dizem que a gente precisa ir por meios democráticos, o objetivo do ato foi abrir o debate. Agora, as pessoas decidem se elas querem uma estátua de 13 metros de altura de um genocida e abusador de mulheres" (Entregador..., 2021; Lino, 2021, p. 01). Galo trouxe, portanto, à tona, uma história oculta detrás de monumentos de bandeirantes espalhados pela cidade.

A figura dos bandeirantes não é aleatória nesses dois casos. Vez ou outra são ícones históricos buscados a fim de se atribuir identidade ou narrativa heroica de um povo paulista, símbolo de riqueza e coragem. E nesse discurso escondem-se projetos a que esses símbolos sustentam. Borba Gato, no caso, é conhecido por promover a escravidão de negros e indígenas, em ações incessantes de saques de riquezas naturais do território brasileiro. Não por outra razão sua estátua tem em mãos uma arma. Ele e todos os outros bandeirantes homenageados no monumento são símbolos colonialistas, a sustentar protótipos de violência e dominação. Essas estátuas ocupam o cotidiano e cravam nas entranhas subjetivo-afetivas o terror colonial de um passado que não deixa de ser presente.

O professor Ricardo Costa de Oliveira, da Universidade Federal do Paraná (UFPR), em matéria publicada pelo *Brasil de Fato*, faz questão de assegurar que o passado bandeirante se reafirma na atualidade via poder político-econômico da elite. No caso da prisão de Galo, o titular responsável pela atuação da polícia civil era o general João Camilo Pires de Campos, mais um herdeiro da reprodução familiar do poder, descendente de uma das principais famílias de bandeirantes paulistas (Elite..., 2021). Essa tendência se amplia do Judiciário, do Executivo ao Legislativo. São herdeiros de um passado histórico reconformado pela desigualdade e materializado na guerra contra pretos, indígenas, pobres e todos os desviantes do processo.

Chauí (2017), para compreender conflitos sociais por uma leitura spinozana, partindo de sua filosofia de imanência, coerência e conveniência dos corpos, traz o conceito de *multitudo* (multidão) como sujeito político necessário para constituir a cidade (*civitas*), como entidade política. É nessa multidão de corpos contrários, de afetos que se inclinam à própria índole, que se funda o esteio para sustentar um horizonte político e formar uma *civitas*, que só se torna possível em imaginação agregadora, de forma a "dar sentido à unidade de seu corpo como corpo social e político", que se estabilizando pode tornar-se "um só corpo, isto é, o corpo da sociedade" (Chauí, 2017, p. 86).

Na concepção spinozana, o humano só é livre na cidade quando se sente conduzido por si mesmo e favorecido por direito natural coletivo e individual, os quais são regulados pela vivência comum de maneira equilibrada e equilibrante, "na imaginação política do corpo da multidão" (Bove, 2017, p. 222). O contentamento (*hilaritas*) é a base equilibrante que possibilita a formação da cidade, no sentido de que, ao favorecer o comum, e, portanto, a potência de cada indivíduo, a multidão sente-se conduzida como uma única mente (*una veluti menti*) (Bove, 2017; Chauí, 2017).

Por essa perspectiva, instala-se conflito no seio da *multitudo* quando inclinações apaixonadas quebram o comum, minando a formação da cidade. O que Chauí (2014, p. 107) afirma é que há uma usurpação da instituição política da cidade "pelo poder social de grupos privados" na realidade brasileira. O contexto culmina em algo que tem imagem democrática, mas se assemelha à forma plutocrática, o que faz então da revolta popular uma "verdadeira instituição política e causa o desejo de buscá-la" (Ibidem).

A partir das ponderações, consideramos que a noção de conflito trazida por Chauí é importante porque oferece parâmetros para compreender episódios destacados. Quando vemos de um lado o louvor ao bandeirantismo e, de outro, sua combustão, notamos dois projetos antagônicos, um firmando a tristeza dos excessos e da servidão, sustentado pela colonialidade que assola instituições, e o outro indicando a insubmissão da vida em sua plenitude. Quando o fogo consumiu Borba Gato, a elite da cidade sabia que se tratava de uma mensagem direta a eles. "Vandalismo!", bradaram nos inúmeros meios de comunicação (Polícia..., 2021; Prefeito..., 2021). Mantiveram Galo oito dias aprisionado, ignorando a liminar de soltura do Superior Tribunal de Justiça.

Advogados de defesa afirmaram não haver indícios suficientes para manter a prisão preventiva, chamando tal ação de prisão política. Aproximadamente dois anos depois do ocorrido, Paulo Galo, nas mediações do bairro de sua moradia, foi vítima de uma abordagem policial por conta de ser flagrado sem o uso do capacete. Ele foi encaminhado para delegacia, e alega ter sido espancado e torturado por policiais (Paulo Galo..., 2023). Em vídeo publicado em suas redes sociais, Galo mostrou seus machucados e narrou os acontecimentos, dizendo que, em certo momento, fizeram queimaduras nele, dizendo: "você não gosta de queimar as coisas? Faz o L agora!". Galo se manteve em silêncio por alguns dias, mas revelou o caso no dia 04/03/2023, com medo de retaliações policiais. Depois foi às redes sociais expor o ocorrido, assinalando que tomaria providências e assumindo seu capital social como proteção, coisa que muitos moradores periféricos como ele não têm, por isso a opção foi a de não se intimidar.

A ação teve um preço a ser pago. A rebeldia alegre de que falamos, derivada de uma potência de vida insubmissa, é o que assusta, incomoda e abala a heteronomia. Galo é hoje figura conhecida e alvo singular da polícia de São Paulo. De qualquer modo, o recado foi dado. Enquanto a estátua pegava fogo estendia-se uma faixa emanando a seguinte frase: "a favela vai descer e não vai ser carnaval" (Estátua…, 2021).

Referências

ABBAGNANO, Nicola. Dicionário de filosofia. tradução Alfredo Bosi. 21 ed. São Paulo: Martins Fontes, 1998.

ABÍLIO, Ludmila Costhek. Uberização: a era do trabalhador just-in-time? ESTUDOS AVANÇADOS, [s. l.], n. 98, ed. 34, p. 111-126, 2020. Disponível em: https://www.scielo.br/j/ea/a/VHXmNyKzQLzMyHbgcGMNNwv/?lang=pt&format=pdf. Acesso em: 30 set. 2021.

ACELERA para Cristo: o empresário por trás da 'motociata' com Bolsonaro que terá até sorteio de moto. BBC News Brasil, Londres, 11 jun. 2021. Disponível em: https://www.bbc.com/portuguese/brasil-57432409. Acesso em: 12 mai. 2023.

ACOMPANHE: Bolsonaro participa de "motociata" em São Paulo. [S. l.]: Band Jornalismo, 2021. Disponível em: https://www1.folha.uol.com.br/colunas/angela-alonso/2021/06/burros-de-cronica-de-machado-de-assis-notariam-o-contrassenso-de-bolsonaro.shtml. Acesso em: 14 jun. 2021.

ALIANÇA NACIONAL DOS ENTREGADORES DE APLICATIVOS (ANEA). Carta da Aliança Nacional dos Entregadores de Aplicativo (ANEA) sobre regulação das plataformas digitais. Brasília, 2023. Disponível em: https://anea.net.br/2023/03/downloads/carta-da-alianca-nacional/ . Acesso em: 16/06/2023.

GALF, Renata; AZEVEDO, Victoria. Após motociata, Bolsonaro cita Deus e militares, enaltece PM-SP e cloroquina e ataca isolamento. São Paulo: Folha de São Paulo, 2021.

BOVE, Laurent. Da confiança Política: Construir a Hilaritas Democrática. In: GRASSET, Baptiste Noel Auguste; FRAGOSO, Emanuel Angelo da Rocha; ITOKAZU, Ericka Marie et al. (Organizadores). Spinoza e as Américas: volume 2. Fortaleza, CE: EdUECE, 2014.

_______________. Espinosa e a Psicologia Social: ensaios de ontologia política e antropogênese. Belo Horizonte: Autêntica, 2010.

BRASIL. Congresso Nacional. Senado Federal. Comissão Parlamentar de Inquérito da Pandemia. Relatório Final da Comissão Parlamentar de Inquérito da Pandemia. Brasília, DF: Senado Federal, 2022. Disponível em: https://legis.senado.leg.br/comissoes/mnas?codcol=2441&tp=4. Acesso em: 19/05/2023.

BREDA, Lucas. Trump, Bannon e aliados aconselharam Bolsonaro a contestar eleição, diz jornal. São Paulo: Folha de São Paulo, 2022. Disponível em: <https://www1.folha.uol.com.br/poder/2022/11/trump-bannon-e-

-aliados-aconselharam-bolsonaro-a-contestar-eleicao-diz-jornal.shtml>. Acesso em: 16 fev. 2023.

BROWN, Nicholas; SZEMAN, Imre. O que é multidão? Questões para Michael Hardt e Antonio Negri. Novos Estudos, n.75, p.93-10, jul. 2006.

CARTÃO corporativo: notas fiscais de Bolsonaro incluem gastos com guloseimas, antidepressivos e combustível para motociata. G1, São Paulo, 23 jan. 2023. Disponível em: https://g1.globo.com/politica/noticia/2023/01/23/cartao-corporativo-notas-fiscais-de-bolsonaro-incluem-gastos-com-guloseimas-antidepressivos-e-combustivel-para-motociata.ghtml. Acesso em: 12 mai. 2023.

CHAUÍ, Marilena. Os conflitos no seio da multitudo. In: Spinoza e as Américas: volume 2/Baptiste Noel Auguste Grasset; Emanuel Angelo da Rocha Fragoso; Ericka Marie Itokazu; Francisco de Guimaraens; Mauricio Rocha (organizadores). – Fortaleza: EdUECE, 2014.

_____, ________. Brasil: mito fundador e sociedade autoritária. São Paulo: Editora Fundação Perseu Abramo., 2000.

ELITE de SP que persegue Galo por fogo na estátua do Borba Gato descende de bandeirantes. Brasil de Fato, São Paulo, 6 ago. 2021. Disponível em: https://www.brasildefato.com.br/2021/08/06/elite-de-sp-que-persegue-galo-por-fogo-na-estatua-do-borba-gato-descende-de-bandeirantes. Acesso em: 12 mai. 2023.

ENTREGADOR é preso por queimar estátua de Borba Gato em São Paulo. O tempo, [S. l.], 28 jul. 2021. Disponível em: https://www.otempo.com.br/brasil/entregador-e-preso-por-queimar-estatua-de-borba-gato-em-sao-paulo-1.2519427. Acesso em: 10 fev. 2023.

ESTÁTUA de Borba Gato é incendiada em São Paulo. [S. l.]: UOL, 2021. Disponível em: https://www.youtube.com/watch?v=cmcKC5okuI4. Acesso em: 9 fev. 2023.

GALF, Renata. Motociata com Bolsonaro em SP teve 6.661 registros de veículos, aponta sistema de pedágio. Folha de São Paulo, [s. l.], 16 jun. 2021. Disponível em: https://www1.folha.uol.com.br/poder/2021/06/motociata-com-bolsonaro-em-sp-teve-6661-registros-de-veiculos-aponta-sistema-de-pedagio.shtml. Acesso em: 7 fev. 2023.

GOVERNO FEDERAL (Brasil). Ministério da Saúde. COVID-19 no Brasil. [S. l.], 2023. Disponível em: https://infoms.saude.gov.br/extensions/covid-19_html/covid-19_html.html. Acesso em: 9 fev. 2023.

JAPIASSÚ, Hilton; MARCONDES, Danilo. Dicionário básico de filosofia. 3. ed. Rio de Janeiro: Jorge Zahar Editor, 2001. 212 p. Disponível em: https://raycydio.yolasite.com/resources/dicionario_de_filosofia_japiassu.pdf. Acesso em: 13 fev. 2023.

LA BOÉTIE, Étienne. O Discurso da Servidão Voluntária. [s.l]: ebookLibris/ebooksBrasil, 2006. Disponível em: https://edisciplinas.usp.br/pluginfile.php/2014171/mod_resource/content/1/Servidao_voluntaria_Boetie.pdf. Acesso em 13, fev. 2023.

LINO, Mariene. Preso por incendiar estátua de Borba Gato: "Ato foi para abrir debate". Metropoles, 28 jul. 2021.

MOTOCIATAS Bolsonaro tiveram custo médio de R$ 100 mil cada. UOL, São Paulo, 23 jan. 2023. Disponível em: https://noticias.uol.com.br/politica/ultimas-noticias/2023/01/23/motociatas-de-bolsonaro-tiveram-custo-medio-de-r-100-mil-cada.htm. Acesso em: 12 mai. 2023.

NASCIMENTO , Camila. 'Motociata' de Bolsonaro em São Paulo já tem nome: 'Acelera para Cristo'. Bolsonaro convoca apoiadores para motociata em SP, mas não cita eleições: "Luta pela liberdade", Veja, 31 maio 2021. Disponível em: https://veja.abril.com.br/coluna/maquiavel/motosseata-de-bolsonaro-em-sao-paulo-ja-tem-nome-acelera-para-cristo/. Acesso em: 7 fev. 2023.

PAULO GALO acusa a PM de violência após ser flagrado sem capacete. O Povo, Fortaleza, 4 mar. 2023. Disponível em: https://www.opovo.com.br/noticias/brasil/2023/03/04/paulo-galo-acusa-a-pm-de-violencia-apos-ser-flagrado-sem-capacete.html. Acesso em: 12 mai. 2023.

POLÍCIA prende três pessoas por ataque à estátua do Borba Gato em São Paulo. IG, 24 jul. 2021. Disponível em: https://ultimosegundo.ig.com.br/2021-07-24/policia-borba-gato.html. Acesso em: 12/05/2023.

PREFEITO de SP lamenta ato de vandalismo à estátua de Borba Gato. Poder 360. 24 jul. 2021. Disponível em: https://www.poder360.com.br/brasil/prefeito-de-sp-lamenta-ato-de-vandalismo-estatua-de-borba-gato/. Acesso em: 12/05/2023.

PRESIDENTE Jair Bolsonaro participa de motociata em São Paulo. [S. l.]: Rede TV, 2021. Disponível em: https://www.youtube.com/watch?v=63L-MtAs57w&t=6s. Acesso em: 8 fev. 2023.

RANCIÈRE, Jacques. Rancière vê a crise da Democracia e da Razão. OutrasPalavras, [S. l.], 9 fev. 2021. Disponível em: https://outraspalavras.net/crise-civilizatoria/ranciere-ve-crise-da-democracia-e-da-razao/. Acesso em: 13 fev. 2023.

SAWAIA, Bader, B. Afeto e Comum: categorias centrais em diferentes contextos. In SAWAIA, Bader; ALBUQUERQUE, Renan; BUSSARELO, Flávia. Afeto & Comum: reflexões sobre a práxis psicossocial. Alexa Cultural: São Paulo, 2018.

_______________. Por que investigo afetividade?. [concurso de promoção na carreira para a categoria de Professor Titular do Departamento de Sociologia da PUC-SP] Pontifícia Universidade Católica de São Paulo, São Paulo, 2000.

______________. O Sofrimento Ético Político como Categoria de Análise da Dialética Exclusão/Inclusão. In: SAWAIA, Bader. (Org.) As artimanhas da exclusão: análise psicossocial e ética da desigualdade social. 1 ed. Petrópolis: Vozes, 1999.

SPINOZA, Benedictus de. Ética. 2. Ed. Belo Horizonte: Autêntica, 2020.

STRAPPAZZON, André L; SAWAIA, Bader; MAHEIRIE, Kátia. A liberdade em Espinosa como base ontoepistemológica no enfrentamento do sofrimento ético-político. Psicologia & Sociedade, v.34, p.01-16, 2022.

CAPÍTULO X

"Cidadão de bem" *versus* "bandido": a violência policial e a criminalização da pobreza preta e periférica

Cinara Brito de Oliveira
Luciana Ferreira Silva

Introdução

Nos últimos anos temos presenciado o fortalecimento da extrema direita no Brasil, por meio de manifestações de posicionamentos visivelmente contrários a princípios dos direitos humanos, como discursos de intolerância contra grupos minoritários e apoio à violência cometida pelo Estado. Essa é uma das formas de manifestação de um autoritarismo extremo, o fascismo, que encontrou terreno fértil no país dado o histórico com regimes ditatoriais — a Ditadura do Estado Novo e a Ditadura Militar. Em ambas, um inimigo foi criado: o combate ao comunismo, como forma de justificar a violência imposta a opositores. Com isso, perpetuou-se o histórico lugar que o Brasil ocupa no ranking de países que mais matam defensores de direitos humanos.

Isso abriu espaço para o surgimento do bolsonarismo e a popularização do termo "cidadão de bem" em contraposição à "bandido", uma atualização do discurso de quem pode ser considerado ou não sujeito de direito, merecedor do exercício da cidadania. Essa é uma estratégia política para a manutenção de poder. Define-se moralmente quem é digno de humanidade e quem não é. No caso contrário, estabelece-se o bandido, contra quem é permitida toda forma de violência a fim de preservar a manutenção do poder para um restrito grupo social, a burguesia.

Tanto o "cidadão de bem", que não faz parte da burguesia, mas defende os seus interesses, quanto o "bandido", aparecem como instrumentos para amenizar conflitos decorrentes de lutas de classes, ou seja, como simbolismos para a manutenção do Estado. E conforme as concepções marxistas, "[...] essa é a maneira pela qual a classe dominante de uma época e de uma sociedade determinada garante seus interesses e sua dominação sobre o toda social" (Chaui, 2001, p. 411).

No artigo que segue, apresentamos como a oposição "cidadão de bem" *versus* "bandido" tende a ser uma atualização da estratégia de dominação do Estado, que desde a colonização coloca pessoas negras numa posição sub-humana de servidão, para a máxima exploração de sua mão de obra, ao mesmo tempo em que se torna alvo da violência legitimada como maneira de garantir a ordem.

Tudo isso é agravado, pois, assim como a nossa sociedade é construída a partir do mito da democracia racial, ela também é construída a partir do mito da não violência, fazendo com que diversas formas de agressão, muitas vezes contra o próprio "cidadão de bem", tornem-se imperceptíveis ou justificáveis. No mesmo sentido, há a legitimação da violência quando direcionada a pessoas caracterizadas como "bandidas", bem como os seus defensores.

Quem é o "cidadão de bem"?

De acordo com Chauí (2015), o mito da não violência foi criado a partir da ideia de que a história do Brasil foi construída sem sangue. "A narração política da 'história feita sem sangue' opera como alicerce para a construção mítica da sociedade brasileira como a boa sociedade, una, indivisa, pacífica e ordeira" (p. 37). A realidade é que nossa sociedade, conservando marcas da sociedade colonial escravista (que sim, foi uma história feita com sangue), é marcada pelo predomínio do espaço privado sobre o público, e é uma sociedade despótica e extremamente hierarquizada, construída pelo predomínio de relações de mando e obediência que reforçam relações de desigualdade.

Enquanto relações entre os que se entendem iguais são relações de cumplicidade, entre os que são vistos como desiguais são entendidas como forma de favor, clientela, tutela ou cooptação, e podem, quando a desigualdade é muito marcada, se tornar relações de opressão. A violência policial é exemplo nítido de relação despótica que estrutura nossa sociedade (Chauí, 2015). Para a autora (IB., op. cit.), referente ao mito da não-violência, alguns mecanismos ideológicos afirmam e negam a presença da violência na sociedade brasileira. No caso especificamente da violência policial esse mecanismo ideológico é o arcabouço jurídico. De acordo com esse mecanismo, a violência se restringe ao campo da delinquência e da criminalidade, possibilitando a demarcação de quem são os agentes violentos, e, sabendo quem são, legitima a ação da polícia contra eles.

> Esse mecanismo permite, por um lado, determinar quem são os "agentes violentos" (de modo geral, ladrões e assassinos pertencentes às classes populares) e, por outro lado, legitimar a ação policial contra a população pobre, os sem-terra, os negros, os indígenas, as crianças sem infância, os moradores de rua, os favelados. A ação policial pode ser, às vezes, considerada violenta, recebendo, como vimos, o nome de "chacina" ou "massacre" quando, de uma só vez e sem motivo claro, o número de assassinados é muito elevado. No restante das vezes, porém, o assassinato policial é considerado normal e natural, uma vez que se trata de proteger o "nós" contra o "eles". (p. 40)

No que se refere a proteger o "nós" contra o "eles", podemos afirmar que a extrema direita, a partir da figura de Jair Bolsonaro, popularizou categoria sociocultural que substitui a categoria do trabalhador. Trata-se da categoria do "cidadão de bem". Afirmar-se trabalhador era afirmativa popularmente utilizada em oposição a ser bandido. A substituição do trabalhador pelo cidadão de bem, ao mesmo tempo em que aproxima parte da população do discurso militar, afasta a população da identificação com a classe trabalhadora. Então, como cabe a instituições policiais, de modo geral, o gerenciamento da ordem, cabe a elas também a seleção e classificação da população entre categorias de "bandido" e "cidadão de bem" (Lima, 2019).

É importante entendermos que, por mais que a categoria do cidadão de bem, tenha sido reforçada pelo bolsonarismo, ela já era utilizada em manuais da Polícia Militar para justificar a quem deveria se destinar a atividade protetiva.

> [...] é de fundamental importância o entendimento de que os preceitos doutrinários de policiamento comunitário visam ao atendimento dos cidadãos de bem, pois aos infratores da lei e arredios às regras sociais se aplicam as normas e a legislação vigentes. Ressalte-se que policiamento comunitário não se traduz em forma branda de aplicabilidade legal, mas sim a atuação de uma polícia voltada à cidadania e, essencialmente, participativa (PMESP, 2007).

Segundo Costa (2021), um cidadão de bem se constrói sobre a dicotomia ante o bandido ou o "vagabundo". Cidadão de bem é aquele merecedor de tratamento educado da Polícia, de política pública, de direito à participação, ou seja, é aquele que pode ser inserido de forma digna na sociedade. Quem não se encaixa nessa categoria vem de espaços marginais e é, portanto, ente perigoso, dado que só se encontra inserido na sociedade de forma perversa, podendo ser eliminado, excluído, apartado em seu sentido literal. É um corpo que pode ser retirado da existência.

Costa (2021, p. 3) evidencia a dimensão ideológica dessa dicotomia, a qual "reflete o poder da ideologia em relações concretas da sociedade brasileira, dificultando que essa separação seja cognitivamente articulada como um contrassenso, na medida em que restringiria a cidadania apenas a determinados tipos de sujeitos". Sendo assim, cidadão de bem, além de ser merecedor da cidadania, passa a ser uma categoria moral, demarcadora de relações de cisão e conflitos gestados por autoritarismo. O cidadão de bem, ao ser alçado a indivíduo modelo, atesta e normaliza atividades públicas de humilhação contra os perigosos, os corpos suspeitos.

Paradoxalmente, o cidadão de bem não percebe possíveis violações e opressões a que está submetido por conta desse mesmo sistema que defende, gerador de sofrimentos. Quando parece perceber, atribui a culpa pelo seu sofrimento ao não-cidadão (o "bandido"), objeto de seu ódio. Para os cidadãos de bem, direitos humanos dizem respeito a práticas que defendem marginais, bandidos, vagabundos, conforme afirmou o próprio ex-presidente em seu discurso de posse, em 1º de janeiro de 2019. Jair Bolsonaro definiu os direitos humanos como "ideologia que descriminaliza bandidos, pune policiais e destrói famílias".

> Efeitos perniciosos e permanentes dessa fratura social ou desse "funcionamento-disfuncional" da cidadania se tornam explícitos no que diz respeito à forma peculiar de articulação pública da universalidade dos direitos humanos. Frases tais como "*direitos humanos para humanos direitos*", "*direitos dos manos*", "*bandido bom é bandido morto*", "*o cidadão de bem está preso em sua casa enquanto os bandidos estão soltos*", "*CPF cancelado*", entre outras, são exemplos de como a violência perpassa o cotidiano e ganha eficácia simbólica a partir da dicotomia "cidadãos de bem" e "vagabundos"/"bandidos". São expressões dessa violência o punitivíssimo, os linchamentos públicos, a conivência com as operações policiais homicidas e o forte apelo por armas de fogo para civis (Costa, 2021, p. 4).

O cidadão de bem é a favor do armamento da população, pois ele, como bom pai, chefe e marido, que respeita a lei e a ordem, precisa proteger a família e a propriedade dos bandidos. Ele, ao mesmo tempo que desprivilegia e incentiva o aumento da violência contra minorias (mulheres, negros, pobres, pessoas LGBTQIAPN+, indígenas), busca o favorecimento de grupos privilegiados da sociedade, dos quais faz parte (Costa, 2021). O cidadão de bem precisa se armar, pois está desprotegido, e é, portanto, vítima que necessita proteção, dado que acredita ser o bandido superprotegido pelo Estado (Solano, 2018).

A reivindicação "direitos humanos para humanos direitos" ajuda a entender o lugar de desproteção onde o cidadão de bem se coloca, porque ele entende que direitos humanos servem apenas para defender bandidos, como se aqueles considerados bandidos não fossem dignos de qualquer direito. E têm na figura do ex-presidente Jair Bolsonaro alguém que valida e ratifica esse discurso. "No Brasil, é o dia internacional da vagabundagem. Os direitos humanos no Brasil só defendem bandidos, estupradores, marginais, sequestradores e até corruptos. Dia internacional dos direitos humanos no Brasil só serve para isso. Isso está na boca do povo" (Bolsonaro, 2014b).

Bolsonaro potencializa a propagação no imaginário coletivo do cidadão de bem que direitos humanos são práticas que defendem marginais, bandidos, vagabundos. Portanto, partindo dessa lógica, o ladrão vira vítima e o policial, que deve combater o delinquente, passa a ser perseguido e criminalizado, tendo em vista que não poderia mais realizar seu trabalho. E, como consequência desse impedimento, teríamos o aumento da criminalidade, que para o ex-presidente só é possível de ser combatida a partir de disciplina e autoridade, tendo o militarismo como modelo (Solano, 2018, p. 13): "[..] repostas de Bolsonaro [à questão] salientam disciplina, cadeia, redução de maioridade penal, aumento de tempo de encarceramento via Código Penal, prisão perpétua, pena de morte, porte de arma e dar mais poder e proteção à polícia, além de acabar com a vitimização do bandido".

De acordo com a autora, a dicotomia entre bandido e cidadão de bem simplifica de maneira profunda uma realidade social e a reduz a rótulos moralistas, desprezando o que se classifica pejorativamente como politicamente correto. Essa dualidade reforça discursos de ódio mascarados de suposta liberdade de expressão. O politicamente incorreto ganha status de exercício da liberdade. Segundo Costa (2021, p. 7), "a figura do cidadão de bem é expressão de um profundo e histórico sentimento antidemocrático existente em setores da sociedade brasileira, que sustenta a necropolítica cotidiana e persegue obstinadamente os direitos humanos". Na dicotomia cidadão de bem *versus* bandido, caberia à polícia a seleção e classificação da população a partir dessas categorias, além do gerenciamento da ordem, dado que a segurança pública é entendida como direito regulado e sujeito a filtragem de quem a merece ou não.

Em defesa desse gerenciamento da ordem, o Brasil nos últimos anos sofreu um retrocesso político, pois reforçou a intolerância e a violência como instrumentos de governabilidade, sob aplausos dos cidadãos de bem. Para entendermos esse processo de filtragem, de quem merece ou não a segurança pública e de quem merece a intolerância e a violência, é importante reforçar que o cidadão de bem tem raça e classe social bem definidas. Raça e classe social são, portanto, marcadores de significância do cidadão de bem e do bandido. Lembrando que a representação da violência é constantemente associada a estratos marginalizados, principalmente a juventude pobre, preta e periférica (Costa, 2021). São eles as maiores vítimas da violência armada no Brasil e o grupo social a ser combatido e exterminado para o gerenciamento da ordem.

De novo a dicotomia cidadão de bem *versus* bandido se revela como instrumento de manutenção da ordem hegemônica por meio da dialética inclusão/exclusão social. Conforme Sawaia (2004), cada um ocupa exatamente o lugar que precisa estar: o bandido precisa ser combatido pela polícia, que ganha apoio do cidadão de bem. Assim, a força militar pode ir ocupando cada vez mais espaços de poder, controlando a educação via ampliação de escolas militares, entremeando-se até na presidência da república e no congresso nacional. Ao mesmo tempo, garante que a população negra continue ocupando o lugar que sempre ocupou na sociedade brasileira.

A violência policial é uma das formas de expressão do racismo estrutural na nossa sociedade, visto que acontece em uma sociedade que tem raízes na escravidão da população negra, cujos corpos historicamente foram inferiorizados.

A criminalização da pobreza preta e periférica

A condição desigual e desumana a que os negros são submetidos passa por um processo de naturalização, fazendo com que, no Brasil, a todo momento o racismo se recrie e se atualize de formas cada vez mais impiedosas, pois convivemos com o mito da democracia racial — na verdade um racismo dissimulado. De acordo com a ONU (2017), a cada 23 minutos um jovem negro morre no Brasil. Contudo, segundo dados da Secretaria de Segurança Pública do Estado de São Paulo, homicídios dolosos na cidade de São Paulo entraram em uma decrescente a partir do ano 2000, quando foram registrados 5.979 casos de homicídios, caindo para 1.661 casos em 2014. Mas ao mesmo tempo em que temos uma diminuição no número de homicídios dolosos na cidade, no mesmo período houve aumento de homicídios resultantes de intervenção policial: se em 1999 foram mortas 498 pessoas pela polícia, em 2014 o número chegou a 708, segundo dados do Fórum Brasileiro de Segurança Pública (Sinhoretto, 2016).

De acordo com o Instituto de Pesquisas Econômicas Aplicadas (IPEA) os policiais mataram mais que os criminosos que se propõem a prender. O número de latrocínio (roubos seguidos por morte) no Brasil em 2015 foi de 2.314. Já as mortes por intervenção policial foram 3.320 (IPEA, 2015). Ainda de acordo com a mesma pesquisa, os Estados nos quais a polícia mais mata são, na ordem, São Paulo (848 mortes), Rio de Janeiro (645 mortes) e Bahia (299). Se pegarmos os três Estados com maior letalidade policial e compararmos a partir da distribuição raça/cor de cada um deles, segundo os dados do IBGE, resultados obtidos tornam a situação chocante.

> Desconsiderando casos em que a cor de pele da vítima não foi informada, temos: na Bahia, estado em que 76,5% das pessoas são negras, quase 97% (474) das mortes decorrentes da intervenção policial são de pessoas negras [...] no Rio de Janeiro, onde somente 52% das pessoas são negras, 86% (1.423) das mortes decorrentes da intervenção policial são de pessoas negras; em São Paulo, estado em que menos de 35% da população é negra, 63% (495) de mortes decorrentes da intervenção policial são de pessoas negras (Ramos, 2020, p. 7).

Dados do Anuário Brasileiro de Segurança Pública de 2022 (Fórum Brasileiro de Segurança Pública, 2022), trazem panorama um pouco diferente do apresentado quando o assunto é particularmente o Estado de São Paulo. O Estado, que em 2015 ocupava o primeiro lugar, acima inclusive do Rio de Janeiro, muito conhecido por suas incursões policiais violentas nos morros cariocas, atualmente ocupa a 18ª posição. A redução de 30% no total de vítimas de letalidade policial, fato atribuído às mudanças institucionais pelas quais vem passando a PM desde meados de 2020, foi resultado da adoção de câmeras corporais nas fardas de policiais, tudo isso após atingir níveis recordes de letalidade policial em abril de 2020.

Embora mudanças tenham passado a acontecer em 2020, foram fruto principalmente de episódio ocorrido em dezembro de 2019, quando nove jovens, na maioria negros, morreram pisoteados em um baile funk na favela do Paraisópolis, após desastrosa intervenção de policiais militares (Fórum Brasileiro de Segurança Pública, 2022). Depois do massacre, o então governador João Doria, pressionado, promoveu a troca do Comando da Polícia Militar do Estado (PMESP). O novo comandante da PMESP, Coronel Fernando Alencar, iniciou sua gestão com o foco na redução da letalidade policial.

Desse trabalho, surgiu o Programa Olho Vivo, que em agosto de 2020 implantou 585 Câmeras Operacionais Portáteis (COP) em três batalhões de Polícia Militar da Região Metropolitana. Em junho de 2021 ocorreu a implantação de 2.500 câmeras, que foram distribuídas para 15 novos batalhões, selecionados por terem índices de uso da força elevados. O número atual de câmeras ativas no Estado é de 5.664 (Lima *et al.*, 2022). É importante refletir em que medida a redução em São Paulo se deu por mudança de postura de PMs ou pelo fato de estarem sendo filmados, pois a situação de São Paulo não reflete o do restante do país, principalmente quando examinamos a violência policial a partir de recorte de raça.

De acordo com Anuário Brasileiro de Segurança Pública de 2022 (Fórum Brasileiro de Segurança Pública, 2022), enquanto a taxa de mortalidade entre vítimas brancas diminuiu 30,9% em 2021, a taxa de vítimas negras cresceu em 5,8%. E quando se tratam de vítimas de intervenções policiais, pretos e pardos chegam a 84,1% de todas as vítimas com raça/cor identificados. Dessa forma, mesmo que haja queda em números absolutos de vítimas, a desproporcionalidade racial na letalidade se mantém latente:

> Se é necessário avançar urgentemente com o debate acerca da seletividade do emprego do uso da forca pelas policias brasileiras, excessivamente focada nos corpos negros, e necessário também reconhecer que existe uma demanda social por incriminação e eliminação da negritude brasileira historicamente consolidada no próprio projeto de nação do Brasil, ou seja: não é um problema exclusivamente da polícia, mas um problema social amplo o suficiente para que de sua solução dependa a própria possibilidade de nos considerarmos uma democracia (IB., op. cit., p. 14).

Se estudarmos a história do autoritarismo do Brasil, perceberemos que o processo de eliminação da negritude brasileira se inicia na escravidão e permanece no nosso país até hoje, sendo apenas ressignificado e ampliado. No Relatório Final da Comissão Parlamentar de Inquérito do

Assassinato de Jovens, criada em 2015, de autoria da Senadora Lídice da Mata (PSB/BA), afirma-se:

> [...] há um genocídio institucionalizado, sistemático, embora silencioso. Aí não entra nem uma figura de retórica nem um jogo político. (...) A abolição, por si mesma, não pôs fim, mas agravou o genocídio; ela própria agravou o genocídio; ela própria intensificou-o nas áreas de vitalidade econômica, onde a mão-de-obra escrava ainda possuía utilidade. E, posteriormente, o negro foi condenado à periferia da sociedade de classes, como se não pertencesse à ordem legal. O que o expôs a um extermínio moral e cultural, que teve sequelas econômicas e demográficas (Farias, 2016, p. 21).

Outro conceito que ajuda a compreender o genocídio do povo negro é o de necropolítica, que é o conjunto de políticas de controle social através da morte. É a expressão da soberania de um governo que tem a capacidade de determinar quem pode viver ou quem deve morrer (Mbembe, 2018). Hannah Arendt (2012) já tecia considerações em sentido semelhante ao de Mbembe, quando sugeria que ideias de raça e racismo estariam relacionadas à política da morte e de controle de poder.

Quando o assunto é a polícia, vale ressaltar que ela surge como aparato de repressão e coação pública, funcionando enquanto parte da estrutura do Estado e tendo umas das funções mais importantes nas sociedades capitalistas, servir aos interesses da burguesia. O pressuposto fica evidente na fala de Hélio Luz, que foi chefe da polícia no Rio de Janeiro na década de 1990. No documentário *Notícias de uma guerra particular* (1999), ele afirma que a polícia surge para fazer segurança do Estado e da elite, sendo que estes vão utilizar uma política de repressão nas periferias e nas comunidades com o intuito de manutenção do controle.

Evidencia-se, portanto, a dupla função da criminalização da pobreza negra e periférica, pois ao mesmo tempo em que controla o povo preto pela imposição da violência, também serve como instrumento de imposição do medo e da esperança como estratégia de dominação do restante da população.

A política dos afetos para a compreensão do racismo estrutural

Para Spinoza, medo e esperança são afetos básicos das relações políticas: "[...] as leis, qualquer que seja o Estado, devem ser instituídas de forma a que os homens se sintam constrangidos, não tanto pelo medo como pela esperança de algum bem que desejem acima de tudo" (2004, p. 196). Contudo, podemos observar que a manipulação com relação a tais afetos varia quando mediada pelas categorias de classe, raça e gênero. Uma ferramenta útil para a dominação é a fragmentação da classe, ou em termos spinozistas, a quebra do comum.

A classe trabalhadora, grupo potencialmente revolucionário, conforme a concepção marxiana, tem se tornando cada vez mais heterogênea. Fatores como a desigualdade, tanto na valorização financeira quanto no prestígio social, concorrem para isso. E os diferentes cargos de trabalho e os regimes de contratação fazem com que trabalhadores vivenciem a exploração capitalista de muitas maneiras. Além disso, opressões de gênero e raça se articulam à classe, atualizando-a e complexificando-a (Mattos, 2019).

A primeira cisão da classe está na divisão trabalhador *versus* bandido, surgida após a abolição da escravatura como estratégia de manutenção da estratificação social, que por meio da Constituição de 1980 é "deslocada da seara da legalidade do trabalho escravo e passa ao controle social urbano através do direito penal com a criminalização dos vadios" (Paulino; Oliveira, 2020, p. 99). Essa cisão se mantém com a criação do estereótipo do jovem negro e periférico como "bandido", passando, também, pela criminalização de movimentos sociais organizados. A estes, os bandidos, a dominação se dá pela imposição do medo da punição, seja da prisão ou até mesmo de situações de abuso de poder, como espancamentos, crimes forjados e mortes.

O autoritarismo, sendo assim, serve como instrumento de imposição das vontades dos cidadãos de bem. E de fato a violência urbana está elevada, gerando constante sensação de insegurança à população, mas como os bandidos recebem toda a culpa, cria-se um inimigo interno a ser eliminado, escamoteando fatores geradores de criminalidade. Fia-se poder à coletividade para defender e eleger aqueles capazes de devolver-lhes a esperança da proteção. Ambas as formas de imposição do medo são estratégias de submeter indivíduos à alienação, conforme afirma Aurélio (2004). Ele sublinha a efetivação de "leis que violentam sua verdadeira natureza e, nessa medida, lhes vedam o caminho para a felicidade e a plena realização e si mesmos" (IB., p. 14).

A diferença está no fato de que um grupo é contido apenas pelo medo, e o outro pelo sistema medo-esperança. Contudo, Aurélio (2004, p. 67) também nos alerta que "contê-los apenas pelo medo é perigoso, visto que gera insubmissão", motivo pelo qual o povo negro vem resistindo e protagonizando uma série de lutas há aproximadamente 500 anos. De acordo com Fernandes (2017), pessoas negras, por meio de movimentos sociais, apesar da condição de submissão e sujeição, lutaram porque tal luta era uma condição histórica para a conquista de sua humanidade.

Foram essas lutas que geraram vitórias e seguem sendo necessárias. Conforme se avança na conquista de direitos, forças reacionárias também vão se atualizando de forma a garantir a manutenção do *status quo*. Essa luta não deveria ser só do povo negro, visto que a dominação imposta por aqueles que detêm o poder cultural, político e econômico — dimensões que estruturam modos como relações se estabelecem na sociedade — afeta todo o conjunto da população, cada um a seu modo. É justamente a atribuição de significados negativos à população negra que faz com que a grande massa da população se esforce para buscar identificação na categoria oposta, atualmente o cidadão de bem.

A identificação do corpo negro como bandido é somente um dos significados negativos que sustentam o racismo estrutural: a negação da intelectualidade, o rebaixamento das capacidades, a exclusão do padrão de beleza e a demonização das religiões de matriz africana, dentre outas, compõe esse conjunto. Corpos que foram mantidos durante séculos em posição de inferioridade. Mas sempre se mostrou uma potência de ação existente, que necessitava do outro para se fortalecer. E assim se deu. Dessa união, a partir dos bons encontros, o cidadão negro redescobriu a força para existir e agir politicamente (Sawaia, 2018).

Essa possibilidade de atuação coletiva é o que Spinoza (1997) nomeia como multitudo: é potência de agir coletiva possibilitada pela união de *conatus*, considerando que um sujeito político é capaz de impor medo a quem lhe impõe medo, evitando a desproporcionalidade de poder, conforme podemos observar no que segue: "o coletivo permite inverter a afetação do medo, que deixa de ser experimentado como paixão passiva e passa a ser um recurso de resistência à dominação" (Souza; Sawaia, 2016, p. 315).

A multitudo só é possível pela consciência da necessidade de uma luta coletiva, do reconhecimento de que, apesar das diferenças, estamos submetidos a situações semelhantes: "Se duas pessoas concordam entre si e unem as suas forças, terão mais poder [...] quanto mais numerosos forem os homens que tenham posto forças em comum, mais direito terão eles" (Spinoza, 1977, p. 13).

O sofrimento ético-político auxilia na compreensão das relações raciais e a problematizar efeitos do racismo estrutural. Spinoza, a partir dos bons encontros, dos conceitos de comum e multitudo, ajuda-nos a pensar ações transformadoras em contextos marcados pelo sofrimento ético-político, visando a promoção de uma saúde ético-política para a população em questão (Souza; Sawaia, 2016). É por meio de bons encontros e do aumento da potência de agir que podemos alcançar uma saúde ético-política.

Considerações finais

A dicotomia cidadão de bem *versus* bandido nos permite não apenas refletir sobre o racismo estrutural que assola o país, mas também possibilita entender tramas envolvidas em torno dessas duas categorias. O cidadão de bem, por mais que seja merecedor do exercício da cidadania e digno de humanidade, acaba sendo usado, tal e qual um fantoche, uma marionete, dentro de jogos de dominação social. Por isso, o cidadão de bem também está no reino da servidão.

A extrema direita arquiteta ações com o objetivo de manter o poder e, pelo recorte de raça, fica definido o grupo que o Estado busca como aliado dentro dessa equação. Se, de um lado, há aliados; do outro, há inimigos a serem combatidos. E a combatividade contra grupos específicos, vulneráveis, é uma forma de manipular os próprios aliados, porque a aliança estabelecida entre Estado e cidadão de bem é ideológica, objetiva garantir a manutenção do poder do grupo dominante. Uma aliança sustentada no fato de que existem corpos descartáveis — o corpo negro, principalmente — que precisam ser eliminados.

O Estado, que deveria inspirar confiança, desarmar e acalmar, a partir da ideia de corpos descartáveis se impõe pelo contrário, desorganizando e brutalizando. Dessa maneira, coloca esses corpos em perigo permanente (Fanon, 2022). Conforme vimos anteriormente, de acordo com Aurélio (2004) conter esse grupo apenas pelo medo é perigoso, pois gera insubmissão. O potencial revolucionário desses corpos, os quais possuem consciência da servidão a que têm sido submetidos, torna-se maior. Isso se dá devido à necessidade do corpo de perseverar na existência.

Bove (2012) nomeou como estratégia de *conatus* o conjunto de modos de se criar resistência diante do cotidiano violento a que estão expostos. Violência essa que produz sofrimento ético-político, adoece e mata, mas que carrega em si a possibilidade de resistência pela potência dos bons encontros.

Referências

ARENDT, Hannah. Origens do totalitarismo. Antissemitismo, imperialismo, totalitarismo. Tradução Roberto Raposo. São Paulo: Companhia das Letras, 2012.

AURÉLIO, Diogo Pires. Nota à Presente Edição. In: ESPINOSA, Baruch de. Tratado Teológico Político. [Diogo Pires Aurélio]. 3 ed integralmente revista. Lisboa: Imprensa Nacional, 2004.

BOLSONARO, Jair. (2014, 9 de dezembro). Dep. Jair Bolsonaro (PP) rebate a Dep. Maria do Rosário sobre discurso dos direitos humanos. Recuperado de https://www.youtube.com/watch?v=5bquC-fAxMDg.

BOVE, Laurent. Uma filosofia de resistência à dominação. [Entrevista concedida a] Márcia Junges. IHU On-Line, São Leopoldo, n.397, 6 ago. 2012.

BEAUVOIR, Simone. O Segundo Sexo Vol 2: A Experiência Vivida, Difusão Européia do Livro, 1967.

CHAUÍ, Marilena. Sobre a violência. In: Escritos de Marilena Chauí – volume 5. Ed. Autêntica. 2015

CHAUÍ, Marilena. Convite à Filosofia. 12 ed. 4ª impressão. São Paulo: Ática, 2001.

COSTA, J.F.A. Quem é o cidadão de bem? Psicol. USP. 32, 2021.

ESPINOSA, Baruch. Tratado Político. (2ª ed.). Lisboa: Estampa (Original Publicado em 1677), 1977.

ESPINOSA, Baruch de. Tratado Teológico Político. [Diogo Pires Aurélio]. 3 ed integralmente revista. Lisboa: Imprensa Nacional, 2004.

FANON, Fanz. Os condenados da Terra. Rio de Janeiro, Zahar, 2022.

FARIAS, L. (Relator). RELATÓRIO FINAL CPI Assassinato de jovens. Senado Federal. Brasília: 2016.

FERNANDES, F. Significado do Protesto Negro. São Paulo. Expressão Popular, 2017.

FÓRUM BRASILEIRO DE SEGURANÇA PÚBLICA. Letalidade Policial cai, mas mortalidade de negros se acentua em 2021. Anuário Brasileiro de Segurança Pública, 2022.

INSTITUTO DE PESQUISA ECONÔMICA APLICADA. Brasil em desenvolvimento: Estado, planejamento e políticas públicas. Brasília: Ipea, 2015.

LIMA, R.S. Segurança pública como simulacro de democracia no Brasil. Estud. Av. 33 (96), May-Aug, 2019.

LIMA, Renato Sergio de; BUENO, Samira; SOBRAL, Isabela; PACHECO, Dennis. Câmeras na farda reduzem a letalidade policial? GV EXECUTIVO, v. 21, n. 2, pp. 13 - 21, 2022.

MATTOS, Marcelo Badaró. A Classe Trabalhadora de Marx ao Nosso Tempo. São Paulo: Boitempo, 2019.

MBEMBE, Achille. Necropolítica. Biopoder, soberania, estado de exceção, política da morte. 1a ed. São Paulo: n-1 edições, 2018.

NOTICIAS de uma guerra particular. Direção Joao Moreira Salles e Kátia Lund. Vídeo Filmes. Brasil (1999). 1 DVD (57 min).

ONU. Campanha Vidas Negras, 2017.

PAULINO, Silvia Campos; OLIVEIRA, Rosiane. Vadiagem e as Novas Formas de Controle da População Negra Urbana Pós-Abolição. In: Direito em Movimento. Rio de Janeiro. V. 18, n 1, p. 94-110, 2020. Disponível em: <https://www.emerj.tjrj.jus.br/revistadireitoemovimento_online/edicoes/volume18_numero1/volume18_numero1_94.pdf> . Acesso em: 30/05/2023.

PMESP – POLÍCIA MILITAR DO ESTADO DE SÃO PAULO. Cartilha de policiamento comunitário: procedimentos operacionais. 1. ed. São Paulo: Pmesp, 2007

RAMOS, Silvia (coord.). A cor da violência policial: a bala não erra o alvo. Relatório de pesquisa. Rio de Janeiro: Rede de Observatórios da Segurança/CESeC, dezembro de 2020.

SAWAIA, Bader. As artimanhas da exclusão: análise psicossocial e ética da desigualdade social. Rio de Janeiro, Editora Vozes, 1999.

SINHORETTO, J.; SCHLITTLER, M. C.; SILVESTRE, G. Juventude e violência policial no Município de São Paulo. Revista Brasileira de Segurança Pública, [S. l.], v. 10, n. 1, 2016.

SOLANO, E. Crise da Democracia e extremismos de direita. Análise. n. 42, 2018.

SOUZA, A.; SAWAIA, Bader. A saúde como potência de ação: Uma análise do coletivo e de Comuna do Movimento dos Trabalhadores Rurais Sem Terra (MST). Psicologia Política, 16(37), 305-320, 2016.

CAPÍTULO XI

A chacina na escola ou manifestação do ódio como escravidão emocional

Elisa Harumi Musha

O atual contexto de ascensão da extrema direita e do fundamentalismo religioso no Brasil, sobretudo considerando-se vivências no contexto do pandemônio — pandemia somada ao governo Bolsonaro (2019-2022) —, é um prato cheio para a análise psicossocial aqui proposta. No capítulo, busquei compreender o recente crescimento de ataques a tiros em escolas brasileiras a luz dos conceitos espinosanos.

De acordo com o relatório *O ultraconservadorismo e extremismo de direita entre adolescentes e jovens no Brasil: ataques às instituições de ensino e alternativas para a ação governamental* (2022), eventos de violência em escolas no Brasil começaram na primeira década dos anos 2000. Antes, não havia registros desse tipo de ataque. Ao todo, no Brasil, até agora (primeiro semestre de 2023), foram contabilizados 16 ataques, dos quais quatro aconteceram no segundo semestre de 2022. "Como consequência, 35 brasileiras e brasileiros perderam suas vidas e 72 foram feridas e feridos" (p. 02).

Nas duas últimas décadas, o Brasil registrou pelo menos 12 casos de chacina em diferentes escolas, tanto particulares quanto públicas. Para tentarmos refletir acerca do problema, algumas perguntas direcionadoras são importantes: i) como a ascensão de grupos de extrema direita potencializa o recrutamento de jovens?, ii) qual a relação entre a violência na política e o ataque nas escolas?, iii) quais expressões de misoginia e racismo se apresentam nessas complexidades?

Para tecer ponderações a partir das perguntas expostas, dou as mãos para Espinosa, especialmente em relação às ideias presentes em suas obras de afeto e poder. Além de buscar apoio no educador Paulo Freire, em sua militância por uma educação como prática de liberdade e crítica à sociedade da opressão. Sendo assim, sublinho o que segue.

O fato dos eventos ocorrerem em escolas merece atenção. A escola desempenha papel fundamental na formação de pessoas e na sociedade como um todo. É a instituição responsável por promover conhecimento, razão e desenvolvimento humano. Para o filósofo dos afetos, Baruch Espinosa, a educação adequada era imprescindível para cultivar a liberdade e a autonomia. Ele defendia que a escola deveria proporcionar um ambiente onde estudantes pudessem adquirir habilidades intelectuais, aprendessem a pensar criticamente e desenvolvessem entendimento racional do mundo.

Espinosa compreendia a escola como espaço para o ensino da virtude e da ética. Argumentava que, por meio da educação, pessoas poderiam aprender a viver de acordo com os princípios da razão e da busca pelo bem comum. Para ele, a educação era importante na promoção da tolerância e do respeito mútuo. Assim, interpretando o suposto, quando se ataca uma escola são esses princípios que estão sendo destruídos. Quando foi que naturalizamos a hostilidade nas escolas? Quando é que se deixou de convidar a amorosidade enquanto afeto político a adentrar esses muros?

Quem são os incells, redpills e crianças bombas?

O caráter hipermasculino que determinados ambientes virtuais podem assumir na internet foi nomeado com um neologismo: manosphere, isso é, a esfera masculina (Van Valkenburgh, 2018). Essa esfera falocêntrica é composta por sites, fóruns, comunidades de redes sociais ou aplicativos cujo tema subjacente é a masculinidade exacerbada, mesmo que tais plataformas tenham finalidades distintas e abriguem públicos heterogêneos.

Quando olhamos para a forma como o sexismo on-line se articula na rede notamos que parte substancial de sites e ambientes virtuais que pertencem à manosphere segue a filosofia da *redpill* (pílula vermelha), que em suma é uma referência extraída do filme Matrix. Uma das cenas emblemáticas do filme mostra Morpheus oferecendo a Neo uma escolha entre uma pílula azul ou uma pílula vermelha.

> Essa é sua última chance. Depois disso, não há como voltar. Você toma a pílula azul e a história acaba. Você acorda em sua cama e acredita no que quiser acreditar. Você toma a pílula vermelha e fica no País das Maravilhas. E eu mostro a profundidade da toca do coelho (Fala de Morpheus retirada do filme Matrix de 1999).

A partir dessa representação cinematográfica grupos virtuais adaptararm a ideia da ingestão da pílula vermelha ao que consideram ser, em sua cartilha ideológica, uma atitude para se descobrir "verdades ocultas" a respeito da realidade do mundo. No caso, tomar a pílula vermelha significaria se dar conta de verdades inconvenientes do mundo, principalmente no que diz respeito a uma suposta lavagem cerebral que movimentos feministas teriam empreendido nas sociedades ocidentais (Santos; Santos, 2022).

De acordo com a reportagem escrita por Marini (2023), presenciamos as falas misóginas de Thiago Schütz, 35, dono da página *Manual redpill*. Seus discursos viralizaram nas redes sociais e mostraram um nicho até então pouco conhecido: os influenciadores *redpill*. No vocabulário atual, *redpills* seriam homens que se opõem a um sistema que, na opinião deles, favoreceria as mulheres e o movimento feminismo como um todo, colocando-os em desvantagem. Já os *bluepills* continuariam vivendo em ilusão e, portanto, seriam usados pelas mulheres.

Dentre os grupos que adotam a *redpill* como forma de fortalecer pensamentos e adquirir uma espécie de clarividência, situam-se os *incels*. O termo é derivado do inglês *involuntary celibates* (celibatários involuntários) e designa homens que se sentem rejeitados por mulheres e acabam assumindo posturas misóginas e atitudes hostis contra elas, utilizando principalmente comunidades on-line para disseminar ódio generalizado e purgar ressentimentos. No território virtual sentem-se fortalecidos em sua vulnerabilidade e usam a proteção conferida pelo anonimato para se movimentarem com desenvoltura, destilarem sua "ira sagrada" e liberarem sua agressividade sem culpa.

Nas redes, *incels* encontram seus pares e por meio de processos identificatórios se reconhecem nas mensagens trocadas como verdades libertadoras (Santos; Santos, 2022). Em artigo recente, Santos e Santos (2022) alertam para o movimento da misoginia on-line como fenômeno disseminado globalmente e com velocidade e virulência de uma pandemia. No Brasil, inclusive, tem encontrado amparo no domínio da extrema direita, que se encastelou no governo central desde 2019.

A manosphere brasileira é ainda um tanto quanto difusa e incipiente, porém tem se expandido extraordinariamente nos últimos anos, particularmente com a ascensão da ideologia autoritária e dos ataques antidemocráticos às instituições brasileiras. Esse incremento pode ser facilmente observado nas redes sociais mais difundidas, como *discord*, *telegram*, *facebook*, *instagram*, *youtube*. Notadamente são usados *chans*, que são fóruns virtuais muitas vezes situados na ***deep web***.

Numa cultura patriarcal, embora não se justifique, é de se esperar que as leis, os costumes, a moral e o poder sejam desfavoráveis às mulheres, como de fato acontece na nossa sociedade (Safiotti,1999). De qualquer maneira, não deixa de ser alarmante a velocidade com a qual grupos extremistas que praticam o ódio às mulheres estão se espalhando pelo ciberespaço.

A filósofa italiana de tradição feminista marxista, Silvia Federici (2017), afirma que o ódio contra as mulheres se encontra presente nas relações de poder desde o nascimento do capitalismo e da modernidade, sob o signo do patriarcado. Em seu livro *Calibã e a bruxa: mulheres, corpo e acumulação primitiva*, demonstra que a caça às bruxas ocorrida na Europa, de forma mais intensa entre os séculos XV e XVII, desempenhou papel central no processo de acumulação primitiva do capital. Ela explica que a caça às bruxas "foi, portanto, uma guerra contra as mulheres; foi uma tentativa coordenada de degradá-las, de demonizá-las e de destruir seu poder social" (p. 334).

Outra pesquisadora importante sobre violência de gênero é a socióloga marxista e militante feminista brasileira, Heleieth Saffioti (2004), que analisa o papel da mulher na sociedade de classes, capitalista. Para a socióloga, a questão da opressão às mulheres é parte constituinte de um sistema baseado na exploração do ser humano pelo ser humano.

> O patriarcado refere-se a milênios da história mais próxima, nos quais se implantou uma hierarquia entre homens e mulheres, com primazia masculina. Tratar esta rea- lidade em termos exclusivamente do conceito de gênero distrai a atenção do poder do patriarca, em especial como homem/ marido, "neutralizando" a exploração-dominação masculina. Neste sentido, e contrariamente ao que afirma a maioria das(os) teóricas(os), o conceito de gênero carrega uma dose apreciável de ideologia. E qual é esta ideologia? Exatamente a patriarcal, forjada especialmente para dar cobertura a uma estrutura de poder que situa as mulheres muito abaixo dos homens em todas as áreas da convivência humana. É a esta estrutura de poder, e não apenas à ideologia que a acoberta, que o conceito de patriarcado diz respeito. Desta sorte, trata-se de conceito (p. 145).

Para a compreensão do fenômeno dou um passo atrás e convido, novamente, o filósofo Espinosa em sua obra *Ética* (2009), quando trata o ódio como afeto passivo e perturbador, com rebatimentos negativos à mente e ao corpo. O ódio surge quando uma pessoa percebe algo como ameaça ou fonte de dor. Para Espinosa, esse afeto está associado à sensação de repulsa e ao desejo de causar danos ou destruir aquilo que é odiado.

Portanto, argumenta que o ódio é uma forma de escravidão emocional. Aqueles que o experimentam estão sob controle de suas próprias paixões tristes. No contexto *incel*, há tendência de atribuir a falta de relacionamentos a fatores externos, como aparência física, status social ou conspirações femininas. Espinosa (2009) nos encorajaria a buscar causas adequadas e compreender a complexidade das interações humanas, evitando cair em interpretações simplistas. Pois, para ele, a superação do ódio passa pela compreensão de que paixões tristes são resultado da falta de conhecimento adequado. Para que haja libertação, faz-se necessária a busca da verdade e a compreensão racional de causas e efeitos das coisas.

Importante destacar que um dos pilares da ideologia *redpill* tomou forma no livro *The rational male*, escrito pelo blogueiro americano Rollo Tomassi, em 2013. O escrito hegou ao Brasil sob o título *O macho racional: como evitar as armadilhas do imperativo feminino, preservar sua masculinidade e assumir o controle de seus relacionamentos*. Na plataforma Amazon brasileira, em sua versão portuguesa, o livro ocupa o 51º lugar no ranking dos mais vendidos na categoria "estudos sobre mulher, política e ciências sociais". A sinopse do livro, disponibilizada no próprio site, sem autoria creditada, dá conta de que a publicação é uma escrita vertiginosa, que naturaliza comportamentos socialmente esperados para homens e mulheres, e ainda apresenta enfática defesa, em tom panfletário, pelo próprio autor (Santos; Santos, 2022).

> Homens heterossexuais, vocês foram enganados por toda sua vida. Nossa cultura ginocêntrica colocou as mulheres em um pedestal, idealizadas de um modo que sufocou a análise racional de sua natureza. [...]. Pois bem, hora de uma dose cavalar de pílula vermelha. Eis algumas verdades chocantes: mulheres não se importam nem um pouco com os sacrifícios que um homem faz por elas. Se o marido vai para uma guerra e é derrotado e morto, ela se casa com um dos soldados do exército vencedor (Amazon, n.d., p. 1-2).

É comum encontrarmos no discurso *incel* termos altamente depreciativos, como a inacreditável descrição da mulher como um "depósito de porra", ou ainda o neologismo desqualificador "merdalher", como forma de objetificação feminina com clara conotação misógina e escatológica. Nesse tipo de discurso, há uma narrativa que pode ser destacada a partir de uma "economia sexual", em que ocorre divisão dos homens entre alfas e betas: "os primeiros, desejados pelas mulheres por motivos já referidos, e os betas, identificados como fracos e submissos, o que os faz ter menor acesso às mulheres disponíveis no mercado das conquistas sexuais" (Santos; Santos, 2022, p. 1096). Essa restrição é vivida como depreciação de privilégio natural masculino. É a violação de um direito que, na ordem cultural, é facultado aos homens pelo simples fato de serem homens.

A cultura misógina brasileira é caracterizada por atitudes, comportamentos e estruturas sociais autoritárias, que desvalorizam e oprimem as mulheres. A cultura pode ser manifestada de várias formas, por meio da objetificação sexual das mulheres, da violência de gênero, da desigualdade salarial, da falta de representação política e da percepção de que mulheres são inferiores a homens em diversos aspectos.

No dia 8 de março, Dia Internacional da Luta das Mulheres, o Núcleo de Estudos da Violência da USP (NEV/USP) divulgou que o Brasil registrou, no ano passado, 1.410 casos de feminicídio. Ou seja, em média uma mulher foi assassinada a cada 6 horas em nosso solo, por ser mulher. De acordo com o levantamento, houve um crescimento de 5% em comparação a 2021 — é o maior registro de casos desde que a Lei de Feminicídio entrou em vigor, em 2015.

Considerando o exposto e inspirada por Espinosa, busquei compreender a *causa inadequada* dentro dessa cultura misógina. Para isso, todavia, foi necessário examinar ideias e crenças subjacentes que a sustentam. Sobre minhas interpretações, destaco que muitas vezes essas ideias são baseadas em estereótipos de gênero arraigados, que atribuem características negativas às mulheres, reforçam papéis de gênero restritivos e perpetuam a dominação masculina. Desta feita, entendo que a misoginia está relacionada à violência de gênero, que afeta tanto as mulheres como os homens. Percebi ainda que homens podem ser incentivados a adotar comportamentos agressivos como forma de demonstrar poder e masculinidade, o que pode resultar em relações abusivas e perpetuação do ciclo de violência.

De modo indireto, associo essa conjuntura ao atual crescimento de ataques a tiros em escolas brasileiras. O problema levantou a discussão sobre o Brasil reproduzir o cenário já visto nos Estados Unidos, de massacres em escolas. Antes, no entanto, gostaria de fazer um breve recuo estratégico para perguntar: você conhece algum caso de massacre em escolas que tenha sido cometido por meninas? Caso a resposta seja negativa, considero importante começar a refletir sobre o atravessamento de gênero nessa questão no que se refere ao papel que grupos *redpill* e *incel*.

Em notícia publicada pelo UOL (2021) observo que, nos últimos dez anos, ao menos oito ataques violentos a escolas aconteceram no país. Dentre os massacres, o que mais permeia a memória é o de Realengo, no Rio de Janeiro, ocorrido em 7 de abril de 2011, na Escola Municipal Tasso da Silveira. Wellington Menezes de Oliveira, de 23 anos, invadiu a escola armado com dois revólveres, matou 12 estudantes, com idade entre 13 e 15 anos, e deixou mais de 22 feridos. É importante destacar que o atirador de Realengo é um dos primeiros exemplos de *incels* conhecidos no Brasil.

De acordo com reportagem publicada no site da BBC News Brasil em abril de 2021, das 12 crianças mortas dez eram meninas. O massacre é emblemático como sintoma de um contexto de autoritarismos, pois foi marcado por acesso a armas, culto à violência e cultura do feminicídio. O jovem cometeu suicídio antes de ser detido, sendo descrito por familiares e conhecidos como um rapaz calado, tímido, introspectivo, que não se metia em problemas nem desrespeitava regras, que passava boa parte de seu tempo navegando na internet. Sua mãe adotiva, morta em 2010, era testemunha de Jeová. Wellington chegou a frequentar a religião, mas nunca havia se tornado adepto.

Esses atentados em instituições de ensino nos últimos dois anos geram uma enxurrada subsequente de notícias falsas sobre ameaças, além de demais *fake news* sobre supostos ataques em várias cidades brasileiras. Uma desinformação que muito circulou recentemente, sendo depois desmentida por autoridades, foi a *fake news* para que pais e mães não deixassem seus filhos e suas filhas irem à escola no dia 20 de abril de 2023. Segundo a mensagem, nessa data, que marca o massacre de Columbine, nos EUA e o aniversário do líder nazista Adolf Hitler, haveria ataques em instituições de ensino (Nexo Jornal, 2023).

Como professora universitária pude presenciar o clima de terror e comoção que se instalou nas salas de aulas. Lembro que, ao entrar na sala de aula para dar a matéria de Psicologia da Aprendizagem, uma estudante me procura para anunciar que "estava circulando no grupo de *whatsapp* dos representantes de salas... e estava todo mundo com medo de vir pra aula por conta da ameaça de massacre".

Em seu livro *Tratado teológico político*, Espinosa enfatiza que o medo é "a causa que origina, conserva e alimenta a superstição" (p. 126). Para ele, pessoas se deixam dominar pela superstição quando sentem medo; e se acontece de serem levadas a renunciar ao direito natural, isso não ocorrerá por terem reconhecido a competência de alguém mais sábio para julgar o que é útil, senão por consentirem, elas mesmas, a essa renúncia, por medo de um mal maior ou por esperança de um bem maior (BOVE, 2010).

Bove (2010) caracteriza o estado de animalização no sujeito que é tomado pelo medo total, em que predomina a redução da afetação pelo estado de terror. Encontramo-nos "no tipo de Estado 'moderno' que, reduzindo efetivamente o espírito e a razão humana ao cálculo verbal, os determina racionalmente, assim, a não ser mais, de fato, do que instrumentos de uma animalização política ou de uma humanidade animalizada" (p. 133). *Daí a importância de chacoalhar nossos afetos nesse momento de crescimento do neofascismo. A* "cultura do silêncio", gerada nas condições objetivas de uma realidade opressora, condiciona a forma de estar sendo das pessoas. "Na cultura do silêncio existir é apenas viver. O corpo segue ordens de cima. Pensar é difícil; dizer a palavra, proibido" (Freire, p. 100, 2015).

Considerações finais

Os últimos anos de pandemônio escancararam a faceta brasileira ligada ao ultraconservadorismo de mentalidade/corporalidade de seita. Importante destacar que presenciamos a política de legalização das armas no governo Bolsonaro, o que ocasionbou em um maior acesso a armas por civis. "Na maioria dos casos de ataques em escolas, há comprovação de que a arma de fogo é obtida dentro de casa", afirma o gerente de projetos do Instituto Sou da Paz, Bruno Langeani. A facilitação, explicou, torna-se um impulsionador dos crimes. "Quando há um massacre desses com arma de fogo, em geral, o número de vítimas é maior", continua ele, sublinhando que costuma haver um padrão em casos desse tipo (Estadão Conteúdo, 2022).

Acerca dessa problemática, Vigotski (2004) enfatizava a influência do ambiente social e das interações na formação do desenvolvimento cognitivo e das habilidades humanas. Para o psicólogo bielorusso, quanto mais você se fecha em um grupo, mais suscetível fica ao risco de fragmentação do pensamento crítico, cristalização das ideias e paralisação. Quando interações são restritas a um grupo pequeno e homogêneo, pode haver uma falta de diversidade de perspectivas, experiências e desafios. Isso pode levar à estagnação do pensamento e à falta de estímulo para o crescimento intelectual e emocional, pois para o teórico:

> [...] só a vida educa, e quanto mais amplamente ela irromper na escola, mais dinâmico e rico será o processo educativo. (...) A educação é tão inadmissível fora da vida quanto a combustão sem oxigênio. Por isso o trabalho educativo do pedagogo deve estar necessariamente vinculado ao seu trabalho criador, social e vital (p. 456).

Quando há o predomínio de uma adesão rígida a um conjunto específico de crenças, a preocupação da pessoa é destruir aquilo que lhe causa problema. No capítulo IV da *Ética*, Espinosa (2009) discute a servidão como estado em que seres humanos estão sujeitos às próprias paixões e afecções negativas. Ou seja, a servidão surge da ignorância e de compreensão inadequada das causas que determinam nossas ações. Quando não compreendemos as verdadeiras causas que nos levam a agir de maneira autoritária e violenta, somos governados por nossas paixões, medos e desejos imediatos, tornando-nos escravos das próprias emoções. Nesse sentido:

> Chamamos de bem ou de mal aquilo que estimula ou refreia a conservação de nosso ser, isto é, aquilo que aumenta ou diminui, estimula ou refreia nossa potência de agir. Assim, é à medida que percebemos que uma coisa nos afeta de alegria ou de tristeza que nós a chamamos de boa ou de má. Portanto, o conhecimento dobem e do mal nada mais é do que a ideia de alegria ou de tristezaque se segue necessariamente desse afeto de alegria ou de tristeza. Ora, essa ideia está unida ao afeto da mesma maneira que a mente está unida ao corpo, isto é, ela não se distingue efetivamente do próprio afeto, ou seja, não se distingue da ideia da afecção do corpo senão conceitualmente. Logo, o conhecimento do bem e do mal nadamais é do que o próprio afeto, à medida que dele estamos conscientes.[1] (Espinosa, *E*, IV, Prop. 8, dem.)

Espinosa nos dará ainda outra definição do mal. Para ele, o mal não existe, o que existe são *maus encontros*. O corpo humano é, em Espinosa, objeto da ideia que constitui a mente humana (*E*, II, Prop. 13). Significa que a todo afeto vivido no corpo corresponderá uma ideia na mente, como apresentado na citação acima. Espinosa explica que todos os corpos se caracterizam por estarem numa certa proporção de movimento e repouso, de velocidade e lentidão entre suas partes constituintes, de maneira que são sempre determinados a variar a conexão entre tais partes no encontro com outros corpos, tentando manter, porém, a proporção de movimento e repouso que os caracterizam. É assim que cada corpo se constitui e se conserva na existência, isto é, sendo afetado por corpos exteriores de muitas maneiras, ao mesmo tempo em que os afeta.

A capacidade de afetar e de ser afetado pode ser entendido por dois principais afetos: alegria e tristeza. Afirma Espinosa que:

> A alegria é a passagem do homem de uma perfeição menor para uma maior. A tristeza é a passagem do homem de uma perfeição maior para uma menor. Explicação. Digo passagem porque a alegria não é a própria perfeição. Pois se o homem já nascesse com a perfeição à qual passa, ele a possuiria sem ter sido afetado de alegria, o que se percebe mais claramente no afeto da tristeza que é o seu contrário. Com efeito, ninguém pode negar que a tristeza consiste na passagem para uma perfeição menor e não na perfeição menor em si, pois o homem, à medida que participa de alguma perfeição, não pode se entristecer. Tampouco podemos dizer que a tristeza consiste na privação de uma perfeição maior, pois a privação nada é. A tristeza, entretanto, é um ato que, por isso, não pode ser senão o ato de passar para uma perfeição menor, isto é, o ato pelo qual a potência de agir do homem é diminuída ou refreada (*E*, III, Def. dos afetos 2 e 3)

Como dito anteriormente, recorri à leitura espinosana para compreender os massacres nas escolas e considerei a problemática de *redpills* e *incels* no mesmo âmbito porque essas perspectivas tendem a indicar que todo comportamento de ódio tem seu ato de agredir associado à imagem da coisa que o afeta de tristeza. Ou, como diz Espinosa, "o ódio é uma tristeza acompanhada da ideia de uma causa exterior" (*E*, III, def. dos afetos 7). Sendo a tristeza referente a uma ideia inadequada, penso que o ódio explicitado em sua agressão nada mais é que condição de fragilidade diante do desconhecimento das causas daquilo que provoca a tristeza.

Espinosa alerta para que possamos compreender o ódio como indicação, antes de tudo, de uma impotência. E não, simplesmente, como maldade atribuída pelos autores de agressão. Reportagem do G1 publicada no início de 2021 alertou para o fato de que "grupos neonazistas crescem 270% no Brasil em 3 anos". Adriana Dias, pesquisadora sobre o neonazismo no Brasil desde 2002 explicou que eles têm semelhanças entre si. "Começam com o masculinismo, ou seja, o ódio ao feminino, e por isso a masculinidade tóxica. Eles têm antissemitismo, eles têm ódio a negro, eles têm ódio a LGBTQIAPN+, ódio a nordestinos, ódio a imigrantes e negação do holocausto" (Trecho retirado da reportagem do G1, 2021).

Leitura espinosana pode levar a questionar e desnaturalizar a violência nas infâncias, ao buscar uma compreensão adequada de suas causas e efeitos. Isso envolve a análise crítica de estruturas sociais que perpetuam a violência. Sobre isso, site da BBC News Brasil (2014) publicou reportagem contando a história de Naqibullah, que ilustra como o Talebã e demais grupos extremistas treinam crianças para se tornarem homens-bomba. A matéria jornalística dá conta de que uma criança de 10 anos foi recrutada em uma madrassa (escola onde alunos se dedicam a estudar o islamismo e principal local usado pelo Talebã para recrutar crianças).

Naqibullah contou que homens que cuidavam dele prometeram que ele iria para o céu e que seus problemas acabariam. "Eles oferecem vislumbres do paraíso, onde correm rios de leite e mel. Em troca, a criança deve entregar sua vida e se tornar um homem-bomba", disse um oficial. De tal modo, apesar de as confissões obtidas destas crianças e jovens não serem totalmente confiáveis, são relatos assustadores sobre como são recrutadas. É dito a elas que meninas e mulheres afegãs são estupradas pelas "forças estrangeiras invasoras" e que o Alcorão está sendo queimado por americanos (Azami, 2014).

As crianças ouvem que é sua responsabilidade religiosa resistir às forças de coalizão "infiéis" e que seus pais irão para o paraíso — e que afegãos que serão mortos por elas "merecem morrer" porque "não são muçulmanos de verdade" ou "colaboram com os americanos". No entanto, segundo a reportagem, raramente é dito às crianças quais são seus alvos específicos e por que estes merecem morrer. Alguns militantes dão chaves para que as crianças as carreguem no pescoço. São as "chaves que abrirão as portas do paraíso" para elas (ID., op. cit., 2014).

Associando essa descrição ao tópico abordado, é como se a violência que invade as escolas desse a extremistas mais recursos para que possam recrutar jovens. Em seu livro *Ensinando comunidade: uma pedagogia da esperança*, Bell Hooks (2021) enfatiza que:

> Chama a atenção que o ataque contra educadores progressistas e novos modos de saber tenha sido capitaneado com muita crueldade não por educadores, mas por legisladores e seus colegas conservadores que controlam a grande mídia. A pedagogia competitiva, a voz da hegemonia dominante, foi ouvida ao redor do mundo por meio das lições da mídia patriarcal supremacista branca capitalista imperialista. Enquanto o mundo acadêmico tornava-se um lugar onde sonhos humanitários podiam ser realizados por meio da educação como prática da liberdade, via pedagogia da esperança, o mundo lá fora estava ocupado ensinando às pessoas a necessidade de manter as injustiças, ensinando medo e violência, ensinando terrorismo. O pensamento crítico em relação à "alteridade" encabeçado por educadores progressistas não foi tão potente quanto a insistência da mídia de massa conservadora de que a alteridade deve ser reconhecida, caçada e destruída (Hooks, 2021, p. 41).

Na construção da tríade autoritarismo, fanatismo religioso e cultura do ódio, o ciclo da privação e das adversidades intensifica as paixões da esperança e do medo.

> Todavia, se estão na adversidade, já não sabem para onde se virar, suplicam o conselho [consilium] de quem quer que seja e não há nada que se lhes diga, por mais frívolo, absurdo ou vazio, que eles não sigam. Depois, sempre voltam, por motivos insignificantes, de novo a esperar melhores dias ou a temer desgraças ainda piores. Se vêem acontecer, quando estão com medo, qualquer coisa que lhes traz a memória de bens ou males passados, julgam que isto é o prenúncio de uma resolução feliz ou infeliz e chamam-lhe, por isso, um presságio favorável ou funesto, apesar de já se terem enganado centenas de vezes sobre coisas assim (Espinosa, 2004, p. 5).

Já nos alertava Paulo Freire (1992) de que é preciso ter esperança, mas ter esperança do verbo esperançar, porque tem gente que tem esperança do verbo esperar. "E esperança do verbo esperar não é esperança, é espera. Esperançar é se levantar, esperançar é ir atrás, esperançar é construir, esperançar é não desistir! Esperançar é levar adiante, esperançar é juntar-se com outros para fazer de outro modo..." (s.p.). Acerca dessa afirmativa, é interessante recordar que, para Espinosa (2009), esperança é afeto que surge da imaginação e não da razão. Ele acreditava que a esperança era emoção que envolvia a expectativa de que algo bom poderia acontecer no futuro, mas que não dependia inteiramente de nós mesmos.

O filósofo também argumentava que a esperança poderia ser uma emoção positiva, desde que fosse baseada na razão e no conhecimento adequado. Em outras palavras, a esperança seria positiva se fosse fundamentada em informações confiáveis e razoáveis sobre o objeto de nossa esperança. Em suma, entendo que Espinosa auxilia na compreensão dos massacres nas escolas porque é um filósofo que reconheceu o adoecimento da sociedade por paixões tristes. "O ódio é aumentado pelo ódio recíproco, e contrariamente, pode ser eliminado pelo amor" (E.IV, demonstração da proposição 46, p.321). Logo, seus escritos apontam para uma ética na vida que implica na passagem das paixões tristes às alegres. Portanto, de uma recusa à servidão para a busca de liberdade, em que o empenho para não ser afligido por afetos de ódio implica igualmente no esforço para que outras pessoas não sejam afligidas.

Referências

AZAMI, Dawood. Como o Talebã recruta crianças como homens-bomba. BBC News, [16 de dezembro de 2014] BrasilDisponível em: https://www.bbc.com/portuguese/noticias/2014/12/141216_taleba_criancas_rb. Acesso em 2 de junho de 2023.

BERNARDO, André. Massacre de Realengo: os 10 anos do ataque a escola que deixou 12 mortos e chocou o Brasil. BBC News Brasil [6 de abril de 2021]. Disponível em: https://www.bbc.com/portuguese/brasil-56657419. Acesso em 7 de junho de 2023.

BIMBATI, Ana Paula. O Brasil teve 8 ataques em escolas nos últimos 10 anos; lembre casos. UOL, [4 de maio de 2021]. Disponível em: https://noticias.uol.com.br/cotidiano/ultimas-noticias/2021/05/04/brasil-teve-8-ataques-em-escolas-nos-ultimos-10-anos-veja-os-casos.htm#:~:text=-Nos%20últimos%20dez%20anos%2C%20ao,(SC)%20(SC). Acesso em 5 de junho de 2023.

BOVE, Laurent. Espinosa e a psicologia social: ensaios de ontologia política e antropogênese. Belo Horizonte: Autêntica, 2010.

CARA, Daniel et al. O ultraconservadorismo e extremismo de direita entre adolescentes e jovens no Brasil: ataques às instituições de ensino e alternativas para a ação governamental. São Paulo. Disponível em: https://media.campanha.org.br/acervo/documentos/Relatorio_ExtremismoDe-Direita AtaquesEscolasAlternativasParaAcaoGovernamental_Relatorio-Transicao_2022_12_11.pdf.

ESPINOSA, Benedictus de. Ética. Trad. de Tomaz Tadeu da Silva. Belo Horizonte: Autêntica, 2009.

ESPINOSA, Benedictus de. Tratado Teológico-Político. Tradução, introdução e notas de Diogo Pires Aurélio. Estudos Gerais, Série Universitária, Clássicos de Filosogia. Lisboa: Imprensa Nacional – Casa da Moeda, 2004.

ESTADÃO CONTEÚDO. Por que ataques a escolas têm se repetido no Brasil? Estadão Expresso [28 de novembro de 2022]. Disponível em: https://expresso.estadao.com.br/naperifa/por-que-ataques-a-escolas-tem-se-repetido-no-brasil/. Acesso em 5 de junho de 2023.

FEDERICI, Silvia. Calibã e a bruxa: mulheres, corpo e acumulação primitiva (Coletivo Sycorax, trad.). São Paulo: Editora Elefante, 2017.

FREIRE, Paulo. Ação cultural para a liberdade e outros escritos. 15ª edição, Rio de Janeiro: Paz e Terra, 2015.

FREIRE, Paulo. Pedagogia da Esperança: um reencontro com a Pedagogia do Oprimido. Rio de Janeiro: Paz e Terra, 1992.

HOOKS, bell. Ensinando comunidade: uma pedagogia da esperança. São Paulo: Elefante, 2021.
MARINI, Marina. Red Pill vira munição para misoginia: o que a pílula significava em Matrix? UOL, [1 de março de 2023]. Disponível em: https://www.uol.com.br/splash/noticias/2023/03/01/red-pill-misoginia-significado-matrix.htm. Acesso em 30 de maio de 2023.
RUPP, Isadora. Como orientar e acolher crianças diante do medo de ataques às escolas. NEXO, [12 de abril de 2023]. Disponível em: https://www.nexojornal.com.br/expresso/2023/04/12/Como-orientar-e-acolher-crianças-diante-do-medo-de-ataques-às-escolas. Acesso em: 28 de maio de 2023.
SAFFIOTI, Heleieth Iara Bongiovani. Gênero, patriarcado, violência. 1°ed. São Paulo: Fundação Perseu Abramo, 2004.
SANTOS, André Villela de Souza Lima e SANTOS, Manoel Antônio dos. Incels e Misoginia On-line em Tempos de Cultura Digital. Estud. pesqui. psicol., Rio de Janeiro, v. 22, n. 03, p. 1081-1102, 2022.
VAN VALKENBURGH, S. P. Digesting the Red Pill: Masculinity and neoliberalism in the manosphere. Men and Masculinities, 24(1), 84-103, 2018. https://doi.org/10.1177/1097184x18816118.
VIGOTSKI, Lev Seminovich. Psicologia Pedagógica. São Paulo: Martins Fontes, 2004.

CAPÍTULO XII

Afeto, religião e autoritarismo: dimensões subjetivas da realidade em atos antidemocráticos de apoio ao Comando Militar da Amazônia

Priscila Santana
Letícia Souza Reis
Yamille Cristina Araújo Cruz

1. Introdução

O artigo relata vivências de pesquisadoras que almejaram desvelar fenômenos psicológicos incidentes no contexto de manifestações bolsonaristas em frente a quarteis, no fim de 2022. Foram realizadas coletas de campo em acampamento em Manaus, capital do Amazonas, onde o ex-presidente obteve expressiva votação e grande apoio durante o trânsito das eleições, alcançando 68% dos votos válidos. Considerando a forte adesão da população da capital amazonense a princípios defendidos por Jair Bolsonaro, o objetivo foi perscrutar dimensões subjetivas dessa realidade. As manifestações antidemocráticas ocorreram em frente ao Comando Militar da Amazônia (CMA), zona oeste da cidade.

Objetivos específicos foram i) descrever o espaço e seu território, ii) relatar impressões de pesquisadoras e iii) explorar implicações segundo afeto, religião e autoritarismo. Por hipótese, tendemos a crer que havia dificuldade inerente a apoiadores do ex-presidente em aceitar o factual, negando o resultado das urnas eletrônicas e a confiabilidade das eleições democráticas. Por pressuposto, na análise tomamos por base que a concepção de homem como indivíduo é produto de certa ordem social, a permitir o desenvolvimento de determinadas experiências e suas correspondentes representações, tão contraditórias quanto à própria realidade que as possibilita (Gonçalves; Bock, 2009).

Em razão da relevância a partir da qual se apresentou a conjuntura desse fenômeno psicossocial, utilizamos a psicologia sócio-histórica como referencial teórico e aporte conceitual (Lane, 1998; Furtado; Svartman, 2009). A psicologia sócio-histórica fundamenta-se no marxismo histórico-dialético para estudar o sujeito como ser social, com amplas relações históricas, que não pode ser fragmentado. Ao adentrarmos no campo de pesquisa, notamos aspectos contraditórios (Gonçalves, 2007) e, por isso, a análise seguiu preceitos oriundos dos núcleos de significação de Aguiar, Soares e Machado (2015), sendo as categorias de avaliação organizadas em quatro tipos.

A primeira, o olhar sobre o acampamento, destacou a organização do movimento de extrema direita. A segunda, o olhar sobre vivências e afetações de pesquisadoras, foi importante no âmbito das experiências *in loco*. A terceira abordou publicações da imprensa sobre o tema, realizadas na época. A quarta salientou a dimensão subjetiva da realidade acerca do papel dos afetos, da religião e do autoritarismo em crenças e atitudes.

2. Olhares sobre o acampamento

Descrevemos aqui engendramentos relacionados às visitas ao acampamento. Iniciamos nomeando os participantes dos atos antidemocráticos como "manifestantes", entretanto, a partir da categoria "vivências e afetações" das pesquisadoras, serão identificados pela denominação genérica de golpistas, em respeito às afetações vividas durante a observação.

O primeiro aspecto observado foi a estrutura do acampamento, que contava com policiamento militar exclusivo, banheiros químicos, aparelhagem de som (que alternava entre hinos brasileiros e louvores evangélicos). As barracas eram montadas de modo diverso, desde as mais simples (com estrutura de madeira e lona) às mais caras (feitas de fibra e poliéster). Além disso, as principais refeições eram distribuídas gratuitamente aos golpistas, que se organizavam por meio de fichas compartilhadas ao longo do dia.

Apoiadores da extrema direita usavam termos do meio militar para se referirem ao próprio acampamento, que denominavam de "QG", sigla para quartel general. Em frente ao portão do CMA, chamado de "trincheira", os pares, ao se cumprimentarem, prestavam continência, além de ficarem marchando e cantando hinos brasileiros. O acampamento se concentrava em uma linha horizontal em torno do portão do CMA. Em ambos os lados estavam alojadas barracas de *camping*, adequadas para dormirem ao relento. Ao centro, uma tenda grande abrigava a cozinha. Nela se mantinha o estoque de alimentos organizado em prateleiras.

A comida era preparada e distribuída a manifestantes cadastrados e reconhecidos pela comunidade. A estes, eram entregues fichas de alimentação, como forma de controle, e as refeições eram regulares, com café da manhã, lanche, almoço e jantar. O espaço era bem organizado e limpo. Havia banheiros químicos e muitos carros no entorno, estacionados nas calçadas, conforme descrição nas imagens:

Imagem 01 – Organização do acampamento

Imagem 02 – Cozinha.

Imagens 03 – Banheiros químicos

Imagem - 04 - Placas

Imagem 05: Manifestantes

Fonte: As autoras.

A imagem 01 apresenta visão ampla do acampamento, destacando localização das barracas, seguida de uma visualização sobre a concentração das pessoas em frente ao portão do quartel. Na imagem 02 temos a cozinha, localizada próxima ao portão, onde se concentrava a dispensa para alimentos arrecadados, que ficavam em prateleiras. Bem ao lado se localizava um pequeno palanque, onde eram realizados depoimentos segundo temáticas morais, de costumes e religiosas, além de avisos.

A imagem 03 salienta a localização dos banheiros químicos, um pouco mais a frente, mantendo certa distância ao grupo. As pessoas se concentravam principalmente no período da tarde, em frente ao portão do quartel, e entoavam gritos de guerra: "A nossa bandeira nunca será vermelha!"; "Forças Armadas, agora é com vocês!". Havia cartazes com dizeres "Intervenção militar com o presidente Bolsonaro no poder!"; "#SOS, Forças Armadas"; "Deus pátria e liberdade".

Observamos incongruência em discursos que clamavam pela intervenção das Forças Armadas dentro do Estado Democrático de Direito, já que o pedido era para que o ex-presidente Jair Bolsonaro, eleito nas eleições de 2018 e derrotado nas eleições de 2022, se mantivesse no cargo ainda que não tivesse sido eleito meses antes, no pleito. A imagem 04 retratava a frase "Intervenção militar com Bolsonaro no poder!", sendo que o ex-presidente é militar aposentado, portanto, um civil. Como, então, um civil seria o governante em um suposto Estado militar? Uma informação que não procede, conforme normas dos próprios regimes ditatoriais já adotados no Brasil.

Na imagem 05, são especificadas pessoas aglomeradas em frente ao quartel, reproduzindo e cantando marchas militares. Manifestantes utilizavam camisa do Brasil como uniforme e entoavam hinos das Forças Armadas e louvores religiosos. Símbolos relacionados à bandeira brasileira e à independência eram evocados. A obrigatoriedade era estar na frente do quartel, sempre que possível, durante intervalos de tempo regulares. Alguns relatam até que pediram demissão para integrar a comunidade de golpistas em Manaus. Porém, observamos que muitos participantes não ficavam acampados ininterruptamente, visto que retornavam a suas casas para descansar.

Entretanto, alguns manifestantes afirmaram estarem lá há mais de 40 dias, com expressões que lembravam desalento e cansaço, levando-nos a refletir sobre a possibilidade de serem trabalhadores designados para integrarem o movimento de modo forçado, apenas ocupando o espaço. Durante a visita, conversamos com alguns manifestantes, e dentre eles uma senhora, que lá estava desde o início. Na sua barraca vendia café e lanche. Ela nos contou que trabalhava para um político, o qual não podia identificar. Outros compareciam apenas em horários esporádicos, justificando a alta no número de pessoas em finais de tarde e fins de semana.

Perguntamos sobre suas famílias e foi descrito que não raro aconteciam conflitos por conta da política e em razão de suas adesões ao movimento da extrema direita bolsonarista. Uma pessoa revelou que estava em entrevero com a filha devido a ideologia de esquerda dela. "Minha filha é petista e eu não falo mais com ela. Estou aqui defendendo minhas netas, mesmo que eu morra!". Em sua narrativa, a motivação para acreditar nos atos antidemocráticos era exatamente "por suas netas". Quanto ao trabalho, ela disse que estava liberada por seu patrão. Quando perguntamos sobre como era a atividade laboral, apenas relatou que era política e não poderia falar mais nada.

Outro manifestante argumentou que o motivo de estar ali, acompanhando o movimento golpista, era a família, pois "estava em guerra". Outros perguntaram se éramos "petistas", já que estávamos observando e fazendo perguntas. Fomos consideradas "infiltradas", por fim. A impressão era de que muitos dos que ali estavam eram trabalhadores de baixa renda, designados por seus patrões. Porém, ainda tinham os que frequentavam por convicção.

No decorrer da nossa ação de campo, compramos um dindin[105] e, ao conversarmos com o vendedor, ouvimos suas histórias. Ele era bolsonarista e evangélico e nos relatou que estava participando eventualmente [das manifestações], pois precisava cumprir suas obrigações com a igreja. Ele e sua família eram cristãos protestantes, segundo informou. Disse ainda considerar que sentia o ambiente da manifestação como "um bom lugar para a família". Durante a conversa, perguntamos como estava sua vida. Em resposta, informou estudar gastronomia em determinado instituto de Manaus.

Disse ser formado em serviço social, porém não informou a instituição, nem o registro de classe. Da mesma maneira, relatou já ter feito mestrado, realizado em uma universidade internacional, sem validação no Brasil. Atualmente, sustentava a família e bancava sua casa, fazendo sua própria produção e vendendo dindin. Disse sentir-se muito feliz, conforme os desígnios de Deus. Para ele, as ações do ex-presidente Jair Bolsonaro sobre fraudes nas eleições eram justificadas, pois o então candidato Lula não corroborava com ideias religiosas e fecharia templos assim que assumisse.

Observamos que tanto limpeza como organização do espaço seguiam padrões de organização militar. Destacamos a inserção de grupos da religião evangélica no ambiente, refletida na simpatia pelo regime ditatorial. Dentre os manifestantes, muitos eram idosos, ex-militares e aposentados. Notamos que a proximidade afetiva por um regime de exceção alimentava

[105] Dindin. Tipo de sorvete embalado e congelado logo em seguida em um saco pequeno, em outras regiões é conhecido como "chopinho".

desejos de golpe e desapreços à democracia. Pessoas pareciam estar em estado de alienação, com dificuldade de aceitar a realidade. E acerca dessa categoria, interessa salientar que a alienação se expressa em diferentes dimensões do real: na sociedade como todo, nas construções teóricas e na própria constituição dos sujeitos, tornando-os despotencializados, repetitivos e não criativos (Kahhale; Rosa, 2009).

3. Publicações na imprensa

Foi publicado no jornal Agência Amazônia que, em 24 de dezembro de 2022, véspera de Natal, golpistas abandonaram a tradição em família para se fazerem presentes no acampamento antidemocrático. Para eles, foi preparada ceia farta em uma mesa grande, em frente ao portão principal do CMA (Garcia, 2022). No dia 28 de dezembro, foi publicado no Jornal Vocativo o registro de denúncias referentes ao fato de bolsonaristas terem instalado caixa d'água para banho, com encanamento a céu aberto, na calçada do CMA. Porém, reclamações foram ignoradas pelo poder público. Mesmo com a posse do atual presidente Lula, ocorrida em 1º de janeiro de 2023, atividades do acampamento não encerraram.

Golpistas permaneceram na porta do CMA, mas em quantidade reduzida. O perfil do grupo também mudou, passando a ser majoritariamente de idosos. Diminuiu a quantidade de vendedores ambulantes e equipamentos de som. Uma viatura da polícia militar, apenas, passou a acompanhar ações do grupo, sem intervir. Mesmo com a mudança de clima político, expectativas inerentes aos atos antidemocráticos permaneciam as mesmas (Santana, 2023).

No dia 8 de janeiro, apoiadores radicais do ex-presidente Jair Bolsonaro invadiram e vandalizaram o Congresso Nacional, o Supremo Tribunal Federal (STF) e o Palácio do Planalto, em Brasília (G1, 2023). No mesmo dia, em Manaus, um grupo de bolsonaristas tentou paralisar atividades na refinaria Isaac Sabbá (única da região Norte), com o objetivo de impedir a entrada e saída de caminhões-tanque de gasolina, diesel e álcool, que abastecem postos no Amazonas e em outros Estados do Norte.

Durante reunião do grupo, formado por homens, mulheres e crianças, umas das manifestantes, que estava com adereços indígenas e se identificou como "cacica Ramaia", ofereceu um grupo de apoiadores da etnia para formar um cordão-humano, pois, segundo ela, a PM não poderia agir contra eles por "serem indígenas". Agentes da polícia e do departamento de trânsito ocuparam três pontos estratégicos próximos à refinaria, impedindo que o plano dos manifestantes fosse bem-sucedido (Marinho, 2023).

Após atos golpistas em Brasília, o ministro do STF, Alexandre de Moraes, e o ministro da Defesa, Flávio Dino, determinaram o desmonte dos acampamentos bolsonaristas em frente aos quartéis de todo o país. Sendo assim, dia 9 de janeiro, após 70 dias no portão do CMA, golpistas foram expulsos da frente do Comendo Militar da Amazônia. Posteriormente, lideranças do CMA confirmaram ter guardado materiais utilizados por bolsonaristas que estavam no acampamento, colaborando ativamente para a tentativa de golpe. Contudo, o Exército alegou que o armazenamento ocorreu como parte das negociações para que manifestantes deixassem o local.

Ministério Público Federal (MPF-AM) enviou ofícios à Procuradoria de Justiça Militar e à Advocacia Geral da União (AGU) no Amazonas, tendo em vista apurar suspeitas de crime e improbidade administrativa (Júnior, 2023). Embora bolsonaristas argumentassem que os protestos realizados não tinham organização e eram autênticos movimentos liderados pelo povo, foi constatado pela Justiça Federal que os atos antidemocráticos em Manaus foram financiados por pelo menos cinco grandes empresas, com amplas doações (Garcia, 2023).

Foi comprovado ainda que discursos religiosos tenderam a agir como motivadores ideológicos de atos terroristas ocorridos em Brasília, com caravanas organizadas por pastores e convocações diretas de líderes evangélicos a atividades de ataque aos Três Poderes. Extremistas que invadiram o Congresso Nacional empunhavam bíblias e entoavam louvores enquanto vandalizavam o patrimônio público (Correia; Fonseca, 2023).

4. Vivências e afetações sobre o acampamento

Pensamos ser relevante narrar que visitas ao acampamento iniciavam sempre conosco disfarçadas com a camisa canarinho, traje normalmente utilizado por golpistas, ainda em dezembro de 2022. Entretanto, era comum observamos olhares de desconfiança e hostilidade. Passamos a fazer registros daqueles momentos históricos, em razão da importância da pesquisa, em psicologia social, tendo em vista relatar sobre afetações vivenciadas na experiência, quando nos deparamos com aquela contraditória realidade concreta.

Reparamos que golpistas não reconheciam o resultado das eleições e sua postura era autoritária, ameaçadora, de difícil diálogo. Nossa percepção foi de estarmos adentrando em um "universo paralelo". À primeira vista, chamou atenção um grande adesivo escrito "SOS FFAA" (Forças Armadas). Perguntamos o significado e a resposta foi que se tratava de uma mensagem de socorro, também usada na região Sul do país. Lá, segundo eles, era colocada outra sigla, "SOS FAB" (referente à Força Aérea Brasileira).

Em outra narrativa, conversamos com uma pessoa a quem denominaremos de "pastor". Segundo ela, Deus iria salvar o Brasil e por isso era necessário participar de modo ativo dos atos antidemocráticos "pelo futuro de seus filhos". Outro golpista, nomeado de "Lázaro", afirmou ter estudado serviço social e viajado para fora do Brasil, tendo inequívoco conhecimento do que acontecia no país. Por isso, estava indignado com promessas de campanha do PT, como colocar "masturbadores profissionais" nas creches e incentivar meninas, durante o intervalo de aulas escolares, a fazerem sexo. Indagamos a fonte dessas informações e, como resposta, afirmou ter recebido por grupos de *whatsapp*.

Aplicativos de comunicação, como *telegram* e *whatsapp*, para ele, eram fonte de informação considerada confiável e sem restrições. A inquestionabilidade sobre a veracidade desses dados assegurava a Lázaro a verdade e o legitimava para a retransmissão de *fake news* recebidas. Além disso, o golpista afirmava que às 23h daquele mesmo dia em que conversávamos, já em fins de dezembro, o Exército sairia às ruas com tanques de guerra, dando início à intervenção militar. Por este motivo, ele e a esposa, naquela data específica, iriam para casa por volta das 18h e retornariam às 22h, para ver de perto o acontecimento. A informação alimenta teses dos Ministérios da Defesa e da Justiça brasileiros de que houve organização prévia para invasão da Esplanada dos Ministérios, em 8 de janeiro de 2023.

A senhora Madalena (nome fictício) afirmou que estava acampada desde o início, após a vitória de Lula (PT) no segundo turno das eleições de 2022. Ela foi simpática até o momento em que começou a desconfiar das pesquisadoras, por estarem ali, perguntando, observando. Fomos questionadas se éramos de esquerda e o motivo de não termos comparecido anteriormente. O que fazíamos? É importante salientar que nos apresentamos como cidadãs, curiosas e simpatizantes do movimento bolsonarista, mas que devido ao nosso trabalho cotidiano não frequentamos antes. Mesmo assim, a partir de então o clima foi de certa hostilidade e vigilância.

Madalena narrou que pessoas gostavam de sua barraca e por isso sentavam-se para tomar café, açaí. Relatou que à noite era perigoso, pois já tinha sofrido perseguições e ataques de vândalos. Ela e demais vendedores. O motivo de continuar [a apoiar Bolsonaro], todavia, eram suas netas.

Narrou que teve câncer e foi tratada, porém não foi no Sistema Único de Saúde (SUS). O seu patrão, um político para quem trabalhava (de nome não revelado), forneceu-lhe tratamento. O desgosto por termos mencionando o SUS foi evidente.

Para manifestantes, existia a crença de que as eleições seriam anuladas devido a uma suposta grande fraude dos poderes Executivo, Legislativo e Judiciário, relacionada ao processo de verificação da integridade das urnas, o que justificava o golpe, permitindo que militares assumissem o poder, fechando câmaras, assembleias e tribunais. A promessa alimentava uma espera incansável pela intervenção em 72 horas — o que corroborava com a tentativa do golpe realizado em 8 de janeiro.

Em nossa percepção, a desconstrução da realidade era referendada por discursos sobre planos da esquerda para acabar com a família e a inocência das crianças. Esses discursos eram ornados pelo medo quanto à "ideologia de gênero", termo inventado no meio neoconservador para se referir a supostos ensinamentos ambíguos de questões relacionadas a sexo e gênero nas escolas. A "ideologia de gênero" teria sido proposta pelo atual Ministro da Fazenda, Fernando Haddad, ainda na década passada, com objetivo de induzir crianças a se identificarem como homossexuais, além de colocar pedófilos em escolas para manipular órgãos genitais de alunos.

5. A dimensão subjetiva da realidade: afeto, religião e autoritarismo no quartel

Cremos ser necessário refletir sobre a temática da dimensão subjetiva da realidade em busca de interpretações sobre fenômenos subjetivos. Por esse motivo, nos concentramos em discutir esferas de religião e família. Inicialmente, concordamos que não há consenso em torno da definição do termo "religião", mas é importante que o indicativo seja interpretado de forma crítica, como fenômeno humano que corresponde tanto a vicissitudes da vida quanto à precariedade de conhecimentos compartilhados socialmente.

Embora religião (*locus* simbólico, de ordem da vida privada) e política (*locus* da razão, de ordem pública) sejam dimensões distintas da vida em comunidade, não são impermeáveis, visto que a espiritualidade cristã tem sido inserida em todas as questões humanas e aproveitada para fins políticos, sobretudo no Brasil. Não há como compreender instituições religiosas no país sem localizá-las historicamente no campo político, pois, em nosso país, a política parece não ser feita apenas de razão, mas também se utiliza de recursos que provêm do campo religioso (Novaes, 2001).

Nos últimos quatro anos (2019 a 2022), testemunhamos a potente imbricação entre religião e política devido à ascensão do bolsonarismo no Brasil, consolidando laços questionáveis com igrejas de importante expressão parlamentar (bancada da bíblia), concentradas em torno de pautas ultraconservadoras, relativas a costumes pessoais (Reis, 2020).

Retomando o pré-socrático Xenófanes para compreender um pouco mais dessa complexidade, os humanos, de fato, projetam suas características morais nos deuses. Em *Psicologia das massas e análise do eu* (2013), Freud afirma que a identificação com um líder é sempre narcísica em dois sentidos: no primeiro caso, uma espécie de narcisismo projetivo, pois aquilo que me falta, o ideal do eu, está no outro que o encarna com perfeição. No segundo caso, características que julgo possuir e das quais me orgulho também estão no outro, que se candidata a ser meu líder. Ele é como um espelho que ressalta com nitidez e perfeição traços que admiro na minha personalidade (Bógea, 2021).

Para Bógea (2021), Bolsonaro não foi eleito pela bancada evangélica, apesar das atrocidades que diz e representa, mas sim por causa das atrocidades que diz e representa. Foi eleito porque soube capturar a comunhão de afetos e capitalizar as forças agressivas e violentas que representam seus seguidores. Em textos de Hobbes está posto que a forma fundamental de todo autoritarismo político se mostra segundo um sistema fundado sobre afetos de medo e esperança.

Em virtude do medo de ser agredido, roubado ou ter suas propriedades fundamentais, inclusive a vida, violadas por outrem, são depositadas esperanças de se viver com segurança e estabilidade a uma autoridade suprema. Assim, cada um transfere seu poder para uma única pessoa, que irá representar o poder absoluto, podendo exercer o mando livremente, a fim de garantir a ordem. É sobre essa necessidade de manter ordem e controle que famílias passaram a ser implicadas no contexto golpista, já que moldes de comportamento foram ornados a partir de organizações hierárquicas e vivências emocionais.

Estabeleceu-se, assim, desde o processo de divisão social do trabalho, seguido de sua hierarquia, inclusive a sexual do trabalho, solidificação da ideia de família, apresentando-a como necessidade vital, de reprodução tanto biológica como social. A família é espaço onde gerações se defrontam diretamente, onde se definem diferenças e relações de poder. A atuação familiar é vivida por indivíduos, agindo no exercício de subordinação ideológica. Está presente desde o início da vida e é marcada por componentes emocionais que estruturam de a personalidade de seus membros (Reis, 1989).

Observando os golpistas, presenciamos que a relação de afetação entre a religião e apego político é alienante, já que a ideia de ter a "Deus" como ser mágico, imaginário, punitivo, atuando como soldado a serviço da sua vontade, aflige a subjetividade e desvela os efeitos sociais da alienação engendrados na dimensão subjetiva da realidade. O sofrimento é a dor mediada por injustiças sociais. É o sofrimento de estar submetido à fome e opressão, sem ser sentido como dor por todos (Sawaia, 2014).

Papéis sociais analisados, entre bolsonaristas, revelam a representação de Deus como o sagrado, o punitivo e o detentor de destinos. Sobre esse olhar de magia é ancorada compreensão das afetações, diferente da compreensão do Deus de Spinoza (1992), que o nota como substância absolutamente infinita, essência eterna. Entretanto, para sujeitos amarrados historicamente por laços familiares, mesmo diante das múltiplas configurações de família na atualidade tal comportamento é ditado. É por esse motivo que sujeitos se prendem ao reino das paixões, sendo incapazes de se libertarem.

> É importante ressaltar que a produção coletiva da humanidade é feita por meio de suas formações econômicas e, desde a antiguidade (ao menos sete mil anos), no interior de sociedade de classes. A humanidade passou por diferentes formas de dominação até chegarmos à divisão que temos entre os que possuem os meios de produção e os que não possuem, assim como toda a complexa relação entre os diferentes estratos sociais produzida pela relações sociais capitalistas. As formas de controle no capitalismo representam a pedra toque desse sistema. O controle até o advento do capitalismo era realizado de forma direta. Havia produção de valores e crenças e, muitas vezes, a igreja articulou esse campo (como o faz até os nossos dias), garantindo o controle subjetivo dos segmentos dominados (Furtado; Svartman, 2009, p. 85).

Em suma, apostamos que perceber essa dinâmica perversa é assimilar uma discussão acerca dos afetos, os quais são caminhos que mantêm pessoas presas a laços familiares e ideologias, ou seja, que suscitam a manipulação de emoções. Entretanto, mediante a realidade social religiões se utilizam do sofrimento como renda, controle ou esperança sobre a realidade. Trabalho, sucesso e recompensas, assim sendo, dependem desses laços, constituindo-se em alienação que descarta o papel social a partir do qual se molda dependência das relações políticas para a constituição da realidade.

Conclusão

Em face de dados apresentados, consideramos com preocupação o avanço da extrema direita e do autoritarismo no Estado do Amazonas e no Brasil, assim como causam espanto as implicações referentes à dimensão subjetiva da realidade. É controverso o diálogo, sendo perceptível a existência de interesses perversos que impedem a aceitação da realidade, mesmo diante de fatos. Afetações provocadas por laços familiares apontaram para sentidos construídos a partir deles. Nessa perspectiva, discursos políticos se mesclam com religiosos, na expectativa de manutenção da servidão, fomentando ódio, violência e intolerância, que corroboram em comportamentos e alienação.

Referências

AGUIAR, Wanda M. Junqueira. Consciência e atividade: categorias fundamentais da Psicologia Sócio-Histórica. In: Psicologia Sócio-Histórica: uma perspectiva crítica em Psicologia. São Paulo: Editora Cortez, 2002.

AGUIAR, Wanda M. Junqueira de; SOARES, Júlio Ribeiro; MACHADO, Virgínia Campos. Núcleos de significação: Uma proposta histórico-dialética de apreensão das significações. Cadernos de pesquisa, v-45, n.155, p. 56-75. Jan./mar.2015. Disponível em: http://www.scielo.br/pdf/cp/v45n155/1980-5314-cp-45-155-00056.pdf. Acesso em: 03/08/2023, 09:43.

BOGÉA, Diogo. Psicologia do Bolsonarismo: porque tantas pessoas se curvam ao mito? S. l.: Editora Oficina de Filosofia, 2021.

CORREIRA, Mariama; FONSECA, Natália. A face religiosa do terrorismo: pastores articularam caravanas e convocaram ataques em BSB. Publica, agência de jornalismo investigativo. 10/01/2023. Disponível em: https://apublica.org/2023/01/a-face-religiosa-do-terrorismo-pastores-articularam-caravanas-e-convocaram-ataques-em-bsb/. Acesso em: 17/05/2023.

FURTADO, Odair; SAVARTMAN. Bernardo P. Trabalho e alienação. In Dimensão subjetiva da realidade: uma leitura sócio-histórica. Editora Cortez, São Paulo, 2009.

FREUD, Sigmund. Psicologia das massas e análise do eu. L&PM Pocket, 2013.

G1. 08/01/2023, 18h12. Atualizado há 5 meses. Disponível em: https://g1.globo.com/df/distrito-federal/noticia/2023/01/08/o-dia-em-que-bolsonaristas-invadiram-o-congresso-o-planalto-e-o-stf-como-isso-aconteceu-e-quais-as-consequencias.ghtml. Acesso 20/03/2023.

GARCIA, Ívina. Bolsonarista abandona tradição de Natal em família para ir a acampamento antidemocrático. Agência Amazônia, 26 dez. 2022. Disponível em: <https://aamazonia.com.br/bolsonarista-abandona-tradicao-de-natal-em-familia-para-ir-a-acampamento-antidemocratico/>. Acesso em: 26 fev. 2023.

GARCIA, Ívina. Protestos antidemocráticos recebem ajuda de ao menos cinco empresas em Manuas. Revista Cenarium Amazônia. 18/11/2022. Disponível em: <https://revistacenarium.com.br/protestos-antidemocraticos-recebem-ajuda-de-pelo-menos-cinco-empresas-em-manaus/> . Acesso em: 26 fev. 2023.

GONÇALVES, Maria da Graça Marchina. Fundamentos metodológicos da Psicologia Sócio-Histórica. In: Psicologia Sócio-Histórica: uma perspectiva crítica em Psicologia. Editora Cortez, São Paulo, 2007.

GONÇALVES, Maria da Graça Marchina; BOCK, Ana Mercês Bahia; A dimensão subjetiva dos fenômenos sociais. In: A dimensão subjetiva da realidade uma leitura sócio-histórica. Orgs: BOCK, Ana Mercês Bahia; et al. Editora /Cortez. São Paulo, 2009.

JUNIOR, Waldick. O Comando Militar da Amazônia diz que guardou material para evitar novas manifestações. Disponível em: https://www.acritica.com/politica/comando-militar-da-amazonia-diz-que-guardou-material-para-evitar-novas-manifestac-es-1.293495. Acesso em 14/11/2022.

KAHHALE, Edna M. S.; ROSA. Elisa Zaneratto. A construção de um saber crítico em Psicologia. In Dimensão subjetiva da realidade: uma leitura sócio-histórica. Editora: Cortez, São Paulo, 2009.

KIRK, G. S.; REVEN, J.E.; SCHOFIELD, M. Os filósofos pré-socráticos. 4ª. ed. Lisboa: Calouste Kulbenkian, 1994.

LANE, Silvia T. M. A psicologia Social e uma nova concepção do homem para a Psicologia. In: Psicologia social: o homem em movimento. São Paulo: Editora Brasiliense, 1989.

MARINHO, Giovana. Em Manaus, grupo de manifestantes bloqueia via de acesso a refinaria no distrito industrial. Disponivel em: <https://www.acritica.com/manaus/em-manaus-grupo-de-manifestantes-bloqueia-via-de-acesso-a-refinaria-no-distrito-industrial-1.291016> . Aceso em 17/12/2022.

NOVAES, Regina Reyes. A divina política. Notas sobre as relações delicadas entre religião e política. Revista USP, nº. 49, p. 60-81, 2001.
REIS, José Roberto Tozoni. Família, emoção e ideologia. In: LANE, Silvia T. M. "A psicologia Social e uma nova concepção do homem para a Psicologia". In: Psicologia social: o homem em movimento. São Paulo: Editora Brasiliense, 1989.
REIS, Daniel Aarão. Notas para a compreensão do Bolsonarismo. Estudos Ibero-Americanos, v. 46, n. 1, p. e36709-e36709, 2020.
SANTANA, Fred. Posse de Lula não encerra acampamento bolsonarista em Manaus. Vocativo.com, 02 jan. 2023. Disponível em: <https://vocativo.com/posse-de-lula-nao-encerra-acampamento-bolsonarista-em-manaus/>. Acesso em: 26 fev. 2023.
SAWAIA, Bader Burihan. A consciência em construção no trabalho de construção da existência: uma análise psicossocial do processo da consciência de mulheres faveladas participantes de movimentos urbanos de reivindicação social e de um grupo de produção de artesanato. Tese de Doutorado. Pontifícia Universidade Católica. São Paulo, 1987. Disponível em:< https://sapientia.pucsp.br/handle/handle/17268>. Acesso em: 10/03/2023.
Sociedade Militar. Revista Sociedade Militar. Disponível em: <https://www.sociedademilitar.com.br/2017/09/o-que-significa-ffaa-abreviaturas-militares.html>. Acesso em: 07/01/2023.
SPINOZA. Ética. Tradução: Tomaz Tadeu. 2ª ed. 10ª reimpressão, ed. Autêntica. Belo horizonte, 2020.

CAPÍTULO XIII

A potência política da imaginação

José Carlos de Oliveira

1. Nota introdutória

Neste capítulo, trataremos das inter-relações entre imaginação, criatividade, arte e política. Esta questão será analisada a partir dos conceitos de imaginação, catarse, vivência, vontade de criação e forma criativa. Partindo de Spinoza e do conceito de imaginação como ideia parcial e virtude da mente e de Vigotski, que define imaginação como "combinações dos elementos da memória", analisaremos o papel desta no processo de criação artística e resistência a autoritarismos, utilizando, principalmente, os conceitos de catarse e vivência. Para tratar da imaginação criativa fora do campo da arte, utilizaremos, além do conceito de "vontade de criação", concebido por Alois Riegl, também algumas considerações de Vigotski sobre este aspecto.

Procuramos analisar nexos entre a imaginação criativa e a democracia. Neste aspecto, o conceito de "forma criativa", elaborado por Fayga Ostrower, foi fundamental para nosso objetivo, que intentou demonstrar que a criação artística, mais que evento estético, separado da realidade, constitui acontecimento político, pois, tanto nos regimes totalitários como na democracia, a arte e a imaginação são utilizadas, estrategicamente, ou para a manutenção da organização social vigente ou para a transformação do indivíduo e das relações sociopolíticas.

2. Algumas abordagens sobre a imaginação e a criatividade

A imaginação e a criatividade, na maioria das vezes, são tratadas como algo circunscrito à atividade artística. Vigotski, todavia, reconhece a presença da imaginação criativa em outras atividades sociais e políticas:

> A vida do homem se transformará em uma criação ininterrupta, em um ritual estético, que não surgirá da aspiração de satisfazer algumas pequenas necessidades, mas de um ímpeto criador, consciente e lumi-

> noso. A alimentação e o sono, o amor e o jogo, o trabalho e a política, cada um dos sentimentos e cada uma das ideias se transformarão em objeto da criatividade. O que hoje se realiza nos limitados âmbitos da arte, posteriormente impregnará a vida inteira e a vida se tornará um trabalho criador (Vigotski, 2003, p. 304).

Neste sentido, imaginação constitui-se como uma forma complexa de atividade psíquica e está relacionada com diferentes associações de imagens. Tais imagens formadas na mente nada mais são que o resultado das combinações de elementos oriundos das experiências vividas pelo indivíduo. Ao tratar do desenvolvimento da imaginação na infância, Vigotski põe em xeque os pressupostos da psicologia em voga na sua época, a qual reduzia a imaginação à memória.

A diferença entre ambas consiste no seguinte: enquanto a memória não necessita de um motivo atual imediato para evocar as imagens do que foi vivido anteriormente, a atividade da imaginação, por outro lado, requer um motivo atual para ser colocada em movimento. Isto ocorre porque a imaginação não repete, mas produz novas combinações dos elementos da memória. O que torna a imaginação criativa é a possibilidade de produzir novas e diferentes combinações e não a capacidade de criar algo novo e inédito (Vigotski, 2015).

Vigotski, baseado em Wundt e Ribot, afirma que o substrato real da imaginação só pode ser elucidado, se considerarmos os diferentes modos de combinação dos elementos que constituem a memória de cada indivíduo. Ao contrário de Freud e Piaget, que consideravam a imaginação como atividade não social, a serviço apenas da obtenção de prazer, Vigotski entende a atividade imaginativa como uma forma de conhecimento da realidade.

Outro aspecto fundamental da atividade imaginativa, destacado por Vigotski, consiste na estreita relação com a linguagem: "[...] a linguagem possibilita uma representação do objeto. Em se tratando da criança, a linguagem liberta do poder das impressões imediatas" (Vigotski, 2015, p. 403). Em se tratando das emoções causadas pela atividade imaginativa, Vigotski afirma que são tão reais quanto qualquer outra emoção:

> [...] Todas as nossas vivências fantásticas transcorrem, no fundo, numa base emocional absolutamente real. Deste modo, vemos que os sentimentos e a fantasia não são dois processos separados entre si, mas, essencialmente, o mesmo processo, e estamos autorizados a conside-

rar a fantasia como expressão central da reação emocional (Vigotski, 1999, p. 264).

Ao considerar a relação entre a imaginação e o pensamento realista, Vigotski conclui que este não ocorre prescindindo daquela e, entre ambos há uma contradição real. Assim sendo, a imaginação constitui um momento necessário do pensamento realista e o conhecimento da realidade só se torna possível, não excluindo, mas considerando os processos imaginativos.

Na filosofia de Spinoza, a questão da imaginação constitui um tema relevante para o conhecimento adequado da realidade, principalmente porque, pela atividade imaginativa pode-se conhecer mais "a constituição do nosso corpo do que a natureza dos corpos externos" (Spinoza, 2018). Ainda na segunda parte da Ética, Spinoza define a imaginação como uma faculdade do corpo:

> Ademais, chamaremos imagens das coisas as afecções do Corpo humano cujas ideias representam os Corpos externos como que presentes a nós, ainda que não reproduzam as figuras das coisas. E quando a Mente contempla os corpos desta maneira, diremos que imagina (Spinoza, 2018, p. 382).

Na quarta parte da *Ética*, Spinoza utiliza o sol como exemplo do processo imaginativo que ocorre em nosso corpo e mente. Mesmo quando sabemos a verdadeira distância do sol, continuamos imaginando que ele está perto de nós:

> [...] conhecida a distância, o erro é suprimido, mas não a imaginação, isto é, a ideia do sol que explica a natureza dele apenas enquanto o corpo é afetado por ele; por isso, embora conheçamos a verdadeira distância dele, não obstante imaginaremos que ele está perto de nós (SPINOZA, 2018, p. 383)[106]

Sobre a imaginação, Spinoza ainda afirma que constitui o primeiro gênero do conhecimento. Ela se distingue do segundo e do terceiro, denominados respectivamente de racional e de ciência intuitiva, principalmente por não considerar, de forma clara e distinta, as causas adequadas das afe-

[106] Ética IV, Proposição I, Escólio.

tações corporais (Spinoza, 2018, p. 557)[107].

Na criação artística, a imaginação e o pensamento racional interagem entre si. De acordo com Vigotski, a arte produz emoções que se resolvem no córtex cerebral. São emoções inteligentes. Em se tratando da arte teatral, a emoção do ator em cena difere daquelas vivenciadas na vida cotidiana, pois, ao chorar em cena, suas lágrimas correm diretamente do cérebro e são tão verdadeiras como qualquer outra emoção (Vigotski, 1999, p. 267).

A seguir, vejamos como Alois Riegl[108] (1858 – 1905), analisa a intersecção entre real e imaginário, o subjetivo e o objetivo e como isto ocorre no conjunto da produção cultural e não apenas na criação artística.

3. Alois Riegl e a vontade de arte

Assim como Vigotski, Riegl defendia que o indivíduo não pode existir sem relação com o contexto social em que está situado. E, por este motivo, toda a criação torna-se uma expressão deste contexto. Riegl criou, em 1893, o conceito de ***kunstwollen***, neologismo que pode ser traduzido como vontade de arte ou vontade de criação. Como assinala Carla Oliveira, este conceito riegliano propõe pensar a arte não como mera representação de conteúdo, mas como "expressão de uma vontade exteriorizada no conjunto da produção cultural de uma comunidade". A ***kunstwollen*** se manifesta tanto na criação artística, propriamente dita, como também nos outros objetos materiais que são utilizados no cotidiano (Oliveira, 2013, p. 16).

Convém ressaltar que esta perspectiva de Riegl vem ao encontro de questões fundamentais para a psicologia social, sobretudo no que se refere as complexas relações entre o particular e o geral, a produção material e intelectual. Através do conceito de ***kunstwollen*** torna-se possível refletir sobre a relação dialética entre o subjetivo e o objetivo, sobre o modo como o coletivo molda o indivíduo e como é moldado por ele. Vigotski, ao afirmar que a imaginação não pode ser entendida como algo que ocorre exclusivamente no interior do indivíduo, tem esta mesma perspectiva: "[...] os processos de imaginação, por si sós, parecem ser apenas internamente orientados pelos sentimentos e pelas necessidades da própria pessoa, estando, dessa forma, condicionados a motivos subjetivos e não objetivos" (Vigotski, 2009, p. 42).

---

[107] Ética V, Proposição XXVIII.

[108] Riegl, contemporâneo de Freud e Gustav Klimt, pertence à Escola Vienense de História da Arte. Ele foi professor na Universidade de Viena e curador do Museu Austríaco de Artes Aplicadas. Sua obra influenciou Erwin Panofsky e Walter Benjamin (OLIVEIRA, 2013).

Neste sentido, a vontade de criação não está circunscrita apenas à atividade artística, pois para Riegl, outros objetos expressam a dinâmica social de sua produção. Ao defender esta perspectiva, Riegl põe em xeque as hierarquias estéticas, pois, não apenas a obra de arte, mas também as informações arqueológicas e todos os objetos, mesmos os ornamentais, são capazes de revelar a vontade criadora de seus produtores (Oliveira, 2013, p. 24).

O conceito de ***kunstwollen*** também se contrapõe à ideia de função da arte ***(kunstzwek)*** e intenção da arte ***(kunstabsicht)***, pois o papel da arte não consiste em copiar a natureza ou transmitir uma mensagem ou ainda ser mera ilustração da história, mas sim, ser uma expressão do nexo entre cultura e história. Neste sentido, ***kunstwollen*** possibilita levar em consideração a cosmovisão de uma coletividade, a maneira como uma determinada época histórica expressa sua realidade e como cada indivíduo se relaciona com seu ambiente imediato.

Em sua obra sobre a transição da antiguidade clássica para a antiguidade tardia[109] e a consequente mudança de visão de mundo, Riegl assinala que toda a criação neste período foi marcada por esta dinâmica histórica. Na nova época emergente, as conexões entre as coisas só poderiam ser entendidas a partir da sua organicidade e não mais de forma mecânica (Ramos; Rampim, 2019).

Na gênese do conceito de ***kunstwollen***, está presente o desejo de Riegl de se contrapor à concepção de obra de arte como produto da genialidade de um indivíduo isolado. Riegl, ao trazer para o campo da análise alguns objetos marginalizados pela história da arte — no final do século XIX e início do XX — tinha como finalidade comprovar sua principal tese: que todos os objetos, sejam estéticos ou não, são provenientes da mesma vontade criadora, que se expressa a partir de um contexto social e histórico determinado.

De acordo com Ramos e Rampim, Riegl, ao partir da constituição material dos objetos, inclusive daqueles que são considerados "obras de arte", Riegl tinha em vista a "incorporação formal da visão de mundo de uma coletividade", na qual toda ação criadora está ancorada (Ramos; Rampim, 2019).

Vigotski, conforme assinalamos anteriormente, também procurou dar esta base histórica e social à atividade criativa. Em uma de suas resenhas

[109] Trata-se de "A arte industrial na Roma tardia", obra escrita em 1901.

literárias[110], ao discutir os efeitos da Revolução de Outubro sobre a criação artística, Vigotski distingue três modos: o primeiro, representado por Maiakóvski, é o modo da *intelligentsia*, "que sentiu a grandeza dos ventos de Outubro, mas não se entregou a eles por inteiro"; o segundo modo corresponde ao grupo dos poetas camponeses, "que uniram Outubro e a mística do paraíso camponês" e, por fim, temos o modo o grupo dos poetas proletárias se deixaram afetar por este evento histórico, ou seja, fazendo suas vozes ressoarem os novos sons pré-outubristas da nova consciência coletiva" (Vigotski, 2022, p. 106).

Do conceito de *kunstwollen* e das considerações de Vigotski podemos concluir o seguinte: que o aspecto social e político está sempre atuante em qualquer processo de criação, seja artística ou não, de modo que nenhuma obra pode ser considerada como algo estritamente pessoal, dada sua forma ideológica estar sempre ligada ao psiquismo do homem social.

Para continuar elucidando as relações complexas entre a criação artística e o seu meio circundante, vejamos alguns aspectos sobre um conceito fundamental: a catarse. Este conceito expressa a dimensão política da arte, sobretudo se considerarmos que a catarse tanto pode ser utilizada para reproduzir a organização sociopolítica vigente, como para favorecer a transformação da realidade.

4. Catarse

Do que foi apresentado anteriormente, faz-se mister enfatizar que, embora os efeitos da arte sejam elaborados pelo indivíduo, a criação artística, em sua essência, será sempre uma ação coletiva. É por causa da sua natureza social que a arte faz o sentimento tornar-se pessoal: "[...] quando cada um de nós vivencia uma obra de arte, [o sentimento] converte-se em pessoal sem com isto deixar de continuar social" (Vigostki, 1999, p. 315). Para tratar mais acuradamente esta questão, Vigotski utilizou o conceito de catarse: "[...] a arte realiza a catarse e arrasta para este fogo purificador as comoções mais íntimas e mais vitalmente importantes de uma alma individual e o seu efeito é um efeito social" (Vigotski, 1999, p. 315).

Aristóteles, na *Poética*, definiu a catarse como "descarga" de emoções socialmente contraditórias, cujo objetivo era "purgar", apaziguar e confor-

[110] Trata-se da resenha: "Não exatamente uma resenha. Outubro na poesia", que consta no livro traduzido e organizado por Priscila Marques, que reúne, além das resenhas literárias, também as teatrais, inclusive o ensaio de Vigotski, intitulado "O Teatro e a Revolução".

mar os cidadãos às leis da cidade[111]. Esta concepção já evidencia o papel social e político da arte como técnica para transformar as emoções. Entretanto, seu mecanismo era utilizado não para subverter, mas para manter a ordem e reforçar a organização social vigente. Na concepção de Vigotski, no entanto, a catarse é abordada de forma diferente. Ela contém um viés mais dialético, no que se refere à resolução dos conflitos, pois, tanto o indivíduo, em sua interioridade quanto a realidade, em seu aspecto exterior, vivenciam um processo de transformação: "[...] na reação estética, as emoções angustiantes e desagradáveis são submetidas a certas descargas, à sua destruição e transformação em contrários, e de que a reação se reduz, no fundo, a essa catarse, à complexa transformação dos sentimentos" (Vigotski, 1999, p. 270).

Na concepção de catarse, proposta por Vigotski, também há uma contradição dialética entre o conteúdo e a forma[112]. A forma está sempre procurando superar o conteúdo: "[...] a forma combate o conteúdo, luta com ele, supera-o, e que nessa contradição dialética entre conteúdo e forma parece resumir-se o verdadeiro sentido psicológico da reação estética" (Vigotski, 1999, p. 199). Ao comentar a tragédia de Hamlet, Vigotski conclui o seguinte:

> A tragédia pode obter esses efeitos incríveis sobre os nossos sentimentos precisamente porque os leva a transformar-se constantemente em seus opostos, a enganar-se em suas expectativas, a esbarrar em contradições, a desdobrar-se; e quando vivemos *Hamlet* temos a impressão de que vivemos milhares de vidas humanas em uma noite e, de fato, conseguimos experimentar mais emoções do que em anos inteiros da nossa vida comum (Vigotski, 1999, p. 243).

Deste modo, a catarse, ao possibilitar a emergência de uma nova síntese entre dois contrários, também torna possível a projeção de outros modos de ser e existir:

---

[111] No sistema trágico aristotélico, o público era levado a se identificar com o herói trágico. Este, ao cometer *hamartia* – a falha trágica – e agir em discordância com as leis que governam a *polis*, colocava em perigo o bem comum. Se não houvesse a purgação de alguns sentimentos, considerados antissociais, a coesão social poderia ser rompida. Neste caso, o objetivo da catarse era garantir a coesão social (BOAL, 2013).

[112] Em conferência, proferida no Museu Guggenheim, em Nova York, em 1969, Marcuse, ao analisar esta relação contraditória entre forma e conteúdo e concluiu que "a forma contradiz o conteúdo e triunfa sobre o conteúdo" (MARCUSE, 2022, p. 211).

> Toda obra de arte é portadora de um tema material real ou de alguma emoção totalmente corrente no mundo. No entanto, a tarefa do estilo e da forma reside justamente em superar este tema real material ou esse caráter emocional de uma coisa e antecipar algo totalmente novo. Por isso, desde as mais remotas épocas, o significado da atividade estética foi entendido como uma catarse, isto é, como uma resolução e uma liberação do espírito das paixões que o torturam (Vigotski, 2003, p. 233).

O *Teatro do oprimido*, de Augusto Boal, também se propõe antecipar esse "algo totalmente novo". Ao contrário do sistema coercitivo de Aristóteles, cuja finalidade era produzir no espectador uma emoção vicária, substituta da ação política, que deveria ser articulada na realidade social e histórica, o objetivo do *Teatro do oprimido* consiste em despertar o desejo de transformação:

> [...] a ação que é mostrada no palco se constitui numa possibilidade, numa alternativa, e os espectadores-interventores são convidados a criar novas ações, novas alternativas que não são substitutas da ação real, mas repetições, pré-ações que precedem – e não substituem – a verdadeira ação que se quer transformadora de uma realidade que se pretende modificar (Boal, 1996, p. 83).

Trata-se de transformar água em vinho, imagem bíblica[113] utilizada por Vigotski, para se referir ao papel sociopolítico transformador da arte[114]. Diferente do milagre da multiplicação dos pães, no qual as pessoas que comeram se sentiram saciadas, mas o pão continuou sendo o mesmo pão cotidiano, a transformação da água em vinho cria algo novo, isto é, produz uma transformação qualitativa dos sentimentos: "A arte está para a vida como o vinho está para a uva [...] a arte recolhe da vida o seu material, mas produz acima desse material algo que ainda não está nas propriedades deste material" (Vigotski, 1999, p. 308).

Ao transformar água em vinho, a arte possibilita apreender o mundo como algo aberto e com infinitas possibilidades. Neste processo, a imagi-

[113] Evangelho de João, capítulo 2, versículo 9.

[114] A referência a esta metáfora pode ser encontrada em *Psicologia da Arte*: "[...] as palavras de uma narração ou de um verso implicam o seu sentido simples, a sua água, enquanto a composição, ao criar sobre essas palavras, acima delas, um novo sentido, dispõe tudo isso em um sentido bem diferente e transforma a água em vinho" (VIGOTSKI, 1999, p. 192).

nação desempenha um papel fundamental. Os regimes totalitários, cientes desta potência da imaginação, procuram cercear o seu livre curso pelo caminho inverso ao da arte, procurando transformar o vinho em água. Para atingir tal objetivo, estes regimes utilizam a "lógica do curral", na qual tudo precisa ser predeterminado e controlado. Por outro lado, ao apresentar as coisas, o mundo e os seres em permanente estado de vir-a-ser, a arte confere à vida um caráter eminentemente democrático. Vejamos alguns aspectos desta potência transformadora da arte e sua relação com a democracia.

5. A potência da imaginação na arte e na vida

A "lógica do curral", que nos referimos anteriormente, procura, a todo custo, manietar a força criativa da imaginação, através de abstrações[115], visões unilaterais e palavras de ordem. *Persona non grata*, a imaginação foi pejorativamente tratada como algo da ordem do ilusório e do fictício, algo que não se relaciona com a esfera pública ou com o mundo real das relações sociais concretas. Esta "lógica do curral" vem se desdobrando desde o século XVI, momento histórico em que o universalismo e o pensamento abstrato foram se impondo como forma superior de conhecimento da realidade. Época das grandes navegações e da configuração do projeto colonialista europeu, "[...] paisagens e territórios eram erguidos seguindo a lógica de um centro que se irradiava para espaços outros, ceifando existências e saberes e, na busca por impor sua hegemonia, dois sentidos de dois conceitos se fundem: a representação passa a ser sinônimo de verdade" (Mello; Lopes; Lima, 2021, p. 05).

Na contramão do curral está o paiol, demonstrando que nem tudo que é verdadeiro pode ser representado e que as relações entre verdade e representação são contraditórias e não harmônicas. Enquanto estrutura prático-funcional, o paiol serve para armazenar as coisas, mas quando a imaginação entra em cena, o seu sentido material se modifica:

> [Paióis são] edificações geralmente feitas com madeiras envelhecidas pelo tempo, com luz tênue ou mesmo sem luminosidade, localizados nos fundos dos quintais, comuns nas casas do interior. Neles se guardavam os grãos das colheitas, os instrumentos agrícolas e outros arte-

[115] Utilizamos o termo "abstração" para designar as formas conhecimento que desconsideram a realidade concreta.

fatos, que convergiam a intensa vida dos moradores daquela residência e permitia a vida. Dali saiam os alimentos humanos, os alimentos dos animais criados nos terreiros, os instrumentos que transformavam o espaço, as geleias e as conservas (Mello; Lopes; Lima, 2021, p. 15).

Ao contrário do curral, o paiol desperta emoções contraditórias que diferem das emoções vividas no tempo cotidiano. Em outras fases da vida, mas sobretudo na infância, a relação com estas coisas guardadas no paiol trazia "a certeza de uma generosidade oferecida, que colocava o existir em uma expressão de autenticidade e vínculo" (Mello; Lopes; Lima, 2021, p. 15). Noutras palavras, o paiol possibilitava vivências diferentes daquelas vividas no cotidiano.

Sobre esta questão das vivências, convém retomar Vigotski, pois, do mesmo modo que a catarse, as vivências também ocupam um lugar central em sua obra. O termo utilizado por Vigotski para se referir à vivência é *perejivanie*. Serguei Jerebtsov, ao analisar a etimologia deste termo – *pere-jivat* – põe em evidência este aspecto fundamental: a vida só pode existir em permanente processo de transformação. "[...] *pere-jivat* [quer dizer] passar pelo meio da vida, estar em caminho permanente, em busca, sempre morrer e nascer, estar no processo de reformulação de si mesmo, no fluxo da vida[116]. Ao contrário, se não vivenciar – *perejit* – isto significa não viver" (Jerebtsov, 2014, p. 21).

Para que as vivências aconteçam, faz-se necessário existir uma relação de coesão entre o indivíduo e o meio social. Em se tratando do regime democrático, pode-se afirmar que se constrói a partir desta relação de coesão entre o singular e o coletivo. Por outro lado, nos regimes totalitários, esta coesão não existe, pois ela é incompatível com o projeto de servidão e dominação.

Existe sim uma relação fraturada e uma diminuição da potência de vida e da liberdade. Este projeto totalitário utiliza a seguinte estratégia: fazer indivíduo imaginar sem saber que está imaginando, de modo que confunda os efeitos com as causas e a capacidade do corpo de agir e da mente de pensar seja diminuída. Refletir sobre este modo da imaginação ser utilizada permite dimensionar a sua relevância para a sustentação do ideário fascista-totalitário (Bernardo, 2022).

Por outro lado, na democracia, o indivíduo sabe que está imaginando e que todas as coisas, inclusive a própria imaginação, possuem causas certas e determinadas:

[116] O poeta Carlos Drummond de Andrade expressa este sentido da vivência quando escreve: "viver é ver sempre de novo, a cada forma, a cada cor, a cada dia, o dia em flor do dia" (ANDRADE, 2012, p. 101).

> [...] pois se a mente, quando imagina coisas não existentes como presentes a si, simultaneamente soubesse que tais coisas não existem verdadeiramente, decerto atribuiria esta potência de imaginar à virtude de sua natureza, sobretudo se esta faculdade de imaginar dependesse de sua só natureza, isto é (pela Def. 7 da parte 1), se esta faculdade de imaginar da mente fosse livre (Spinoza, 2018, p. 169)[117].

A imaginação torna-se virtude e algo útil para o ser humano, sobretudo quando possibilita conhecer o estado atual do corpo. Ela se torna potência democrática, todavia, quando possibilita o conhecimento do estado atual do corpo coletivo. A estratégia totalitária atua com o objetivo de manter este corpo coletivo ignorante das causas de seus afetos e das ideias, por um lado, e imersos no medo e em outros afetos tristes, por outro: "[...] os homens equivocam-se ao se reputarem livres, opinião que consiste apenas sem serem cônscios de suas ações e ignorantes das causas pelas quais são determinados" (Spinoza, 2018, p. 191)[118]. Por desconhecer as causas de seus desejos, o ser humano tem ideias parciais e confusas e se julgam livres só pelo fato de serem conscientes de suas ações. Ninguém poderá ser livre sem considerar as causas, inclusive as da imaginação. E sem liberdade não há democracia.

Conforme vimos, a imaginação pode ser empregada de duas formas diferentes, isto é, pode tanto favorecer quanto diminuir a potência de vida do indivíduo e da coletividade. Retomando um aspecto fundamental, sublinhado por Vigotski e Boal, de que a arte possui uma potência política incontestável, convém enfocar os modos como a criação artística e democracia se inter-relacionam. Sobre esta questão, Marcuse afirma:

> A arte, em virtude de sua própria dinâmica interna, torna-se uma força política. Ela recusa-se a ser para o museu, para o mausoléu, para as exposições de uma aristocracia que já não existe. Hoje, a arte integra as forças de rebelião somente quando dessublimada: uma Forma viva que dá palavra, imagem e som ao Inominável, para a mentira e sua elucidação, para o horror e a libertação dele, para o corpo e sua sensibilidade como a fonte e a sede de toda "estética" (Marcuse, 2022, p. 213).

---

[117] Ética II, Proposição XVII, Escólio.
[118] Ética II, Proposição XXXV, Escólio.

Vejamos como a arte pode ser uma forma viva, em permanente diálogo com a realidade sociopolítica. O ato de criar é a mesma coisa que o ato de formar, dar forma. Para Fayga Ostrower, dar forma é o mesmo que fazer, experimentar e lidar com a materialidade da vida. Sejam quais forem os meios de criação, o importante sempre é fazer, pois "enquanto o fazer existe apenas como intenção, ele ainda não se tornou forma" (Ostrower, 2014, p. 69). De acordo com esta autora, a arte conceitual, ao defender que a capacidade de agir seja algo prescindível e não algo vital para o processo de criação, produz alienação.

Convém ressaltar que, enquanto não se definir como forma, a arte não poderá participar ativamente dos processos de transformação sociopolítica da realidade. Por meio da forma, continua Ostrower, "a experiência subjetiva se converte em comunicação objetivada" (Ostrower, 2014, p. 24). E conclui: arte que não leva em consideração a materialidade da vida corre o risco de romper a relação dialética entre o indivíduo e o coletivo e ficar submersa em um mar de subjetivismos: "[...] Desvinculada de alguma matéria a ser transformada, a única referência do imaginar se centraria no próprio indivíduo, ou seja, em certos estados subjetivos desse indivíduo cujos conteúdos pessoais não são suscetíveis de participação por outras pessoas" (Ostrower, 2014, p. 32).

Embora não mencione diretamente a obra de Marx, quando define a forma como comunicação objetivada, Ostrower nos remete a um trecho dos *Manuscritos econômico-filosóficos*. Neste trecho, Marx, ao analisar o modo como o homem se afirma no mundo objetivo, conclui que se afirma não apenas pelo pensamento, mas com todos os sentidos:

> [É] apenas pela riqueza objetivamente desdobrada da essência humana que a riqueza da sensibilidade *humana* subjetiva que um ouvido musical, um olho para a beleza da forma, em suma, as fruições humanas todas se tornam *sentidos* capazes, sentidos que se confirmam como forças essenciais *humanas* (Marx, 2010, p. 110, grifos do autor).

O ato de criar ou de formar, no entanto, não se restringe à obra de arte, como afirmou Alois Riegl, pois a forma também pode ser entendida, de acordo com Ostrower, como o modo como as relações sociais e políticas se configuram dentro de um determinado contexto histórico. A forma, neste sentido compreende a estrutura das relações ou o modo como as relações se ordenam. A mesa tem sua forma, mas também uma teoria, uma ação ou uma determinada situação tem forma (Ostrower, 2014, p. 79).

A dimensão política da criatividade consiste nisso: modificar, transformar os modos como as relações se ordenam. Na democracia, a forma das relações está sempre se modificando, tendo como parâmetro fundamental, os princípios da igualdade, da liberdade e do bem comum. Deste modo, a imaginação e a criatividade, o fazer artístico e todos os outros fazeres serão consonantes com a democracia, na medida em que continuarem intensificando a vida, sobretudo através de sucessivas e diferentes formatações da máxima spinozana: nada mais útil para o ser humano que estar na companhia de outro ser humano. Isto porque "se dois se põem de acordo e juntam forças, juntos podem mais, e consequentemente tem mais direitos sobre a natureza do que cada um deles sozinho; e quanto mais assim estreitam relações, mais direitos terão todos juntos" (Spinoza, 2009, p. 18).

6. Nota conclusiva

A imaginação e a criatividade, sejam na arte ou em outras práticas sociais, fortalecem a democracia, sobretudo quando apresentam uma alternativa às formas relacionais atuais, caracterizadas pela polarização e intolerância com as diferenças. São relações sociais típicas de uma sociedade fechada. O filósofo Henri Bergson define as sociedades fechadas da seguinte maneira: "[...] são aquelas cujos membros sustentam a si mesmos e, indiferentes ao resto dos homens, estão sempre prontos a atacar ou a defender-se e sentem obrigados a manter uma atitude de combate" (Bergson, 1966, p. 339).

Em outras palavras, o contexto sociopolítico parece ser de permanente estado de guerra. A imaginação desempenha um papel político neste contexto, sobretudo porque pode cooperar para a manutenção desta ordem quanto pode ser utilizada, estrategicamente, para transformar esta realidade. Conforme afirmou Vigotski, parafraseando os milagres bíblicos, a criação artística pode tanto multiplicar os pães, deixando tudo do jeito que está como pode também transformar a água em vinho. Isto pode ocorrer pela criação artística pela via da catarse e pelas vivências e também fora do ambiente da arte, pelos encontros significativos que transformam o indivíduo e o seu ambiente. Somente na democracia é possível acontecer a transformação da água em vinho.

Embora nos regimes totalitários mudanças também aconteçam, e, convém ressaltar, a arte é uma estratégia utilizada de forma ostensiva, no entanto, é mudança às avessas, pois, em vez de produzir algo novo, os governos totalitários impedem o surgimento do novo. E quando a arte é utilizada com esta finalidade, então o vinho volta a ser água. Mussolini afirmara que era mais poeta que estadista e "fez-se si mesmo um ator do seu próprio personagem"[119]. Hitler, inspirado na ambição wagneriana do teatro total, levou até as últimas consequências a estetização da política: "[...] e pôs em cena o próprio Estado, fazendo da assembleia política uma representação, da propaganda um teatro filmado, da arquitetura um cenário e da guerra uma coreografia" (Bernardo, 2022, p. 66).

Enquanto a arte totalitária dissemina a "lógica do curral", o embotamento da imaginação e das emoções e o cerceamento da liberdade, a arte democrática, por outro lado, além de proporcionar uma reflexão sobre a realidade atual, também sugere possibilidades para superá-la, sempre fazendo jus à essência humana de estar sempre procurando novas formas de ser e existir, nunca de maneira solitária, mas sempre em colaboração com os outros.

Referências

ANDRADE, Carlos Drummond. As impurezas do branco. São Paulo: Companhia das Letras, 2012.

BERGSON, Henri. Las dos fuentes de la moral y de la religión. Traducción de Jaime de Salas y José Atencia. Madri: Editorial Tecnos, 1996.

BERNARDO, João. Labirintos do fascismo: fascismo como arte. vol. 5. São Paulo: Hedra, 2022.

BOAL, Augusto. O arco-íris do desejo: o método Boal de teatro e terapia. Rio de Janeiro: Civilização Brasileira, 1996.

______________. Teatro do oprimido e outras poéticas políticas. São Paulo: Cosac Naify, 2013.

JEREBTSOV, Serguei. Gomel – a cidade de L. S. Vigotski. Pesquisas científicas contemporâneas sobre a instrução no âmbito da teoria histórico-cultural de Vigotski. In: VERESK – Estudos sobre a perspectiva histórico-cultural de Vigotski. Brasília: UniCEUB, 2014. Disponível em: https://repositorio.uniceub.br/jspui/bitstream/235/5750/6/VERESK.pdf. Acesso 10.jun.23.

MARCUSE, Herbert. Arte como forma de realidade. Tradução Gabriel

[119] Esta frase é atribuída à Pirandello, conforme atesta Bernardo: "[Mussolini] fez de si mesmo um personagem, um pouco à sua própria semelhança, um pouco à semelhança do que os italianos queriam que ele fosse" (BERNARDO, 2022, p. 44).

Dias. In: Artefilosofia, n. 31.jan-dez.2022, p. 206 - 216. Disponível em: https://periodicos ufop.br. Acesso: 20.jun.23.

OLIVEIRA, Carla Mary S. Alois Riegl, o conceito de kunstwollen e o barroco: algumas considerações em história da arte. In: Saeculum, n. 28, jan – jun 2013, p. 13 – 27. Disponível em: https://periodicos ufpb.br. Acesso: 01.mar.23.

OSTROWER, Fayga. Criatividade e processos de criação. 30ª. ed. Petrópolis: Vozes, 2014.

MARX, Karl. Manuscritos econômicos-filosóficos. Tradução Jesus Ranieri. São Paulo: Boitempo, 2010.

RAMOS, Fernanda Carolina; RAMPIM, João Lopes. Percursos para uma teoria materialista da arte em Walter Benjamin. In: Artefilosofia, n. 26, jul.2019, p. 239-255. Disponível em: https://periodicos ufop.br. Acesso: 02.abr.23.

SPINOZA, B. Tratado Político. Tradução Diogo Pires Aurélio. São Paulo: Editora WMF Martins Fontes, 2009

___________. Ética. Tradução Grupo de Estudos Espinosanos. São Paulo: Editora da Universidade de São Paulo, 2018.

VIGOTSKI, L. S. Psicologia da arte. Tradução Paulo Bezerra. São Paulo: Martins Fontes, 1999.

_____________. Psicologia Pedagógica. Tradução Claudia Schilling. Porto Alegre: Artmed, 2003.

_____________. Imaginação e criação na infância: ensaio psicológico. Tradução Zoia Prestes. São Paulo: Ática, 2009.

_____________. La imaginación y su desarrollo en la edad infantil. In: Obras Escogidas – Tomo II, p. 396 – 407, 2015. Disponível em http://www.taringa.net/perfil/vygotsky. Acesso 25.mai.23.

_____________. Escritos sobre arte. Tradução Priscila Marques. Bauru/SP: Mireveja, 2022.

CAPÍTULO XIV

Educação como resistência: práticas cotidianas de um saber-fazer pautado na educação popular

Ana Carolina Gil
Daniel Péricles Arruda
Samira Nagib

Desde o golpe contra a presidenta Dilma Rousseff, em 2016, até o final do mandato de Jair Bolsonaro, em 2022, vivemos tempos nebulosos, tempos em que a vulgaridade se tornou motivo de orgulho. O desgoverno de Bolsonaro, sobretudo, foi desastroso, catastrófico, deixou marcas profundas e indeléveis em todas as áreas. A política de educação, que passou a ser desmontada no governo Temer (2016-2018) e continuou a mostrar retrocessos com Bolsonaro, é exemplo claro de marca deixada.

A gestão bolsonarista teve como um dos focos centrais "revisar e modernizar conteúdos. Isso inclui a alfabetização, expurgando a ideologia de Paulo Freire" (Plano de Governo, 2018, p. 46). Depois dos inúmeros ataques ao patrono da educação brasileira, a juíza Geraldine Pinto Vital determinou, em caráter de urgência, que a União pagasse multa de R$ 50 mil por dia caso atentasse contra a dignidade do educador (Rocha, 2021). Ainda assim, Bolsonaro ressaltava que sua intenção era "dar um salto de qualidade na educação (...) sem doutrinar" (Plano de Governo, 2018, p. 22) e que tinha ideia de "criar um ambiente favorável ao empreendedorismo no Brasil" (ID., op. cit., p. 48).

O ensino domiciliar foi defendido, ignorando-se em absoluto o fato de que ambientes escolares têm papel fundamental na aquisição e desenvolvimento de habilidades sociais e interpessoais. Durante o governo Bolsonaro foram realizados inúmeros cortes em recursos de educação e ciência, sendo considerado, de acordo com o Observatório do Legislativo Brasileiro, o governo responsável pelo maior bloqueio ou contingenciamento. De 2018 a 2022, cerca de R$ 113 bilhões foram cortados (Azevedo, 2022).

Foi nesse cenário que o Novo Ensino Médio, projeto de educação baseado que tenderia a agravar as desigualdades do país, passou a ser implementado. O modelo prevê itinerários formativos, organizados via diferentes arranjos curriculares, sendo eles i) linguagens e suas tecnologias, ii) matemática e suas tecnologias, iii) ciências da natureza e suas tecnologias, iv) ciências humanas e sociais aplicadas, v) formação técnica e profissional (Brasil, 2017).

Significa que já no início do Ensino Médio estudantes teriam de escolher itinerário formativo e, em consequência, reduziriam 40% de carga horária de disciplinas como História, Literatura, Geografia e Matemática. O Novo Ensino Médio abre a possibilidade para aulas à distância: até 20% das aulas poderão ser nessa modalidade, e no período noturno essa porcentagem aumenta ainda mais, podendo chegar a 30%. Esse projeto de educação poderá acentuar fortemente a exclusão e a inclusão perversa:

> A sociedade exclui para incluir e esta transmutação é condição da ordem social desigual, o que implica o caráter ilusório da inclusão. Todos estamos inseridos de algum modo, nem sempre decente e digno, no circuito reprodutivo das atividades econômicas, sendo a grande maioria da humanidade inserida através da insuficiência e das privações, que se desdobram para fora do econômico. Portanto, em lugar da exclusão, o que se tem é a "dialética exclusão/inclusão" (Sawaia, 2001, p. 08).

Estudantes pobres, filhos e filhas da classe trabalhadora, escolherão aquilo que escolas oferecerem, sobretudo o itinerário de formação técnica e profissional, já que grande parte desses estudantes precisa complementar a renda familiar. Alunos serão convencidos de que, se não houver emprego, podem virar empreendedores, o que, traduzindo, quer dizer: uma formação pretendendo-se a produtividade na lógica do sistema capitalista. Testemunhamos o eventual enfraquecimento da formação humanística, científica, artística e cultural, gerando sujeitos menos críticos e autônomos, "homens simplesmente no mundo e não com o mundo e com os outros. Homens espectadores e não recriadores do mundo" (Freire, 1968/2022, p. 87).

Apesar de iniciarmos o capítulo apresentando, brevemente, a conjuntura controversa da educação brasileira, o que destacamos nas próximas páginas são experiências potentes que foram implementadas pelos autores do texto. As práticas expostas foram realizadas com jovens em programas de aprendizagem, elaboradas com base na educação popular de Paulo Freire. Isto é, "consideramos dois sentidos para a educação popular. Primeiro, enquanto processo de reconstrução do saber necessário, como educação da comunidade, e, segundo, como trabalho político de luta por transformações sociais, como emancipação dos sujeitos, democratização e justiça social" (Brandão; Assumpção, 2009, p. 13).

Trabalhar com projetos de formação profissionalizante é oportunidade de dialogar sobre temas que não estão presentes no currículo da educação formal — sobretudo nos últimos anos —, que contribuem para a construção da formação social e crítica de jovens.

A Lei do Aprendiz (lei n° 10.097/2000) determina que empresas de médio e grande porte tenham, em seu quadro de trabalhadores, jovens entre 14 e 24 anos de idade, garantindo assinatura na Carteira de Trabalho e Previdência Social, carga horária de 30h semanais, matrícula e frequência escolar (caso ainda não tenha concluído o ensino regular) e inscrição em um programa de aprendizagem em instituição que promova formação técnico-profissional ao jovem. Instituições que realizam a prática da aprendizagem elaboram suas unidades curriculares conforme modelo de plano de curso disponibilizado pelo Ministério do Trabalho e Emprego.

Neste relato, são trazidos temas trabalhados em um programa de aprendizagem, sendo eles: desenvolvimento pessoal e participação social, direitos humanos, direito à cidade, processos grupais e relações interpessoais, educação financeira, cultura e política. O planejamento das aulas é construído com jovens, cujos encontros são estruturados coletivamente e de acordo com aquilo que faz sentido a eles, sendo aberto o diálogo sobre as estratégias que são coerentes com a realidade social desses sujeitos.

A educação, assim como ressaltou Paulo Freire (1968/2022), é um ato político, um instrumento de transformação social. Seu método de educar leva em consideração os cotidianos e experiências dos/as estudantes, a realidade social na qual estão inseridos. Outro ponto importante da sua metodologia, é o fato de não colocar o professor como detentor do conhecimento, como aquele que deposita, disciplina, prescreve, fala; sendo a educação um diálogo entre docente e discente, procurando transformar o/a estudante em um aprendiz-ativo.

> A opressão, que é um controle esmagador, é necrófila. Nutre-se do amor à morte e não do amor à vida. A concepção "bancária", que a ela serve, também o é. No momento mesmo em que se funda num conceito mecânico, estático, espacializado da consciência e em que transforma, por isto mesmo, os educandos em recipientes, em quase coisas, não pode esconder sua marca necrófila. Não se deixa mover pelo ânimo de libertar o pensamento pela ação dos homens uns com outros na tarefa comum de refazerem o mundo e de torná-lo mais e

> mais humano. Seu ânimo é justamente o contrário – o de controlar o pensar e a ação, levando os homens ao ajustamento ao mundo. É inibir o poder de criar, de atuar (Freire, p. 90-91, 1968/2022).

Sendo assim, a educação bancária, que distancia docente e discente, atua de modo contrário à educação libertadora, essa que utilizamos em nossas práticas cotidianas e que descreveremos a seguir.

Uma parcela da população jovem, ao acessar o primeiro emprego, menciona o desejo de ajudar a família, alcançar a independência financeira para adquirir sua própria casa, objetos ou experiências sem que esses anseios sejam, necessariamente, dependentes da aprovação ou recursos financeiros dos pais/responsáveis. A independência financeira está atrelada, para os/as jovens que iniciam a trajetória profissional, ao reconhecimento de suas identidades, autonomia, desejos e necessidades.

Na aula cujo tema é planejamento financeiro, a estratégia utilizada é tornar palpável e visual o planejamento para a construção da sua independência. Os/as jovens são convidados a refletir e estruturar os recursos e gastos de uma família fictícia, composta por grupos formados em sala de aula. Folhetos de supermercado são distribuídos aos jovens, que por sua vez, formam grupos com aproximadamente cinco pessoas (esse número de componentes pode ser repensado de acordo com a realidade familiar na qual estão inseridos). Os/as jovens são solicitados a elaborar uma lista de compras e, em seguida, a contabilizar despesas básicas, como: aluguel, abastecimento de água, energia elétrica, gás, acesso à internet e telefonia. Ao somar a renda total dos integrantes, os/as jovens fazem a previsão do planejamento financeiro com base em suas realidades sociofamiliares, apresentando: nome da família, gastos com as despesas básicas de manutenção da casa e com a alimentação mensal. O valor restante é dividido entre os integrantes para pensarem sobre a gestão dos recursos financeiros até o próximo pagamento salarial, incluindo despesas com lazer e acesso a espaços culturais.

Esta é, também, uma oportunidade de dialogar sobre alimentação saudável, acesso à locomoção urbana, direito ao lazer e circulação nos territórios da cidade.

O salário mínimo, em 2023, iniciou com R$ 1.302,00 e, em maio, foi reajustado para R$ 1.320,00 (Agência Senado, 2023). Segundo dados oficiais do IBGE, o Brasil contabilizou uma população de 204 milhões de pessoas (2023) e cerca de 37% da população recebe até 1 salário mínimo (2022).

Dialogar sobre a construção do planejamento financeiro fornece uma perspectiva sobre a importância da educação financeira e da gestão estratégica dos recursos.

Outro tema fundamental, trabalhado em algumas aulas, é a questão do direito à cidade. Os espaços públicos evidenciam a transformação da sociedade por meio da arquitetura, intervenções e instalações culturais, relações de trabalho e mobilidade urbana. Dialogar sobre a cidade é também uma oportunidade de dialogar sobre as relações sociais nos territórios urbanos.

No Brasil, o direito à cidade está previsto pelo Estatuto da Cidade (Lei n° 10.257/2001). Esse estatuto regulamenta os artigos 182 e 183 da Constituição Federal de 1988. Dentre as normas estabelecidas na lei, precisamente no artigo 2° e inciso I, está a "[...] garantia do direito a cidades sustentáveis, entendido como o direito à terra urbana, à moradia, ao saneamento ambiental, à infraestrutura urbana, ao transporte e aos serviços públicos, ao trabalho e ao lazer, para presentes e futuras gerações (Brasil, 2001).

Entretanto, o que observamos ao caminhar pelas cidades, é que os espaços não incluem todas as pessoas de forma igualitária. As múltiplas desigualdades são vistas nas diferenças de acesso a emprego, habitação, transporte público e serviços, na inserção nos espaços de cultura, esporte e lazer. Essa paisagem urbana é pauta dos diálogos em sala de aula e para estimular o olhar crítico e analítico dos/as jovens, adota-se como metodologia, a fotografia. O registro desse olhar sobre os espaços, garante não apenas a memória de um tempo, mas também o conhecimento sobre as relações e história do lugar.

Nesta proposta, o primeiro encontro é composto pela análise de cartões postais de diversos lugares do Brasil para dialogar sobre a memória, o tempo e os afetos transmitidos a partir das imagens.

Afeto, de acordo com Spinoza (1677/2019), não se refere só à mente, mas também ao corpo. O afeto é um acontecimento do corpo (afecção) e da mente que dele é uma ideia, simultaneamente, pois não há hierarquia entre corpo e mente. Em resumo, a mente só conhece o mundo pelas afetações do corpo. Desse modo, é importante ressaltar que o trabalho em sala de aula é também um trabalho que se faz com presença, disponibilidade, com o corpo. Assim, Spinoza (2019, p. 98) considera que "Por afeto compreendo as afecções do corpo, pelas quais sua potência de agir é aumentada ou diminuída, estimulada ou refreada, e, ao mesmo tempo, as ideias dessas afecções".

Após a partilha desses afetos, os/as jovens são convidados a escolher os cartões postais que mais chamaram atenção e, em seguida, realizar uma pesquisa sobre os lugares selecionados, de modo a ampliarem seus conhecimentos acerca da cultura dessas cidades. Na sequência, são apresentadas técnicas de fotografia para celular, com o objetivo de fomentar a melhor utilização dos recursos e enquadramentos para que as imagens possam contar histórias.

No segundo encontro, cria-se, coletivamente, um roteiro pela cidade para que os/as jovens possam exercitar a fotografia nos espaços públicos. Essa experiência fortalece o reconhecimento sobre a cidade em que residem, a observação da ocupação e da não ocupação de pessoas nos territórios urbanos, a presença da arte nas manifestações dos grafites, as relações de trabalho informal, relações de classe, gênero e raça, limpeza urbana e tudo aquilo que cada um deles achar importante registrar.

Em seguida, cada participante é convidado a selecionar duas fotografias na galeria do celular, isto posto, os/as jovens organizam uma exposição, dialogando sobre todas as etapas de planejamento, sequência narrativa das imagens e textos de apresentação.

Na aula em que as relações interpessoais são abordadas, iniciamos o encontro com a roda do Ubuntu. A prática do Ubuntu, originária do continente africano, é uma filosofia que fundamenta a consciência individual a partir do ser coletivo, ou seja, necessitamos das outras pessoas para pensar, existir e produzir novos saberes. Ubuntu significa "eu sou, porque nós somos" e nos inspira a pensar na construção de relações coletivas, de fortalecimento e pertencimento de grupos.

> O significado da vida de um indivíduo está no e através de seu relacionamento com o outro ou outros. Na verdade, não faz sentido perguntar a si mesmo "quem sou eu" sem ter um conhecimento completo do Outro, de quem, em última análise, espera-se a resposta. Quando dizemos 'eu', na realidade significa 'Você', isto é, o Outro. Ao dizer "Nós" está-se essencialmente a dizer "homem". Se é assim que as coisas são, então cada 'eu', é sempre mediado pelo "Outro", que não é outro senão "a si mesmo". Nesta dialética cada um de nós contém exclusivamente o Outro (Nkemnkia apud Kanu, 2017, p. 100).

Os/as jovens, em pé, são convidados a fazer uma roda e, após a contextualização da prática inspirada no Ubuntu, eles devem refletir sobre as vivências e vínculos criados no grupo, baseado no tempo, nas partilhas e nas experiências coletivas. A cada jovem que se insere no centro da roda, os demais são estimulados a dividir uma memória ou algo positivo sobre e para aquele que está no centro. Após a vivência ser realizada por todos, respeitando o bem-estar para a participação, é notável como as relações se fortalecem ao perceberem que são parte importante dentro do grupo e, muitas vezes sem saber, já deixaram uma memória na história do outro.

Quando o tema dos direitos humanos é trabalhado, os artigos que compõem a Declaração Universal dos Direitos Humanos (DUDH, 1948) são apresentados e, em uma primeira aula, são tocadas algumas músicas da cultura popular que versam sobre a vida na sociedade brasileira, sendo elas: "Menino das Laranjas", de Elis Regina (1965), "Despejo da Favela", de Adoniran Barbosa (1969), "O canto das três raças", de Clara Nunes (1976), "Meu Guri", de Chico Buarque (1981) e "Fim de Semana no Parque", de Racionais MCs (1993). Ainda que algumas músicas tenham sido lançadas há mais de cinco décadas, são contemporâneas às violações de direitos sociais e privações no acesso às políticas públicas, elas permitem a escuta de temas que estão presentes nos artigos da DUDH (1948). Dialogar sobre habitação, trabalho infantil, identidade e relações étnico-raciais, vulnerabilidade social, ausência de políticas públicas, relações de gênero e violência contra a mulher; permite que os/as jovens façam análise e contextualização sobre as músicas e reflitam se elas ainda versam mazelas da sociedade atual.

Após a exposição e contextualização das músicas, os/as jovens são convidados a pesquisar em suas *playlists*, canções que abordem as temáticas da DUDH (1948) em sua letra. Após a busca, são convidados a partilhar coletivamente, fazendo-os problematizar sua relação com o mundo.

Em todas as aulas, os/as jovens são incentivados a participar ativamente de tudo que é proposto e construído. A criatividade é valorizada e a partilha de saberes é encorajada. Hooks (2013), ao referir-se à educação como prática de liberdade, salienta que "A obra de Freire afirmava que a educação só pode ser libertadora quando todos tomam posse do conhecimento como se este fosse uma plantação em que todos temos de trabalhar" (Hooks, 2013, p. 26).

A luta por uma educação libertadora segue cotidianamente nas trocas com os alunos, rompendo os muros e acessando os espaços da cidade. Silvia Lane, ao contribuir para uma revolução na Psicologia, destacou que "o conhecimento produzido deveria sempre ser útil para a transformação da realidade na direção da criação de condições dignas de vida para todos" (apud Bock *et al.*, 2007, p. 47).

Escrever sobre experiências de campo, possibilita que nosso corpo-mente continue inquieto e buscando por movimento. Afinal, toda escrita parte do que nos impulsiona e do que nos estimula a agir em direção a algo, a radicalizar as experiências, a transformar a realidade.

Referências

ADONIRAN BARBOSA. Despejo da Favela (1969). Disponível em: <https://www.letras.com.br/adoniran-barbosa/despejo-na-favela>. Acesso em: 12 abr. 2023.

AGÊNCIA SENADO. Mínimo vai a R$ 1.320; senadores defendem política permanente de valorização, 2023. Disponível em: <https://www12.senado.leg.br/noticias/materias/2023/02/16/minimo-vai-a-r-1-320-senadores-defendem-politica-permanente-de-valorizacao>. Acesso em: 14 de abr. 2023.

AZEVEDO, M. Nas últimas duas décadas, Governo Bolsonaro é o que mais cortou em recursos de educação e ciência, 2022. Disponível em: <https://jc.ne10.uol.com.br/colunas/enem-e-educacao/2022/12/15138129-governo-atual-e-o-que-mais-cortou-em-recursos-de-educacao-e-ciencia.html>. Acesso em: 22 abr. 2023.

BRASIL. Constituição da República Federativa do Brasil de 1988. Brasília: Assembleia Nacional Constituinte, 1988.

__________. Lei nº 10.097, de 19 de dezembro de 2000. Altera dispositivos da Consolidação das Leis do Trabalho – CLT, aprovada pelo Decreto-Lei no 5.452, de 1o de maio de 1943. Disponível em: <https://www.planalto.gov.br/ccivil_03/leis/l10097.htm>. Acesso em: 08 jun. 2023.

__________. Lei nº 10.257, de 20 de julho de 2001. Regulamenta os arts. 182 e 183 da Constituição Federal, estabelece diretrizes gerais da política urbana e dá outras providências. Disponível em: <https://www.planalto.gov.br/ccivil_03/leis/leis_2001/l10257.htm>. Acesso em: 05 jun. 2023.

__________. Lei nº 10.639, de 9 de janeiro de 2003. Altera a Lei no 9.394, de 20 de dezembro de 1996, que estabelece as diretrizes e bases da educação nacional, para incluir no currículo oficial da Rede de Ensino a obrigatoriedade da temática “História e Cultura Afro-Brasileira”, e dá outras providências. Disponível em: <https://www.planalto.gov.br/ccivil_03/leis/2003/l10.639.htm#:~:text=L10639&text=LEI%20No%2010.639%2C%20DE%209%20DE%20JANEIRO%20DE%202003.&text=Altera%20a%20Lei%20no,%22%2C%20e%20d%C3%A1%20outras%20provid%C3%AAncias>. Acesso em: 05 jun. 2023.

__________. Lei nº 13.145, de 16 de fevereiro de 2017. Altera a lei nº 9.394, de 20 de dezembro de 1996, que estabelece as diretrizes e bases da educação nacional. Disponível em: <http://www.planalto.gov.br/ccivil_03/_ato2015-2018/2017/Lei/L13415.htm>. Acesso em: 02 jun. 2023.

BRASIL. Ministério da Economia. População brasileira chega a 213,3 milhões de habitantes, estima IBGE. 2021. Atualizado em: 31 out. 2022. Disponível em: <https://www.gov.br/pt-br/noticias/financas-impostos-e--gestao-publica/2021/08/populacao-brasileira-chega-a-213-3-milhoes--de-habitantes-estima-ibge>. Acesso em: 18 abr. 2023.

BRASIL. Ministério do Trabalho e Previdência. Inserção de Aprendiz. 2020. Atualizado em: 06 abr. 2023. Disponível em: https://www.gov.br/trabalho-e-previdencia/pt-br/composicao/orgaos-especificos/secretaria--de-trabalho/inspecao/areas-de-atuacao/insercao-de-aprendiz. Acesso em: 08 jun. 2023.

BRANDÃO, C. R., & ASSUMPÇÃO, R. Cultura rebelde-escritos sobre a educação popular ontem e agora, 2009.

BOCK, A. M. B., FERREIRA, M. R., GONÇALVES, M. G. M., & FURTADO, O. Sílvia Lane e o projeto do "Compromisso Social da Psicologia". Psicologia & Sociedade, 2007. Disponível em: <https://doi.org/10.1590/S0102-71822007000500018>. Acesso em: 07 jun. 2023.

CHICO BUARQUE. Meu Guri (1981). Disponível em: <https://discografia.discosdobrasil.com.br/discos/almanaque>. Acesso em: 12 abr. 2023.

CLARA NUNES. O canto das três raças (1976). Disponível em: <https://discografia.discosdobrasil.com.br/discos/canto-das-tres-racas>. Acesso em: 12 abr. 2023.

ELIS REGINA. Menino das Laranjas (1965). Disponível em: <https://www.letras.com.br/elis-regina/menino-das-laranjas>. Acesso em: 12 abr. 2023.

FREIRE, P. Pedagogia do oprimido. 82 ed. Rio de Janeiro: Paz e Terra, (1968) 2022.

HARVEY, D. O direito à cidade. Lutas Sociais, [S. l.], n. 29, p. 73–89, 2012. Disponível em: <https://revistas.pucsp.br/index.php/ls/article/view/18497>. Acesso em: 20 jun. 2023.

HOOKS, B. Ensinando a transgredir: a educação como prática da liberdade. São Paulo: WMF Martins Fontes, 2013.

KANU, I. A. African Philosophy, Globalization and the Priority of 'Otherness'. In: IGWEBUIKE: An African Journal of Arts and Humanities, v. 3 n. 5, 2017. Disponível em: <https://www.researchgate.net/publication/329024093_AFRICAN_PHILOSOPHY_GLOBALIZATION_

AND_THE_PRIORITY_OF_'OTHERNESS>. Acesso em: 20 jun. 2023.

ORGANIZAÇÃO DAS NAÇÕES UNIDAS. Declaração Universal dos Direitos Humanos, 1948. Disponível em: <https://www.unicef.org/brazil/declaracao-universal-dos-direitos-humanos>. Acesso em: 14 abr. 2023.

PLANO DE GOVERNO. Brasil acima de tudo, Deus acima de todos. Tribunal Superior Eleitoral, Brasília, DF, 2018. Disponível em <https://veja.abril.com.br/wp-content/uploads/2018/10/plano-de-governo-jair-bolsonaro.pdf>. Acesso em 05 jun. 2023.

RACIONAIS MCs. Fim de Semana no Parque (1993). Disponível em: <https://www.letras.com.br/racionais-mcs/fim-de-semana-no-parque>. Acesso em: 12 abr. 2023.

ROCHA, M. Justiça proíbe governo Bolsonaro de 'atentar contra dignidade' de Paulo Freire. Folha de São Paulo, Rio de Janeiro, 17.set. 2021. Disponível em: <https://www1.folha.uol.com.br/cotidiano/2021/09/justica-proibe-governo-bolsonaro-de-atentar-contra-dignidade-de-paulo-freire.shtml>. Acesso em: 25 abr. 2023.

SAWAIA, B. (Org). As artimanhas da exclusão: análise psicossocial e ética da desigualdade social. 2 ed. Petrópolis: Vozes, 2001.

SPINOZA, Benedictus. Ética. 2 ed. Belo Horizonte: Autêntica Editora, (1677) 2019.

VIECELI, L. Quase 37% dos trabalhadores recebem até 1 salário mínimo no Brasil. Folha de São Paulo, 2022. Disponível em: <https://www1.folha.uol.com.br/mercado/2022/10/quase-37-dos-trabalhadores-recebem-ate-1-salario-minimo-no-brasil.shtml >. Acesso em: 14 abr. 2023.

CAPÍTULO XV

O humor político em Porta dos Fundos: bolsonarismo, autoritarismo e cidadania na narrativa audiovisual do entretenimento

Guilherme Fumeo Almeida
Rafael Sbeghen Hoff

1. Introdução

O Estado Democrático de Direito é uma instituição assegurada no país por leis, tendo na representatividade política sua marca da participação pública. Por meio de eleições diretas, o cidadão comum pode eleger ou ser eleito para os cargos de vereador, prefeito, deputado estadual, governador, deputado federal, senador e até presidente da República, desde que respeitadas as condições previstas na legislação específica. A participação pública na política, então, passa a ser de cobrança das promessas e compromissos assumidos durante a campanha eleitoral a partir do resultado homologado do pleito. A mídia, por sua vez, exerce um papel fiscalizatório sobre o exercício dos cargos públicos, a partir da performance dos agentes investidos desses papéis. Além de informar e denunciar, uma das funções dos veículos de comunicação é a de entreter. Qual a potência do humor e do riso voltados ao conteúdo político em um período de fragilidade e ameaças à Democracia? Responder, pelo menos em parte, essa pergunta é o objetivo do texto a seguir.

George Minois (2003) relata diferentes tipos de riso ao longo da história humana, passando por processos discriminatórios e de punição, por afronta aos poderes instituídos, pela homenagem ao grotesco e escatológico, chegando à ironia e ao sarcasmo, estruturas mais sutis do riso e da comicidade. Para o autor, há muitos tipos de riso e muitas funções assumidas por esse gesto social (Bergson, 1983) nas diferentes culturas. No Brasil, devemos admitir que a comicidade e o humor são marcas presentes nas manifestações artísticas desde o tempo colonial. Tal como aponta Freud (1977 apud Hoff, 2018), rir é uma forma de aliviar as tensões do cotidiano e subverter (pelo menos subjetivamente) as opressões sofridas pelo sujeito.

A política e o processo de representação, nos tempos atuais, parecem reforçar a perspectiva de espetáculo encenado para a mídia (Cesar; Hoff, 2017). Ou, nas palavras de Debord (2003, p. 14),

> [...] as imagens fluem desligadas de qualquer aspecto de cada aspecto da vida e fundem-se num curso comum, de forma que a unidade da vida não mais pode ser reestabelecida. A realidade considerada parcialmente reflete em sua própria unidade geral um pseudo mundo à parte, objeto de pura contemplação. A especialização das imagens do mundo acaba numa imagem autonomizada, onde o mentiroso mente a si próprio. [...] O espetáculo é ao mesmo tempo parte da sociedade, a própria sociedade e seu instrumento de unificação. [...] O espetáculo não é um conjunto de imagens, mas uma relação social entre pessoas, mediatizada por imagens.

Esse desfile de imagens em movimento que constitui os esquetes cômicos do coletivo Porta dos Fundos aciona o riso e a reflexão. O tema política, seus agentes, organizações, instituições e acontecimentos midiatizados são tomados como fonte de inspiração para roteiros transformados em produtos audiovisuais. O canal do coletivo no YouTube recebe milhares de visualizações mas, para além disso, os vídeos são compartilhados em aplicativos de conversação (ex: Whatsapp), embedados em blogs, constituem coleções de vários usuários na plataforma e outras diversas formas de espalhamento permitidos pelos dispositivos digitais. Tão importante quanto o processo de consumo (não abordado no escopo deste trabalho) é o processo de produção de sentido ofertado pelos autores. Nossa premissa é de que, tal como bobo da corte, o Porta dos Fundos assume midiaticamente o papel de enfrentamento ao poder constituído, por vezes com críticas ácidas e contundentes, revelando e compilando verdades travestidas de humor.

Segundo Mendes, o sucesso do humor como crítica deve levar em conta:

> A catarse cômica — e em especial a do tipo satírico — não são suficientes, isoladamente, nem a explicação do tipo "vingança social", nem a interpretação freudiana — prazer inconsciente em participar da agressão ou desnudamento. O aspecto psicossocial no envolvimento do espectador dependerá sempre das artimanhas lúdicas com que o comediógrafo manipula o discurso insultuoso. O efeito satírico, como fenômeno estético-receptivo, vale-se do vocabulário obsceno,

do furor de escárnio, do deleite no "baixo" e no grotesco, das formas ferozes de burlas e chacotas, como *elementos de uma criação artística* (Mendes, 2008, p. 1).

Se as imagens e os espetáculos tomam conta da agenda e substituem seus referentes para tornarem-se a própria realidade, encenada para a população a partir de um habitus (Bourdieu, 2002), a figura do anti-político surge no final da segunda década do século XXI como um discurso e uma imagem forte para o candidato cotado como "terceira via" ou "alternativa" às figuras recorrentes do cenário político brasileiro em 2018. Demuru e Fechine (2022) enfatizam que a Operação Lava-Jato contribuiu decisivamente para que os políticos tradicionais tivessem suas "marcas" manchadas pelas denúncias de envolvimento nos diversos casos de corrupção denunciados pelas investigações.

Essa "alternativa" encontrou no discurso moralista e conservador, vazio e impreciso, espaço fértil para a projeção de um deputado sem grande expressão, com trajetória política medíocre em termos de propostas e projetos apresentados à Câmara dos Deputados, mas reeleito por diversas vezes, inclusive emprestando seu capital político aos filhos (Carlos, Eduardo e Flávio), também eleitos para cargos públicos. O populismo, no caso do pai, consolida-se sob o slogan "Brasil acima de tudo, Deus acima de todos", que por si só já ilustra a sobreposição entre o Estado laico e o fundamentalismo religioso em que se apoia o então candidato, eleito para um mandato entre 2019 e 2022.

O mundo vivido se entrelaça às narrativas cômicas do coletivo por meio de marcas discursivas identificadas por Jost (2012) como dispersão e persistência. As duas categorias apontam para as formas como os autores do coletivo incorporam elementos nas narrativas para causar sentidos de real e realidade. Esse é um dos recursos que pode ser analisado para identificar com maior profundidade como se constrói o humor do Porta dos Fundos a respeito da política e, em especial, do tratamento dispensado ao governo de Jair Messias Bolsonaro (2019-2022). Vale ressaltar que o coletivo tomado como objeto empírico foi vendido em 2017 para a Viacom, grupo internacional de Comunicação, tornando os idealizadores sócios minoritários da organização. Essa injeção de capital estrangeiro não parece interferir no teor ou nos alvos do riso acionado pelos produtos audiovisuais, uma vez que os três esquetes analisados nesse trabalho são posteriores à internacionalização do coletivo: "Pronunciamento" foi lançado em 1º de abril de 2019, enquanto "Golpe em Brasília" foi veiculado em 3 de setembro de 2022 e "Fiscal de indignação" data de 19 de janeiro de 2023.

Neste texto, portanto, análise destes três esquetes do Porta dos Fundos será relacionada à uma discussão teórica voltada para a performance política bufonesca de Bolsonaro e seus reflexos ao Estado Democrático de Direito, sob o tratamento da comicidade. Os vídeos foram selecionados a partir da adequação ao tema proposto para a discussão teórica e a relevância reconhecida no processo metodológico de identificação no empírico das pistas para inferências críticas, tal como apontadas nesse percurso. A metodologia da análise fílmica (Penafria, 2009), dessa forma, voltada para o estudo das significações que emergem das obras a partir da narrativa, da mise-en-scène e das estratégias da comicidade (Bergson, 1983) empregadas nos três esquetes, terá um caráter mais pontual. Mais do que aprofundar as análises sobre os objetos, usaremos de uma estratégia ensaística que procura demonstrar na prática midiática e no cotidiano cômico da web as estratégias humorísticas empregadas para fazer rir.

Política e bufonaria em "Pronunciamento": o humor como crítica ao grotesco bolsonarista

Em seus dois minutos e quarenta e três segundos, o esquete "Pronunciamento" parodia as estratégias de posicionamento e visibilidade do governo Bolsonaro, explicitando, conforme destacou Bergson (1983), as potencialidades sociais do riso, bem como as políticas. A análise do esquete dialoga com o estudo de Yvana Fechine e Paolo Demuru (2022) sobre a caracterização do ex-presidente como bufão, agente público que transita entre diferentes papéis (vedete, homem de ação, herói mediador) para consolidar uma postura antipolítica. Segundo Fechine e Demuru (2022, p. 25), enquanto o papel de homem de ação é caracterizado pela racionalidade que pauta as atitudes e o relacionamento do agente político com seus pares, o eleitorado e as organizações, o herói mediador é aquele que desempenha o papel associado diretamente à representação de "um conjunto de expectativas sociais e coletivas que sua atuação pública catalisa e sua história política corrobora [...], sustentado por essas esperanças e crenças coletivas".

Em "Pronunciamento", um homem identificado como Presidente (Felipe Ruggeri), dentro de uma clara paródia de Bolsonaro, se dirige à câmera para gravar o vídeo de um discurso oficial. Entende-se que o vídeo é gravado porque há uma interferência direta do diretor (Gregório Duvivier). A palavra-chave na direção da equipe técnica é "escroto" e suas derivações ("escrotada", "escrotar"), que remetem à ideia de grotesco, mal feito, imperfeito ou doméstico (referindo-se especificamente ao ambiente e aos recursos disponíveis às figuras públicas, em especial da Presidência da República, para a execução do serviço). E é justamente essa palavra de ordem, comando direcionado à imagem a ser captada do presidente, que remete à derrisão: um profissional que procura estetizar o vídeo, profissionalmente, dando a entender como se não o fosse. Não basta ser de baixa qualidade: é necessário ser grotesco.

Fechine e Demuru apontam a superposição entre o privado e público como estratégia de visibilidade e comunicabilidade empregada por Bolsonaro durante seu mandato, fundindo o doméstico e o institucional e tensionando o decoro e a ritualística inerentes ao cargo público para a simulação de um papel – o de bufão antipolítico. Para os autores (2022, p. 17), essa superposição caracteriza a marca populista desse governo:

> Os "populismos" envolvem uma estratégia discursiva sustentada por polarizações reducionistas que dividem a sociedade em dois campos: os que estão na "base" (aqueles que líderes populistas consideram "o povo") e os que estão no "poder" (as elites que detêm a hegemonia política e econômica), entre os que se sentem por alguma razão excluídos e os que, na visão destes, gozam de um privilégio qualquer.

Remetendo à sua tentativa deliberada de mostrar-se enquanto "gente como a gente" para o seu público, Bolsonaro é tomado como alvo da derrisão e do gesto sociopolítico do humor de Porta dos Fundos pelo exagero, pela bufonaria com que emprega tais estratégias. No vídeo, a "escrotada" coordenada pelo diretor é, em um primeiro momento, voltada ao cenário (acrescentar Cremogema na parede, retirar livros da estante, derramar Paçoquita sobre os móveis e na bandeira nacional), mas logo centra-se na personagem principal. As vestimentas, o cabelo e a maquiagem do presidente são direcionados ao "não profissional", reforçando a sensação de "autenticidade" do conteúdo gravado. Nesse sentido, é significativa a fala do diretor à sua assistente, Marlene (Thati Lopes): "você quer ou não quer a porra de um viral?", em resposta à preocupação dela de transparecer credibilidade ao público.

Importante apontar a forma como o esquete relaciona a linguagem do humor ficcional à presença de elementos de realidade na bufonaria populista do bolsonarismo, dialogando com os elementos de dispersão e persistência elencados por François Jost (2012). Enquanto a dispersão remete a elementos presentes na narrativa que são facilmente percebidos pelo espectador, conferindo noções de tempo e espaço aos personagens e à diegese, a persistência se refere a todos os demais elementos que garantem a orientação do espectador no tempo e espaço narrativos a partir do extra-campo. Ambos os elementos conferem um sentido de realidade por verossimilhança, aliados, no caso de "Pronunciamento", a um elemento humorístico que toma como alvo da derrisão o campo político a partir de instituições e organizações, agentes e acontecimentos midiatizados.

O teor do pronunciamento presidencial também pode ser relacionado ao destaque de Fechine e Demuru (2022) às especificidades do populismo bolsonarista: os discursos populistas apostam veementemente nos termos genéricos, de domínio público, mas de imprecisão sintagmática, como "povo brasileiro". A quem a personagem se dirige em sua fala? A quem Bolsonaro se direciona em seus discursos ufanistas, nacionalistas e contraditórios? Se as mídias sociais digitais permitem a reverberação da "voz do povo" em oposição aos discursos veiculados pelo *maisntream*, é por meio delas que "as lideranças desse 'novo populismo' encenam sua 'comunicação direta' com o 'povo', ensaiando com suas postagens contínuas o exercício de um poder que almeja eliminar a mediação das instituições que garantem o jogo democrático" (Fechine; Demuru, 2022, p. 19).

No esquete, o presidente é incentivado a "ser autêntico" e improvisar em seu discurso. O resultado é um desfile de imprecisões e inverdades, inadequações ao decoro político e à imagem pública do maior representante político do país em seu pronunciamento televisionado, em uma verborragia desconexa que mescla o Nióbio e o presídio de Pedrinhas, no Maranhão, além de culpar a "esquerda" pelo aquecimento global. O vídeo, dessa forma, faz uso do exagero de gestos e palavras (Bergson, 1983) como estrutura da comicidade para expressar o humor e provocar o riso, perpetuando sua imagem populista.

> Cada vez mais, os políticos populistas procuram imitar o jeito aparentemente espontâneo e genuíno das "pessoas comuns" que habitam o universo das mídias sociais: caminham, gesticulam, comem, se vestem e postam como elas. Em certo sentido, podemos dizer que eles se mostram como sujeitos "anônimos": homens médios, banais, "gente como a gente" (Fechine; Demuru, 2022, p. 19).

Essa imagem entra em consonância com o discurso pré-candidatura e pós-eleição de Bolsonaro, ressaltando a intencionalidade da performance bufonesca do então presidente. Tal como preconizam os autores, o bufão só reconhece a ritualística e a etiqueta política com a intenção de profaná-la, como exemplificam os casos destacados por eles, dentre os quais figuram a postagem de textos em redes sociais e a realização de *lives* para fazer pronunciamentos por parte do então presidente. Na transmissão das *lives*, que ocorriam em diversos locais e situações, tal como Fechine e Demuru (2022, p. 27-28) destacam, Bolsonaro pode ser visto:

> [...] de terno e gravata quanto com camisas de time de futebol, sandálias e bermudas, ou até mesmo de pijama, como nas *lives* que fez durante a recuperação da cirurgia que realizou para tratar de sequelas da facada que levou durante a campanha eleitoral. Suas publicações tratam desde anúncios de decisões e medidas de governo a xingamentos, brincadeiras desrespeitosas e declarações estapafúrdias.

O vídeo fecha, após a vinheta de encerramento, com alguns segundos de uma narrativa complementar, em que duas personagens (interpretadas por Rafael Portugal e Pedro Benevides) estão sentadas em frente a uma televisão ligada e discutem as informações proferidas pelo Presidente em seu pronunciamento. Nesse trecho, a derrisão se dá pelo absurdo e *nonsense* de discutir as informações desvinculadas de seu portador-enunciador e das implicações dessa atitude para a imagem institucional do país. Os dois homens espantam-se especialmente com o erro geográfico do Presidente (que afirmou que Adis Abeba era a capital de Tóquio, e não da Etiópia), a sujeira do cenário da gravação e as suas preferências tecnológicas ("Caralho! Ele usa Android, meu irmão!", surpreende-se a personagem de Rafael Portugal).

A inversão de papéis entre personagens, preconizada por Bergson (1983) como uma estrutura da comicidade para provocar o riso, agora se dá sobre uma única personagem – o presidente – que é visto como "homem comum", passível de erros e imprecisões, mesmo em um vídeo produzido, com um aporte de assessores e profissionais para a preparação de pronunciamentos e todas as implicações políticas da fala oficial ao cargo que ele ocupa. A inversão, portanto, emerge no contraste entre o que se espera de uma figura pública e o indivíduo que intencionalmente quer aparentar ser uma pessoa comum.

Ao relacionar passado e presente da história brasileira, Lilia Moritz Schwarcz (2019) propõe uma reflexão sobre as causas seculares ligadas à perpetuação do autoritarismo na agenda sociopolítica nacional. Em razão da natureza de disputa da história, segundo Schwarcz, suas narrativas também produzem batalhas pelo domínio da verdade, podendo ser muito utilizadas e reforçadas em períodos de crise econômica e política, em contextos de aumento de desigualdade e de polarização política como o do Brasil durante o período de governo bolsonarista. Nesses momentos, o presente e determinadas versões do passado se mesclam, como a de um tempo mítico construído na naturalização de estruturas de mandonismo, dentro de um modelo do senso comum que, como a autora aponta, no caso brasileiro, se sustenta a partir de quatro pressupostos: harmonia nacional, povo informal, democracia plena e natureza paradisíaca.

Contestando esses quatro pressupostos ao longo de sua análise, Schwarcz ressalta que os mitos da democracia racial e do patriarcalismo harmonioso são muito importantes para compreender a gestação de ideias e práticas autoritárias no país. Além deles, pontos como mandonismo, violência, desigualdade social e racismo têm relação direta com essa gestação e com o diálogo permanente entre os brasis do presente e do passado. Ligada especialmente ao racismo, mas também a todos os outros pontos, está a escravidão, que a autora defende que se consolidou em um sistema com grande ressonância, enquanto excrescência jurídica e modo de vida inescapável que negava direitos básicos a muitos e concentrava todos os poderes nas mãos de poucos, pautando condutas sociais e formas de perpetuação de desigualdade, através de marcadores de diferença de cor e raça.

Como saldo, uma sociedade violenta e com enorme desigualdade estrutural, que perpetuou o legado escravista após a abolição. Schwarcz também aponta o mandonismo como característica central na construção da realidade sociopolítica brasileira: diretamente relacionada ao legado escravista, a imagem dos senhores provedores e onipotentes se perpetuou mesmo após o declínio do império e do mundo rural escravocrata que o acompanhava.

Poderosos em seus vastos domínios, estes proprietários de terra passaram a forjar para si raízes míticas que consolidassem seu poder com lastros de nobreza, formando uma sociedade patriarcal comandada por uma figura senhorial severa, à qual as mulheres deveriam sempre obedecer, por ser chefe de família e grande organismo de sustentação social. Cada vez mais dominante tanto em termos políticos e sociais quanto econômicos e sexuais, este senhor, como figura de mando e onipresença em diversos setores da sua localidade, vinculou a divisão social a uma grande desigualdade entre homens e mulheres, que se perpetuou durante séculos, dentro de uma supervalorização do papel social masculino sobre o feminino em relações muitas vezes marcadas pela violência de gênero.

Nos pouco menos de cinco minutos de "Golpe em Brasília", o diálogo entre passado e presente na formação sociopolítica autoritária brasileira é uma constante, dentro da união entre humor, paródia e crítica política característica dos esquetes do canal. A simbiose entre autoritarismo e patriarcalismo apontada pela análise de Schwarcz (2019) é onipresente desde o início do vídeo, quando o General Noronha (Antonio Tabet) chega em uma sala com aspecto de cassino, onde vários de seus colegas de farda estão ocupados com diferentes tipos de jogos de azar, logo se dirigindo para a mesa onde um grupo de quatro militares está sentado jogando cartas.

Um eufórico e decidido Noronha transmite a ordem presidencial: foi decretada a intervenção militar. Para sua surpresa, o chamado é recebido com pouco entusiasmo pelo trio: o Major Coutinho (Gregório Duvivier) pede tempo para terminarem o jogo, demonstrando contrariedade quando o General explica que a intervenção estava agendada para aquela tarde de véspera de feriado, 6 de setembro. Coutinho estava com viagem marcada com a família para Angra dos Reis, assim como o Brigadeiro Ruas (Camillo Borges), enquanto o Almirante Louzada (Victor Leal) reclama de uma dor crônica no joelho.

Noronha não perde o entusiasmo, recordando aos colegas que a intervenção era desejada por eles há anos, por fim convencendo-os a fechar o Supremo Tribunal Federal. Os militares levantam-se, Louzada acusando as dores no joelho, mas logo começam a apontar dificuldades para efetivar a intervenção. Após alegarem a inutilidade de um fechamento do STF, especialmente antes de um feriado, o General sugere o fechamento do Congresso, para impedir o trabalho dos deputados, recebendo como resposta as risadas unânimes dos outros militares, que voltam a sentar.

O retrato dos senhores fardados em uma espécie de cassino, recusando-se a realizar uma intervenção em Brasília, é uma interpretação cômica e sarcástica do legado mandonista e autoritário detectado por Schwarcz (2019). Ainda que sedentários e preguiçosos, os militares-carteadores que acreditam que "Selva!" é apenas um antigo bordão do exército, não um chamado à batalha, são uma herança da figura severa e poderosa do senhor de engenho, sendo autoritários representantes desse estereótipo. São todos homens brancos que acreditam no próprio poder e virtude sobre o povo e a classe política, mesmo que achem uma má ideia dar golpe em plena véspera de feriado. Ainda que dê muito trabalho, a intervenção segue sendo o ideal desses Senhores[120].

Em sua análise das implicações político-epistêmicas relacionadas à pós-verdade, Jean Carlos Hochsprung Miguel (2020) defende que esta, ao se vincular à produção da ignorância, a agnotologia, e não à formação de um novo regime epistêmico, despreza a construção de novos saberes. Nesse sentido, segundo Miguel, é importante considerar um contexto de valorização das experiências em detrimento das informações, borrando as fronteiras entre verdade e mentira. Em tal contexto, é possível construir uma dimensão com realidade própria, como em um universo ficcional, no qual o senso de pertencimento a um grupo é preponderante, importando mais do que verdades objetivas e criando sua própria verossimilhança a partir de efeitos produzidos em determinadas relações sociais.

Em consonância com essas mudanças, Miguel (2020, p. 11) aponta a consolidação do que define como *dispositivos bolsonaristas de produção da ignorância*: "um conjunto heterogêneo de práticas, discursos e certos tipos de materialidade que comportam um tipo de "jogo" dos grupos bolsonaristas, orquestrados através de redes difusas". Através desses dispositivos, o bolsonarismo difunde um sistema de divisão entre "nós" e "eles", pautado principalmente pela separação entre sistemas de crença que não podem coexistir. São, assim, as "pessoas de bem" lutando contra inimigos que atendem por nomenclaturas como "comunistas", "globalistas", "ateus" e "gayzistas".

Dessa forma, para o bolsonarismo, o negacionismo valida a sua construção de mundo, contestando, mais do que a opinião política, a visão de mundo do outro. O negacionismo bolsonarista opera, portanto, aponta Miguel (2020, p. 11) a partir da "lógica de eliminação da diferença, que se

[120] Importante destacar a defesa, por parte de grupos sociais de extrema direita, à intervenção militar no Brasil contemporâneo: após a vitória eleitoral de Lula, foram montados diversos acampamentos em frente a prédios do exército em todo o país, pedindo intervenção militar. Como resposta aos acampamentos, o então comandante do Exército, general Freire Gomes, afirmou aos generais da Força que as manifestações antidemocráticas eram constitucionais e não deveriam ser reprimidas. Disponível em: <https://www.cnnbrasil.com.br/politica/grupos-fazem-atos-antidemocraticos-e-pedem-intervencao-militar-diante-de-quarteis/>, <https://noticias.uol.com.br/ultimas-noticias/agencia-estado/2022/11/21/protestos-nos-quarteis-e-tiros-de-guerra-ganham-carater-de-vigilia-pro-bolsonaro.htm> e <https://www.em.com.br/app/noticia/politica/2022/11/10/interna_politica,1419865/generais-descartam-acao-contra-atos-bolsonaristas-em-frente-a-quarteis.shtml>. Acesso em: 08 mar. 2023.

dá por dispositivos de produção da ignorância cujo objetivo é o esquecimento da história, a destruição da ciência e do conhecimento e a seletividade cultural com base em crenças conservadoras".

Depois da descrença dos colegas de farda, Noronha segue de pé, tentando convencê-los do simbolismo de fechar o Congresso e apelando à lembrança do golpe civil-militar de 1964 para sugerir que as ruas brasileiras fossem novamente ocupadas por tanques do exército[121]. Dentro da linguagem de humor e crítica política do esquete, Coutinho, o responsável pelos tanques, explica que parte deles foi emprestada para o próximo desfile de uma escola de samba carioca, Mocidade Independente de Padre Miguel, enquanto os outros estavam com problemas mecânicos. O General, assim, é construído, enquanto figura de liderança, dentro de um imaginário autoritário e bolsonarista: além da referência à ordem presidencial de intervenção e ao golpe civil-militar de 1964, ele carrega seu discurso de referências explícitas aos *dispositivos bolsonaristas de produção de ignorância* destacados por Miguel (2020) na relação entre a pós-verdade e a busca pela eliminação das diferenças.

Entre essas referências estão à divisão entre "nós" e "eles", com os militares estando ao lado das "pessoas de bem" na guerra contra "comunistas", "gayzistas" e "pretistas", entre os quais Noronha inclui o presidente dos Estados Unidos. Dentro da guinada cômica do esquete, contudo, a dinâmica "amigos" contra "inimigos" ganha contornos inesperados. Após a ideia de Coutinho de reviver a censura artística feita durante a ditadura civil-militar, começando pela prisão de Anitta, o General explica que isso seria impossível, mostrando conhecer toda a agenda de shows no exterior da cantora, além de seus compromissos no Brasil.

Quando o Brigadeiro Ruas sugere então a prisão de José de Abreu, conhecido, assim como Anitta, por sua oposição à Bolsonaro, Noronha protesta veementemente, demonstrando admiração pelo trabalho do ator

[121] Em 10 de agosto de 2021, por decisão do governo Bolsonaro, o convite ao presidente para um tradicional exercício militar foi entregue, pela primeira vez, em Brasília, em frente ao Palácio do Planalto e ao Congresso Nacional. O Convite foi seguido de um desfile de tanques militares, no mesmo dia em que a Câmara dos Deputados votou a PEC do voto impresso, defendida por Bolsonaro. A PEC foi rejeitada e o desfile ficou marcado pela fumaça emitida pelo escapamento dos tanques. Disponível em: <https://noticias.uol.com.br/politica/ultimas-noticias/2021/08/10/memes-desfile-tanques-forcas-armadas-bolsonaro-brasilia.htm>, <https://www.brasildefato.com.br/2021/08/09/militares-posicionam-tanques-para-desfile-em-brasilia> e <https://www.em.com.br/app/noticia/internacional/2021/08/10/interna_internacional,1294448/bolsonaro-participa-de-inedito-desfile-de-tanques-militares-em-brasilia.shtml> . Acesso em: 08 mar. 2023.

na novela "Mar do Sertão", exibida pela Rede Globo de agosto de 2022 até março de 2023 (momento de escrita desse texto). Os militares seguem elogiando as novelas globais e o General enfim abandona a ideia da intervenção, sentando-se e aderindo ao jogo de biriba. Entre esses senhores, contudo, a ideia de golpe nunca é abandonada, e sim adiada. 2022 é um ano muito agitado, decidem, melhor deixar para abril ou maio do ano seguinte, talvez julho, pois como Noronha lembra, Anitta faz shows no estádio do Maracanãzinho nos dias 6, 7 e 8 de junho. Para eles, é necessário sempre buscar pelo poder, ainda que depois que a partida de biriba terminar: mesmo que como um ideal, o autoritarismo permanece vivo[122].

O vídeo analisado aqui aponta para uma proximidade "promíscua" entre as Forças Armadas e o governo bolsonarista, já que estes são conclamados a um golpe. A crítica é atual e dialoga bem com o papel dos militares (por intervenção discreta ou por omissão) nos eventos de 8 de janeiro de 2023, onde os manifestantes pró-governo que acampavam em frente aos quartéis em Brasília invadiram prédios públicos, depredaram e saquearam, sem que as forças de segurança pública atuassem de maneira mais enérgica para conter os vândalos. A comicidade revela essas relações, mas não conclama o público a uma ação efetiva contra os agentes ou instituições representadas, revelando traços de ironia (MENDES, 2008) como marca estilística do humor do coletivo.

"Fiscal de Indignação": uma ode satírica à (des)mobilização cidadã

Em "Fiscal de Indignação", tudo começa com um cidadão descontente com a postura de um motorista que estacionou seu veículo em frente a um colégio e sobre a calçada. Interpretado por João Vicente Castro, o cidadão porta um celular e grava a situação narrando o acontecimento, provavelmente postando em uma mídia social digital. A figura do cidadão comum parece inspirada pela figura bufonesca do ex-presidente, tal qual descrito por Fechine e Demuru (2022, p. 13):

[122] Após a tentativa de golpe de Estado do dia 08 de Janeiro em Brasília, é possível relacionar esta ideia do autoritarismo vivo, ainda que adiado, no desejo dos militares preguiçosos, ao apoio e à omissão frente a ações de terceiros, conforme o que já se sabe sobre a relação das forças militares com a invasão aos três poderes. Essa noção de preguiça, portanto, pode ser uma falta de ação ou uma cumplicidade silenciosa, deixando de exercer seu papel para deixar que outros realizem ações que esses agentes do Estado deveriam impedir. Disponível em: <https://www.dw.com/pt-br/o-8-de-janeiro-abriu-oportunidade-de-despolitizar-as-for%C3%A7as-armadas/a-64506952>, <https://esquerdaonline.com.br/2023/01/19/notas-sobre-o-ensaio-golpista-de-8-de-janeiro-1/> e <https://outraspalavras.net/crise-brasileira/brasilia-violada-a-cumplicidade-na-policia-e-no-exercito/> . Acesso em: 08 mar. 2023.

Bolsonaro não apenas se apresenta como uma "pessoa qualquer", mas como um verdadeiro "usuário médio das mídias sociais", que expõe o seu dia a dia no Instagram. Dessa forma, o aparato ideológico do populismo de extrema direita, com seus valores autoritários, antidemocráticos e xenófobos, é camuflado e mitigado, tornando-se mais leve e palatável.

Nesse processo do político há, segundo os autores, um "apelo à ignorância" e uma "generalização indevida" como argumentos para a exposição de ideias, por vezes contraditórias, por vezes seletivas, colocando em xeque a função da figura pública como representante dos anseios e gestor das demandas sociais de uma população diversa, que enfrenta problemas crônicos de estratificação, racismo estrutural, má distribuição de renda e péssima administração dos recursos públicos historicamente estudados e registrados (Schwarcz, 2019).

Obstruindo a captação do vídeo do cidadão comum no esquete, surge o personagem interpretado por Gregório Duvivier (que também roteiriza o produto audiovisual), apresentando-se como Fiscal de Indignação. A interpelação do fiscal ao cidadão explora outras possibilidades de indignação e/ou ações cidadãs que dariam uma espécie de "crédito social" para a indignação gravada naquele momento. No vídeo, o fiscal revela sua função e prerrogativa na abordagem ao homem: "Acabou com essa mamata da indignação seletiva, que é a coisa do tô indignado com isso aqui, mas aquilo ali tanto faz, quanto também a indignação difusa." Questionado sobre o que viria a ser essa segunda categoria, o personagem responde: "É quando você tá indignado com tudo isso que tá aí. Não pode, irmão. Tem que dizer o que é, entendeu? Indignado com o quê?".

Em termos de roteiro, um primeiro recurso acionado pela comicidade do coletivo é uma alusão, sutil, ao bordão empregado por Jair Messias Bolsonaro e adotado por seus correligionários durante a campanha eleitoral (2018) e também durante o mandato (2019-2022): "contra tudo isso que está aí". Na época, o político insistia em vender uma imagem de *outsider* da política tradicional, contra a corrupção e outras tantas bandeiras, sem especificar alvos ou determinar ações para efetivamente praticar esse combate, a não ser no caso do seu desapreço pelo *mainstream* midiático. Para os estudos contemporâneos sobre democracia e comunicação, essa seria uma das marcas do populismo digital exercido por figuras públicas como Donald Trump nos EUA e Jair Messias Bolsonaro no Brasil (Fechine; Demuru, 2022).

Na explanação do fiscal de indignação, para manifestar sua contrariedade ao fato de um automóvel estar estacionado sobre a calçada em frente a uma escola, é preciso também se indignar "contra a PEC do teto de gastos, com a Venezuela e com o genocídio da população indígena". A ênfase em questões sociais e contemporâneas do cenário político na América Latina aparece como uma marca característica do humor de Porta dos Fundos. Os efeitos de real e de realidade (Aumont, 1995; Jaguaribe, 2010) acionados por elementos de dispersão e persistência (Jost, 2012) na narrativa audiovisual dialogam com os estudos de Mendes (2008, p. 02) a respeito da ironia e da sátira:

"A sátira é a ironia militante" (Frye, 1973, p. 219). Ou, tomando-se o verso da frase: a ironia é uma sátira de "braços cruzados". O satirista, como reformador social, deve trazer os que riem para o seu ângulo de visão; o ironista deixa claro que se há algo a fazer, quem quiser que o faça: a solução não virá do palco.

O esquete de Porta dos Fundos poderia ser enquadrado no humor satírico, visto que explora o poder da catarse cômica para aliviar as pressões do cotidiano sobre o consumidor audiovisual, cidadão comum. Ainda que possa se reconhecer no personagem vivido por João Vicente Castro, não há um convite explícito à mobilização e ao engajamento. As pautas levantadas pelo fiscal pululam nos espaços jornalísticos como retratos do cotidiano, sem que haja (no esquete ou nas matérias jornalísticas) um "desfecho" para as contradições, desmandos e demais absurdos vividos (ou contemplados) na figura do então presidente da República.

Há alternativa à construção cômica proposta? Segundo Frey (1973, p. 167 apud Mendes, 2008, p. 2), sim: "Há dois modos de desenvolver a forma cômica: um é por ênfase principal nas personagens obstrutoras; outro é pô-la adiante, nas cenas do descobrimento e reconciliação". No caso do esquete, o personagem obstrutor da fruição da vida é aquele que representa satiricamente a consciência, a responsabilidade social, a alteridade e o poder do cidadão diante dos agentes e organizações políticas. O desfecho, no caso, aponta para a desistência do cidadão em seu protesto, sua indignação. O trabalho exigido para dar conta de todos os temas que deveriam gerar indignação, como pré-requisitos para a postura sobre o carro estacionado sobre a calçada, frustra e desanima o homem.

O *plot twist* da história se revela diante da desistência, quando o homem afirma estar satisfeito com o carro sobre a calçada. Surge o personagem interpretado por Fabio de Luca, Fiscal de Satisfação, cobrando do cidadão uma posição diante de situações como a alta do dólar, altos índices de desemprego e a "tomada de três pinos". O homem, confrontado e acuado, não consegue decidir se está indignado ou satisfeito e é taxado pelos dois fiscais como isento. Diante disso, uma nova virada na história: eles sugerem chamar o Fiscal de Isenção (interpretado por Leandro Ramos). Após a vinheta do coletivo, a imagem (sob os créditos) revela o homem conversando com o Fiscal de Isenção, assumindo sua dúvida diante das possibilidades — indignação ou satisfação — em relação à realidade. O fiscal reforça a postura satírica do grupo e conclama o riso pelo reconhecimento: "Se o Oceano tá limpo, tá sujo, que diferença isso vai fazer na sua vida?". Dessa ode ao descaso, ao desconhecimento da alteridade, há no roteiro uma provocação para a reflexão, sim. Mas não há sinais de apontamento para uma redenção da personagem pela conclusão da história.

A última crítica do roteiro, presente na fala do Fiscal de Isenção, é voltada à política partidária, quando afirma que após a assinatura como "isento" na ficha, o cidadão já "sai filiado ao PMDB"[123]. O partido político, historicamente, fez parte de todos os governos eleitos democraticamente desde a redemocratização (1985) após o regime militar. Na história mais recente, protagonizou o processo de Impeachment contra Dilma Rousseff (tendo como articulador o então presidente da Câmara, Eduardo Cunha), ainda que o vice, Michel Temer, tenha sido eleito com a ex-presidente. A negociação de cargos, influência política e mediação com partidos menores (em termos de representantes eleitos) têm marcado a presença e atuação do partido e seus agentes na história recente do país.

Considerações finais

O humor e a comicidade, tomados como gesto social e, no caso dos produtores audiovisuais, também como um gesto político, faz parte do percurso investigativo dos autores desse texto há alguns anos. Para além do entretenimento desprovido de um caráter mobilizador, a investigação se debruça sobre o poder crítico, articulista e até ativista do humor e da comicidade na mídia. Não obstante, vale lembrar que na época da ditadura civil-militar no país (1964-1985), os artistas compunham um segmento social tomado como "potencial ameaça" ao regime, repercutindo ações e obras em censura, tortura e extradição de vários brasileiros pertencentes à classe.

[123] Em agosto de 2017, o partido voltou a usar o nome de MDB.

Em artigo tratando sobre a política das emoções, Almeida e Hoff (2020, p.149) já apontam pistas para entender essas relações:

> Ainda que não haja um consumo "passivo", ou seja, uma apropriação sem "desvios" entre a intencionalidade dos produtores e seus consumidores, o audiovisual na web contribui de forma significativa para alimentar o imaginário social a respeito de diversos temas, entre eles a política.

Esse imaginário social, por sua vez, faz parte dos processos de identificação (Hall, 2006) que configuram as identidades dos sujeitos em uma nação. Se as distâncias e os papéis sociais são corroborados e ecoados em produtos midiáticos a partir de uma matriz que remonta o período colonial (Schwarcz, 2019), é possível inferir que o humor de Porta dos Fundos pode contribuir para a desmobilização política em tempos tão sensíveis atravessados pela sociedade brasileira a partir de 2015. Para tanto, parece-nos pertinente entender que os gestos sociais e políticos, tal como o humor, são também expressões de outra natureza:

> [...] *discursos emocionais*, as emoções são problematizadas dentro de sua capacidade de reprodução como experiências individuais corporificadas, por meio de atos como posturas e gestos. As emoções, portanto, pertencem ao corpo social a partir de suas repercussões no corpo humano, o que permite entender a formação destes *discursos emocionais* em determinados contextos político-econômicos (Abu-Lughod; Lutz, 1990 apud Almeida; Hoff, 2020, p. 155)

Se a comunicação midiática e a performance artística são discursos emocionais, ainda que elaborados e encenados para um determinado fim, há nessa ação uma intencionalidade e um efeito de sentido. É dessa premissa que partimos para apontar a importância da reflexão crítica sobre a produção e o consumo do humor para além de um entretenimento vazio e sem impacto sobre as realidades experienciadas pelos consumidores dessas obras.

Historicamente, o humor e a comicidade foram utilizados para o enfrentamento do poder instituído em defesa de valores, apontando correções ou proferindo verdades incômodas aos governantes sob o "manto protetor" da loucura e/ou da liberdade artística do bobo da corte (Minois, 2003). Sob a iminência de ameaças à democracia e ao Estado Democrático de Direito, por diversas ações mobilizadas e/ou endossadas pelo discurso político de um regime bufão (Fechine; Demuru, 2022), os efeitos de real e realidade acionados pela narrativa cômica de Porta dos Fundos assumem uma postura menos compromissada com a mudança do que potencialmente poderiam. O coletivo investe na ironia (Mendes, 2008) como marca estilística dos esquetes.

Se por um aspecto, a democracia depende da reflexão crítica e de múltiplas fontes para a leitura complexa e ampla sobre a realidade, por outro lado há de se levar em conta a importância dos agentes do campo artístico e midiático no contexto da formação de opinião. Ainda que o consumo de produtos audiovisuais não se dê passivamente por parte dos espectadores, não há também uma clareza de postura adotada pelo grupo sobre qual deve ser o papel do cidadão diante dos absurdos e discursos ironizados. E essa indefinição aponta para a manutenção das estratégias do capitalismo em busca de reconfigurações para se manter atraente aos públicos mais jovens. Há uma indignação, endereçada ao poder instituído, porém sem abrir margens à ação individual ou coletiva para a transformação social – pelo menos, não nos esquetes.

Referências

AFP. Bolsonaro participa de inédito desfile de tanques militares em Brasília. Estado de Minas, 10 ago. 2021. Disponível em: https://www.em.com.br/app/noticia/internacional/2021/08/10/interna_internacional,1294448/bolsonaro-participa-de-inedito-desfile-de-tanques-militares-em-brasilia.shtml. Acesso em: 08 mar. 2023.

ALMEIDA, Guilherme Fumeo; HOFF, Rafael Sbeghen. A política das emoções: o público e o privado em Porta dos Fundos. In: revista Significação, V.47, n.53, p.147-161. São Paulo, 2020. Disponível em: https://www.redalyc.org/journal/6097/609763966008/609763966008.pdf

AUMONT, J. A imagem. Campinas: Papirus, 1995.

BOURDIEU, Pierre. O poder simbólico. 5 ed. Rio de Janeiro: Bertrand Brasil, 2002.

CESAR, Camila Moreira; HOFF, Rafael Sbeghen. O humor e a produção de sentido da política: o caso do coletivo Porta dos Fundos. In: Anais do Compolítica. Maio de 2017. Disponível em: http://www.compolitica.org/home/wp-content/uploads/2017/06/CESAR-Camila_HOFFRafael_O-humor-e-o-sentido-da-politica.pdf .

CNN BRASIL. Grupos fazem atos antidemocráticos e pedem intervenção militar diante de quartéis. 02 nov. 2022. Disponível em: https://www.

cnnbrasil.com.br/politica/grupos-fazem-atos-antidemocraticos-e-pedem--intervencao-militar-diante-de-quarteis/. Acesso em: 08 mar. 2023.

CORRÊA, Fábio. O 8 de janeiro abriu chance de despolitizar Forças Armadas? DW, 26 jan. 2023. Disponível em: https://www.dw.com/pt-br/o--8-de-janeiro-abriu-oportunidade-de-despolitizar-as-for%C3%A7as-armadas/a-64506952. Acesso em: 08 mar. 2023.

DEBORD, Guy. A sociedade do espetáculo. E-booksBrasil, 2003.

ESTADÃO CONTEÚDO. Protestos nos quartéis e tiros de guerra ganham caráter de vigília pró-Bolsonaro. 21 nov. 2022. Disponível em: https://noticias.uol.com.br/ultimas-noticias/agencia-estado/2022/11/21/protestos-nos-quarteis-e-tiros-de-guerra-ganham-carater-de-vigilia-pro--bolsonaro.htm. Acesso em: 08 mar. 2023.

FEITOSA, Cézar; TEIXEIRA, Matheus; MACHADO, Renato. Generais descartam ação contra atos bolsonaristas em frente a quartéis. Estado de Minas, 10 nov. 2022. Disponível em: https://www.em.com.br/app/noticia/politica/2022/11/10/interna_politica,1419865/generais-descartam-acao-contra-atos-bolsonaristas-em-frente-a-quarteis.shtml. Acesso em: 08 mar. 2023.

FREUD, Sigmund. Os chistes e sua relação com o insconsciente. 1905 Trad. de Margarida Salomão. 1ª ed. Rio de Janeiro: Imago, 1977.

JAGUARIBE, Beatriz. Ficções do real: notas sobre as estéticas do realismo e pedagogias do olhar na América Latina contemporânea. P. 6 – 14. In: Revista Ciberlegenda, Nov/2010. Disponível em http://www.uff.br/ciberlegenda/ojs/index.php/revista/article/viewFile/148/43.

JOST, François. Do que as séries americanas são sintoma? Porto Alegre: Sulina, 2012.

LOCATELLI, Marcello. Notas sobre o ensaio golpista de 8 de janeiro. Esquerda Online, 19 jan. 2023. Disponível em: https://esquerdaonline.com.br/2023/01/19/notas-sobre-o-ensaio-golpista-de-8-de-janeiro-1/. Acesso em: 08 mar. 2023.

MARTINS, Antonio. Fascismo: os tentáculos do golpe na PM e Exército. Outras Palavras, 11 jan. 2023. Disponível em: https://outraspalavras.net/crise-brasileira/brasilia-violada-a-cumplicidade-na-policia-e-no-exercito/. Acesso em: 08 mar. 2023.

MENDES, Cleise Furtado. Construindo a comicidade: sátira e ironia. Artigo apresentado no V Congresso da Associação Brasileira de Pesquisa e Pós-Graduação em Artes Cênicas, Belo Horizonte, 2008. Disponível em: http://www2.dbd.puc-rio.br/pergamum/biblioteca/php/mostrateses.php?open=1&arqtese=0812830_2012_Indice.html.

MIGUEL, Jean Carlos Hochsprung. Agnotologia e pós-verdade: um ensaio sobre o sistema de produção da ignorância. In: Anais da Anpocs 2020. Disponível em: https://www.anpocs2020.sinteseeventos.com.br/arquivo/downloadpublic?q=YToyOntzOjY6InBhcm FtcyI7czozNToiYToxOntzO jEwOiJJRF9BUlFVSVZPIjtzOjQ6IjQyNDYiO30iO3M6MToia CI7czozMjoiNTNlN2YzNTA1M zYxMTY3NzIxYTQ5YmY4NTg5NmJjMGQiO30%3D.

MINOIS, Georges. História do riso e do escárnio. São Paulo: Editora Unesp, 2003.

PENAFRIA, Manuela. Análise de filmes – conceitos e metodologias. In: Anais do VI Congresso SOPCOM, Abril de 2009. Disponível em http://bocc.ubi.pt/pag/bocc-penafria-analise.pdf.

REDAÇÃO. Tanques já são vistos em Brasília a um dia da decisão sobre voto impresso; assista a vídeo. Brasil de Fato, 09 ago. 2021. Disponível em: https://www.brasildefato.com.br/2021/08/09/militares-posicionam--tanques-para-desfile-em-brasilia. Acesso em: 08 mar. 2023.

SCWARCZ, Lília Moritz. Sobre o autoritarismo brasileiro. São Paulo: Companhia das Letras, 2019.

UOL. Desfile de tanques em Brasília vira meme nas redes sociais: 'Fu macê'. 10 ago. 2021. Disponível em: https://noticias.uol.com.br/politica/ultimas-noticias/2021/08/10/memes-desfile-tanques-forcas-armadas-bolsonaro-brasilia.htm. Acesso em: 08 mar. 2023.

CAPÍTULO XVI

Práxis política socioambiental e saúde ético-política: possíveis contribuições para adiar o fim do mundo

Leandro Amorim Rosa

1. Introdução

> O tipo de humanidade zumbi que estamos sendo convocados a integrar não tolera tanto prazer, tanta fruição de vida. Então, pregam o fim do mundo como uma possibilidade de fazer a gente desistir dos nossos próprios sonhos. E a minha provocação sobre adiar o fim do mundo é exatamente sempre poder contar mais uma história. Se pudermos fazer isso, estaremos adiando o fim. (Krenak, 2019, p. 13).

Ailton Krenak (2019) nos alerta sobre os diversos mundos que já terminaram — e ainda terminam constantemente — vítimas de violências e autoritarismos das mais diversas ordens. Por sua vez, o xamã Yanomami Davi Kopenawa (Kopenawa; Albert, 2015) evidencia como a sociedade do "povo da mercadoria" tem atacado a floresta e como isso acarretará na destruição dos povos indígenas e deles próprios, tal ataque resultará na "queda do céu".

Cientistas por sua vez também tem nos alertado de maneira cada vez mais enfática sobre a iminência de um desastre ambiental irreversível (Masson-Delmotte *et al.*, 2021). Os efeitos da crise climática já se evidenciam em diversas partes do mundo: secas e alagações mais severas, temperaturas extremas, perdas de produção agrícola, extinções de espécies diversas, migrações climáticas entre outros. Ainda que a crise climática possa ser sentida em diferentes partes do planeta, há regiões e populações que são especialmente vulneráveis a seus efeitos. Tais populações, via de regra, encontram-se nas zonas mais empobrecidas do mundo, as quais, de maneira geral, são as menos responsáveis pelas causas da crise climática. Essa situação remete a fenômenos relacionados ao tema da justiça ambiental e climática (Weiss, 2019).

A destruição das floretas caracteriza-se como um determinante significativo para a intensificação da crise climática (Masson-Delmotte *et al.*,

2021). Neste sentido, a luta em defesa da Amazônia — a maior floreta tropical do planeta — coloca-se como uma luta em defesa da vida das mais diversas espécies, entre elas a humana. Nas palavras de Chico Mendes: "No começo pensei que estivesse lutando para salvar seringueiras, depois pensei que estava lutando para salvar a Floresta Amazônica. Agora, percebo que estou lutando pela humanidade".

Neste capítulo abordaremos como o conceito de saúde ético-política elaborado por Sawaia (Souza; Sawaia, 2016) pode contribuir para pensar ações psicossociais em prol do fortalecimento de comunidades e modos de vida que têm historicamente sido responsáveis pela defesa da floresta amazônica e, assim, pela defesa de parte significativa da regulação climática do planeta.

2. Psicologia Socioambiental

> Quero que vocês entendam bem uma coisa. Sem nós, os povos da floresta, não tem rio, não tem animais, não tem nada. Se vocês querem normalizar a temperatura do planeta têm que cuidar de nós. Porque sem nós não tem futura geração (Socorro, s.d. apud Brum, 2021, p. 57).

Há diversas correntes e vertentes quando se abordam as pautas ambientais. Vários espectros políticos reivindicam práticas e defesas ambientais a partir de diferentes prismas e perspectivas. A própria psicologia possui um campo de saber que se ocupa de forma mais específica dessa temática: a psicologia ambiental. (Tassara; Rabinovich, 2003).

A psicologia ambiental dita "tradicional" tem como um de seus principais conceitos a ideia de "comportamento pró-ambiental" (Andrade; Pimenta, 2017). A partir de tal perspectiva uma contribuição fundante da psicologia para as causas ambientais seria a produção ou fortalecimento de dimensões individuais afetivas, cognitivas e, principalmente, comportamentais que fossem positivas em relação a pautas ambientais. Por exemplo, incentivar práticas de reciclagem, consumo consciente, plantio de arvores etc. É evidente a importância de atitudes individuais em práticas de cunho ambiental. No entanto, faz-se necessário destacar que tais ações possuem efeitos locais e não são suficientes para, de fato, engendrar mudanças que gerem alterações significativas na crise climática. É perceptível como práticas de reciclagem e manejo de resíduos podem produzir uma comunidade mais saudável e mesmo gerar renda para coletivos marginalizados; assim como, o plantio de árvores pode ter resultados relevantes na saúde mental dos moradores de determinada região (Masterson-Algar *et al.*, 2022). Porém, tais ações usadas como exemplo não terão impacto significante na crise climática. Assim, são ações que podem melhorar a vida de diversas pessoas, mas pouco podem contribuir para adiar o fim do mundo.

Muitos acadêmicos têm defendido que deveríamos nomear a atual era geológica terrestre como "Antropoceno" (Artaxo, 2014). Tal definição se justificaria, pois, as mudanças ambientais produzidas por humanos, desde a revolução industrial, teriam afetado de forma inequívoca – e talvez irreversível – o clima e a vida no planeta. Neste período a atividade humana teria se tornado o fator mais relevante na transformação do meio ambiente da Terra. As mudanças produzidas pela humanidade seriam, de forma geral, nocivas ao equilíbrio químico, físico e biológico do mundo.

No entanto, outro grupo de pensadores defende que seria mais adequado nomear a atual era geológica terrestre como "capitaloceno". Segundo tais cientistas, as mudanças perpetradas em nosso meio ambiente não são fruto da ação da humanidade genérica, ou seja, não é um humano abstrato ("*anthropos*") que produziu tais alterações. A crise climática é produzida não pela espécie humana em geral, mas sim por uma forma de organização social historicamente construída, o capitalismo (Porto-Gonçalves, 2020). Assim, afastando-se de concepções fincadas no preservacionismo, defende-se que a presença humana pode ser fonte de proteção do meio ambiente – a depender de sua forma de organização social. Comunidades indígenas e tradicionais têm demonstrado como é possível coexistir de maneira não predatória em biomas diversos. A presença de várias dessas comunidades tem se evidenciado como fator protetivo contra a destruição de áreas ambientalmente preservadas (Oviedo; Doblas, 2022). Assim, ao pensar a possibilidade de ações efetivas diante a crise climática, faz-se necessário pensar ações que tenham como fim estratégico a transformação do atual modo de organização social capitalista. Faz-se necessário pensar formas de organização inspiradas em meios de vida como o bem-viver dos povos latino-americanos, o qual pode ser brevemente descrito como:

> A satisfação das necessidades, a conquista de uma qualidade digna de vida e morte, amar e ser amado, e o florescimento saudável de todos, em paz e harmonia com a natureza, para o prolongamento das culturas humanas e da biodiversidade (Ramirez, 2010, p. 58, tradução nossa).

Diante do entendimento da necessidade de mudanças sistêmicas para um eficaz combate a crise climática, a psicologia deve assumir uma postura diversa àquela representada pela "psicologia ambiental tradicional" caso pretenda ter um papel relevante. A partir da intersecção entre a psicologia social e a psicóloga ambiental, emerge o campo da psicologia socioambiental (Tassara *et al.*, 2013). Pretendemos aqui também pensar uma forma de psicologia socioambiental. No entanto, ao utilizarmos o termo "socioambiental" não nos referimos a combinação de campos acadêmicos, mas sim a uma forma de ação política que surge a partir da luta dos povos da floresta na Amazônia ocidental brasileira, mais especificamente no estado do Acre.

A concepção de sociambientalismo começa a ser forjada a partir das lutas protagonizadas pelos seringueiros Wilson Souza Pinheiro, Chico Mendes e tantas outras pessoas trabalhadoras e moradoras da floresta. Organizados(as) inicialmente em sindicatos rurais, a partir da década de 1970, tais trabalhadores(as) defendiam a manutenção da floresta de pé contra fazendeiros que haviam comprado o território e pressionavam suas famílias – as quais já tinham direito de posse - para sair das terras que habitavam. As lutas eram pautadas não apenas na defesa da floresta e do meio ambiente, mas, essencialmente, era uma luta pela manutenção das formas de vida e trabalho daquelas pessoas. Dessa forma, não se caracterizava apenas como uma luta ambiental, mas sim socioambiental, a qual tinha como objetivo a preservação do meio-ambiente, mas também a sustentabilidade econômica e a justiça social. A organização dos(as) extrativistas resulta em uma política pública mundialmente inovadora: as Reservas Extrativistas (Resex). A partir de meados da década de 1980, os povos indígenas e extrativistas se articulam e é forjada a Aliança dos Povos da Floresta (Allegrett, 2008).

Assim, ao falarmos aqui em uma psicologia socioambiental, estamos nos referindo a uma psicologia que possui como referência a luta dos povos da floresta. Entendemos que uma das principais formas da psicologia contribuir para transformações sistêmicas que se fazem necessárias diante da crise climática é atuar junto e a partir das lutas de tais comunidades e populações.

3. Práxis Política Socioambiental

Ecologia sem luta de classes é jardinagem (Chico Mendes)

Diferentemente das vertentes que tem como importante conceito o comportamento pró-ambiental, a psicologia socioambiental aqui proposta terá como categoria central a práxis política socioambiental. Inspirados na teoria marxista (Sánchez Vázquez, 2007) e na luta dos povos da floresta, definiremos tal forma de práxis como ação intencional orientada para produção e fortalecimento de relações econômicas sustentáveis, relações políticas democráticas e relações sociais justas em harmonia com o meio ambiente e os seres não-humanos. A práxis política socioambiental pode ter entre seus objetivos táticos a promoção de comportamentos pró-ambientais, no entanto seu objetivo estratégico é contribuir para a superação de uma sociedade fundada em relações predatórias e para o fortalecimento e produção de formas de vida inspiradas no bem-viver.

O foco das atuações aqui abordadas será na promoção e fortalecimento de práxis políticas socioambientais. A partir dos conhecimentos advindos da área psicossocial, e inspirados na concepção de campo de potência (Rosa; Salvador, 2021), entendemos que há três eixos prioritários nos quais as contribuições podem ser articuladas: saúde, organização e mobilização.

No eixo da organização, o objetivo prioritário é promover a capacidade de autoanálise e autogestão dos coletivos e comunidades envolvidas em lutas e vivências socioambientais. As referências teóricas principais utilizadas neste eixo pautam-se nas práticas de análise institucional (Baremblitt, 2002). Busca-se contribuir para superação de processos de burocratização e microfascismos cotidianos que rondam movimentos e organizações socioambientais, assim como fortalecer, de forma não colonialista, processos de participação e tomada de decisão coletiva em comunidades tradicionais e indígenas.

No que se refere ao eixo da mobilização, o principal objetivo é contribuir para a participação e incidência política em diversos âmbitos e por meio de diferentes repertórios: protestos, campanhas, reuniões, debates, advocacy, greves, abaixo-assinados, eventos, arrecadação de fundos etc. Serão utilizados aqui referenciais pautados em especial na psicologia política. Temos como exemplos conceituais marcantes para orientar as ações: o modelo de consciência política de Salvador A. M. Sandoval (2015), a psicologia social do protesto de Bert Klandermans (2015) e a psicologia da libertação de Ignácio Martín-Baró (1998).

O último eixo a ser abordado diz respeito à saúde. As ações orientadas ao redor desse eixo têm como objetivo geral a promoção de saúde ético-política de pessoas e coletivos que vivenciam lutas e formas de vida socioambientais. Tendo como principal fundamento as reflexões e proposições de Bader B. Sawaia (Souza; Sawaia, 2016; Sawaia; Busarello, 2022), sobre a ideia de saúde ético-política.

4. Saúde ético-política

> Essa categoria amplia os indicadores da saúde para abrangerem felicidade, sentimento de comum e capacidade coletiva de enfrentamento ao Estado, que significa a força de revolucionar o conjunto das relações sociais (Sawaia; Busarello, 2022, p. 24).

A saúde de participantes de movimentos e organizações socioambientais é uma das dimensões pesquisadas em nossos atuais trabalhos. Em nossa pesquisa, foram entrevistados mais de vinte grupos que se relacionam a questões socioambientais na região do vale do Rio Acre, no estado do Acre. Os coletivos abordados se caracterizam como muito diversos, são desde organizações não governamentais internacionais até grupos culturais, passando por organizações indígenas, sindicatos, associações de moradores e movimentos pastorais. Ainda que de forma preliminar, algo que tem se destacado é como a saúde destas pessoas está entrelaçada a suas práticas, muitas vezes de forma contraditória. Ou seja, muitos(as) dos(as) entrevistados(as) revelam que seu engajamento socioambiental, político e/ou social são fontes de ansiedade, desgastes e sofrimentos de diversas ordens, mas também relatam que seu ativismo e/ou militância são constituintes de suas identidades e dão sentido para suas trajetórias. Assim, abordar a dimensão da saúde é algo fundamental no intuito de melhor entender e fortalecer as ações dos movimentos e organizações da região.

Em princípio, saúde não será entendida apenas como a ausência de doenças. Inspirados por Dejours (1986), defendemos que saúde se relaciona com a capacidade para traçar uma trajetória particular em direção ao bem-estar físico, psíquico e social. No que diz respeito à saúde mental, concordamos com Martin-Baró (2017, p. 254):

> É evidente que os transtornos ou os problemas mentais não são assunto que incumba única e exclusivamente ao indivíduo e sim às relações do indivíduo com os demais. E, sendo assim, também a saúde mental deve ser vista como um problema de relações sociais, interpessoais e intergrupais, que se expressará, em cada caso, em um indivíduo, no seu grupo familiar, em uma instituição ou em uma sociedade inteira.

A concepção de saúde ético-política, elaborada por Sawaia com base na psicologia sócio-histórica e na filosofia espinosista, será aqui ampliada pelo diálogo com o pensamento o político gramsciano. Segundo Santiago (2016), a filosofia de Espinosa é um caminho profícuo para repensar e reatualizar o marxismo. Diversos autores têm proposto aproximações entre Espinosa e Marx de diferentes maneiras (Casarino, 2011; Bianchi, 2017). Nossa proposta também explora tais aproximações.

Sawaia (2014, p. 10), a partir da Ética de Espinosa, propõe a categoria sofrimento ético-político:

> Na Ética, a resistência aparece como esforço para conservar a liberdade, como uma resistência ativa que é um sim à vida. Quando as forças externas bloqueiam esse desejo de expansão, o sofrimento gerado é ético-político (Sawaia, 2012), "o sofrimento de uma vontade de potência negativa" (Deleuze, citado por Hardt, 1996, p. 94), pela experiência da perda da autonomia de meu corpo e minha alma.

Em sua *Ética*, Espinosa (2015, p. 237) escreve: "Por afeto entendo as afecções do Corpo pelas quais a potência de agir do próprio Corpo é aumentada ou diminuída, favorecida ou coibida, e simultaneamente as ideias destas afecções". Espinosa defende a existência de três afetos básicos: desejo, alegria e tristeza. O desejo é o que nos leva, a partir de determinada dinâmica afetiva, a agir em uma direção específica. "O desejo é sempre *conatus*, esforço de perseveração da existência" (Chauí, 2011, p. 62), tal esforço se identifica com a essência atual de determinado ser.

A alegria é produto de bons encontros, ou seja, quando algo compõe com nosso corpo e/ou mente temos nossa potência de agir elevada, o que resulta na alegria e nos afetos dela derivados — amor, esperança, segurança, gozo etc. Por sua vez, a tristeza é produto de maus encontros, ou seja, ela se dá a partir de encontros que decompõem com nosso corpo e/ou mente e, consequentemente, produzem diminuição da potência de agir gerando, assim, afetos tristes — medo, ódio, desespero, inveja etc. (Espinosa, 2015; Deleuze, 2002). O desejo sempre busca – com mais ou menos êxito — o aumento da potência de agir, ou seja, aumento da potência do corpo afetar e ser afetado, bem como da mente pensar e entender. Afetos de tristeza acarretam desejos como vingança, ira e crueldade. Por outro lado, afetos alegres levam a desejos como gratidão e benevolência. Compreender a composição afetiva dos sujeitos será de grande relevância para o entendimento de sua práxis política. O aumento da potência de agir produz corpos e mentes mais ativos e livres, enquanto a redução da potência gera corpos e mentes mais propícios à passividade e à servidão (Sawaia, 2014).

Sawaia e Busarello (2022, p. 38), escrevem:

> A saúde ético-política não nega a saúde biológica e mental, mas lhes traz outra dimensão a da potência de participação política e luta contra a servidão, capacidade de buscar bons encontros que proporcionam alegrias, pois aumentam a potência de vida que equivale a capacidade de perseverar na existência com autonomia, de cuidar do futuro, planejar novas possibilidades de construir utopias comunalistas e libertárias que exigem imaginação e afetos alegres e memória, simultaneamente as condições materiais igualitárias.

A categoria gramsciano denominada "catarse" é outra inspiração em nosso processo de construção conceitual. A "catarse" em Gramsci se vincula radicalmente à política (Gramsci, 2007). Política em seu sentido "amplo" gramsciano está presente em qualquer forma de práxis que supere a manipulação ou recepção passivas de dados imediatos e se dirija conscientemente a níveis mais universais da totalidade do real. Além disso, nesse sentido amplo, a política se dá nos momentos em que é possível, a partir da cadeia de causalidades impostas pelas necessidades, alcançar o nível da teleologia, ou seja, ser capaz de tangenciar o domínio da liberdade.

Segundo Gramsci (2007), a "catarse" se refere ao processo pelo qual há a passagem do momento meramente econômico (egoísta-passional) para o momento ético-político. O pequeno sardo defende que, por meio da "catarse", os sujeitos deixariam de ser meramente coagidos pela realidade econômica e passariam a ser capazes de deslumbrar possibilidades de ações e modos de ser advindos da liberdade política. Seriam as relações sociais e históricas concretas que circunscreveriam a possibilidade de passagem da causalidade econômica à teleologia política. Ao falarmos de uma saúde ético-política, estamos também nos referindo a um processo catártico gramsciano, ou seja, um processo no qual os sujeitos são capazes de superar a mera causalidade econômica e alcançar níveis de teologia política.

Não apenas referenciais advindos do mundo acadêmico compõem a proposta de saúde ético-política. Julio Monsalvo (2014) relata como, a partir de uma conversa com camponesas do norte da Argentina, descobriu o termo "Alegremia". Abaixo transcrevemos parte do relato de tais mulheres:

> Assim como existem doenças que são bobas e outras mais graves, a saúde pode ser cada vez mais bonita... Então não é como os médicos dizem, que há saúde quando tudo está normal... Eles tiram sangue e dizem que você tem glicemia normal, colesterol normal... Somos saudáveis quando há alegria no sangue! Quando há Alegremia! Quanto mais Alegremia… mais saudável é a saúde! Alegremia não se mede, se vê... Quando há alegremia, as faces são luminosas e nos olhos dançam as estrelas (Monsalvo, 2014, tradução nossa).

Entendemos que as trabalhadoras rurais argentinas transcritas por Monsalvo abordam de forma muito interessante e concreta uma concepção de saúde para além da ausência de doenças. A Alegremia expressa a saúde em sua dimensão produtiva, como uma condição – física, mental e social – que, a partir da promoção de alegria, pode ser cada vez mais potente. A proposta de saúde defendida pelo Movimento dos Trabalhadores Rurais Sem Terra (MST) também possui influência em nossas reflexões. O movimento, que há décadas tem lutado pela reforma agrária popular defende que "ter saúde é ter a possibilidade de lutar contra o que nos agride e nos ameaça, inclusive a doença. Ou seja, a intervenção em saúde deve fortalecer a capacidade de lutar" (MST, 2007, p.1). A partir de vivências junto ao MST e de pesquisa ação participante, Souza e Sawaia (2016) entendem saúde ético-política como capacidade não apenas de se adaptar e resistir a ambientes adoecedores.

Sujeitos ditos saudáveis possuem recursos para lutar pela transformação de ambientes que adoecem, possuem meios para agir em direção a torná-los ambientes promotores de saúde e não de adoecimento. A saúde-ético política não fortalece apenas dimensões físicas, mentais e sociais dos sujeitos, mas visa fortalecer suas capacidades políticas, visa produzir não corpos dóceis (Foucault, 1999), mas corpos potentes. Tais corpos tornam-se, assim, mais aptos a agir em prol de transformações no humano enquanto ser social, ou seja, estarão mais aptos à práxis política.

6. Exemplo de práticas

> Vi as diferentes manobras que os nossos antepassados fizeram e me alimentei delas, da criatividade e da poesia que inspirou a resistência desses povos (...). Quantos [os antropólogos] perceberam que essas estratégias só tinham como propósito adiar o fim do mundo? (Krenak, 2019, p. 14).

Na busca por contribuir com as lutas socioambientais na Amazônia ocidental brasileira, é criado, em 2022, vinculado à Universidade Federal do Acre (Ufac), o Núcleo de Estudos, Extensão e Pesquisa Psicossocial Euclides Fernandes Távora (Nepse). O nome do Núcleo homenageia Euclides Távora, o qual foi um militante que "(...) havia participado ativamente no levante comunista de 1935 em sua cidade natal, Fortaleza, e, ainda, na Revolução de 1952 na Bolívia. Retornando ao Brasil pelo Acre, Euclides Távora vai morar em Xapuri quando se torna mestre de Chico Mendes" (Porto-Gonçalves, 2005).

O professor Euclides alfabetiza Chico Mendes, mas também exerce importante influência sobre sua formação política. Inspirados em Euclides, O papel do Núcleo é contribuir com militantes, ativistas, movimentos e comunidades não ocupando o lugar de protagonista – que pertence às lutadoras e lutadores dos territórios físicos e existências que pautam os enfrentamentos -, mas se propondo a criar coletivamente espaços de comunicação e partilha de ações, conhecimentos e afetos potenciadores e transformadores. Abordaremos abaixo algumas atividades desenvolvidas pelo Núcleo relacionadas ao eixo de atuação "saúde".

Foram realizadas, durante o segundo turno das eleições brasileiras de 2022, rodas de conversa e acolhimento para defensores(as) dos direitos humanos e das florestas. A ação teve como principal objetivo criar um espaço de promoção coletiva de saúde ético-política. Dessa forma, estabeleceu-se um contexto seguro para acolher as ansiedades, estresses, medos e tristezas vinculados ao período eleitoral, mas também promover a capacidade das pessoas em resistir e lutar contra os projetos autoritários em curso e as violências políticas a eles inerentes. As(os) participantes das rodas destacaram como a possibilidade de compartilhar seus sentimentos e incertezas naquele momento de cuidado mútuo foi fortalecedor. Houve mais de um relato, ao final do processo, sobre como o espaço foi capaz de fazer com que as pessoas superassem sentimentos de impotência e pudessem voltar a se engajar em suas práticas política. Ou seja, essas pessoas foram capazes de não apenas se adaptar e sentirem-se melhores naquele contexto, mas atuarem ativamente para transformar a conjuntura de então.

Ainda no eixo de saúde, o Nepse contribui com a Rede de Saúde Mental do Movimento dos Trabalhadores Rurais Sem Terra (MST). Desde o ano de 2020, foram realizadas diversas atividades — em sua maioria online — relacionadas a promoção e cuidado em saúde mental junto à militância do MST (Rosa; Coelho, 2022). Entre tais atividades, ocorreram atendimentos individuais, oficinas e grupos terapêuticos. Destaca-se a participação do Nepse em um evento organizado pelo Coletivo LGBT+ do MST. Em tal evento, o coordenador do Núcleo pode compartilhar concepções e experiencias de saúde ético-política e coordenar rodas de conversa e acolhimento junto aos(as) militantes. A concepção de Alegremia tornou-se muito popular entre as pessoas participantes e segue sendo usada pela militância em projetos e eventos.

Outra atividade em que o Nepse pode participar foi uma formação vinculada ao projeto Sementes de Proteção, o qual "(...) pretende fortalecer a *proteção popular de defensores/as de direitos humanos.*" (Projeto Sementes de Proteção, 2022, p. 37). Nesta ação, se realizou uma palestra sobre concepções de saúde mental e possibilidades de promoção de saúde e fortalecimento de defensores(as) dos direitos humanos que se encontram em situações vulneráveis. Foi possível abordar a saúde a partir de uma perspectiva psicossocial e ético-política, ou seja, para além dos olhares individualistas e patologizante hegemônicos. Foram trabalhados temas vinculados às políticas públicas em saúde, autocuidado e a importância da criação de comunidades protetoras de saúde mental. Destacamos a importância da organização comunitária para a proteção dos militantes e ativistas inspirados pela citação a seguir:

> "Os zapatistas são explícitos sobre isso: seu poder não reside nas armas e na estrutura de comando militar do Ejército Zapatista de Liberación Nacional (EZLN), mas sim nos conselhos comunitários e em suas experiências em justiça e democracia" (Hardt; Negri, 2017, p. 270).

Como último exemplo, o Nepse foi convidado pela Organização dos Povos Indígenas do Juruá (OPIJU) para participar do encontro de mulheres indígenas das etnias Kanamari / Tüküna e Kulina / Madiha. O evento teve como título: "A festa maravilhosa das mulheres" e ocorreu na Aldeia Komaroha, no Amazonas. O encontro teve também como organizador o Conselho Indígena Kanamari do Jutaí e Juruá e apoio do Conselho Indigenista Missionário (Cimi). O Núcleo contribui na elaboração da metodologia do encontro e na condução de atividades que abordavam a temática da saúde psicossocial. O objetivo geral da atividade foi o fortalecimento comunitário e cultural dos povos participantes. Destaca-se a importância não apenas do conteúdo abordado, mas da forma da atividade.

Praticamente todas as mulheres falaram na plenária. Aparentemente o uso de desenhos e divisão em pequenos grupos foram mecanismos potente para incentivar a participação e mesmo a abordagem de assuntos muito difíceis. Tão relevante quanto o conteúdo trazido em uma pequena palestra sobre saúde mental, foi a possibilidade das mulheres terem um espaço de compartilhar suas dores e se acolherem mutuamente. Não apenas falamos sobre saúde mental, a atividade em si parece ter sido um dispositivo de promoção de saúde. Entendemos que ações como essas são capazes de contribuir para comunidades mais fortes e capazes de resistir e lutar pelos seus territórios e pela sua existência.

7. Considerações finais

> Quando pensamos na possibilidade de um tempo além deste, estamos sonhando com um mundo onde nós, humanos, teremos que estar reconfigurados para podermos circular. Vamos ter que produzir outros corpos, outros afetos, sonhar outros sonhos para sermos acolhidos por esse mundo e nele podermos habitar. (Krenak, 2020, p. 24 e 25).

Quando pensamos na crise climática, costumeiramente, nos parece óbvia a relevância de diversos campos relacionados às ciências naturais. Há um entender muito disseminado de que a possível salvação da humanidade estaria no avanço da tecnologia em campos como a produção de energia e alimentos. Sem dúvidas, tais avanços são bem-vindos e fundamentais. No entanto, faz-se necessário que as ciências humanas e sociais — entre elas a psicologia social — também tenham seus lugares de relevância reconhecido. De forma análoga a Kurt Lewin (1948, p. 99), defendemos que tais campos "podem contribuir, tanto ou mais que as ciências naturais, para a melhoria humana.".

Ao assumir que a principal causa da crise climática é uma forma de organização social historicamente construída, o capitalismo, passamos a entender que se faz necessário produzir conhecimentos e ações que atuem na transformação do sistema de produção vigente. Faz-se necessário articular conhecimentos científicos ocidentais e conhecimentos tradicionais na produção de perspectivas e práticas que possam contribuir para uma sociedade baseada no bem-viver e não no lucro. Atrelados a tal proposição, temos buscado construir uma psicologia fundada em referenciais como Antonio Gramsci, Ignácio Martin-Baró, Gregório Baremblitt, Bader B. Sawaia e Eda Tassara, mas também em Wilson Pinheiro, Chico Mendes, Dercy Telles, Davi Kopenawa e Ailton Krenak.

Por fim, convidamos todes que queiram se juntar a nós na busca por constituir novos corpos, novos afetos e novos sonhos. Produzir corpos, afetos e sonhos não mais como "povo da mercadoria", mas a partir de conhecimentos, vidas e lutas que nos fortaleçam contra os autoritarismos e colonialismos estruturais e cotidianos. Que nossa práxis possa potencializar histórias que têm adiado de forma incessante o fim do mundo.

Agradecimentos

Agradeço a todas e todos que participaram e contribuíram com as pesquisas e ações de extensão desenvolvidas pelo Nepse. As reflexões e atividades apresentadas apenas foram possíveis a partir do trabalho coletivo.

Referências

ALLEGRETT, M. A construção social de políticas públicas. Chico Mendes e o movimento dos seringueiros. Desenvolvimento e Meio Ambiente, n. 18, p. 39-59, 2008.

ANDRADE, R. M. DE; PIMENTA, A. P. Comportamentos pró-ambientais e crise ecológica: a importância do indivíduo a partir de sua escala local. Ciência e Sustentabilidade, v. 3, n. 2, p. 23-45, 2017.

ARTAXO, P. Uma nova era geológica em nosso planeta: o Antropoceno?. Revista USP, [S. l.], n. 103, p. 13-24, 2014.

BAREMBLITT, G. Compêndio de Análise Institucional e outras práticas: Teoria e prática. Belo Horizonte: Instituto Félix Guattari, 2002.

BIANCHI, B. As afinidades aleatórias: ainda sobre a influência de Spinoza sobre Marx. In BECKER, R. et al. (Orgs.) Spinoza e nós, volume 1: Spinoza, a guerra e a paz. Rio de Janeiro: Ed. PUC-Rio, 2017.

BRUM, E. Banzeiro òkòtó: Uma Viagem à Amazônia Centro do Mundo. São Paulo: Companhia das Letras, 2021.

CASARINO, C. Marx before Spinoza: Notes toward an Investigation. In

D. Vardoulakis (Ed.). Spinoza Now. Minnesota: University of Minnesota Press, 2011.
CHAUÍ, M. Desejo, Paixão e Ação na Ética de Espinosa. São Paulo: Cia das Letras, 2011.
DEJOURS, C. 1986. Por um novo conceito de saúde. Revista Brasileira da Saúde Ocupacional, v. 54, n. 14, 1986.
DELEUZE, G. Espinosa: filosofia prática. São Paulo: Esuta, 2002.
ESPINOSA, B. Ética. São Paulo, SP: Edusp, 2015.
FOUCAULT, M. Vigiar e Punir: nascimento da prisão. Petrópolis: Vozes, 1999.
GRAMSCI, A. Quaderni del Carcere. Edizione crítica dell' Istituto Gramsci (Vols. 1-4). Valentino Gerratana (Org.). Torino: Einaudi, 2007.
HARDT, M.; NEGRI, A. Assembly. New York: Oxford University Press, 2017.
KLANDERMANS, B. A oferta e a demanda da participação: os correlatos psico-sociais a participação nos movimentos sociais. In SILVA, A. S.; CORREA, F. No interstício das disciplinaridades: a psicologia política. Curitiba: Prismas, p.123-173, 2015.
KOPENAWA, D.; ALBERT, B. A queda do céu: palavras de um xamã yanomami. São Paulo: Cia. das Letras, 2015.
KRENAK, A. Ideias para adiar o fim do mundo. São Paulo: Companhia das Letras, 2019.
KRENAK, A. A vida não é útil. São Paulo: Companhia das Letras, 2020.
LEWIN, K. Experimentos com espaço social. In LEWIN, K. (Org.). Problemas de dinâmica de grupo. São Paulo: Cultrix, p. 87-99, 1948.
MARTIN-BARÓ, I. Guerra y Salud Mental. Estudios Centroamericanos, 429/430, p. 503-514, 1984.
MARTÍN-BARÓ, I. Crítica e libertação na Psicologia: Estudos psicossociais. Petrópolis: Vozes, 2017.
MASSON-DELMOTTE, V. et al. (Eds.). Climate Change 2021: The Physical Science Basis. Contribution of Working Group I to the Sixth Assessment Report of the Intergovernmental Panel on Climate Change. Cambridge University Press, 2021.
MASTERSON-ALGAR, P. et al. When One Health Meets the United Nations Ocean Decade: Global Agendas as a Pathway to Promote Collaborative Interdisciplinary Research on Human-Nature Relationships. Front. Psychol., n. 13, 2022.
MONSALVO, J. Descubriendo la alegremia. 2007. Disponível em: http://www.altaalegremia.com.ar/contenidos/viajero_curioso.html

MST – Movimento dos Trabalhadores Rurais Sem Terra. Coletivo Nacional de Saúde. Boletim Informativo. Brasília, DF, 2007

OVIEDO, A.; DOBLAS, J. As florestas precisam das pessoas. São Paulo: Instituto Socioambiental, 2022. Disponível em https://acervo.socioambiental.org/acervo/documentos/florestas-precisam-das-pessoas. Acesso em: 30 jan. 2023.

PORTO-GONÇALVES, C. W. Legado político e moral de Chico Mendes, 2005. Disponível em https://mst.org.br/2005/12/15/legado-politico--e-moral-de-chico-mendes/ . Acesso em: 21 jun. 2023.

PORTO-GONÇALVES, C. W. De caos sistêmico e de crise civilizatória: tensões territoriais em curso. Revista Territorium, n. 27, p. 5-20, 2020.

PROJETO SEMENTES DE PROTEÇÃO. Proteção popular de defensores e defensoras de direitos humanos / Projeto Sementes de Proteção; Projeto Defendendo Vidas. Passo Fundo: Saluz, 2022.

RAMÍREZ, G. R. Socialismo del sumak kawsay o biosocialismo republicano, In: SENPLADES. Los nuevos retos de América Latina. Socialismo y sumak kawsay. Quito: SENPLADES, 2010, p. 55-74, 2010.

ROSA, L. A.; SANDOVAL, S. A. M. Campo de potência: pistas para a produção de uma arma conceitual. Psicologia & Sociedade, v. 33, 2021.

ROSA, L. A.; COELHO, P. S. Grupos Virtuais de Saúde Mental junto ao MST: pandemia, cuidado e práxis. In: FURLAN, V.; OLIVEIRA, P. R. S.; LIMA, A. F. Psicologia Política e Políticas Públicas. Curitiba: CRV, 2022.

SÁNCHEZ VÁZQUEZ, A. Filosofia da práxis. São Paulo, SP: Expressão Popular, 2007.

SANDOVAL, S. A. M. A Psicologia Política da Crise do Movimento Sindical Brasileiro nos anos 1990: Uma análise da Consciência Política num momento de desmobilização. In: SILVA, A. S. S.; CORREIA, F. (Orgs.). No Interstício das Disciplinaridades: a Psicologia Política. Curitiba: Editora Prismas, p. 175-218, 2015.

SANTIAGO, H. (2016). Apresentação. In: Negri, A. Espinosa subversivo e outros escritos. Belo Horizonte: Autêntica.

SAWAIA, B. B. Transformação social: um objeto pertinente à Psicologia Social? Psicologia & Sociedade, n.26 (n. spe. 2), p. 4-17, 2014.

SAWAIA, B; BUSARELLO, F. A ideia de saúde ético-política como utopia da práxis psicossocial e de sofrimento ético-político como ensinantes. In: SAWAIA, B; BUSARELLO, F.; BEREZOSCHI, J.; ALBUQUERQUE, R. (Org.). Expressões da pandemia – Fase 4. Alexa Cultural: Embu das Artes/SP; EDUA: Manaus/AM, 2022.

SOUZA, A. S. A.; SAWAIA, B. B. A Saúde como Potência de Ação: uma análise do coletivo e de Comuna do Movimento dos Trabalhadores Rurais Sem Terra (MST). Rev. psicol. polít., São Paulo, v.16, n. 37, p. 305-320, 2016.

TASSARA, E. T. DE O.; RABINOVICH, E. P. Perspectivas da Psicologia Ambiental. Estudos de Psicologia (Natal), v. 8, n. 2, p. 339–340, 2003.

TASSARA, E. T. O.; ARDANS-BONIFACINO, H. O.; OLIVEIRA, N. N. Psicologia socioambiental: uma psicologia social articulando psicologia, educação e ambiente. Revista Latinoamericana de Psicologia, v. 45, n. 3, p. 425-435, 2013.

WEISS, J. S. (Org.). Movimentos Socioambientais: Lutas - Conquistas - Avanços - Retrocessos – Esperanças. Formosa: Xapuri Socioambiental, 2019.

CAPÍTULO XVII

O poder dos afetos no vácuo da (in)justiça nacional: a dialética entre pressão internacional e saúde ético-política

Naiara Matos
Bader Sawaia

1. Apresentação

A análise de regimes ditatoriais consiste em tarefa ampla e complexa. Trata-se de fenômeno configurado segundo as dialéticas i) indivíduo-sociedade e ii) política nacional-internacional. No presente texto, incorporamos reflexões acerca da disputa de poder por parcela das nações globais mediante dimensões psicossocial, cultural e econômica, estas orientadas conforme questões de relações internacionais. Para basear o suposto, evocamos resultados de pesquisa sobre essa trama de fatores e sobre mazelas sociais que o autoritarismo provoca (Allende, 1999; Arendt, 2001).

O capítulo visou abordar o autoritarismo no contexto da política internacional, sublinhando controvérsias[124] implicadas segundo o âmbito das categorias "memória, verdade e justiça", tendo como eixo o conceito de "saúde ético-política" (Sawaia, 2022; Sousa; Sawaia, 2016). Partimos da compreensão de que questões referentes a autoritarismo de Estado, no Brasil, não podem se restringir apenas ao cenário nacional. Assumimos ser preciso situar o autoritarismo brasileiro em face de violações de direitos humanos e da incapacidade de instituições jurídicas nacionais se contraporem a retrocessos em termos mundiais — o que gera uma miríade de recursos internacionais contra o governo brasileiro.

2. Contexto do problema

Ações na Organização das Nações Unidas (ONU) em tribunais internacionais ou na Comissão Interamericana de Direitos Humanos se multi-

[124] Disponível no endereço https://www.dw.com/pt-br/relatório-acusa-alta-global-do-autoritarismo-e-cita-bolsonaro/a-60729397. Acessos em 16 de julho de 2023.

plicaram por parte da sociedade global contra o Brasil nos últimos quatro anos. Na ONU, entre 2019 a 2022, um total de 47 cartas-denúncia foi enviado ao governo brasileiro por relatores da instituição. Eles cobravam respostas sobre violações de direitos humanos e em razão de declarações e/ou atitudes de inúmeros setores do governo federal ora instaurado, incluindo-se comportamentos considerados antidemocráticos do próprio ex-presidente Jair Bolsonaro. Assuntos que mais renderam temas para as 47 cartas-denúncia foram relacionados ao golpe militar de 1964, à questão indígena, à violência policial, à pandemia (covid-19) e a agrotóxicos usados indiscriminadamente em plantações do país[125].

A partir da conjuntura, foi fomentado risco no Brasil de que a pressão estrangeira pudesse criar constrangimentos sobre autoridades nacionais, ainda que preenchesse certo vácuo deixado pela (in)justiça nacional. A pressão, inclusive, poderia ocorrer independentemente de apelos feitos por movimentos e organizações do próprio Brasil, ainda que o Estado brasileiro seja, atualmente, um dos três mais afetados por denúncias na América Latina (AL), continente que conta com outros países violadores de direitos humanos, como Venezuela e Nicarágua.

No passado, o evento da prisão de Pinochet, há 23 anos, já mudara a luta pelo direito à memória e à verdade no mundo, ao marcar a jurisprudência internacional sobre crimes contra a humanidade na AL. Mostrou que se deve agir contra violadores de direitos humanos em países terceiros, sendo possível buscar a justiça transnacional. A condenação de Pinochet alterou a ideia de soberania de Estado, estabelecendo que tiranos não poderiam usar a imunidade para evitar qualquer responsabilidade criminal, reforçando a importância de que julgamentos simbolizam valores de uma sociedade democrática e que a tortura, enquanto crime contra a humanidade, não prescreve.

O caso do ditador chileno teve como pedra angular a reparação e a elaboração do luto, mobilizando questões vinculadas à memória, à universalidade, ao reconhecimento social, à suspensão do tempo e ao intolerável[126]. Sugeriu-se que o direito à lembrança e à exteriorização é imprescindível no processo de constituição da democracia. Lembrar e narrar sobre são ações fundamentais. Tanto para a construção do presente, quando do que pode ser o futuro. Ocorre que há tendências, não só na AL, de se

[125] Disponível em: https://noticias.uol.com.br/colunas/jamil-chade/2022/08/13/com-mais-de-200-casos-brasil-vive-onda-inedita-de-denuncias-no-exterior.htm

[126] Disponível em: https://racismoambiental.net.br/2020/07/03/o-brasil-e-sua-engenharia-da-indiferenca-por-vladimir-safatle/

fazer do esquecimento uma política de controle e dominação, mediante silenciamentos forçados, apagamentos e encerramentos de debates sobre memórias e histórias. É uma verdadeira disputa de sentidos e significados ante versões oficialistas e não-oficialistas dos acontecimentos.

Essas tendências citadas, por exemplo, concretizaram-se em impunidades no Brasil, país latino-americano onde não há nenhum torturador na cadeia. Para além disso, estudo de Kathryn Sikkink, cientista política da Universidade de Minnesota, apontou ainda que somos a única nação da América Latina onde casos de tortura aumentaram na contemporaneidade, em relação ao número de casos de tortura na época da ditadura militar. Ou seja, tortura-se mais hoje do que se fez no regime de exceção (1964-1985). Evidencia-se, com isso, um núcleo de necropolítica no sentido mais forte do termo, naturalizado perante a Constituição do Estado brasileiro.

> [...] os julgamentos e a punição de torturadores ajudam a construir o Estado de direito, deixando claro que ninguém está acima da lei. Além disso, a punição deixa claro que haverá 'custos' para os agentes individuais do Estado que se envolverem em abusos dos direitos humanos, e isto pode ajudar a prevenir futuras violações de direitos humanos (Junges, 2008 apud Sikkink, 2012, p. 33).

E completa:

> Os julgamentos também são acontecimentos altamente simbólicos que comunicam os valores de uma sociedade democrática em favor dos direitos humanos e do Estado de direito". Em sua opinião, "a *tortura, como crime contra a humanidade, não deveria estar sujeita a leis de anistia ou à prescrição*" (Junges, 2008 apud Sikkink, 2012, p. 33, grifo nosso).

Contextualizamos, portanto, que autoritarismo não é questão política, apenas, seja estrutural ou contingencial. É problema amplo e incidente, implicado na saúde da nação, intrínseco não só a integrantes de movimentos por justiça, mas também a cidadãos brasileiros em geral. Isso porque o autoritarismo impacta legitimidades da luta por reparação em aspectos que afetam a saúde ético-política da sociedade. Significa que sofrimentos marcados por ressentimento, raiva, desconfiança e tristeza, bloqueadores de memória e manipuladores de discursos, alienam corpos e reificam-se em narrativas. A saúde ético-política tende a ser atravessada por definições de identidades, legitimações ou encobrimentos de genocídios, assim como fortalece a sensação de impunidade. Tanto que, a saber, atividades da Comissão Nacional Verdade[127] foram momentos terapêuticos e promotores de saúde ético-política.

3. Enfoque teórico: memória e saúde ético-política

Memória é dimensão fundamental da história pessoal e da história social (Lane, 1995). Para Vygotski (1996), são nas e pelas relações sociais que se compartilham pensamentos, informações e ideias; são nas e pelas relações sociais que se objetivam subjetividades e se subjetivam objetividades. É na troca que vivências e experiências de grupo e povo se mantêm e consolidam. Vygotski (ID., op. cit.), compreendeu, assim, a relação dialética entre indivíduo, sociedade e história, sendo definida como totalidade na medida em que cada instância é produto e produtora de outra. Nesse interim, a memória permite o armazenamento de experiências e a sustentação de futuros, não só individuais, mas coletivos, por meio de arte, cultura, ciência e história.

> O desenvolvimento das formas superiores da memória não representa um simples desdobramento de certa propriedade fisiológica que depende, em primeiro lugar, de uma série de fatores biológicos diretos, mas representa um processo complexo determinado por *condições socioculturais*, sob a influência das quais a estrutura dos atos de memorização se altera e, de maneira correspondente, sua eficácia aumenta (Vygotski, 1996, p. 109, grifo nosso).

Conforme Vygotski (2006), funções psicológicas superiores, como memória, consciência, percepção, atenção, fala, pensamento, vontade, formação de conceitos e emoção, se intercambiam em redes de nexos ou efeitos, formando sistema psicológico interativo. A trama psíquica fundamental (pensar, sentir e agir) é costurada e alimentada pela memória, principalmente. Em termos sócio-políticos, não é diferente. A memória sustenta a política, que a celebra, critica e sempre aprende com ela. Em razão disso, a negação do reconhecimento de fatos experimentados pelo corpo individual e social é uma questão de saúde ético-política.

[127] A Comissão Nacional da Verdade foi criada pela Lei 12528/2011 e instituída em 16 de maio de 2012. A CNV tem por finalidade apurar graves violações de Direitos Humanos ocorridas entre 18 de setembro de 1946 e 5 de outubro de 1988. Disponível em: <cnv.memoriasreveladas.gov.br/institucional-acesso-informacao/a-cnv.html>

Segundo Honneth (2003), o reconhecimento de indivíduos como sujeitos de direitos expressa a ideia de inclusão da vontade comunitária, incorporada por normas internas intersubjetivamente reconhecidas de uma sociedade, sendo que uma relação jurídica de reconhecimento seria incompleta se não pudesse expressar positivamente diferenças peculiares entre cidadãos de determinada coletividade. O reconhecimento jurídico intersubjetivo encontra-se associado à propriedade universal que garante a indivíduos o status de pessoa. Essa propriedade universal corresponderia à capacidade de uma imputabilidade moral dos indivíduos. Ou seja, indivíduos necessitam reconhecerem-se como sujeitos em igualdade de condições para assentir normas morais (Honneth, 2003).

A questão que as colocações suscitam tem a ver efetivamente com a noção de justiça ou, mais diretamente, com o sentido de justiça na esfera humana. A transformação da dor em ódio posterga processos de elaboração psíquica, pois, enquanto a dor, para ser vivida e digerida, requer necessariamente um *locus* subjetivo, uma solidão produtiva, o ódio pode ser projetado e introjetado no circuito intersubjetivo. Isso produz um jogo interminável que, ao mesmo tempo, cria a ilusão de um sujeito potente e perpetua a interpretação odiosa pelo deslocamento constante do afeto de um lado a outro. Odiar ou ser odiado torna-se, então, afeto reiterado como ressentimento (Naffah Neto, 1998).

Nas palavras de Sawaia (2000), "[...] emoções também são funções mediadas, são sentimentos humanos superiores, pois até o próprio organismo reage a significados de forma que as sinapses cerebrais são mediadas socialmente" (p. 14). Do mesmo modo, sobre a vingança, sendo afeto/emoção, Spinoza declara na *Ética*.

> [...] os homens estão mais inclinados aos afetos, ou seja, compadecem-se de quem está mal, porém invejam quem está bem; tendem mais a vingança do que ao perdão, e deste modo, aquela ideia de amor ao próximo, comum nas religiões, em especial, a cristã, desmorona, aparecendo apenas na hora da morte, quando a doença já venceu seus afetos e o homem está exausto, ou nos templos, onde os homens não têm relação nenhuma, mas não na sociedade, onde deveria ser extremamente necessária (2015, p. 134).

Vingança, como forma de justiça, está nas origens da cultura, portanto de nossa constituição subjetiva. Difícil, senão impossível, extirpá-la das ideias cotidianas e vivências emocionais de justiça. A vingança define-se enquanto compensação moral e a humanidade ainda se molda fundamentalmente por seu estofo moral. Vingar-se, assim sendo, é função meramente catártica, pois, por exemplo, conseguir deter um criminoso e castigá-lo pode apaziguar sentimentos de culpa de parentes ou amigos da vítima — que pensam ter tido chance de protegê-la do crime e se culpam por não conseguir. A vingança, em suma, tem efeito superficial e passageiro.

Vingança não tem papel positivo na elaboração de dor e luto. Pelo contrário, tende a substitui-los e deslocá-los indefinidamente, projetando mitigação para a dor fora dela[128]. Em outras palavras, como veremos adiante, a destruição do tirano não deve ser por vingança, prisão ou morte. Devolver a ele a violência imposta ao povo pode torná-lo herói ou abrir caminhos ao aparecimento de outros. Em vez de uma reação ressentida ao trauma, entendemos ser função maior destruir um poder simbólico edificado em terreno moral.

Para que haja saúde como "potência de ação" é preciso elaboração psíquica que estabeleça relação entre memória e reconhecimento social, seguida de organização comunitária com ações políticas. A não promoção desse processo gera sofrimento continuado, identificado a partir de conjuntos de prejuízos individuais afetivos e coletivos, que impedem o desenvolvimento de relações cooperativas e solidárias indicadoras de saúde ético-política. O conceito de saúde ético-política foi cunhado a partir de pesquisa com membros de MST (Souza; Sawaia, 2016), em que se notou a existência de sofrimentos relacionados à perda de autonomia e potência de ação por conta da organização político-econômica dessa população.

Para além de doenças gastrointestinais decorrentes de falta de água potável e desnutrição, entre demais engendramentos, eram frequentes queixas de falta de sono, dor de cabeça e prostração por conta de problemas causados pela terra árida ao plantio, por falta de condições instrumentais ao cultivo, pelo descaso do poder público quanto a aportes financeiros e em consequência de preconceitos da sociedade acerca do movimento. Esses fatores sociais, principalmente, que incidiam no processo saúde-doença, concorriam para que se repensasse a ordem da dialética autonomia-heteronomia dentro do MST, o que significou, na prática, a necessidade de se reposicionar a saúde do campo biológico e das condições materiais para a ordem da virtude pública.

A saúde foi notada para além do bem-estar físico e espiritual, abarcando dimensões de respeito e reconhecimento. O poder de negociação com

[128] Disponível em: https://doi.org/10.1590/1415-47142001003005.

autoridades, de discussão com negócios públicos (Arendt, 2001) e da potência de ação ante a sociedade (Spinoza, 2015) são efetivações de respeito e reconhecimento. É útil ao homem aquilo que dispõe seu corpo a ser afetado e afetar o corpo social. É nocivo o que torna o corpo menos apto a isso (IB., op. cit.). Estar saudável, para integrantes do MST, tinha muito a ver com capacidade de lutar contra tudo o que os oprimia, em termos de falta de inclusão e cidadania. A compreensão da dimensão ético-política no âmbito saúde-doença mostrou-se condição própria de comunidades do Movimento Sem-Terra.

No estudo, queixas relativas a estados gerais de padecimento do corpo e da mente desapareciam em momentos de ação coletiva promovidos pelo MST. Isso levou pesquisadoras a denominarem a dinâmica de "saúde ético-política". Não obstante, resultados demonstraram que a promoção dessa conjuntura de saúde não ocorria apenas em momentos benéficos para o movimento social, mas durante o próprio processo de luta, duro, incerto e instável como é. Verificou-se, assim sendo, que ações coletivas, oferecedoras de bons encontros, resultavam no aumento da potência do corpo e da mente (Spinoza, 2015; Sawaia, 2014).

Spinoza (2015) defende que "agimos quando ocorre em nós ou fora de nós algo de que somos causa adequada, isto é, quando de nossa natureza segue em nós ou fora de nós algo que pode ser entendido distintamente só por ela mesma (p. 237). Em termos práticos, significa que o fato de estarem isolados, invisíveis ao Estado, em assentamentos, por vezes sem condições de explorarem potencialmente terras improdutivas, trabalhando para outrem para ganhar o sustento, é fonte de intensos sofrimentos. Dentre estes, padecimentos de futuro (Souza; Sawaia, 2016), sentimentos de abandono e insegurança e apartação da sociedade os afeta de modo a serem dominados por tristeza, melancolia e ressentimento. Com isso, são enredados em sociabilidade pautada na agressão e no abandonando ao movimento, retraindo-se na invisibilidade.

Relatos de integrantes do MST mostraram que o processo de inclusão perversa diante de dinâmicas de produção era vivido como sofrimento ético-político, associado ao impedimento do potencial humano, já que impossibilitava a expansão da liberdade e promovia desumanização e padecimento. Tal processualidade demonstrou que a práxis política é organicamente atrelada à potência de agir dos cidadãos. Spinoza, Marx e Foucault, cada um a seu modo, denunciaram que a política é a arte de afetar corpos e levá-los a impulsionar ações políticas, ou bloquear a capacidade de ser afetado por experiências. Doutro modo, esse processo pode criar memórias estratégicas de manutenção de poder, reforçando a pertinência do conceito de saúde ético-política.

Recuperar e expandir a saúde ético-política requer atos de reparação e descolonização da memória, como se deu na experiência histórica de extermínio de judeus, ciganos, latinos e comunidade LGBTQIA+, promovida pelo nazismo. O movimento ultranacionalista alemão foi analisado e concluiu-se que um dos principais reforços para a saúde ético-política dos que sofrem violência do regime hitleriano de Estado foi perscrutar as dimensões de dor, luto, ressentimento e melancolia, cristalizadas como trauma social, possibilitando reparação. Imperativo psicossocial urgente foi a reivindicação do direito à saúde, que significou o direito à memória.

Esse processo, agora cada vez mais, é atravessado por ações internacionais. Uma vez fomentadas, passam a compor a constelação da saúde ético-político, para o bem ou para o mal. De um lado, podem ser aliadas no fortalecimento do *conatus* para pressionar o Estado a apurar e punir a todos dos delitos, bem como restabelecer a legitimidade da memória social. De outro, podem representar a submissão a poderes internacionais, deprimindo nossa autonomia. O fato de o Brasil precisar ser condenado em cortes internacionais por causa de violações a direitos humanos nos anos de chumbo aponta para omissões da nação em enfrentar o tema, distanciando a sociedade de sua saúde ético-política e sugerindo interferência exterior em nossa soberania.

4. Discussão

4.1 Reparações históricas e justiça internacional

No Chile, a interferência da Inglaterra no julgamento de Pinochet provocou manifestações. A primeira delas de protesto do governo chileno, por se sentir desrespeitado em sua soberania: como a Inglaterra ousa deter um dos seus senadores? Com que direito o mundo ousa propor julgamento? Todavia, o ocorrido se deu porque o Chile não teve culhões para fazê-lo no lugar e na época em que deveria ter feito. É vergonha e humilhação o que transpira dessas reclamações, além, é claro, do medo de se trazer novamente à tona traumas psicossociais da população chilena, forçada a um esquecimento prematuro. E isso efetivamente aconteceu: após a detenção do general, grupos de direita e esquerda começaram a se digladiar, pondo em risco a pretendida ordem nacional chilena.

A culpa foi da justiça internacional ou da não resolução do sofrimento imposto pelo regime Pinochet e sua impunidade? Manter a paz à custa da negação da memória, da superstição e da sustentação da aparente ordem, pela promoção de paixões tristes, significa, como alertava Spinoza, no século XXII, não a ordem, mas a servidão. Servidão, para o filósofo, é a impotência humana para refrear afetos. Uma pessoa submetida a afetos, dizia ele, não está sob seu próprio comando, mas a tal ponto sujeitada que é forçada a fazer o pior (Spinoza, 2015).

A superstição é o operador básico da servidão. A primeira, sustentada pelas paixões tristes, principalmente medo e esperança, produz-se quando um sujeito, confuso sobre as causas dos afetos que lhe compõem ou desconhecendo-as, torna-se entristecido e vulnerável, disponível a estabelecer relações de obediência ante um poder político, sendo determinado passivamente do exterior. Servidão se dá pelo desconhecimento do que somos, seres relacionais, imanentes.

O general Pinochet, sabendo dos crimes que cometeu, aceitou entregar o poder sob a promessa de que o Estado o protegeria contra qualquer acusação. Não pensou que outro Estado, mais forte, pudesse incitar o governo chileno. E nem que, por repercussões internacionais, a imunidade pudesse lhe ser confiscada pelo próprio Estado do Chile, tal qual efetivamente aconteceu[129]. Poucos fizeram avaliação lúcida do acontecimento como o fez Isabel Allende, em artigo publicado no *O Estado de S. Paulo*, dia 24/01/1999, intitulado *Pinochet deixou no Chile um legado de medo*.

A partir do texto, destacamos relação entre memória social, individual, esquecimento e conformação na elaboração de traumas coletivos, entendendo por traumas coletivos as cristalizações culturais e subjetivas do sofrimento ético-político[130]. Isabel Allende começa historiando a detenção de Pinochet sob a alegoria da retenção mútua. "Quase uma década depois de entregar a presidência, o ditador conserva o governo democrático como refém. Mas, por enquanto, também o general está retido, em prisão domiciliar, numa mansão de Londres, aguardando decisão sobre a extradição pedida por juiz espanhol..." (p. A16)[131].

[129] Disponível em https://doi.org/10.1590/1415-47142001003005.

[130] Conceito elaborado por Sawaia (1999), que dá conta de sofrimento proveniente de processos de exclusão pelas relações de poder e da desigualdade social, oriundo de práticas econômicas, políticas e sociais que demarcam corpos como forma de manutenção da opressão, negando suas próprias necessidades. Segundo Sawaia (2003, p. 53), "a força do sofrimento pode ser tão intensa que chega ao limite da recusa da vida ou morte em vida".

[131] ALLENDE, I. Pinochet deixou no país um legado de medo. O Estado de S. Paulo. São Paulo, 24 de janeiro de 1999.

A afirmativa de Isabel exprime o poder simbólico e político do general, ainda capaz, naquele episódio, de mobilizar toda a instituição democrática chilena em sua defesa e levar o presidente em exercício a pedir apoio de países vizinhos, entre eles o Brasil. Mas com que tipo de poder alguém consegue manter um governo democrático como refém? No caso em análise, com o poder da barganha e da entrega do poder confiscado sob a condição de uma promessa de imunidade, em cargo de senador vitalício. Diz Isabel Allende:

> Antes de transferir o comando, Pinochet tratou de proteger-se e garantir que o poder continuasse em suas mãos. Continuou como comandante das Forças Armadas até 1988, ocasião em que se declarou senador vitalício. Nomeou senadores para garantir que a direita controlasse o Congresso, evitando emendas à Constituição que ele havia imposto ao país. Uma lei de anistia concedeu-lhe imunidade contra processos por quaisquer crimes cometidos durante seu regime (IB., op. cit.).

Isabel, antes disso, já avaliara a detenção de Pinochet pela Inglaterra. "Ao perseguir o general, instruir causa sólida e emitir pedido de extradição, Garzón conseguiu a ruína moral de Pinochet. O homem que teve o desplante de fazer o papel de salvador da nação vai assumir lugar na companhia de Calígula e Idi Amin. Mesmo que Pinochet nunca vá a julgamento, a justiça terá sido feita" (IB., op. cit.). Para ela, a função de um ato jurídico contra Pinochet não era necessariamente a prisão, pois o general não mais representava perigo à sociedade. Mas castigo e vingança aplicados sobre aquele que produziu tanta ruína humana mostravam-se como itens de uma jurisprudência do ressentimento. No final do artigo, ela salientou: "Não sinto ódio de Pinochet. Ódio é um fardo pesado do qual me livrei muitos anos atrás, quando comecei a escrever. A literatura permitiu-me exorcizar a maioria de meus fantasmas e transformar a dor em força [...] não quero que o general apodreça na prisão como tantas de suas vítimas. Ele sofreu inegável derrota que nada poderá transformar em vitória" (IB., op. cit.).

No entanto, a questão é mais complicada do que pode parecer à primeira vista. Em primeiro lugar porque vítimas, parentes e amigos sempre reclamam e se sentem no direito de obter um tipo de compensação moral promotora de lugar legitimado para a expressão do ódio coletivo gerado pelo crime. Parecem autorizados a dar vazão ao ódio, gozando com o sofrimento do criminoso (prisão ou execução), visto tratar-se de ato de justiça, só se sentindo apaziguados após essa compensação. A Comissão Interamericana de Direitos Humanos define o direito à memória e à verdade como:

> [...] um direito de caráter coletivo, que permite à sociedade ter acesso à informação essencial para o desenvolvimento dos sistemas democráticos e, ao mesmo tempo, um direito particular para os familiares das vítimas, que permite uma forma de *reparação*, em particular, nos casos de aplicação das leis de anistia (Comisión Interamericana de Derechos Humanos, 1999, p. 224, grifo nosso).

A análise de Allende aponta a reparação como elemento essencial da saúde ético-política à medida que retira os que sofrem violência de Estado do ressentimento, do medo e da melancolia, estes ornados como servidão e negação da memória. Riquelme (1993) vai falar dos tons de cinza e opaco de uma época a ser superada, quando o medo — agente de coerção da sociedade durante longo tempo — era dominante. Ele situa a subordinação (indivíduos passivos e submissos) ao terrorismo e a adaptação da população a processos de violência. Martín-Baró (2000) chama de normal anormalidade o que era produzido pelo terrorismo de Estado e a dor da tortura que se perpetuava no vitimado.

Os autores relacionam o trauma a formas de violência extremada, tais como guerras, massacres e torturas, destacando a dimensão psicológica (afetos, mecanismos de defesa, sofrimento e adoecimento mentais) e a dimensão social (cenário histórico, terrorismo de Estado, relações internacionais e conformação da memória social e individual). Indica-se, assim, que traumas não devem ser reduzidos a tratamentos psicoterápicos por risco de se tornarem paliativo apaziguador de relações desumanizantes. Um trauma tem de ser considerado na perspectiva da saúde ético-política, tanto do Estado quanto de seus cidadãos, pois se trata de sofrimento gerado por condição de sujeitos e qualidade da cidadania.

Ao se referir a trauma psicossocial, Martín-Baró (1988) acentua "carácter essencialmente dialéctico" (p. 77) e, assim, salienta que não se dissocia da imersão social que o constitui e deflagra. Como dimensão dialética, o trauma não define um sujeito doente. São as especificidades de uma relação entre sociedade e indivíduo, para além de parâmetros de normalidade e anormalidade, tão caros à tradição da ciência psicológica, que regem essa constituição. Adoecimento significa resposta esperada frente à situação anormal. Um trauma psicossocial reflete características de desumanização que a ordem da exploração e da acumulação evidencia.

De "salvador da nação", Pinochet passou, aos olhos do mundo, à condição de criminoso. E essa foi sua ruína moral. Inclusive porque não foi o único responsável por tudo o que aconteceu. "Nem Hitler nem Pinochet poderiam ter existido, nos diz Isabel Allende, sem o consentimento tácito ou explícito de milhões de cidadãos" (Allende, 1999, p. A16). Portanto, trata-se menos de julgar pessoas do que colocar em questão valores humanos, destacando a substância ética de um povo, ou seja, a saúde ético-política de uma sociedade.

Trazendo o contexto explanado para a seara brasileira, questionamos: como resolver fenômenos típicos da realidade brasileira, referentes à elaboração da violência, tendo em vista a especificidade da experiência chilena e o que ela engendrou? Suposições em torno da problemática em forma de pergunta estão no tópico que segue.

4.2 O Brasil e suas particularidades

Familiares esperam ainda hoje que o Supremo Tribunal Federal (STF) reinterprete a Lei de Anistia, usada supostamente para proteger militares, apesar de o dispositivo legal não resguardar isso. Trata-se de controvérsia inerente à redemocratização do Brasil e, para entender o constructo histórico da questão, trazemos contribuição de Spinoza (2009), ao salientar que democracia não se baseia em confiança na representatividade de governantes políticos e suas instituições, mas sim na confiança pautada pelo desejo de potência da multidão. Portanto, confiança política se constrói e perpetua por organizações coletivas, via útil comum para a defesa da democracia, munidas pela multidão na missão de contrapoder, ou melhor, de controle da desmesura do poder.

A igualdade é a medida comum da democracia. Não existe democracia sem medida material, igualitária, a partir da qual à multidão seja permitida não apenas exprimir politicamente sua confiança (e seu contrapoder) diante de um governo, mas também construir instituições e leis de garantia da igualdade, isto é, de direitos naturais. Ao tempo que a multidão zela pela instituição democrática, é preciso fortalecer a potência da multidão, o que introduz outro tema tão paradoxal quanto potente. É na *hilaritas*, definida por Spinoza como afeto de alegria conjunta, da alma e do corpo, que a democracia se afirma.

A *hilaritas* (ou excitação prazerosa) ocupa o corpo e aumenta a potência do agir, apresentando-se como medida das paixões democráticas, de igualdade no corpo político, onde funciona o desejo de autonomia de cada um e o prazer de viver junto, na igualdade (Bove, 2014). A *hilaritas* irradia a potência da multidão, ela é gênese do comum e fazer do corpo com/de desejo e amor (com a *cupiditas* do corpo e com o amor da razão) é promover no comum a democracia. Quem viveu períodos ou épocas de lutas revolucionárias sabe a potência da *hilaritas*, do rir em comum. As paixões alegres transformam a igualdade em irmandade e quem conhece, com serenidade, a experiência de uma multidão que produz democracia, para Spinoza representa a expressão maior do governo do comum[132].

Trazendo ensinamentos de Spinoza para nossa realidade, e diante do cenário de violações dos direitos humanos e crescimento de discursos de ódio no Brasil, surge enquanto contrapoder, ou como *hilaritas* democrática, em uma demonstração de paixão ativa, a Comissão de Defesa dos Direitos Humanos Dom Paulo Evaristo Arns. Formada dois meses após a eleição do ex-presidente Jair Bolsonaro, foi iniciativa de um coletivo de intelectuais que pretendiam atuar em rede com entidades similares (com a força do comum), com o objetivo de prevenir, dar visibilidade e acolhimento jurídico diante de desmandos do Estado.

A Comissão caracterizava-se por ser plural e entender que, naquele atual momento, existiam (e ainda existem) sérias ameaça aos direitos humanos no Brasil. Não obstante, apesar de insistentes entraves e da histórica passividade do Estado brasileiro diante do problema, avanços podem ser destacados na luta da sociedade civil, como o projeto *Brasil: nunca mais*, publicado em 1985, primeira atitude concreta de *hilaritas* democrática do país. O trabalho teve como meta desvelar a verdade de fatos ocorridos durante o período ditatorial, sendo iniciativa da sociedade civil, sob a liderança de Dom Paulo Evaristo Arns. *Brasil: nunca mais* reuniu documentos e processos políticos para denunciar, publicamente, crimes praticados pela ditadura militar.

O bolsonarismo, por sua vez, contrário a isso, tem sido resposta nazifascista brasileira que parece atualizar o cunho ditatorial do antigo regime, que vigorou de 1964 a 1985. É uma versão tropical, em máximo grau, do que vem acontecendo em todo o mundo desde fins da década de 2000, em meio à crise que o capitalismo vive. O movimento de extrema direita tem

[132] Disponível em: https://uninomade.net/sobre-a-confianca-politica-construir-a-hilaritas-democratica/.

sido tão perverso quanto a covid-19. É como uma bactéria anaeróbica, que suga nossa energia e nem precisa de oxigênio para sobreviver. Ao contrário, ela se ativa quando falta oxigênio. Diante de sua força destrutiva, a resposta que o desejo vai dar é a reatividade, que se agarra nas imagens alienantes, delirantes, nas *fake news* dos afetos tristes (ódio, ressentimento e melancolia).

A filosofia política de Spinoza ajuda a entender o papel dos afetos na análise, relevantes no sentido de compreender a sociedade dominada pelo fascismo como um corpo adoecido, bloqueado em sua capacidade de afetar e ser afetado, cristalizado em paixões tristes. A impotência, ou melhor, o sentimento de impotência surge nesse processo de descuido. Essa é a concepção defendida por Spinoza, aproximada da perspectiva marxiana do século XIX, que sugere a perda da capacidade de ser útil a si como um estado de servidão e padecimento pela incapacidade de ação. É estar em reatividade. Na perspectiva marxiana, pode ser entendida também como perda de noção de si e dos outros, da generidade humana. É a própria alienação.

Para Spinoza, é viver em determinação da imaginação ou permanecer no primeiro grau de conhecimento, que são percepções de conhecimento originado da experiência errática (Spinoza, 2015). No Brasil, a possibilidade de irrupção dessa peste do corpo social foi facilitada pela violência escravocrata colonial que nos fundou, a qual deveria ser observada a partir de um profundo mal-estar, mas nunca foi assim reconhecida. Responsáveis por essa violência nunca foram punidos. Não houve a elaboração do direito à memória e à verdade para povos originários, tampouco a povos negros.

Tal dinâmica psicossocial favorece a que, em nosso país e em outros que sofreram colonização, repetidamente se confunda privilégio com direito. Em todas as etapas da nossa história, desde a fundação da República, a violência nunca foi elaborada. Sempre houve algum tipo de saída cordial, como foi a anistia a generais que fizeram a ditadura. Ninguém foi punido. Nossos principais traumas psicossociais não foram reconhecidos. Sabemos, e alguns sentem no corpo, que a não resolução de crimes, ou o esquecimento de crimes cometidos pelo Estado, afeta a saúde ético-política dos envolvidos direta e indiretamente.

A memória histórica que deveria nos unir enquanto nação e iluminar o futuro acaba resultando em desafecção, esquecimento e ideias falsas. Com isso, fortalece uma política de afetos e subjetividade, pautada em indiferença, banalização do mal, ódio, reatividade, reverência ao poder e desejo de desigualdade (Rancière, 2014). Ao longo de sua história social e pessoal, o brasileiro teve a memória deturpada ou negada, justamente no cerne da fundamentação psicológica e social, afetando a vida no presente e no futuro. Foi um verdadeiro projeto de governo (Safatle, 2020)[133].

Em síntese, o movimento da história demonstra ou corrobora com a importância da memória e do comum para a democracia. Demonstra um processo psicossocial de enfraquecimento da potência do povo e de suas formações coletivas em prol do fortalecimento do poder institucional, tendo como arma a manipulação da memória. E vale ressaltar que nem todo conservadorismo é necessariamente reacionário, até porque a democracia não significa a eliminação de grupos políticos conservadores. Muito pelo contrário. O conservadorismo tem sua legitimidade, desde que esteja ancorado em uma cultura democrática, mesmo que ideologicamente conservadora nos costumes ou na economia.

A lógica fascista do "nós contra eles", entretanto, é reprovável e deve ser combatida. A proibição da memória e da reparação da violência imposta pelo Estado, até mesmo do Estado de Direito, o que Spinoza denuncia como desmesura do poder, deve igualmente ser barrada. O pensador aponta o comum como baluarte de enfrentamento, pois instituições político-jurídicas são incapazes, por si só, de impedir o abuso de poder, dado que não são fenômenos sociais reificados, mas conduzidos no confronto entre governantes e governados.

Segundo Spinoza (2015), somos seres de paixão e imaginação movidos pelo desejo de perseverar e expandir na potência de vida. O desejo de dominar e não ser dominado, uma de suas decorrências, corrompe as instituições, ainda mais quando se encobre o autoritarismo e a violência do Estado. Nenhuma democracia pode ser estável ou igualitária sem ter a força de encarar a violência de sua própria história. Trata-se de aparato de desumanização e desaparecimento, no qual violência, medo e ressentimento funcionam como mecanismos de poder em uma sociedade que faz da gestão dos mortos um instrumento para a dominação da vida.

Como sublinha Spinoza, todo o aparato desumanizador não consegue eliminar a potência de luta (*conatus*) pela defesa de seus direitos naturais, contudo pode enfraquecê-la e o faz com habilidade. Enfraquecida a luta, todos os *conatus* precisam se unir, formando coletivos fortes, o que é a primeira e fundamental ação na promoção de saúde ético-política, que, por sua vez, é condição necessária para a superação de desigualdades. A opressão transforma o sofrimento ético-político em catalizador de movimentos

[133] Disponível em: https://racismoambiental.net.br/2020/07/03/o-brasil-e-sua-engenharia-da-indiferenca-por-vladimir-safatle/.

e coletivos e da transmutação das paixões passivas em ativas. Por exemplo, a passagem da melancolia à *hilaritas*, a medida das paixões democráticas, por excelência, envolve o desejo de autonomia e o prazer de viver junto, de fazer corpo junto, sobretudo na igualdade.

5. Conclusão

Recorrer às instâncias da justiça internacional tem sido necessário para identificar contradições que permeiam as mais diversas ações revolucionárias, porém sem esquecer jamais que o remédio adotado pode produzir efeitos colaterais mais perversos que a doença. Como no caso em que o Brasil foi condenado por violações aos direitos humanos, nos anos de chumbo[134], mostrando, de um lado, a omissão do país em enfrentar o assunto, distanciando cada vez mais a sociedade da saúde ético-política. De outro, apontando o risco de cristalizar na subjetividade dos brasileiros o significado de que a justiça internacional merece confiança máxima, ao invés do STF, que pela *Constituição cidadã* tem função de guardião dos direitos sociais.

Esse significado nos conduz a refletir sobre o risco da resignação e obrigatoriedade de aplicação do direito internacional quanto aos direitos humanos por juízes e tribunais brasileiros, que ficariam submissos à vontade de uma ou outra corte internacional. Uma disputa que desvia a atenção do mais importante: a apuração e punição de todos esses delitos, assim como o desenvolvimento de estratégia necessária para se restabelecer a legitimidade de nossa memória social, restaurando a saúde ético-política.

O aumento de casos envolvendo o Estado brasileiro entre os anos de 2019 a 2022 junto a órgãos e mecanismos internacionais demonstra não apenas o quanto uma série de políticas e atos administrativos do bolsonarismo feriu padrões mínimos de proteção aos direitos humanos. Também mostra o perigo das relações de poder internacionais colocarem em xeque a ideia de soberania de Estado para o bem ou para o mal. Ainda assim, é indiscutível que a tutela internacional deva ser, nesse contexto, coadjuvante ou complementar às jurisdições nacionais. Antes de tudo, a obrigação de fazer valer o ordenamento jurídico específico de direitos humanos, como sabemos, é do Estado nacional e de todos os seus poderes, sob a vigilância constante da multitudo, conceito de perspectiva spinozista.

---

[134] https://pp.nexojornal.com.br/linha-do-tempo/2021/As-decisões-da-Corte-Interamericana-de-Direitos-Humanos-sobre-o-Brasil.

Destarte, a potência da multidão contra o poder desmesurado é indicadora de saúde ético política e deve ser a base de toda utopia democrática. Para tanto, libertar a memória de sua colonização é passo fundamental, pois ela é guardiã do sofrimento ético-político, que deve ser sempre um útil comum com capacidade de transformar a dor em potência. Negar a memória é negar a experiência cotidiana, as afetações do corpo e submetê-lo, assim, às ilusões das *fake news*, da ideologia e das narrativas fascistas.

A destruição moral como estratégia de luta contra a ditadura tem seu outro lado, a tranquilidade moral, e graças a essa transformação do luto em luta, da dor em potência, Isabel Allende nos ofereceu uma avaliação lúcida do que significa "Memória, Verdade e Justiça". Em vez de interpretação ressentida do trauma, interpreta sua função maior como a de destruir um poder simbólico edificado em terreno moral. A afirmação é fundamental quando se assiste, hoje, a emergência de governos autoritários e a uma rede internacional de apoio a governos de extrema direita. Não se deve buscar a violência contra o ditador, pois pode torná-lo herói. É preciso querer a ruína moral do fascismo, o que, por sua vez, pressupõe a libertação da memória e da sensibilidade do corpo. Em outras palavras, da saúde ético-política da sociedade, de seus coletivos e de cada um dos seus cidadãos.

Referências

ALLENDE, I. Pinochet deixou no país um legado de medo. O Estado de S. Paulo. São Paulo, 24 de janeiro de 1999.

ARENDT, H. Sobre a revolução. Lisboa: Relógio D'água (original de 1963), 2001.

BOVE, L. Sobre a confiança política: construir a *hilaritas* democrática. Rede Universidade Nômade, trad. Bernardo Bianchi. Apresentação por Toni Negri. Trad. Talita Tibola e Bruno Cava. Rio de Janeiro, janeiro de 2014.

COMISIÓN INTERAMERICANA DE DERECHOS HUMANOS. Organización de los Estados Americanos. Informe no 136/99. Caso 10.488 - Ignacio Martín Baró, S.J.; Joaquín López Y López, S.J..; Juan Ramón Moreno, S.J.; Julia Elba Ramos; y Celina Mariceth Ramos El Salvador, 22 de diciembre de 1999. Disponível em: Acesso em 01 junho 2023.

HONNETH, A. Luta pelo reconhecimento: a gramática moral dos conflitos sociais. Rio de Janeiro: Editora 34, 2003.

JUNGES, M. Ninguém está acima da lei. Revista do Instituto Humanitas

Unisinos on-line, São Leopoldo, Edição 269, agosto, 2008.
LANE, S.; CAMARGO, D. Contribuições de Vigotski para o estudo das emoções. In Lane, S.; SAWAIA, B. Novas veredas da Psicologia Social. São Paulo: EDUC/Brasiliense, 1995.
MARTÍN-BARÓ, I. La violencia política y la guerra como causas en el pais del traumapsicosocial en El Salvador. Revista de Psicología de El Salvador, *28*, abril-junio, 123- 141. 1988.
MARTÍN-BARÓ, I. Psicología social de la guerra - selección e introducción deIgnácio Martín-Baró. El Salvador: UCA; 2000.
MARX, Karl. *O Capital – Crítica da Economia Política*. Livro III – O processo global da produção capitalista. – 1ª. ed. – São Paulo: Boitempo, 2017.
NAFFAH NETO, A. Para além da morte, o amor. In Outr'em-mim – Ensaios, crônicas, conferências. São Paulo: Plexus, 1998.
POPOVSKI, V.; SERRANO, M. After Oppression. Transitional Justice in Latin America and Eastern Europe. Vesselin Popovski, Monica Serrano. Release Date: January 31, 2012.
RANCIÈRE, J. Dissenssus: on politics and aesthetics. Edição e tradução: Steven Corcoran. Londres/Nova York: Bloomsbury Academic, 2015.
_____. O ódio à democracia. São Paulo: Boitempo, 2014.
RIQUELME, H. Era de névoas: Direitos Humanos, terrorismo de Estado e saúdepsicossocial na América Latina. São Paulo: EDUC.1993.
ROSA, L.; SANDOVAL, S. Participação política e potência de agir: a produção de saúde ético-política em ocupações estudantis paulistas. Revista Psicologia USP, volume 33, e190139. Disponível em: http://dx.doi.org/10.1590/0103-6564e190139, 2022.
SAFATLE, V. O Brasil e sua engenharia da indiferença. Racismo Ambiental. Disponível em: https://racismoambiental.net.br/2020/07/03/o-brasil-e-sua-engenharia-da-indiferenca-por-vladimir-safatle/ Acesso em 13, maio, 2023.
SAWAIA, B. A emoção como locus de produção do conhecimento: uma reflexão inspirada em Vygotsky e seu diálogo com Espinosa. Anais da III Conferência de Pesquisa Sócio-cultural (pp. 1-25). Campinas. Disponível em www.fae.unicamp.br/br2000/trabs/1060.doc, 2000.
SAWAIA, B. Transformação social: Um objeto pertinente à psicologia social? Psicologia & Sociedade, 26(2), 4-17. doi:10.1590/S0102-71822014000600002 2014, 2014.
________. Introduzindo a afetividade na reflexão sobre estética, imaginação e constituição do sujeito. In S. Z. Da Ros, K. Maheirie, & A. V. Zanella,

A.V. (Orgs.), Relações estéticas, atividade criadora e imaginação: sujeitos e (em) experiência (pp. 85-95). Florianópolis: NUP/UFSC, 2006.

________. O sofrimento ético-político como categoria de análise da dialética exclusão/inclusão. In B. B. Sawaia (Org.), As artimanhas da exclusão: uma análise ético-psicossocial da desigualdade (7ª ed., pp. 97-119). Petrópolis, RJ: Vozes, 2007.

SAWAIA, B; BUSARELLO, F. A ideia de saúde ético-política como utopia da práxis psicossocial e de sofrimento ético-político como ensinantes. In SAWAIA, B.; BUSARELLO, F; BEREZOZCHI, J; ALBUQUERQUE, R. Expressões da pandemia - fase 4. 1. Ed. Embu das Artes/SP: Alexa Cultural Ltda, 2022.

SOUZA, A.; SAWAIA, B. A saúde como potência de ação: Uma análise do coletivo e de Comuna do Movimento dos Trabalhadores Rurais Sem Terra (MST). Psicologia Política, 16(37), 305-320, 2016.

SPINOZA, B. Ética. São Paulo, SP: Edusp, 2015.

______. Tratado Político. Tradução de Diogo Pires Aurélio. São Paulo: M. Fontes, 2009.

VYGOTSKI, L.S. El Desarrolo de Los Procesos Psicológicos Superiores. Barcelona, Crítica, 2006.

VYGOTSKI, L. S. Desenvolvimento da memória. Prefácio ao livro de A. N. Leontiev. Teoria e método em Psicologia. Trad. Paulo Bezerra. São Paulo: Martins Fontes. 1996, p. 161-170.

Sobre autoras e autores

Ana Carolina Gil
Psicóloga, doutoranda e mestre em Psicologia Social pela Pontifícia Universidade Católica de São Paulo (PUC-SP). Integra o Núcleo de Pesquisa da Dialética Exclusão/Inclusão Social (NEXIN) da PUC-SP, o Núcleo de Estudos e Pesquisas em Sociologia do Espaço e do Tempo (NEPSESTE) da USP e a Rede Brasileira de Pesquisadores sobre População em Situação de Rua. É professora de Psicologia na Universidade Nove de Julho (UNINOVE). De 2020 a 2022, foi pesquisadora colaboradora no projeto "Spatial Methods in Action: The Everyday Spatialities of Homelessness for Urban Sustainability", do GCSMUS - Technische Universität Berlin (TU Berlin). Em 2022, atuou como supervisora de campo e pesquisadora sênior na Pesquisa Censitária de Crianças e Adolescentes em Situação de Rua de São Paulo. anamartinsgil@gmail.com

Bader Burihan Sawaia
Socióloga. Mestra e doutora em Psicologia Social pela PUC-SP. Docente na Pós-Graduação em Psicologia Social da PUC-SP. Coordenadora do Núcleo de Pesquisa Dialética Exclusão/Inclusão Social. Membra fundadora do GT A Psicologia Sócio-Histórica e o Contexto Brasileiro de Desigualdade Social na Associação Nacional de Pesquisa e Pós-graduação em Psicologia (ANPEPP). Coordenadora do Grupo de Trabalho Estudos Psicossociais sobre Afeto e Política no Conselho Nacional de Desenvolvimento Científico e Tecnológico (CNPq). É assessora Ad Hoc do CNPq e da Fundação de Amparo à Pesquisa do Estado de São Paulo (FAPESP). bsawaia13@gmail.com

Cinara Brito de Oliveira
Doutora e mestra em Psicologia Social pela PUC-SP, especialista em Gestão Estratégica de Políticas Públicas pela UNICAMP, graduada em Psicologia pela Universidade Presbiteriana Mackenzie, com habilitação em Licenciatura Plena em Psicologia. Atuou na rede de Assistência Social e de Direitos Humanos e Cidadania do Município de São Paulo, compôs a vice-presidência da Associação Brasileira de Psicologia Social (ABRAPSO)

pelo Regional São Paulo – gestão 2018/2019 e atualmente é docente na graduação e na pós-graduação lato sensu em Psicologia Social da Universidade Santo Amaro (UNISA). cibrito.psi@gmail.com

Daniel Péricles Arruda

Pós-doutorado em Psicologia Social pela Pontifícia Universidade Católica de São Paulo (PUC-SP). Doutor em Serviço Social pela PUC-SP e mestre em Serviço Social, com bolsa do Ford Foundation International Fellowships Program, turma de 2010, pela PUC-SP. Tem especialização multiprofissional em Saúde Mental e Psiquiatria pela Escola de Educação Permanente do Hospital das Clínicas da Faculdade de Medicina da Universidade de São Paulo (EEP/HCFM/USP) e em Arte-Educação pelo Centro Universitário Senac. É graduado em Serviço Social pela PUC-Minas. Em formação em Psicanálise no Instituto Langage. Professor da Universidade Federal de São Paulo (UNIFESP), campus Baixada Santista, vinculado ao curso de graduação em Serviço Social, ao Departamento de Saúde, Educação e Sociedade (DSES). Coordena o Grupo de Estudos e Pesquisas sobre Vivências Artísticas, Culturais e Periféricas. Arte-educa(a)dor, rapper e poeta conhecido como "Vulgo Elemento". pericles.daniel@unifesp.br

Elisa Harumi Musha

Doutoranda em Psicologia Social pela Universidade Pontifícia Católica de São Paulo (PUC-SP), especialista em Psicologia Hospitalar pelo Instituto Central do Hospital das Clínicas da Faculdade de Medicina da Universidade de São Paulo (HCFMUSP), mestra em Psicologia Social pela Pontifícia Universidade Católica de São Paulo (PUC-SP) e psicóloga graduada pela Universidade Presbiteriana Mackenzie (UPM). Atuou como membra da Comissão Gestora do Conselho Regional de Psicologia da Subsede do Grande ABC (2017-2019), docente na Faculdade Nove de Julho - Campus Osasco (2019), coordenadora do curso de Psicologia da Anhanguera - Unidade Vila Mariana (2021) e foi membra no Núcleo Docente Estruturante (NDE) da Faculdades Integradas de Ciências Humanas, Saúde e Educação de Guarulhos (2017-2020). Atualmente, é membra da Associação Brasileira de Psicologia Social/Núcleo São Paulo (ABRAPSO-SP) e da Associação Brasileira de Ensino de Psicologia (ABEP)/Núcleo metropolitano. Desenvolve a coordenação do Grupo de Escuta para reflexão crítica e práticas de cuidados psicossociais a estudantes de psicologia na UPM e é pesquisadora no Núcleo de Pesquisa da Dialética Exclusão/Inclusão Social (Nexin) da PUC-SP. É professora de Psicologia na Universidade Presbiteriana Mackenzie (UPM) e supervisora de estágios e psicóloga clínica (CRP: 06/11886-8). elisa.musha@mackenzie.br

Flávia Roberta Busarello
Doutora em Psicologia Social pela Pontifícia Universidade Católica de São Paulo (PUC-SP), com doutorado sanduíche na Universidad de Salamanca (USAL) com bolsa Capes/PDSE. É Pesquisadora do Núcleo de Estudos e Pesquisas em Ambientes Amazônicos (Nepam), vinculado à Faculdade de Informação e Comunicação da Universidade Federal do Amazonas (FIC/Ufam) e do Núcleo de Pesquisa Dialética Exclusão/Inclusão Social (Nexin) vinculado à Pontifícia Universidade Católica de São Paulo. Co-coordenadora do Núcleo de Educação e Tecnologias das subjetividades (NETS) do Mestrado em Educação da FURB. Professora de Psicologia na Universidade Regional de Blumenau (FURB) e Unisociesc/Blumenau. frbusarello@gmail.com

Gabriela Moreira Rodrigues dos Santos
Doutora em Psicologia Social pelo Programa de Estudos Pós-Graduados da Pontifícia Universidade Católica de São Paulo (2022), com atividades pelo Núcleo de Pesquisa Dialética da Exclusão/ Inclusão Social (NEXIN), da PUC-SP. Mestre em Psicologia Social pelo Programa de Estudos Pós-Graduados da PUC-SP (2017), com atividades pelo Núcleo de Pesquisa Lógicas Institucionais e Coletivas. Possui aprimoramento em Saúde Mental pelo Programa de Aprimoramento Multiprofissional da Secretaria Estadual da Saúde de São Paulo (2014). psigabrielamoreira@gmail.com

Gabriela Paulus Mueller
Graduanda de Psicologia pela Universidade Regional de Blumenau (FURB). Participou do Centro Acadêmico de Psicologia Silvia Lane. Atualmente, é estagiária no Centro de Atenção Psicossocial Infanto-Juvenil de Blumenau. gabriela_paulus@icloud.com.

Guilherme Fumeo Almeida
Doutor pelo Programa de Pós-Graduação em Comunicação da Universidade Federal do Rio Grande do Sul (PPGCOM/UFRGS). Realiza pós-doutorado na Universidade Federal Fluminense (PPGMC/UFF). Integra o Laboratório de Comunicação Comunitária e Publicidade Social e o Grupo de Pesquisa em Estética e Processos Audiovisuais. É bolsista da Fundação de Amparo à Pesquisa do Estado do Rio de Janeiro (Faperj). O estudo publicado nesta coletânea foi financiado, além da Faperj, pela Fundação Carlos Chagas Filho. Processo SEI-260003/019696/2022. almeidaguif@gmail.com

Gustavo Henrique Carretero
Graduado em Psicologia pela Pontifícia Universidade Católica de Campinas (PUCCAMP), mestrado e doutorado em Psicologia Social pela Pontifícia Universidade Católica de São Paulo (PUC-SP), com período sanduíche na Universidade Autônoma de Barcelona. Atuou na política de Assistência Social entre 2007 e 2019, nos municípios de Campinas/SP e Sumaré/SP. Foi professor da Universidade Federal do Acre entre 2019 e 2022. Atualmente, é docente na graduação e pós-graduação em Psicologia da Universidade Federal de Minas Gerais (UFMG). Vice-líder do Grupo de Estudos e Pesquisa em Psicologia, Políticas e Comunidades (GEPPOC) e coordenador do LabSUAS. Tem interesse de pesquisa em política de Assistência Social, novas direitas/populismo de direita e autoritarismo. gustavocarretero@ufmg.br

Jaison Hinkel
Doutor em Psicologia pela Universidade Federal de Santa Catarina (UFSC). Professor do Departamento de Psicologia na Universidade Regional de Blumenau/SC (FURB). É Professor Colaborador do Programa de Pós-Graduação em Educação da Furb. Integrante da Incubadora Tecnológica de Cooperativas Populares da Furb. Tem experiência na área de Psicologia, atuando principalmente nos seguintes temas: trabalho, economia solidária, educação popular, saúde mental, arte, estética, pensamento decolonial e psicologia africana. jhinkel@furb.br

Jalna Gordiano
Bacharel em Serviço Social pelo Centro Universitário do Norte (Uninorte). É Assistente Social da ORV Engenharia e Mestranda do Programa de Pós-Graduação em Serviço Social e Sustentabilidade da Universidade Federal do Amazonas (PPGSS/Ufam). Trabalhou no Depto. Psicossocial da Secretaria de Administração Penitenciária do Amazonas. Tem experiência na área de Serviço Social, com ênfase em Segurança Pública. Integrou a ENESSO (Executiva Nacional de Estudantes de Serviço Social), no cargo de Secretária Executiva, representando a Uninorte na R1, entre 2018 e 2020. Integra o Núcleo de Estudos e Pesquisas em Ambientes Amazônicos (Nepam) da Universidade Federal do Amazonas. Trabalhou como voluntária durante a onda de espalhamento do SARS-CoV-2 em Manaus/AM, o que lhe rendeu a Medalha de Honra ao Mérito Anjos, por serviços realizados na linha de frente da pandemia. jalnagordiano14@gmail.com

José Carlos de Oliveira
Doutor em Psicologia Social, mestre em Ciências Sociais e bacharel em Comunicação das Artes do Corpo, com habilitação em teatro. Todos os cursos foram realizados na Pontifícia Universidade Católica de São Paulo (PUC-SP). Trabalhou como professor na área de Antropologia, na Pontifícia Universidade Católica de Campinas (PUCCAMP) e atualmente desenvolve pesquisa com grupo de teatro comunitário, em Santo André/SP, formado por pessoas que residem na periferia da cidade. zecaput@gmail.com

Juliano da Silva Cortinhas
Professor do Instituto de Relações Internacionais da Universidade de Brasília (IREL/UnB) desde junho de 2016. Possui graduação em Direito pela Universidade Federal do Paraná (2001), mestrado em Relações Internacionais pela Universidade Federal do Rio Grande do Sul (2005) e doutorado em Relações Internacionais pela Universidade de Brasília (2012). É coordenador geral do Grupo de Estudos e Pesquisas em Segurança Internacional (GEPSI/UnB). Foi professor visitante (bolsista CAPES) na University of Virginia (EUA) no primeiro semestre de 2022. Foi Chefe de Gabinete do Instituto Pandiá Calógeras, no Ministério da Defesa (2013 - 2016). Atuou como assessor da Assessoria de Defesa da Secretaria de

Assuntos Estratégicos da Presidência da República (2012-2013). Foi professor visitante na University of Delaware (EUA) entre 2011 e 2012.

Helga Arroyo Araya
Psicóloga social. Doctoranda del programa de doctorado en Estudios de la Sociedad y la Cultura de la Universidad de Costa Rica. Académica de la Escuela de Psicología de la Universidad Nacional de Costa Rica. Investigadora del Instituto de Investigaciones Sociales de la Universidad de Costa Rica. Investigadora en temas vinculados a psicología social, psicología comunitaria y psicología de la salud. Su trabajo en colectivo sobre salud mental comunitaria para la atención del riesgo suicida de población adolescente en vulnerabilización psicosocial, recibió el premio nacional al Mejoramiento de la Calidad de Vida en el 2018. helga.arroyo@ucr.ac.cr

Leandro Amorim Rosa
Professor da Universidade Federal do Acre (Ufac). Doutor em Psicologia Social pela Pontifícia Universidade Católica de São Paulo (PUC-SP). Pesquisador Visitante na Vrije Universiteit Amsterdam (2018) e na Università degli Studi di Milano-Bicocca (2012/2013). Possui graduação (2010) e mestrado (2013) em Psicologia pela Universidade de São Paulo (USP). Tem experiência em docência e supervisão de estágios nas áreas de Psicologia Social, Psicologia Comunitária e Psicologia do Desenvolvimento. Coordenador do Grupo de Estudos e Pesquisa em Psicologia, Políticas e Comunidades (GEPPOC). Coordenador do Núcleo de Estudos, Extensão e Pesquisa Psicossocial Euclides Fernandes Távora (Nepse). Possui experiência em pesquisa e assessoria junto a movimentos sociais e socioambientais. leandro.rosa@ufac.br

Letícia Souza Reis
Psicóloga formada pela Universidade Federal do Amazonas (Ufam) e mestra em Psicologia (na linha de pesquisa de Processos Psicossociais) pelo Programa de Pós-Graduação em Psicologia da Ufam (2023). Está vinculada ao Laboratório de Psicologia, Trabalho e Saúde (LAPSIC/Ufam), onde desenvolve pesquisas voltadas para trabalho e processo saúde-doença. Tem experiência em docência e, atualmente, está vinculada à Secretaria Municipal de Saúde de Manaus (Semsa), trabalhando como psicóloga na atenção

básica. É aluna de especialização (em andamento) em Saúde Pública com ênfase em Estratégia Saúde da Família (ESF) pela Escola de Saúde Pública (ESAP- Manaus). reisls@hotmail.com

Lívia Maria Camilo dos Santos
Professora no curso de Psicologia da Universidade Paulista. Doutora em Psicologia Social pela Pontifícia Universidade Católica de São Paulo (PUC-SP) com período sanduíche na Universidade de Lisboa (2018-2019). Mestra em Psicologia Social pela PUC-SP. Graduada em Psicologia pela Universidade Estadual de Londrina (UEL). Possui pós-graduação lato sensu em Psicologia e Ação Social pela Faculdade São Bento da Bahia (2013). Participou do Grupo de Estudos Espinosanos da Universidade de São Paulo (2016). Trabalha com mulheres em situação de assentamentos urbanos precários em São Paulo. limac62@hotmail.com

Luciana Ferreira Silva
Possui graduação em Psicologia pela Universidade São Marcos (2007). Tem experiência na área de Psicologia, com ênfase em Psicologia Social. Concluiu especialização em Terapia Comunitária pela Unifesp e mestrado em Psicologia Social pela PUC-SP. É doutoranda em Psicologia Social pela PUC-SP e professora de Psicologia na Universidade Nove de Julho (Uninove). É supervisora de estágio profissionalizante e ministra as disciplinas: Políticas Públicas, Violência na Contemporaneidade, Psicologia Social: Aspectos Históricos e Epistemológicos, Psicologia Social: Perspectivas de Intervenção. Atuou com famílias em situação de vulnerabilidade social, possui experiência no acompanhamento de jovens em cumprimento de medida socioeducativa de liberdade assistida e prestação de serviços à comunidade. É supervisora institucional em Serviço de Medida Socioeducativa em Meio Aberto e em Serviço de Acolhimento Institucional para Crianças e Adolescentes. luferreiraapso@gmail.com

Luiz Carlos Checchia
Historiador, pesquisador, diretor teatral, dramaturgo e produtor cultural, integrando a Cia. Teatro dos Ventos desde a formação, em 2000. Graduado em História pelo Centro Universitário Unifieo. Doutorando em Ciências Humanas pelo Programa Humanidades, Direitos e Outras Legitimida-

des, promovido pelo Núcleo de Estudos das Diversidades, Intolerâncias e Conflitos (Diversitas), vinculado à Faculdade de Filosofia, Letras e Ciências Humanas/USP, cuja pesquisa aborda Pedagogias Estéticas Não Convencionais.

Ignacio Dobles Oropeza
Psicólogo social. Doctor en Estudios de la Sociedad y la Cultura. Catedrático de la Universidad de Costa Rica. Profesor emérito de la Escuela de Psicología de la Universidad de Costa Rica. Investigador en temas vinculados psicología política, psicología social y psicología comunitaria. Con numerosos trabajos publicados en campo. Ha recibido diversos premios: la mención de honor en los premios nacionales de Cultura en el 2009, la medalla ALFEPSI 2016 por su contribución a la Psicología Latinoamericana y el reconocimiento de Miembro distinguido en el 2014 por el Colegio de Profesionales en Psicología de Costa Rica. doblesignazio@gmail.com

Mahasiãh Raimundo
Mestrando em Psicologia Social pela Pontifícia Universidade Católica de São Paulo (PUC-SP) pelo Núcleo de Pesquisa Dialética Exclusão/Inclusão Social (NEXIN). Membro da Associação Comunitária de Saúde Mental de Blumenau/SC e da Articulação Nacional de Psicólogas/os Negras/os e Pesquisadoras/es. Atualmente, pesquisa temáticas relacionadas à precarização do trabalho e trabalho subordinado por plataformas por meio da compreensão da categoria do sofrimento ético-político, que tem a investigação da afetividade como ponto de partida. Atuou como bolsista pelo Fundo de Apoio à Manutenção e ao Desenvolvimento da Educação, na Incubadora Tecnológica de Cooperativas Populares (ITCP-FURB). mahasiah.psi@gmail.com

Marcos Alan Shaikhzadeh Vahdat Ferreira
Professor Associado na Univ. Federal da Paraíba (UFPB). Bolsista Produtividade do CNPq (Nível 2). Doutor em Ciência Política pela Unicamp (2010) e Mestre em Relações Internacionais - Programa Santiago Dantas (UNESP/UNICAMP/PUC-SP) (2006). Como Pesquisador Visitante, esteve na Univ. de Manchester (Reino Unido - 2018 e 2019), Univ. de Uppsala (Suécia - 2014) e Univ. de São Paulo (2021-2022). Como Pro-

fessor Visitante, esteve na Univ. of Arts-London (2022) e Univ. de Vechta (Alemanha - 2017 e 2019). É docente colaborador no Mestrado em Desenvolvimento Social na Universidad Núr (Bolívia). Colabora voluntariamente com o Institute for Studies in Global Prosperity e Lazos Learning. Membro da Global Initiative against Transnational Organized Crime (GI-TOC) desde 2021. Foi membro do Conselho de Governança da IPRA (International Peace Research Association) entre 2016-2020.

Naiara Roberta Vicente de Matos
Doutoranda e mestra em Psicologia Social pela PUC/SP. Psicóloga e terapeuta ocupacional. Possui especialização em Direitos Humanos (PUC-RS) e Qualidade de Vida (UNICAMP). Coordenou a pasta "Direito à Memória, Verdade e a Justiça" e atuou como diretora do Departamento "Educação em Direitos Humanos" da Secretaria Municipal de Direitos Humanos da Prefeitura Municipal de São Paulo. É pesquisadora do NEXIN/PUC-SP (Núcleo de pesquisa dialética exclusão/inclusão social). Integra a Associação Brasileira de Psicologia Social (Abrapso/Núcleo São Paulo). Tem experiência em docência na graduação e supervisão de TCC/Iniciação científica, bem como estágios nas áreas de Psicologia Social e Psicologia Comunitária. Atua como docente na especialização Teoria e Prática da Terapêutica Segundo Nise da Silveira (UNIMES/Pacaembu). naiara_m@hotmail.com

Paola Dozoretz Holzapfel
Graduanda de Psicologia pela Universidade Regional de Blumenau (FURB). Bolsista de iniciação científica pelo UNIEDU. Integrante do Núcleo de Educação e Tecnologias da Subjetividade (NETS - FURB) e do Observatório Iberoamericano de Estudos Comparativos em Educação (OIECE). dozoretz.paola@gmail.com

Priscila Santana
Doutora em Psicologia Social pela PUC-SP. Mestre em Psicologia pela Ufam. MBA executivo em gestão de pessoas pela Gama Filho. Graduada em Psicologia pela Uninorte/AM. Cursa especialização em Terapia Familiar e Sistêmica. É pesquisadora dos laboratórios Núcleo de Trabalho e Ação Social (Nutas/PUC-SP), Psicologia, Trabalho e Saúde (Lapsic/

Ufam). Professora nos cursos de graduação em psicologia nas faculdades Santa Teresa e Anhanguera, na cidade de Manaus/AM. Atua como psicóloga clínica em consultório particular. psi.priscila.santana@gmail.com

Rafael Sbeghen Hoff

Doutor pelo PPGCOM-UFRGS. Professor do curso de graduação em Jornalismo da Ufam. Professor Permanente do PPGCOM-UFRR. Líder do Grupo de Pesquisa em Processos Imagéticos (PRIMA-Ufam) e vice-líder do Grupo de Pesquisa em Estéticas e Processos Audiovisuais (Artis-UFRGS), pesquisador do Grupo de Ações e Investigações Autopoiéticas (Gaia-Ufersa) e integrante do Observatório da Comunicação e da Cultura no Caribe e Amazônia (Amazoom-UFRR). Bolsista CNPq – Edital Humanidades, junto ao projeto "Na ponta dos dedos: uma plataforma digital para uma abordagem complexa do autismo". rafael.hoff@yahoo.com.br.

Renan Albuquerque

É Professor Associado II da Faculdade de Informação e Comunicação da Universidade Federal do Amazonas (FIC/Ufam). Doutor em Sociedade e Cultura na Amazônia (Ufam). Realizou pós-doutorado em Antropologia (PUC-SP), Psicologia Social (PUC-SP), Humanidades (FFLCH/USP) e Comunicação (ECA/USP). É Líder do Núcleo de Estudos e Pesquisas em Ambientes Amazônicos (Nepam/Ufam) e do Laboratório de Editoração Digital do Amazonas (Leda/Ufam). É Professor Permanente e atual Vice-Coordenador do Programa de Pós-Graduação em Informação e Comunicação (PPGIC) da Ufam. É Professor Colaborador do Programa de Pós-Graduação em Ciências da Educação da Universidad Del Sol/Mercosul. É Professor Colaborador do Programa de Pós-Graduação em Ciências da Educação da Universidad Interamericana/Mercosul. É Pesquisador do Núcleo Diversitas/USP. renanalbuquerque@ufam.edu.br

Roberta Holanda Maschietto

Doutora em Estudos para a Paz pela Universidade de Bradford (2015). Atualmente, é pesquisadora de pós-doutorado no Centro de Estudos Sociais, Universidade de Coimbra. Sua pesquisa centra-se nos estudos das percepções locais acerca das reformas ligadas aos processos de construção da paz. A tese de doutorado da pesquisadora discutiu o conceito de empoderamento, e incluiu a análise da construção da paz em Moçambique, bem como o estudo de uma iniciativa nacional voltada para a provisão de crédito nas zonas rurais com o envolvimento direto dos conselhos locais. Suas áreas de interesse incluem i) processos de construção da paz, ii) promoção de empoderamento e iii) apropriação local dentro destes processos, iv) bem como seus efeitos de longo prazo no cotidiano, particularmente em Moçambique e Timor Leste. No seu blog https://peacereflections.wordpress.com/ discute regularmente temas ligados às suas pesquisas.

Rodrigo Diaz de Vivar y Soler
Graduado em Psicologia pela UNESC. Mestre em Psicologia pela Universidade Federal de Santa Catarina (UFSC). Doutor em Filosofia pela UNISINOS. Docente do Departamento de Psicologia e dos Mestrados em Educação e Ciências Naturais e Matemática da Universidade Regional de Blumenau (FURB). Co-coordenador do Núcleo de Educação e Tecnologias das subjetividades (NETS) do mestrado em educação da FURB. diazsoler@gmail.com

Ricardo Alexino Ferreira
Professor Associado da Escola de Comunicações e Artes da Universidade de São Paulo (ECA-USP). É Livre-Docente pela Universidade de São Paulo. Doutor em Ciências da Comunicação pela USP (2001), onde também fez o Mestrado em Ciências da Comunicação (1993). É credenciado, como docente, no Programa de Pós-Graduação Humanidades, Direitos e Outras Legitimidades da USP. Realizou estágio docência na Euskal Herriko Unibertsitatea/Universidad del País Vasco, em Bilbao/Espanha, no Programa de Cooperación Interuniversitaria de la Agencia Española de Cooperación Internacional (AECI), do Ministério de Assuntos Exteriores do Governo Espanhol, através do convênio Intercampus Professores.

Sérgio Bairon
Livre-Docente pela Escola de Comunicação e Artes da Universidade de São Paulo, onde exerce atividades docentes e de pesquisa na temática do Audiovisual, da Hipermídia e da Produção Partilhada do Conhecimento. Possui doutorado em Ciências pela FFLCH da Universidade de São Paulo e Pós-Doutorado em Comunicação e Semiótica pela PUC-SP e em Co-

municação e Humanidades pela Freie Universität Berlin/Alemanha. Entre agosto de 2013 e abril de 2014 esteve como Professor Visitante na Universidade de Stanford/EUA.

Samira Nagib

Pós-graduada em Gestão Cultural pelo SENAC SP (2018) e graduada em Sociologia e Política pela Fundação Escola de Sociologia e Política de São Paulo (2015). Habilitada em Métodos Ágeis pela Fundação Getúlio Vargas (2020) e Community Manager pela Community Manager School (2021). É docente em desenvolvimento social no SENAC Campinas, articulando direitos humanos nas práticas pedagógicas de formação profissional de jovens em inserção no mercado de trabalho e consultora em desenvolvimento humano pela Samira Nagib Consultoria e Desenvolvimento. Atuou como coordenadora de território da Pesquisa Censitária de Crianças e Adolescentes em Situação de Rua de São Paulo e Identificação dos Riscos Sociais (SP) e facilitadora dos encontros de grupos focais dos atores do Sistema de Garantia de Direitos da Criança e do Adolescente do Diagnóstico Situacional da Criança e do Adolescente do município de Varginha (MG) pela Painel Pesquisas e Consultoria (2022); revisora de sensibilidade de conteúdos pedagógicos da Secretaria de Educação do Estado de São Paulo (2022). samiranagib@gmail.com

Tiago Lopes de Oliveira

Doutor em Educação pelo Programa de Estudos Pós-Graduados da Pontifícia Universidade Católica de São Paulo em Educação: História, Política, Sociedade (2013) e Mestre em Psicologia Social pelo Programa de Estudos Pós-Graduados da PUC-SP (2008). Concluiu em 2017 o Pós-Doutorado em Psicologia Social no Núcleo Interinstitucional de Estudos e Pesquisas em História da Psicologia - NEHPSI, pertencente ao Programa de Estudos Pós-Graduados em Psicologia Social da PUC-SP. Professor do curso de Psicologia das Faculdades Metropolitanas Unidas. tiagopsico@gmail.com

Thiago da Silva Prada

Doutorando e Mestre em Ciências Sociais pela PUC-SP. Possui especialização em Sócio-Psicologia pela FESPSP (2011), Especialização em Filosofia Contemporânea e História pela UMESP (2010) e Graduação em Psicologia pela Universidade São Marcos (2008). Escritor e poeta, publicou três livros de poesias e um de contos: *Os céus de Van Gogh* (2014), *Da noite sem fim - poéticas sobre tristezas e assombros* (2015) e *As feridas do cotidiano & algumas belezas frágeis* (2018). Busca atuar através da pesquisa multidisciplinar entre diversas áreas, nos temas: sofrimento e tragédia, subjetividades contemporâneas, tecnologias de poder e controle, corpo e afetos e articulações entre literatura, cinema, filosofia e ciências sociais. Professor em espaços culturais e clínicas, possui um canal no youtube chamado Entre Deuses e Vermes. @pradathiago e entredeusesevermes@gmail.com

Yamille Cristina Araujo Cruz
Graduanda em Psicologia na Faculdade Santa Teresa, na cidade de Manaus/AM. yamillecristinacruz@gmail.com

Esta obra foi composta na tipologia Janson Text 11/14 e impressa pela Gráfica Nossa Impressão, na Rua da Mooca, 390, São Paulo, SP, Brasil, para a Editora Letra Selvagem no inverno de 2023.